MIT KINDERN IM CHIEMGAU

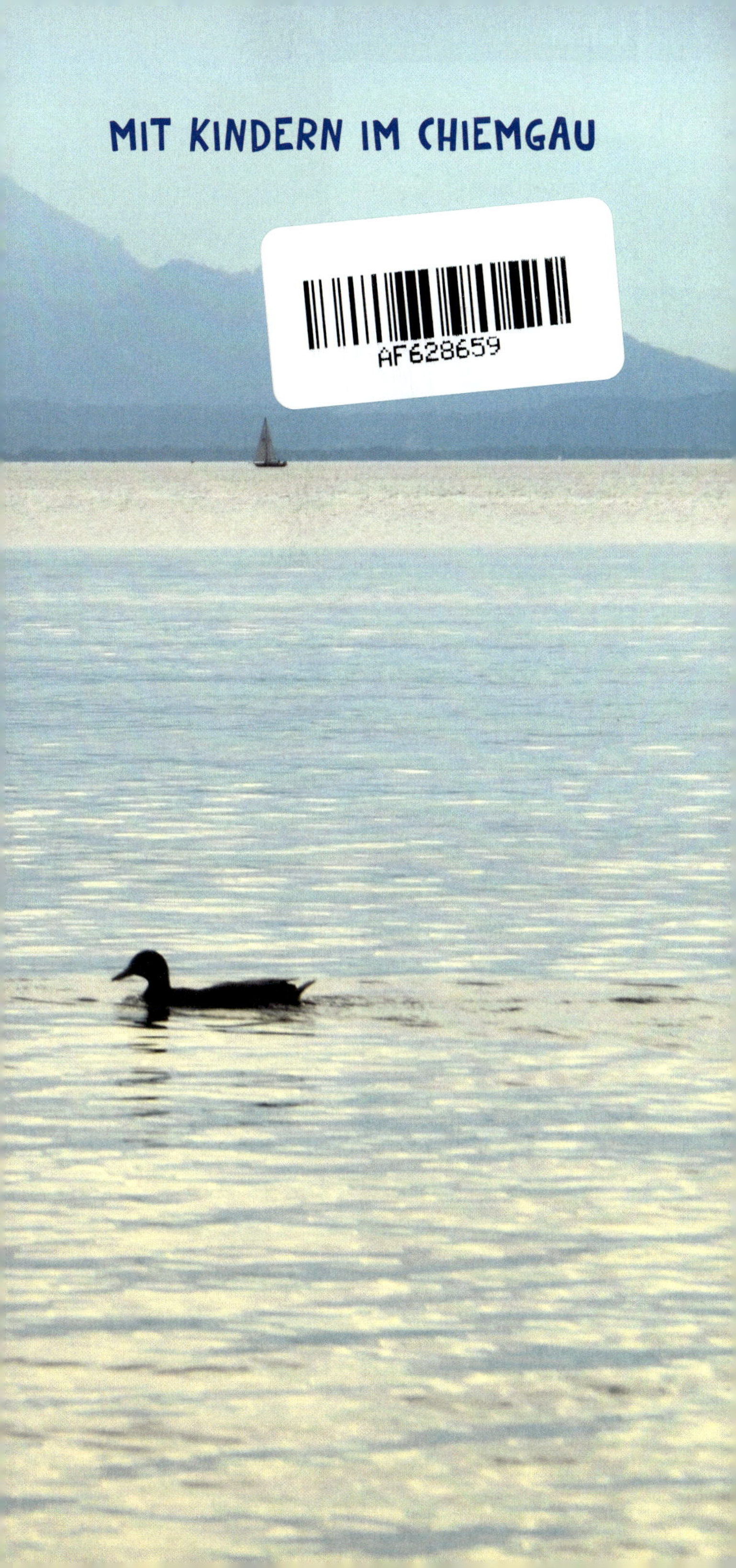

Inhalt

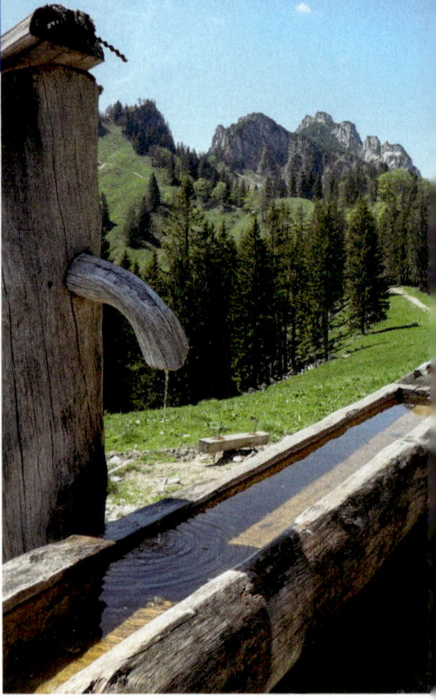

Chiemgau mit Kindern

Wander- und Entdeckertouren

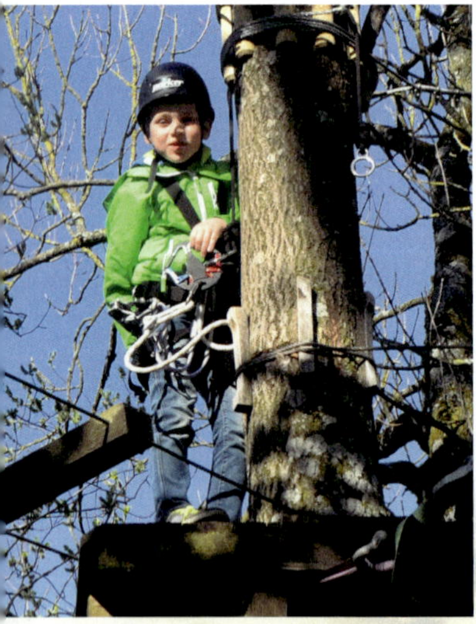

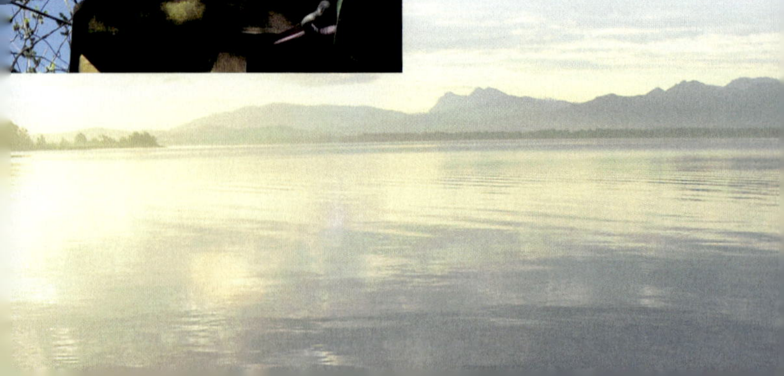

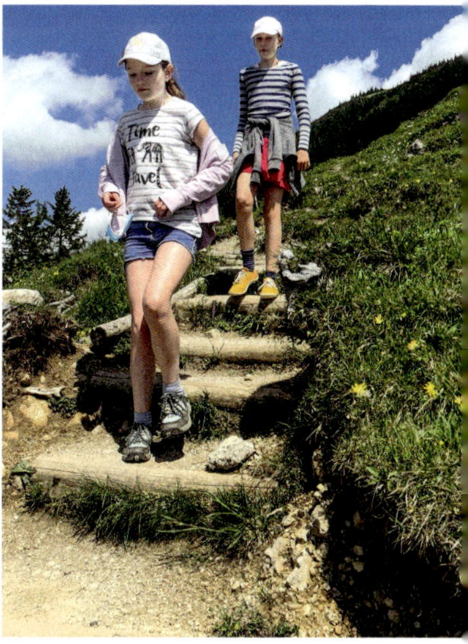

CHIEMGAUER ALPEN

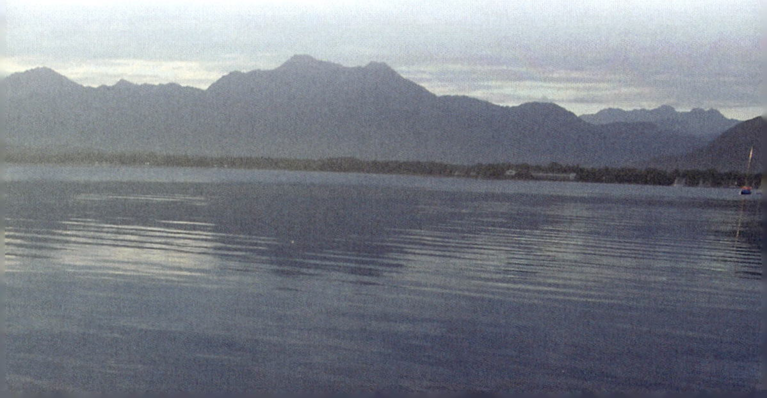

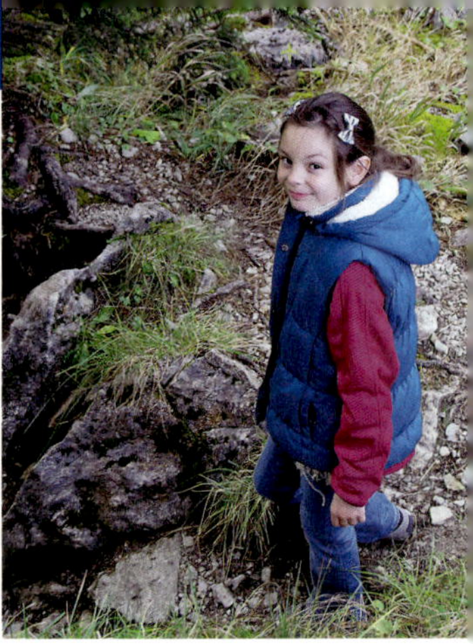

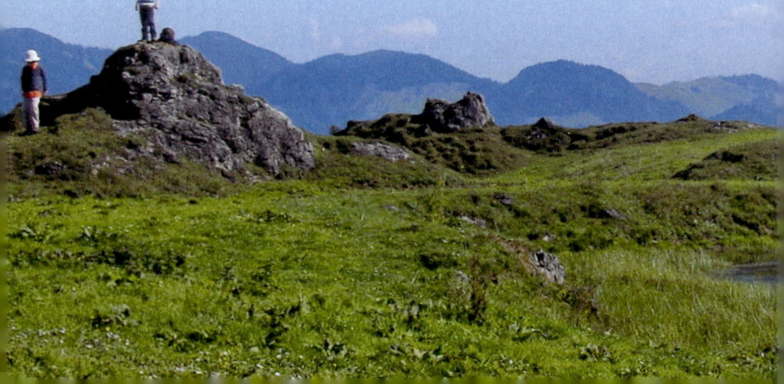

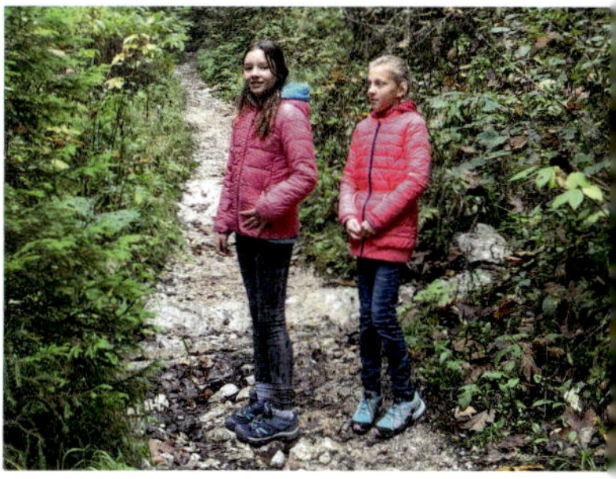

Unterkunft und Übernachtung

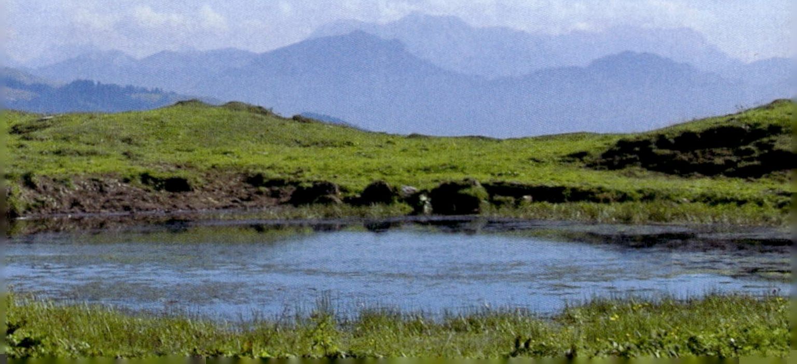

Zwischen Bergen und See

Bayerisches Meer wird der Chiemsee liebevoll genannt. Mit rund 80 Quadratkilometern ist er der größte See in Bayern. Lange Badeufer, teilweise mit Sandstrand, und beste Bedingungen für Surfer und Segler machen die Dörfer am Chiemseeufer zum beliebten Ziel für aktive Urlauber.

Berühmt ist der See aber auch für seine beiden größten Inseln: Das Benediktinerinnen-Kloster Frauenwörth auf der Fraueninsel wurde bereits im Jahr 782 gegründet. Die Schwestern, die heute dort leben und arbeiten, betreiben ein Seminarhaus für Erwachsenenbildung und einen Klosterladen. Nebenan auf Herrenchiemsee geht es weniger bescheiden zu: Auf der größten Insel im See errichtete der letzte bayerische König, Ludwig II., seine Version des französischen Prunkschlosses von Versailles. Die Schlossanlage, die nur mit dem Boot zu erreichen ist, und das darin untergebrachte König-Ludwig-Museum gehören zu den meistbesuchten Touristenattraktionen in Bayern.

Wirklich einzigartig wird der Chiemsee jedoch erst durch die Berge, die sich hinter der weiten Wasserfläche am Horizont reihen. Sie machen den See nicht nur landschaftlich besonders attraktiv, sondern erweitern auch das Freizeitprogramm. Auf Holzstegen mit Erlebnisstationen durchquert man das Hochmoor am südlichen Seeufer, eine Bergbahn fährt auf die felsige Kampenwand und ganz im Süden, bei Reit im Winkl, bekommen die Chiemgauer Alpen alpinen Charakter. Auf schmalen Bergsteigen kann man zu urigen Berghütten mit Kühen, Ziegen und Ponys wandern, Kaiserschmarrn und frischen Bergkäse essen, zum Gipfelkreuz klettern oder im Bergsee baden. Wer im Chiemgau Urlaub macht bekommt beides: Berge und »Meer«.

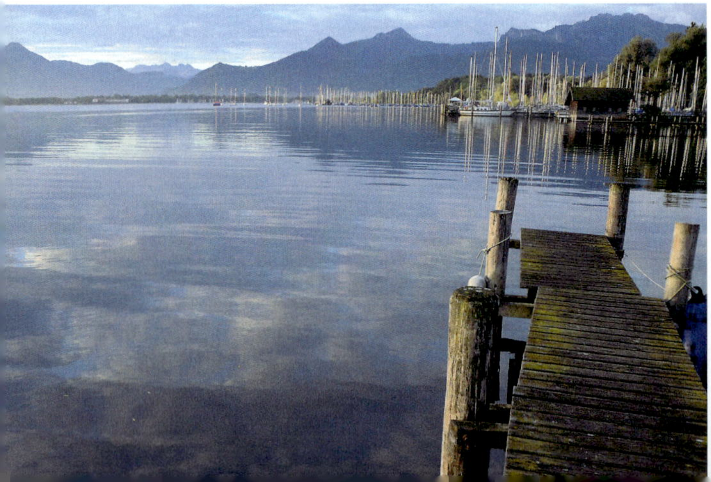

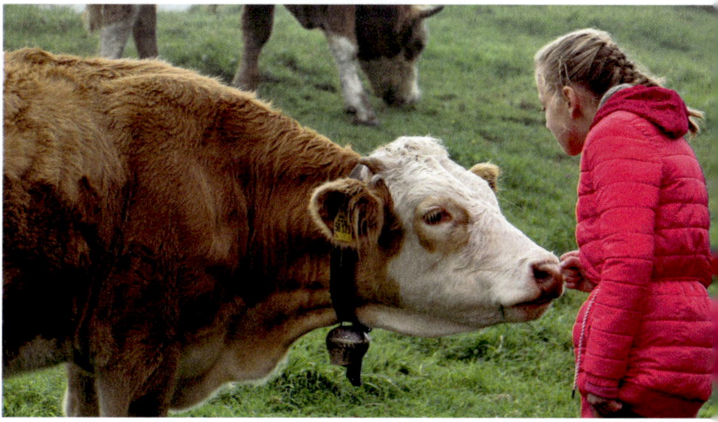

Die Jahreszeiten im Voralpenland

Schmilzt im **Frühjahr** zum Leidwesen der Skifahrer die weiße Decke von den Gipfeln, sind etwa ab Ostern zuerst die Südhänge der niedrigen Berge in den Voralpen schneefrei und machen erste kurze Touren möglich. Die letzten Schneefelder sind auf Wanderungen früh im Jahr eine Attraktion für Kinder: Schließlich ist es im Tal und unten am See längst Frühling.

Frühstens ab Mai sind auch die Wege in höheren Lagen schneefrei und die Wandersaison im Gebirge beginnt. Die meisten Berghütten öffnen Ende Mai und wenig später wird auch das Vieh auf die Almweiden getrieben, sodass Begegnungen mit Kühen, Schafen oder Pferden die Wanderungen würzen und die Almhütten als urige Einkehr verfügbar sind.

Der **Frühsommer** gehört zu den besten Wanderzeiten. Bis in den Juli hinein stehen die Bergwiesen in voller Blüte und sind prachtvoll anzusehen. Jetzt ist es besonders schön, in freiem Gelände zu laufen und viel Sonnenwärme zu tanken. Ob man am kühleren Vormittag hinaufsteigt und mittags oben die Sonne genießt, oder per Seilbahn in baumfreie Sphären hinaufschwebt – beides hat seine Reize.

Im **Hochsommer** wird es an den kargen Hängen über der Baumgrenze schnell zu heiß und man ist in schattigeren Lagen weiter unten oder am Ufer des Chiemsees besser aufgehoben. Auch eine Klammwanderung oder der Aufstieg zum kühlen Bergsee kommen jetzt besonderes gut. Will man trotz Sommerhitze auf einen Gipfel steigen, empfiehlt es sich, unbedingt früh genug zu starten und den Aufstieg vor der Mittagshitze zu beenden.

Unten im Tal locken jetzt schöne Badeplätze – nicht nur am Chiemseeufer, sondern auch an den kleineren Seen im Umland. In der kargen Landschaft zwischen den Bergen reihen sich Weit-, Mitter- und Lödensee zu einer blauen Kette. Nördlich des Chiemsees verstecken sich in den grünen Hügeln die Eggstätter Seen und einige kleinere Moorseen mit warmem weichen Wasser. Selbst im Taubensee [› **Tour 28**] hoch über Kössen, kann man im Sommer ein frisches Bad nehmen.

Mitte September ist Viehscheid und alle Almtiere, kehren zurück in ihre Ställe. Die meisten Almhütten sind jetzt geschlossen und stehen zur Einkehr nicht mehr zur Verfügung. Zum Wandern ist auch der Herbst perfekt. Wenn man sorgfältig mit der Zeitplanung umgeht – es wird schon Anfang Oktober recht früh dunkel – steht ausgedehnten Touren nichts im Wege. Mitte bis Ende Oktober schließen nach den Almen auch viele Berghütten, und man ist auf Selbstverpflegung angewiesen. Bis zu den ersten Schneefällen, die schon Mitte Oktober einsetzen können, sind alle Wege begehbar. Der Boden ist im Chiemgau oft lehmig, sodass man bei feuchtem Wetter mit schwierigen Wegverhältnissen durch schmierigen Boden rechnen muss. Wanderstöcke sind dann hilfreich.

Im **Winter** ist in den Bergen um Reit im Winkl Hochsaison. Die Steinplatte und die Winklmoosalm sind ein beliebtes Familienskigebiet. Das Gelände zwischen Geigelstein und Hochfelln ist für Skitouren besonders geeignet. Beim Wandern ist man im Winter auf präparierte Wege angewiesen, die meist von den Gemeinden angelegt werden.

Ein besonders reizvoller Winterausflug ist der Aufstieg zu einer Hütte mit anschließender Fahrt per Rodel ins Tal, wie es z.B. an der Frasdorfer Hütte [› **Seite 91**] oder Hindenburghütte [› **Tour 35**] möglich ist. Am Forsthaus Adlgaß [› **Tour 43**] finden Familien mit jüngeren Kindern eine 600 Meter lange präparierte Abfahrt, die direkt am Forsthaus endet. Ebenso attraktiv sind die Rodelbahnen, bei denen der Aufstieg per Seilbahn erfolgt und man immer wieder ins Tal sausen kann. Auch für Kinder geeignet ist die Rodelbahn am Hocheck [› **Seite 91**], während die Abfahrt an der Hochplatte anspruchsvoller ist [› **Tour 33**].

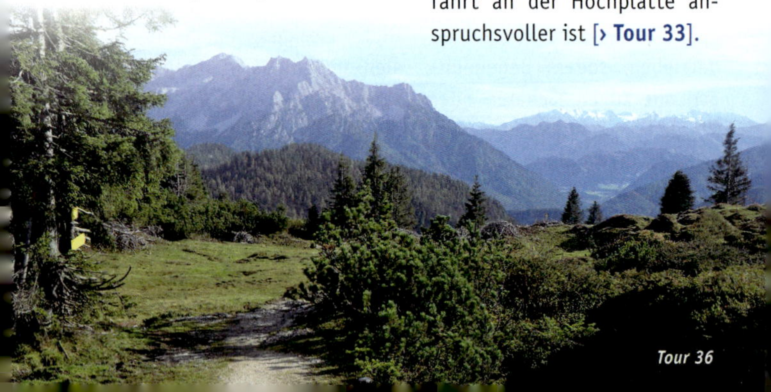
Tour 36

Chiemgau aktiv
Sport, Spiel und Familienabenteuer

Neben Wander- und Fahrradtouren, wie sie in diesem Buch zu finden sind, gibt es auch für Familien weitere Möglichkeiten die Natur zu erleben und sich dabei auf spannende Art und Weise fortzubewegen. Gut geeignet und bei Kindern hochbeliebt sind Touren auf und am Wasser. Ganz den individuellen Bedürfnissen folgend, kann man hier einfach ein Tretboot chartern, sich auf eine beschauliche Paddeltour auf dem See begeben oder zur frisch-spritzigen Raftingtour aufbrechen. Größere Kinder entdecken vielleicht den Trendsport SUP für sich, bei dem man ein Surfbrett mit dem Paddel vorwärtsbewegt, oder machen im Urlaub einen Surfschein. Noch mehr Abenteuer im Freien versprechen Klettertouren aller Art: Neben echten Kletterkursen an Felswänden oder in der Halle kann man im Chiemgau auch unter kundiger Führung eine Expedition durch ein Bachtal starten oder im Hochseilgarten völlig gefahrlos den eigenen Mut erproben.

Schwimmen und Baden

Das Wasser des Chiemsees hat gute Badequalität und an vielen Stellen geht es sanft und langsam in den See, sodass auch jüngere Kinder am Ufer platschen und spielen können. Fast jeder Ort am See hat sein eigenes Strandbad mit Liegewiese und Sand- oder Kiesstrand. Zwischen den Dörfern warten weitere Buchten darauf entdeckt zu werden. Besonders attraktiv für Familien finden wir die langgestreckte Bucht bei Chieming, das Strandbad von Seebruck und den langen naturbelassenen Sandstrand bei Feldwies.

Abseits vom vielbesuchten Chiemseeufer gibt es weitere Badeplätze an den kleineren Seen, die auch im Sommer nicht überfüllt sind. Besonders schöne Strandbäder und einen

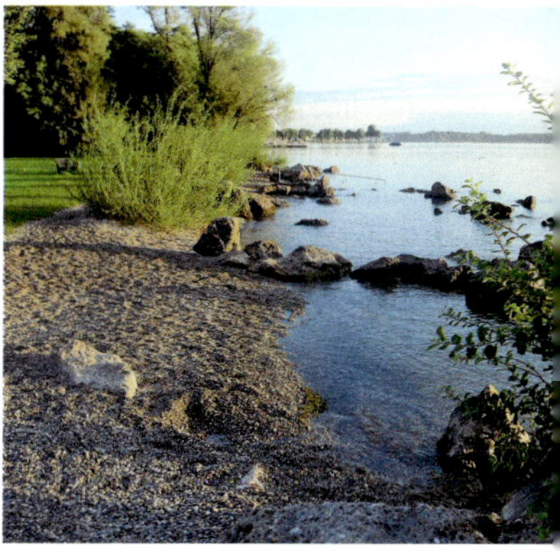

Strandbad am Bootsverleih Schraml bei Prien

einsam gelegenen Campingplatz am Wasser hat der Simssee zu bieten. Weniger bekannt sind auch die kleinen Moorseen wie Tüttensee und Griessee. An den Eggstätter Seen führt **[› Tour 10]** zu gut versteckten Badeplätzen.

Strandbäder sind auf den Regionenkarten **[› Seite 28 und 82]** gelb eingezeichnet und dort kurz beschrieben.

Surfen

Wie alle großen bayerischen Seen ist der Chiemsee an Tagen mit leichter Brise voller weißer Segel. Besonders gut sind die Bedingungen für Surfer und Segler bei Westwind. In allen Surfschulen rund um den See sind auch Kinder ab etwa acht Jahren willkommen. Der dreitägige Anfängerkurs mit Prüfung zum Surfschein kostet etwa 210 Euro zuzüglich Prüfungsgebühr. [› **Seite 33**]

Stand up Paddling

Was macht ein Surfer bei Flaute? Er ersetzt den Wind durch ein Paddel. Stand up Paddling, kurz SUP genannt, ist in. Man steht dabei auf einem breiten Surfbrett und bewegt dieses mit einem langen Paddel langsam über das Wasser. Das Ganze erfordert gutes Gleichgewichtsgefühl und macht auch größeren Kindern Spaß. Die Paddeltechnik ist unkompliziert: Es gibt Kurse für Einsteiger, aber auch *learning by doing* funktioniert. Boards werden an den Surfschulen oder Kanustationen vermietet.

Bootsverleih am Chiemsee:
Die Verleihstationen befinden sich rund um den See meist in der Nähe eines Strandbads. Rund um Prien sind die Bootsverleihe Schraml, Wörndl, Schwarz und Stöffl, in Gstadt die Stationen von Grünäugl und Rappl zu finden. In der Nähe von Seebruck gibt es Boote am Chiemsee Camping. Auch in Chieming und in der Feldwieser Bucht, sowie beim gut ausgestatteten Chiemsee Bootsverleih in Felden kann man Ruder-, Tret- und Elektroboote leihen.

Mit Ruder-, Tret- und Elektroboot

Der unkomplizierteste Kurzausflug auf dem Wasser ist eine Fahrt mit dem Tret- oder Ruderboot. Ein besonders attraktives Ausflugsziel sind Frauen- und Krautinsel, die nicht allzu weit vom Ufer entfernt liegen. Bei Fahrten quer über den See müssen wir allerdings unbedingt auf stabiles Wetter achten. Bei Sturm gebärdet sich das bayerische Meer, als sei es wirklich eines und dabei kommen auch immer wieder unvorsichtige Wassersportler in Seenot. Neben dem Wetterbericht warnen jedoch auch Sturmleuchten am Seeufer rechtzeitig vor Gefahr. Die Miete für ein Tretboot liegt um die 12 Euro pro Stunde, für ein Elektroboot zahlt man etwa 15 bis 30 Euro pro Stunde und ein Ruderboot leihen wir für 9 bis 12 Euro. Für alle drei Bootstypen gibt es günstigere Tages- und Halbtagestarife.

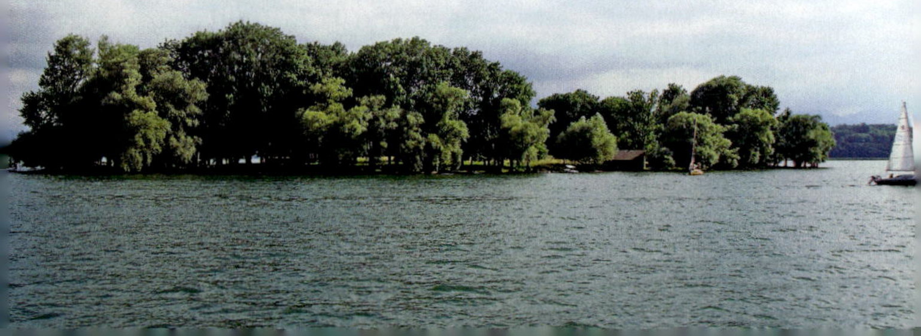

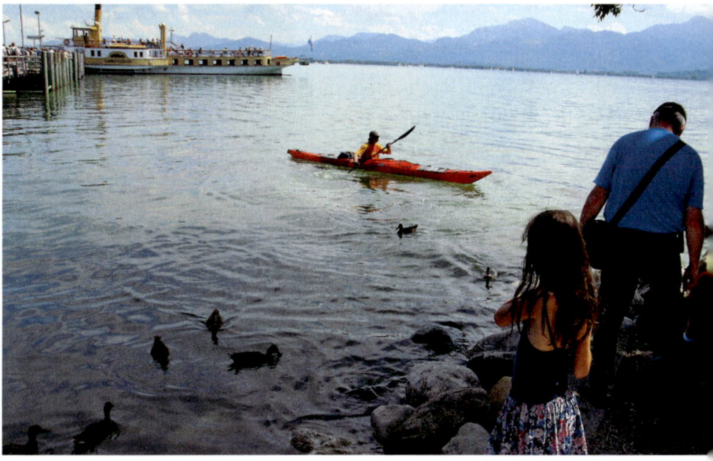

Mit dem Kanu unterwegs

Besonders bequem für Familien sind die recht stabil im Wasser liegenden, oben offenen Kanadier, die mit dem Stechpaddel gefahren werden und sich vor allem für Flussfahrten eignen. Hier passt die ganze Familie in ein Boot. Nur wer auf den See hinaus will, ist mit einem Kajak besser bedient: die flachen Boote bleiben auch bei Wind gut steuerbar und sollten doch einmal mehr Wellen auftauchen als geplant, schwappt kein Wasser ins Boot. Mit Kindern wählt man ein Zweierkajak. Das Boot kann gut von einer Person gesteuert werden und die Kinder sitzen sicher und sichtbar in der vorderen Luke.

Die besondere Qualität eines Kanuausfluges liegt im langsamen Dahingleiten. Man kann Pause machen an Stellen, die oft auf dem Landweg gar nicht erreichbar sind und sieht die Natur aus ganz anderer Perspektive. Die Technik des Paddelns ist leicht zu erlernen, und auch kleinere Kinder können von Anfang an mitmischen, so lange Kraft und Ausdauer reichen.

> Kajaks verleihen die meisten Surfschulen, der Bootsverleih Schraml und Parker Outdoor in Feldwies. Bei Parker Outdoor am Strand von Übersee-Feldwies [› **Seite 33**] kann man auch an geführten Touren teilnehmen. Kanadier für eine Fahrt auf der Alz leiht man in Seebruck beim Bootsverleih Kaufmann in der Nähe der Alzbrücke. [› **Tour 5**]

Wie sportlich eine Paddeltour ausfällt hängt ganz davon ab, welches Gewässer man wählt. Am besten geeignet für Anfänger ist ein ruhiger Fluss. Beim Paddeln auf Seen hat man anfangs besonders viel Mühe, das Boot geradeaus zu steuern. Auch macht die leichte Strömung das Vorankommen müheloser. Das Paddeln auf Flüssen mit stärkerer Strömung bleibt Fortgeschrittenen vorbehalten. Der Schwierigkeitsgrad einer Flussstrecke ist immer auch vom Wasserstand abhängig: So werden zur Zeit der Schneeschmelze Abschnitte, die in trockenen Hochsommern leicht befahrbar sind, zu rauschendem Wildwasser.

Im Kanu mitfahrende Kinder müssen schwimmen können und eine gut sitzende Rettungsweste tragen, die man normalerweise mit dem Boot leiht. Am Kanuverleih bekommt man, bevor es losgeht, eine kurze Einweisung. Mehr Freude an der Sache hat man jedoch, wenn man die Grundtechniken richtig beherrscht. Dazu gibt es einführende Kurse und geführte Touren mit Anleitung.

Im Chiemgau findet sich zwischen Seebruck und Truchtlaching eine gute Paddelstrecke für Anfänger [› **Tour 5**], die auch gerne mit Badebooten befahren wird. Außerdem gibt es geführte Touren auf dem Chiemsee, die meist im Kajak gefahren werden. Wer alleine losziehen will, sollte gut auf das Wetter achten und die Warnsignale am Ufer sehr ernst nehmen, da Wellengang und Wind auf einem so großen See schnell unangenehm und gefährlich werden können.

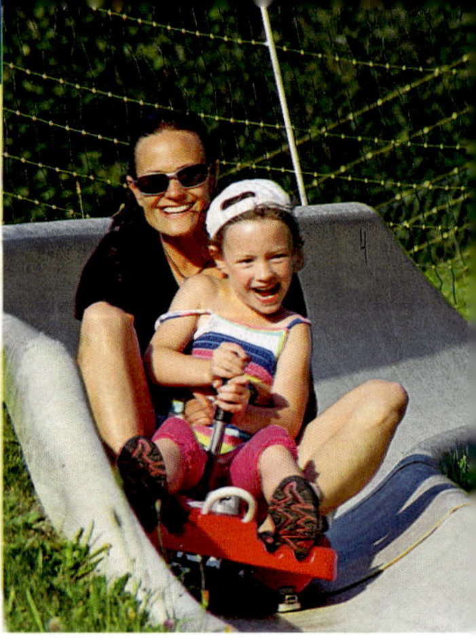

Rafting

Beim richtigen Rafting geht es deutlich feuchter und wilder zu als auf einer Paddeltour. Dafür ist man aber für sein Boot nicht alleine verantwortlich. Raftingtouren werden immer von einem erfahrenen Guide begleitet, der hinten im stabilen Schlauchboot sitzend das Steuern und die Paddelanweisungen übernimmt. Gut verpackt in Neoprenkleidung und ausgestattet mit Schwimmwesten und Helm sitzen die Passagiere am Paddel. Die Familientouren auf der Tiroler Ache sind allerdings eher flotte Schlauchbootfahrten als echtes Rafting und versprechen ungefährliches Wasservergnügen. Trotzdem müssen auch beim

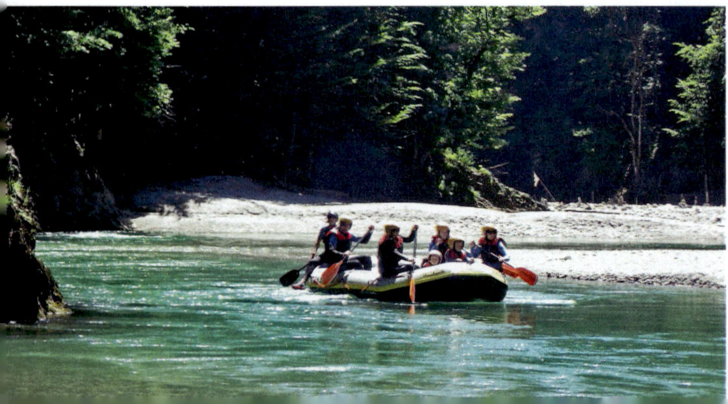

Rafting mitfahrende Kinder sicher schwimmen können.

Sommerrodelbahn und Co.

Um die Talstationen einiger Bergbahnen haben sich in den letzten Jahren wahre Freizeitparks entwickelt, im Chiemgau hält sich der Trubel jedoch in Grenzen und nur am Hocheck bei Oberaudorf und im Märchenpark in Marquartstein gibt es eine Sommerrodelbahn.

Hochseilgarten

Hoch in der Luft baumelnde Seile, Baumstämme oder Seilbahnen verbinden eine Plattform oben im Baum mit der nächsten. Professionell mit Klettergurt und Helm gesichert, überwindet man den Abgrund: mal in einer Holzkistenbahn, mal heißt es auf einem Seil balancieren oder durch ein aus Seilen geknüpftes Spinnennetz steigen. Ein Hochseilgarten wirkt wie eine Mischung aus Affenkäfig und Abenteuerspielplatz. Die einfachsten Parcours sind leicht von sechsjährigen zu meistern und befinden sich wenige Meter über dem Boden, die Profiversion schwankt in 10 bis 15 Metern Höhe in den Baumwipfeln und verlangt neben viel Mut auch recht sportliche Aktionen.

Ein Besuch im Hochseilgarten mit Kindern ist ein Familienevent: Junioren unter zwölf oder 14 Jahren dürfen nämlich nur in Begleitung eines Erwachsenen zwischen die Bäume. Gemütlich zurücklehen und bewundern, wie toll der Nachwuchs das macht, ist also nicht. Gerade weil es ein wenig Mut kostet sich darauf einzulassen, bieten Hochseilgärten besondere und intensive Erlebnisse – sozusagen ein gemeinsam durchlebtes Abenteuer. Kinder be-

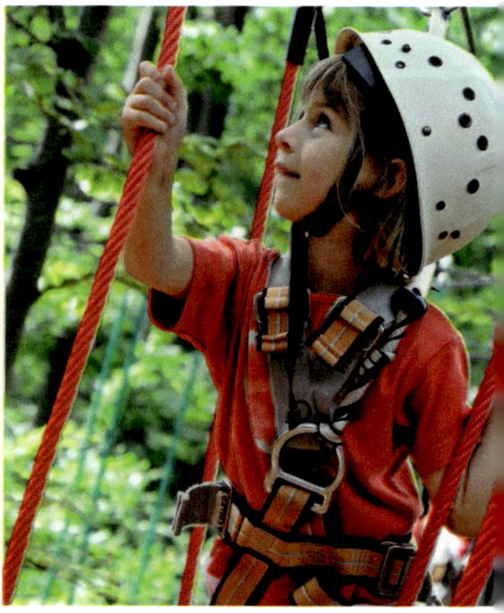

wegen sich zwischen den Bäumen oft viel furchtloser als Erwachsene, sodass die Eltern nicht unbedingt die tollen Helden und Lehrer sind, sondern mit ihren Kindern auf Augenhöhe stehen. Alles Wichtige erklären die Trainerinnen und Trainer. Dann zieht man auf eigene Faust los. Man kann einfach anfangen und sich vorsichtig an Schwierigeres herantasten – im eigenen Tempo und bis zu den persönlichen Grenzen.

Beim ersten Besuch im Hochseilgarten sollte man darauf achten, dass es mehrere einfache Einsteigerparcours gibt. Nur so kann man die Anforderungen langsam steigern. Sehr gut geeignet sind die Anlage in Prien [› **Seite 33**] und bei Reit im Winkl [› **Seite 90**]. Den kleinen Hochseilgarten in Feldwies haben wir wegen seiner schönen Lage als Tourenvorschlag aufgenommen. [› **Tour 3**].

Kletterkurse

Die ersten Erfahrungen im Klettern sammelt man am besten in einer Kletterhalle. Kurse gibt es sowohl für Kindergruppen, als auch für Familien. Hier lernen Eltern und Kinder gemeinsam, wie man mit Klettergurten umgeht, die richtigen Knoten schlingt und einen Kletterer sichert. Die Kletterhalle der DAV-Sektion Prien in Bernau ist für Kletterer täglich von 8 bis 22 Uhr geöffnet. Etwa einmal im Monat gibt es hier einen Schnuppertag für Kinder von sechs bis zehn Jahren. Für Kinder aus der Region gibt es Klettergruppen.

Viele Kletterrouten mit moderatem Schwierigkeitsgrad bietet die Zellerwand bei Schleching. Der kleine Campingplatz am benachbarten See, ist ein gutes Basisquartier für kletterbegeisterte Familien mit eigener Ausrüstung. Mehr Infos gibt es im Kletterführer »Chiemgau Rock«, in dem alle Klettergebiete der Region ausführlich beschrieben sind.

Canyoning

Canyoning ist eine besonders abenteuerliche Art, ein Flusstal oder eine Klamm zu entdecken. Ganz nah dran an der Natur folgt man dem Fluss oder Bach weglos in seinem Bett. Dort wo das Wasser über Felsstufen fällt, werden diese durch Abseilen überwunden. Fortgeschrittene nutzen Felsrinnen zum Rutschen und tiefere Pools für Sprünge vom Felsen in die Wasserbecken.

Beim Canyoning trägt man einen Neoprenanzug. Zur Ausrüstung

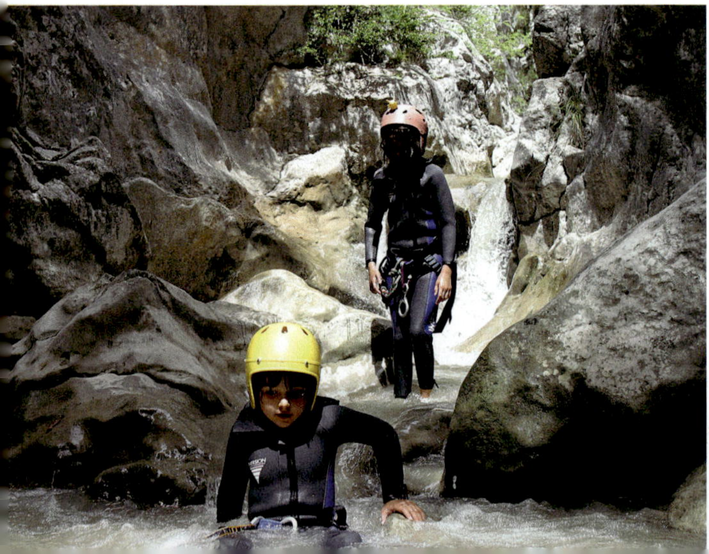

gehören außerdem Klettergurt und Helm. Vor einigen Jahren noch eine Extremsportart, wird Canyoning in weniger schroffen Schluchten inzwischen auch für Familien mit Kindern angeboten. Wichtig bei der Auswahl eines Veranstalters ist hier, dass die Begleiter kinderorientiert erklären und Geduld und Verständnis mitbringen. Schwierige Stellen muss man einfach umgehen können, dann steht dem Familienabenteuer nichts im Wege. Der Adventure Club Kaiserwinkl im österreichischen Kössen [› **Seite 91**] hat unter dem Namen »Kids Canyoning« eine aufregende Canyoningtour für Kinder ab acht Jahren im Programm. Sie dauert 2,5 bis 3 Stunden und kostet pro Kind bis 15 Jahre 45 Euro (Erwachsene 36 Euro). Bei Natur Pur in Schleching dürfen Kinder ab acht Jahren mit auf die Familien-Einsteigertour.

Reiten

Auf vielen Ferienbauernhöfen im Chiemgau gibt es auch Ponys, auf denen die kleinen Gäste reiten dürfen. Die Reiterhöfe in der Region sind eher auf Ponyhofferien für Kinder spezialisiert, haben aber auch jeweils zwei bis drei Ferienwohnungen auf dem Hof zu vermieten. Auch externe Gäste können an Reitstunden und Ausritten teilnehmen und zum Ponyreiten kommen.

Richtige Reiterferien kann man auf dem Isländerhof am Brendlberg bei Ruhpolding verbringen [› **Seite 90**]. Dort und in Brannenburg im Inntal sind Familien auch zum Ponyreiten willkommen.

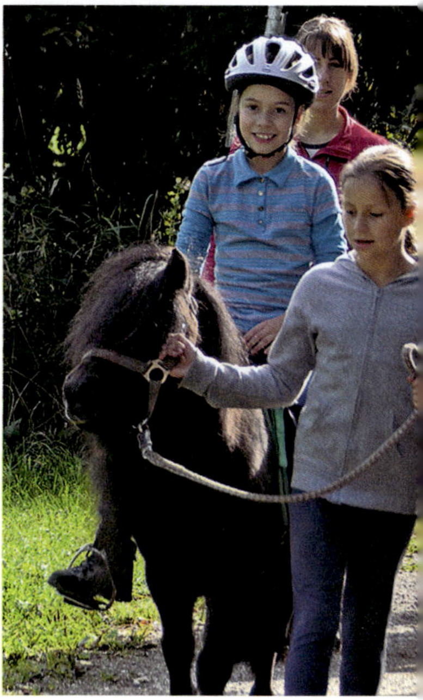

Fahrradtouren

Am Chiemsee ist das Fahrrad ein komfortables Verkehrmittel. Ein markierter Radweg führt rund um den Chiemsee, ein weiterer am Fluss entlang ins Achental. Man radelt hier durch eine beeindruckende Bergkulisse und Pausen auf den Kiesbänken der Tiroler Ache oder an einem der vielen Badeplätze am Seeufer, macht aus dem Radeln eine gemütliche Sache. Geht einem unterwegs doch mal die Luft aus, hilft der Ringbus, der im Sommer einen Fahrradanhänger im Schlepptau hat. Auch auf den Ausflugsbooten ist meist Platz für ein paar Räder.

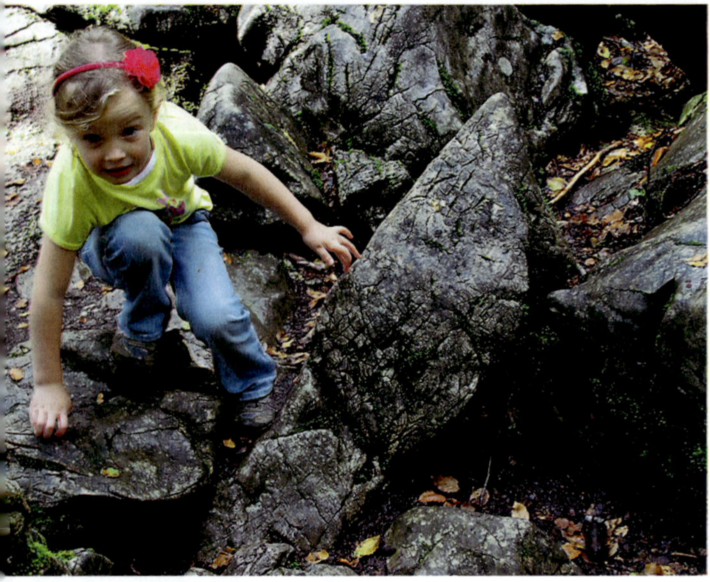

Hike and Bike mit Zwergen

Mit Kindern im Kita-Alter zu wandern, ist für Eltern immer mal wieder eine Geduldsprobe. So schön es sein kann, sich auf Kinder-Bummeltempo einzulassen und die Welt mit Kinderaugen wahrzunehmen, bewegungsfreudige Eltern kommen dabei manchmal etwas zu kurz. Lernen die Kinder dann Fahrrad fahren, kann man mit kombinierten Rad-Wandertouren das Tempo erhöhen und den Bewegungsradius für Eltern deutlich erweitern. Die Kids sausen mit dem Rädchen voraus und die Erwachsenen laufen flott hinterher.

Kinder müssen dazu schon so sicher fahren, dass sie mit kleinen Steigungen und engen Wegstellen zurechtkommen. Die Strecken sollten keine zu langen Steigungen und keine wirklich gefährlichen Stellen wie zum Beispiel steile Böschungen am Weg aufweisen. Kleine Hügel oder ein paar Hoppelstellen sind für fortgeschrittene kleine Radler eher spannend, vor allem wenn man das Ganze als echte Mountainbike-Abenteuertour verkauft. Besonders geeignet für solche Touren sind unsere Wanderungen in Seenähe.

Wandern

Wer im Chiemgau nicht wandert versäumt das Schönste, was die Berge zu bieten haben. Lässt man sich Zeit und wählt die richtigen Wege, kann man auch mit Kindern erfüllende, erlebnisreiche Tage im Gebirge verbringen. Damit gleich die ersten Bergtouren ein Erfolg werden, haben wir auf den folgenden Seiten das wichtigste Know-How zum Wandern mit Kindern zusammengestellt.

Mit Kindern in die Berge – Eine Einführung für Einsteiger

Kinder wandern anders. Sie tauchen tiefer ein in die Natur. Wir Erwachsenen laufen oft erstaunlich achtlos an spannenden Dingen vorbei, weil wir nur das Ziel und das Vorankommen im Blick haben. Wenn Kinder draußen unterwegs sind, wollen sie alles betrachten, was am Wegrand wächst oder krabbelt. Auch Toben, Spielen und Klettern steht hoch im Kurs. Dazu braucht es Zeit und die richtige Umgebung. Die ersten Touren mit jüngeren Kids sollten daher eher kurz sein. Als Ziel eignet sich jeder Platz, an dem man gut spielen kann. Das wird nicht unbedingt der von Erwachsenen anvisierte Berggipfel sein. Eine Almhütte mit Tieren, ein Spielplatz am Berghang, ein See- oder Bachufer sind viel besser geeignet. Ein Kletterfelsen oder ein Kletterbaum werden zu reizvollen Zwischenzielen und zum perfekten Platz für eine Pause und ein Picknick. Mit dem Blick vom Gipfel lockt man erst die Größeren.

Kinder in der Kraxe

Wandern ohne selbst zu laufen

Im unwegsamen Gelände sind Babys bis etwa sechs Monate in einer Babytrage oder einem Tragetuch gut aufgehoben. Die Trage wird mit Steckschnallen befestigt und meistens vorne getragen. Das Tragetuch ist flexibler zu verwenden und kann vor dem Bauch und auf dem Rücken eingesetzt werden. Die Wickeltechnik braucht allerdings etwas Übung. Ist der Boden mal nicht so trocken und sauber, hängt ein Tuch dabei schnell im Dreck.

Ungefähr ab einem halben Jahr wird ein Kind für eine einfache Babytrage zu schwer. Für Kleinkinder gibt es Rückentragen, deren Tragesystem dem eines Trekkingrucksacks entspricht. In Süddeutschland werden sie auch als Kraxe bezeichnet. Eine Kraxe eignet sich erst für Kinder, die bereits sicher frei sitzen können. Für längere Touren sollte das Kind mindestens ein Jahr alt sein. In Bezug auf die Passform muss eine gute Kindertrage die glei-

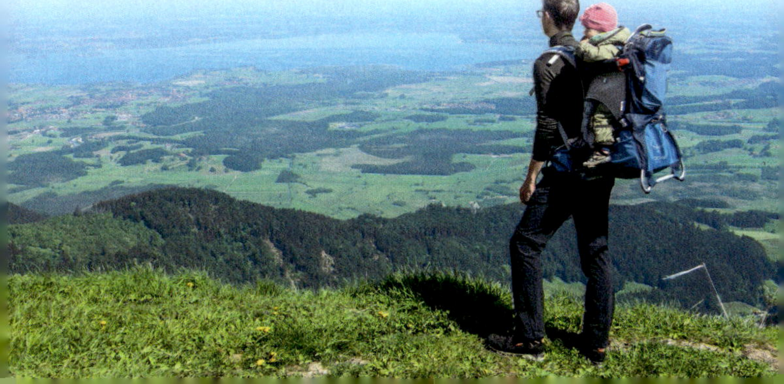

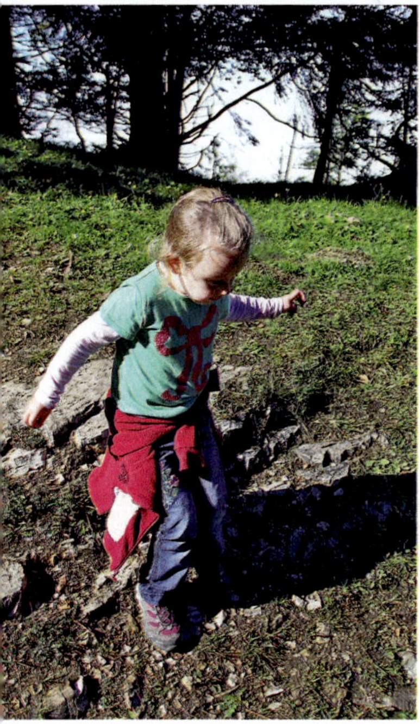

chen Kriterien erfüllen wie ein Tourenrucksack: Sie braucht einen gepolsterten Hüftgurt, der das Hauptgewicht auf die Beckenkochen überträgt, die passende Rückenlänge sowie verstellbare Schultergurte. Für den Komfort des Kindes sollte der Sitzbereich gepolstert sein. Gurtschlaufen für die Füße verhindern, dass die Innenseiten der Beine am Sitz klemmen und so die Blutzufuhr erschwert wird. Ein Dach schützt an heißen Sommertagen und bei Regen und Wind. Das Kind muss außerdem angeschnallt werden können. Schließlich sollte die Trage noch einen ausklappbaren Bügel für einen sicheren Stand aufweisen.

Da die Last im Rucksack lebendig ist und sich bewegt, bringt sie uns leichter aus dem Gleichgewicht als ein Rucksack mit demselben Gewicht. Wanderstöcke geben zusätzlichen Halt und entlasten beim Bergabgehen die Gelenke.

Weil sich die Kinder in ihrem luftigen Sitz nicht bewegen können, kühlen sie schnell aus. Handschuhe und warm verpackte Füße sind wichtig, wenn es kühler ist. An heißen Tagen muss das Kleinkind gut vor der Sonne geschützt werden. Regelmäßige Pausen sorgen für Abwechslung und Bewegung: Eine Almwiese oder ein flaches Bach- oder Seeufer, an dem auch die Kleinsten gefahrlos spielen können, sind hier geeignete Ziele. Ein paar große Steinblöcke zum Klettern machen dabei auch schon Zwei- oder Dreijährigen viel Spaß.

Geduld und kurze Beine *(3–5 Jahre)*

Etwa ab drei oder vier Jahren laufen Kinder längere Strecken am Stück. Sie sind in diesem Alter sehr leicht ablenkbar. An jeder Ecke gibt es etwas Interessantes zu sehen und vorwärts geht es nur sehr langsam. Für die Kraxe ist das Kind inzwischen zu schwer – tragen kann man es nur noch kurze Stücke. Das Einzige, was hilft, ist viel Geduld. Touren sollten nicht mehr als eine bis eineinhalb Stunden reine Gehzeit haben – mit den Kleinen dauert es mindestens doppelt so lange, sodass aus einer kurzen Wanderung schnell eine vollwertige Halbtagestour wird.

Abenteuerspielplatz Natur
(6 – 9 Jahre)

Bei Kindern im Grundschulalter sind die Unterschiede in Tempo und Ausdauer besonders groß. Laufzeiten für Erwachsene sollten immer noch um die Hälfte erhöht werden, um eine realistische Vorstellung vom Zeitaufwand zu haben. Erst nach und nach entwickelt man ein Gefühl für das individuelle Tempo der eigenen Familie. Kinder, die schon Bergerfahrung mitbringen, schaffen jetzt teilweise schon ganz erstaunliche Touren.

Für Eltern, die mit ihren Grundschulkindern die ersten Bergtouren planen, kann das aber kein Maßstab sein. Maximal zwei bis drei Stunden Gehzeit, davon höchstens eine Stunde bergauf, sind ein guter Anfang. Viele Pausen und viel Zeit zum Spielen sowie ein spannendes Ziel sind bei der Planung besonders wichtig.

Kinder in diesem Alter spielen meist besonders fantasievoll und lassen sich von der passenden Umgebung leicht anregen. Schon ein Bach weckt Ideen – vor allem, wenn mehrere Kinder zusammen sind. An einem Kletterfelsen können sie ohne Gefahr die ersten Kraxelversuche machen, und auch eine Übernachtung in einer Berghütte könnte ein besonderer Höhepunkt sein. Gerade Kinder dieser Altersgruppe laufen viel lieber auf schmalen Pfaden, die nach Abenteuer riechen und die Fantasie anregen, als auf breiten Schotterwegen. Mit der Schulreife entsteht auch ein Bewusstsein für Gefahren, sodass man beginnen kann, auch Bergpfade mit kurzen, anspruchsvolleren Passagen zu laufen.

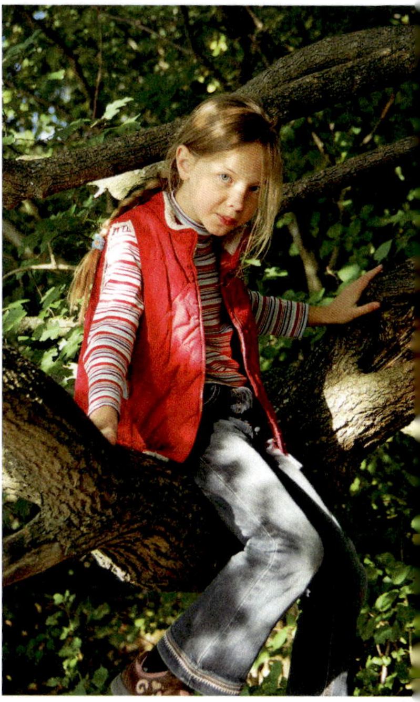

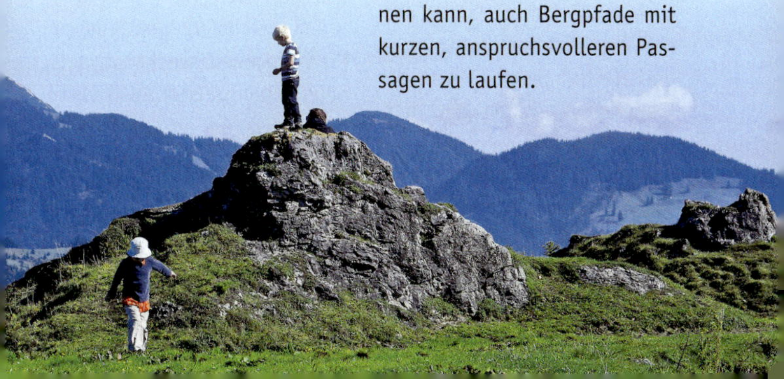

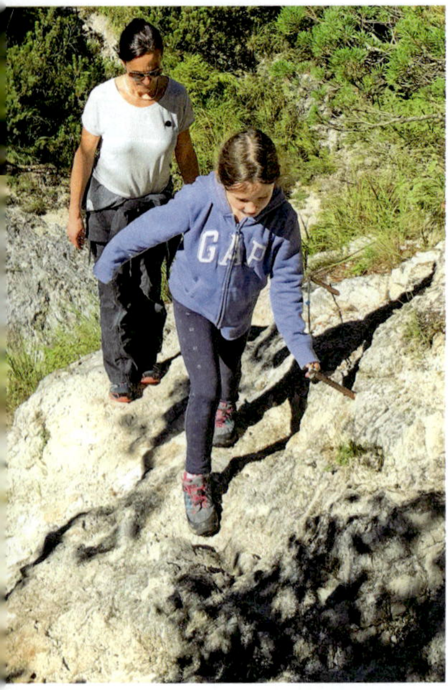

Mitplanen statt Mitlaufen
(10 – 13 Jahre)

Nach und nach entwachsen die Kinder dem Spiel- und Tobealter. Haben sie schon Bergerfahrung gesammelt, sind sie jetzt sicher genug für Touren mit kleinen Klettereinlagen und für aufregende Wege mit Seilsicherung und Weitblick. Auch für einen tollen Gipfelblick kann man die Großen inzwischen begeistern. Ihre Ausdauer reicht langsam an die eines Erwachsenen heran. Die Motivation ist meist eher der springende Punkt. Kinder dieser Altersgruppe sollte man deshalb auf jeden Fall an der Planung beteiligen und mitreden lassen.

Unterwegs finden viele es spannend, Karte zu lesen, den Weg zu suchen, Entfernungen einzuschätzen oder zu fotografieren – je nachdem, wo die persönlichen Interessen liegen. Auch Mehrtagestouren mit Übernachtung im Zelt oder in einer Hütte sind mit größeren Kids, die schon einen Teil ihres Gepäcks selbst tragen können, gut möglich und erhöhen den Abenteuerfaktor des Familienprogramms. Die Gehzeiten der Großen unterscheiden sich kaum von denen Erwachsener – nur etwas mehr Zeit für Pausen muss man weiterhin einplanen.

Ist die ganze Familie höhensicher, können Klettersteige Abwechslung und neue Spannung ins Familienprogramm bringen. Beim Alpenverein, in Kletterzentren oder Bergschulen gibt es Einführungskurse, in denen Kinder und Eltern lernen sich richtig zu sichern.

Von breiten Wegen und schmalen Pfaden

Familientouren auf den Tourismusseiten der Bergorte führen oft möglichst eben über breite Schotterwege. Natürlich ist man auf solchen Wegen besonders sicher – spannend ist so eine Wanderung allerdings nicht. Besonders Kinder langweilen sich auf geraden Forststraßen und geschotterten Fahrwegen – ein schmaler, gewundener Pfad dagegen weckt schnell neue Lebensgeister.Auch steinige Passagen, an denen man klettern kann, kleine Treppchen und enge Durchgänge zwischen Felsen sprechen Spieltrieb und Fantasie an und machen einfach mehr Spaß.

Manche dieser schmaleren Wege sind gefahrlos auch mit jüngeren Kindern zu begehen. Oft gibt es auf Bergpfaden aber auch riskantere Stellen, an denen das Laufen Konzentration erfordert. Vor allem am Anfang müssen Eltern in der Nähe bleiben und dafür sorgen, dass zu wagemutige Abenteurer sich nicht in Gefahr bringen.

Kinder im Kitaalter sind noch nicht in der Lage, solche Gefahren einzuschätzen. An Wege, die am Hang entlang führen und dabei auch erste leicht ausgesetzte Stellen haben, kann man Kinder ab dem Grundschulalter heranführen. Sie brauchen dabei in etwa dieselben Fähigkeiten, die ein Kind dazu qualifizieren, sich im Straßenverkehr zurechtzufinden. Wenn man Kinder unterwegs beobachtet und ihnen erklärt, wo man aufpassen muss und warum, entwickeln sie schnell selbst ein Bewusstsein für Gefahren.

Die ersten Versuche mit anspruchsvollerem Gelände macht man dabei auf Touren mit kurzen schwierigen Passagen. Strecken, auf denen man über längere Zeit wirklich konzentriert laufen muss, eignen sich frühestens mit Kindern ab acht bis zehn Jahren.

Trittsicher und schwindelfrei?

Wer sich auf Wege mit alpinem Anspruch wagt, den erwarten steinige Pfade, Felsstufen und auch mal ausgesetzte Wegab-

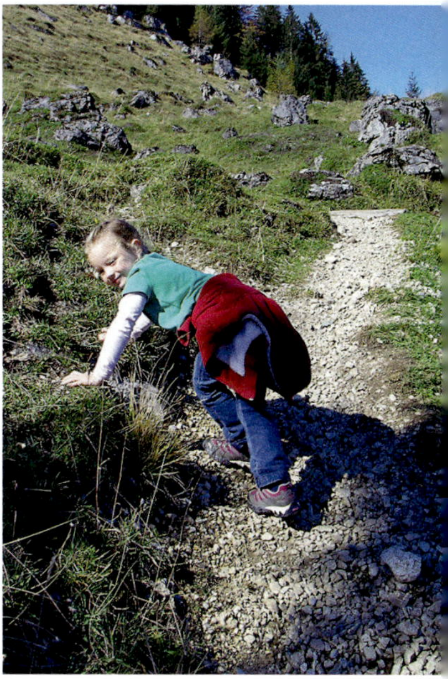

schnitte mit oder ohne Sicherungsseile. Dazu sollte man trittsicher und einigermaßen schwindelfrei sein. Ein Fehltritt kann in alpinem Gelände leicht zu einem Unfall führen.

Bei Kindern geht es hier einerseits um Geschicklichkeit, andererseits aber auch um die Fähigkeit, sich über einen längeren Zeitraum auf den Weg zu konzentrieren und sich der Situation entsprechend vernünftig zu verhalten. Dazu gehört es auch, Rücksicht zu nehmen und die Sicherheit anderer nicht zu vergessen. Wer zum Beispiel an Steilhängen beim Gehen Steine lostritt, bringt auf einem abschüssigen Serpentinenpfad weiter unten laufende Wanderer in Gefahr.

Wie schwindelfrei man ist, muss man austesten. Einigen Menschen wird es schon auf einem schmalen, an einer Seite abschüssigen Pfad mulmig, andere meistern ungerührt die schmalsten Gratwege und bleiben selbst an ausgesetzten Felsabbrüchen cool. Weniger gelassene Wandernde dürfen absolute Furchtlosigkeit von Wandergefährten auch einfach mal als Mangel an Fantasie interpretieren, um sich selbst nicht unter Druck zu setzen. Wer am Berg seine Ängste übergeht, bringt sich und andere in Gefahr. Im Zweifelsfall dreht man einfach um.

Oft verändert sich das Empfinden von Schwindel mit wachsender Erfahrung. Eine sehr gute Möglichkeit, sich selbst an Höhe und Abgründe zu gewöhnen und Sicherheit zu gewinnen, ist ein Kletterkurs oder der Besuch eines Hochseilgartens. Hier kann man die Anforderungen langsam und völlig ohne Risiko steigern, und Spaß macht es auch noch.

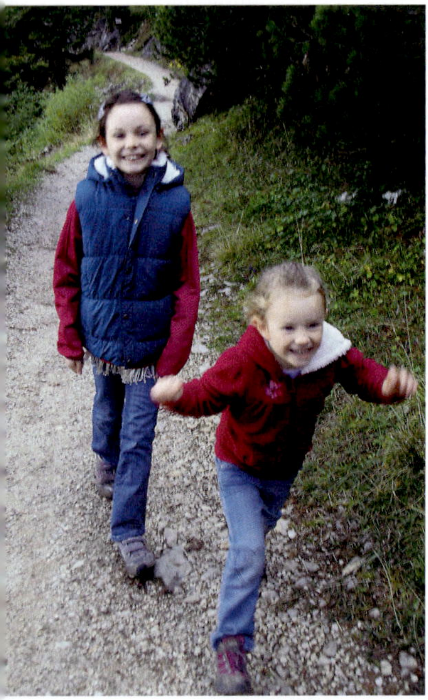

Höhenmeter und Gehzeiten

Für Kilometerangaben entwickelt man im Laufe eines Lebens ein ungefähres Zeitverständnis. Um auch ein Gefühl für Höhenmeter zu bekommen, braucht es erst einmal einen Anhaltspunkt. Etwa drei bis vier Kilometer in der Stunde schaffen Erwachsene in normalem Gehtempo in der Ebene. Geht es bergauf, kalkuliert man maximal 300 bis 400 Höhenmeter in einer Stunde. Aufstiege unter 200 Höhenmetern werden sportliche Familien einigermaßen unauffällig wegstecken. 400 Höhenmeter bedeuten aber schon einen recht anstrengenden Aufstieg, der untrainierte Wandernde ordentlich fordert.

Müheloses Bergaufgehen benötigt die richtige Technik. Langsam und gleichmäßig zu laufen – nur so schnell, dass man nicht außer Atem kommt – entspricht nicht unbedingt dem normalen kindlichen Bewegungsmuster. Hält man das gleichmäßig langsame Gehen durch, läuft man sich mit der Zeit (und wachsender Kondition) ein und kommt dann relativ mühelos den Berg hinauf. Trainierte, erfahrene Wanderer gehen oft lieber bergauf als bergab, wo der Schub der Bewegung abgefangen werden muss, was die Gelenke belastet.

Kinder wandern, wenn es nicht zu steil ist, meist mühelos ins Tal. Entwickelt man also nicht den Ehrgeiz, die Kinder als »richtige« Wanderer zeitig ans Bergaufgehen zu gewöhnen, kann man es sich auch ein wenig einfacher machen und den »Bergabschwung« der Kinder für unbeschwerte Ausflüge nutzen. Für den Aufstieg braucht man dann allerdings eine Bergbahn.

Mit der Seilbahn hinauf?

Eine Seilbahn verlegt unseren Startpunkt um einige Höhenmeter und bringt uns dahin, wo die Berge am schönsten sind. Hat man sich ein Stück von der Bergstation entfernt, findet man hier meist schmale Steige, und der weite Blick über die vielen Gipfel verzaubert auch kleinere Wanderer. Oft kann man auch noch höher steigen und erreicht so mit einem moderaten Aufstieg von 300 bis 400 Metern Gipfel mit alpinem Charakter.

Wo eine Bergbahn fährt, ist es allerdings selten einsam. Rund um die Stationen sind viele Spaziergänger unterwegs, deren Ziel der nächste Gasthof oder einer der vielen Bergspielplätze ist. Ein weiterer Nachteil am Wandern mit der Bergbahn ist der Preis. Für eine Familie wird so ein Ausflug schnell zu einer kleinen Investition. Wegen ihrer hohen Unterhaltskosten sind die großen Kabinenbahnen und Standseilbahnen auch im Fahrpreis

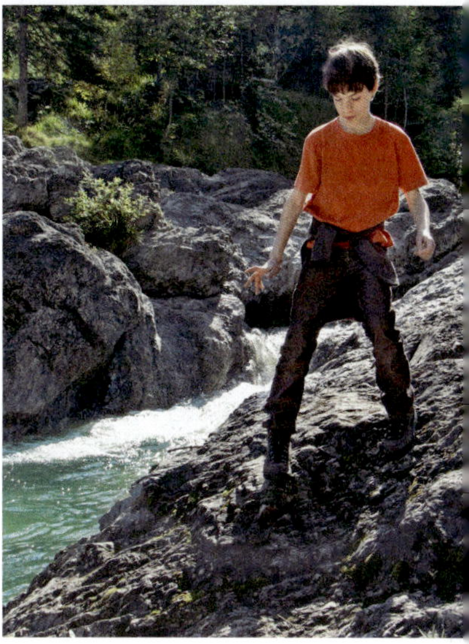

besonders teuer. Preisgünstiger fährt man mit den kleineren Gondeln und Sesselliften wie zum Beispiel der Hochplattenbahn zur Staffnalm oder dem Sessellift von der Winklmoosalm aufs Dürrnbachhorn.

Wandern mit Kinderwagen

Ein Wanderweg, den man mit dem Kinderwagen befahren kann, darf nicht zu steil sein und braucht glatten Untergrund. Wurzeln, Stufen, Engstellen oder dicke Steinblöcke – alles was einen Weg für laufende Kinder interessant werden lässt – macht Wege für Kinderwagen unpassierbar. Wer Kinder unter vier Jahren mit auf die Bergtouren in diesem Buch nehmen möchte, braucht daher eine Kraxe. Die ebenen Rundwege in der Nähe des Chiemsees sind dagegen zum großen Teil auch mit einem geländegängigen Kinderwagen passierbar.

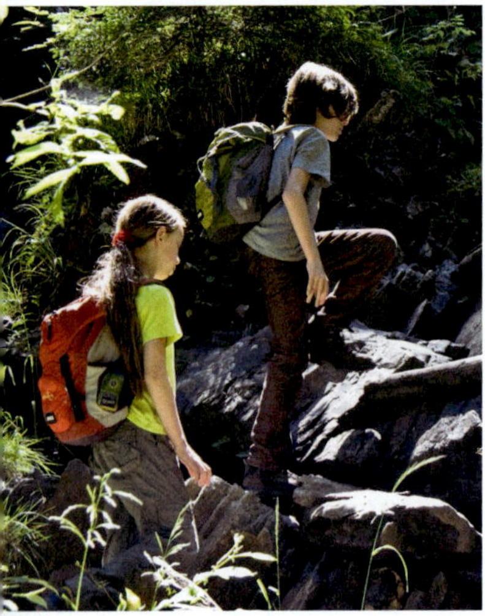

Was muss mit?

Wanderausrüstung für Familien

Für alle Touren im Hochgebirge sind Wanderschuhe notwendig, auch für Kinder. Auch bei den kürzeren Wanderungen mit wenig Steigung im Voralpenbereich sollten Kinder feste Schuhe tragen. Diese brauchen ein griffiges Profil und sollten über die Knöchel gehen, um genügend Halt zu bieten.

Am Berg scheint die Sonne besonders intensiv. Im Sommer ist ein gut sitzender Sonnenhut mit UV-Schutz und Sonnencreme unverzichtbar. In höheren Lagen gehört außerdem immer eine Jacke ins Gepäck – am besten eine wasserdichte. Wer einmal beobachtet hat, wie rasant im Gebirge Wolken aufziehen können und wie schnell es dann abkühlt, wird sie auch an einem warmen Sommertag nicht vergessen. Kurze Hosen sind bei den Kleinsten nicht so optimal. Selbst eine dreiviertellange Hose bietet besseren Schutz, sollte ein Stolperer auf steinigem Boden doch mal zum Sturz führen. Deshalb gehören auch Pflaster oder sogar ein kleines Erste-Hilfe-Set zur Standardausrüstung, wenn man in Begleitung von Kindern wandert – vielleicht ergänzt mit ein paar Blasenpflastern. Im Frühjahr und Herbst sollte zusätzlich zur Regenjacke ein warmer Pulli (z.B. Fleece) in den Rucksack.

Bewegung und frische Luft machen hungrig und hungrige oder durstige Kinder werden richtig schnell unleidlich. Auch wenn eine Einkehr geplant ist, braucht es daher immer ein paar leckere Snacks im Gepäck. Wenn ihr eure Kids fürs Wandern begeistern wollt, ist es durchaus eine gute Idee, das einzupacken, was sie besonders gerne mögen. Die Aussicht auf ein Picknick am Bach, einen Kaiserschmarrn auf der Hütte oder eine Einkehr im Café hat schon viele Kids wie magisch den Berg hinaufgezogen. Auch eine gefüllte Wasserflasche gehört zur Ausrüstung. Im Sommer sollte man nicht zu knapp kalkulieren: ein Liter Wasser für Erwachsene und einen halber Liter pro Kind sind das Minimum.

Manche Kinder finden es toll, einen eigenen Rucksack zu tragen. Die Wasserflasche passt hinein, eine Jacke oder vielleicht ein Kuscheltier, das unbedingt mit zum Ausflug muss und auch all die Steine, Zweige und Schneckenhäuser, die unterwegs unbedingt gesammelt werden müssen. Wichtig ist dabei nur, dass das Gepäck nicht zu schwer wird. Kinder bis sechs Jahre sollten nicht mehr als ein Kilo auf dem Rücken tragen. Älteren Kindern sollte man zumindest den Transport von Wasserflaschen und Jacken selbst überlassen, damit die Eltern nicht zu Lasteseln werden. Sie können dann auch ein Taschenmesser, den Fotoapparat oder ein Fernglas einpacken. Für Kinder bis neun Jahre sollte laut Informationen des Alpenvereins das Gewicht des Rucksacks drei Kilo nicht überschreiten, Zwölfjährige schaffen bis fünf Kilo.

Wanderstöcke sind für die Eltern angenehme Hilfsmittel. Ich schätze sie vor allem beim Abstieg, wenn es mal etwas steiler wird oder auf rutschigen Schotterwegen. Auch bei feuchtem Wetter, wenn Wald- und Wiesenpfade nass und schmierig werden, sind Stöcke eine echte Hilfe. Trägt man ein Kind in der Kraxe, sind sie auf unebenen Wegen beinahe unverzichtbar. Kinder kommen meist ganz gut ohne zurecht, finden es aber toll, zwischendurch mit der Profiausstattung der Eltern unterwegs zu sein. Mit etwas Fantasie wird ein Teleskopstock auch zum Schlepplift am Berg oder zum Pferdchen spielen verwendet. Alternativ sucht man einen Wanderstock im Wald. Ist das richtige Exemplar gefunden, wird er, mit Schnitzmustern verziert, zu einem ganz besonderen persönlichen Stück.

Wer mit Kindern am Wasser unterwegs ist, sollte außerdem Kleidung zum Wechseln einpacken. So lässt es sich unbeschwert toben und balancieren, ohne dass ein Ausrutscher mit nassen Füssen das vorzeitige Ende des Ausflugs heraufbeschwört.

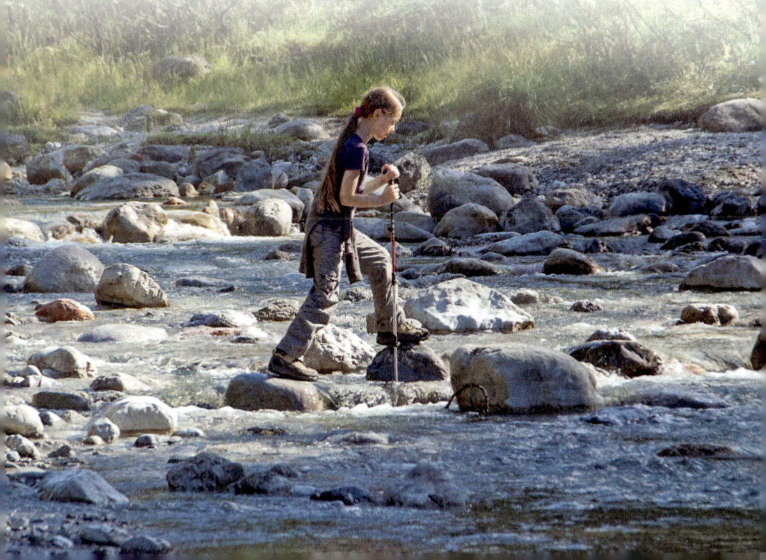

Die Touren in diesem Buch

Altersgrenzen und Schwierigkeitsgrad

Für jede Tour gibt es im Infokasten auf der ersten Seite eine Altersempfehlung. Alle Altersgrenzen sind durchschnittliche Werte und auch abhängig von der bereits vorhandenen Erfahrung. Vor allem mit den Kleinsten startet man vorsichtig, aber auch mit größeren Wanderneulingen sind kurze, technisch nicht zu schwierige Touren für den Anfang richtig. Steigern Sie den Anspruch langsam und warten Sie mit längeren Touren, bis Sie Motivation und Sicherheit Ihrer Kinder einschätzen können.

Gehzeiten

Die Geschwindigkeit von Kindern ist selbst innerhalb einer Altersgruppe recht unterschiedlich. Die angegebenen **Gehzeiten sind daher am moderaten Tempo von Erwachsenen** gemessen. Wir kalkulieren dabei auf unkomplizierten Wegen mit drei Kilometern oder 300 Höhenmetern in einer Stunde.

Für Kinder unter sechs Jahren müssen bis zu 50 Prozent mehr Zeit eingerechnet werden! Auch Grundschulkinder benötigen noch etwas Zeitzugabe. Mit wachsender Erfahrung entwickelt man auch ein Gefühl für das individuelle Tempo der eigenen Familie. Zusätzlich ist genügend Zeit für Pausen wichtig. Beträgt die reine Gehzeit ein bis zwei Stunden, wird daraus mit Kindern im Vorschulalter durchaus ein vollwertiger Halbtagesausflug.

Schwierigkeitsgrad

Neben dem Anspruch an die Kondition der jungen Wanderer ist der Schwierigkeitsgrad der Wege ein wichtiger Aspekt bei der Auswahl einer passenden Tour. Unter der Rubrik »Anspruch und Charakter« im Tourensteckbrief beschreiben wir die Beschaffenheit der Wege und eventuelle wandertechnische Schwierigkeiten wie schmale Pfade an Böschungen, ausgesetzte Engstellen mit Seilsicherung oder Felsbereiche, in denen ein bisschen Klettern angesagt ist. Auch die Anzahl der Wanderstiefel im Kopf des Tourensteckbriefes kennzeichnen den technischen Schwierigkeitsgrad: Ein Stiefel markiert eine Einsteigertour, für Wanderungen mit drei Stiefeln sollte man schon Bergerfahrung gesammelt haben.

Planung und Motivation

Kinder motiviert ein erreichbares Ziel vor Augen. Deshalb unterteilen wir die Strecke gerne in mehrere überschaubare Etappen und machen öfter eine Pause zum Spielen oder für einen kleinen Snack. Trotz allem wird es immer wieder Momente geben, in denen die Motivation auf der Strecke bleibt. Oft helfen dann kleine

Wanderspiele, wie sie zum Beispiel auf unserem Blog unter www.wandern-mit-kindern.info zu finden sind.

Älteren Kindern kann man auch die Wanderkarte in die Hand drücken und ihnen eigenverantwortlich die Führung der Gruppe übertragen. Aus lustlosen Mitläufern werden dann aktiv beteiligte Wanderer.

Hat man sich in der Strecke verschätzt oder an einem schönen Platz die Zeit vergessen, sollte man das Erreichen des Zieles nicht erzwingen. Viele unserer Touren lassen sich abkürzen. Nur wenn auch die Kinder Spaß an der Wanderung haben, werden sie beim nächsten Mal gerne wieder dabei sein.

Orientierung

Die Wanderungen in diesem Buch führen alle über gekennzeichnete Wanderwege. Sie sind mit Farbpunkten an Bäumen und Steinen markiert. An Abzweigungen stehen oftmals zusätzlich Wegweiser mit meist gelben Hinweisschildern. Die Beschreibung und die Karte im Buch sollten zusammen mit der Markierung vor Ort ausreichen, um unsere Wege sicher zu finden. Zusätzliche Karten sind nicht zwingend notwendig.

Eine gute Ergänzung sind jedoch digitale Karten auf dem Handy. Ihr größter Vorteil ist, dass man sich unterwegs jederzeit orten kann. Zusammen mit der Nutzung unserer GPS-Tracks bieten sie eine sehr bequeme Möglichkeit, um in jedem Fall sicher und stressfrei auf dem richtigen Weg zu bleiben. Da die Netzabdeckung in den Bergen nicht überall ausreicht, ist es sinnvoll vorher mit einer WLAN-Verbindung Offlinekarten aufs Handy zu laden.

GPS-Daten

Zu allen Touren stehen unter **www.naturzeit-verlag.de** GPS-Tracks zum kostenlosen Download bereit. Die Daten sind anhand einer digitalen Karte erfasst und unterstützen mithilfe von GPS-Gerät oder Handy-App die Orientierung unterwegs. Mehr Infos zur Navigation mit GPS-Tracks sind unter www.naturzeit-blog.de zu finden.

Die im Tourensteckbrief unter »Anfahrt« angegebenen Koordinaten können in ein normales Navigationssystem im PKW eingeben werden, sodass der Startpunkt einer Tour stressfrei zu finden ist.

Höhenprofile

Höhenprofile eignen sich ganz besonders gut, um sich einen schnellen Überblick über eine Tour zu verschaffen. Wenn die Kinder unterwegs genau wissen wollen, wie weit es noch ist, wo sie gerade sind, und ob es noch lange bergauf geht, finden Eltern hier schnell die passende Auskunft.

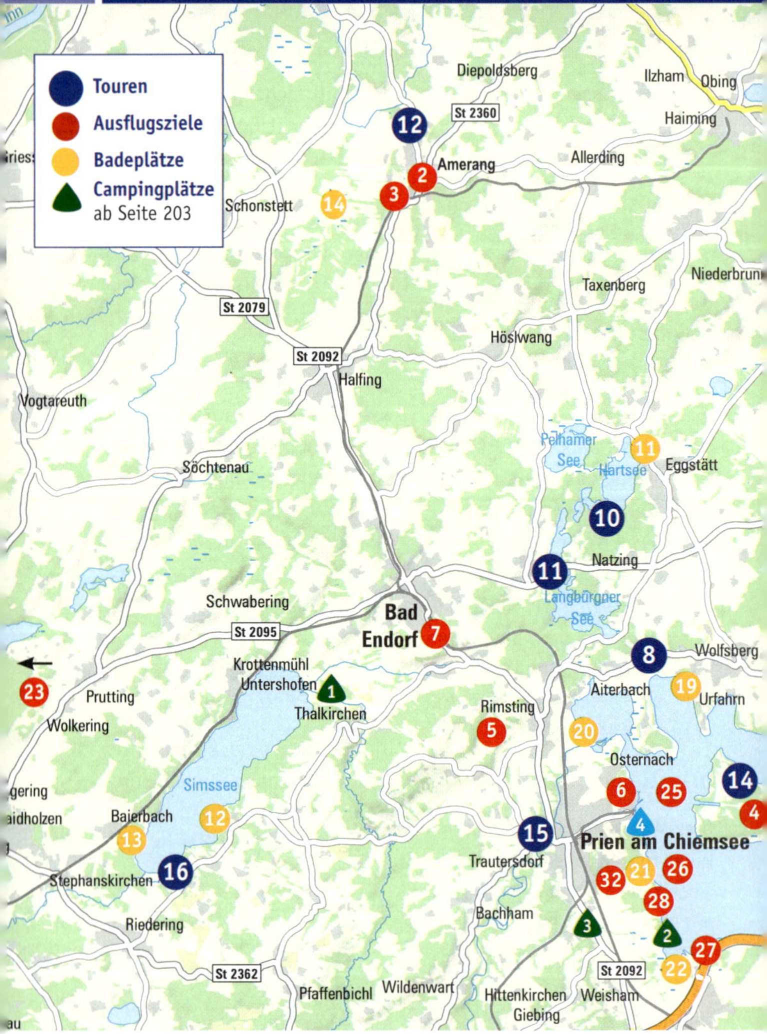

Museen und Sehenswürdigkeiten

1 Römermuseum Seebruck

Bedaium hieß Seebruck zur Zeit der Römer. Im Museum wird anhand der ausgegrabenen Fundstücke wie zum Beispiel Glas, Keramik und Schmuck die Geschichte der Siedlung erzählt. *Geöffnet März bis Oktober: Di, Mi 16–19, Fr 14–16.30 Uhr, So 15–18 Uhr. 4 €, Kinder 6 bis 14 Jahre €1, Kinder 15 bis 18 Jahre €3,50, Familie €7. Römerstr. 3, Seebruck. www.roemermuseum-bedaium.de*
[› Tour 4]

2 EFA Automobilmuseum

Über 220 vierrädrige Exponate aller Jahrgänge sind im Museum für deutsche Automobilgeschichte zu sehen – vom echten Oldtimer bis zum Sportboliden. Im Nebengebäude fahren Züge (Spur II) durch 500 Quadratmeter liebevoll gestaltete Modelllandschaft. Das Museum in Amerang ist seit März 2019 nach Neugestaltung der Ausstellung wieder geöffnet. *Geöffnet März bis November Do bis So 10–18 Uhr, im Sommer Di bis So. €13,50, Kinder 6 bis 17 Jahre €8, Familie €34,50. www.efa-mobile-zeiten.de*

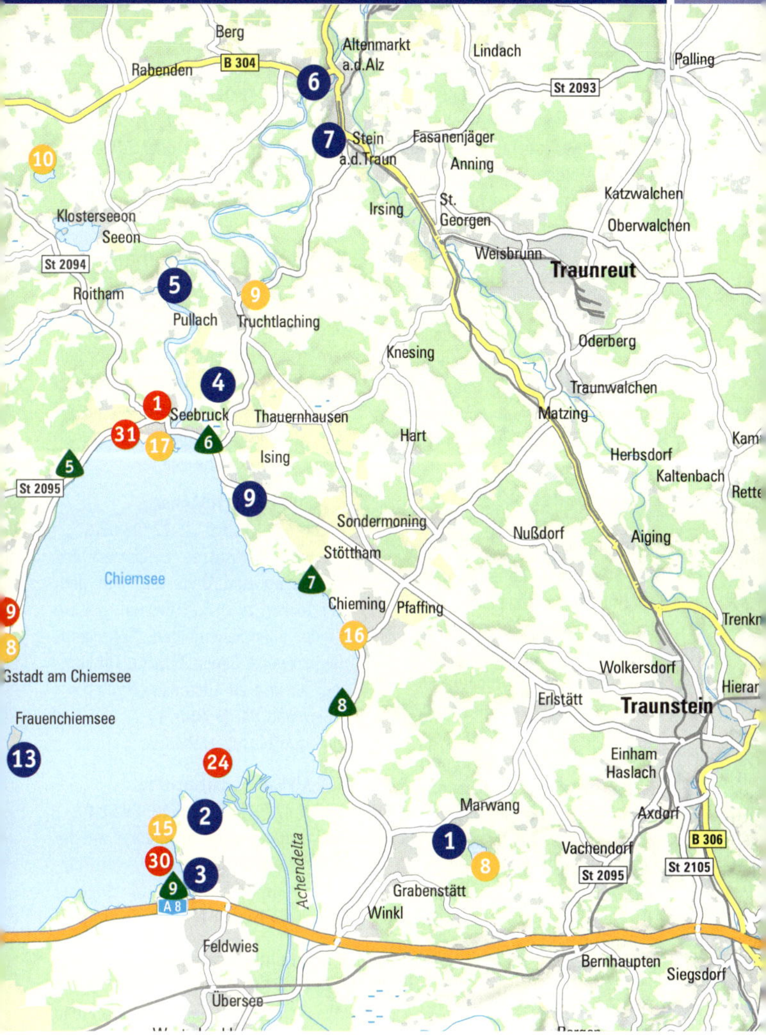

3 Schloss Amerang

Die mittelalterliche Rundburg liegt auf einem Hügel südlich der Ortschaft Amerang und beherbergt ein Museum zum Thema »1000 Jahre bayerische Adelsgeschichte«. Auf einem Rundgang durch die mittelalterliche Burg erlebt man Rittersäle mit Fresken aus dem 16. Jahrhundert, prächtige Gemächer und das schön schaurige Burgverlies.

Geöffnet Ostern bis Mitte Oktober Fr bis So, mehrere Führungen täglich. €8 pro Person, Kinder 6 bis 14 Jahre €3,50. Schlossfeld 1-3, Amerang. www.schlossamerang.de

4 Schloss Herrenchiemsee

Schon die Anfahrt mit dem Boot macht die Schlossinsel für Kinder interessant. Außerdem könnte man hier auch noch Kutsche fahren, ein echtes Königsschloss besuchen und Fledermäuse beobachten. **[› Tour 14]**

5 Picknick am Mammut

Mitten auf der Wiese im Urpriental ragt oberhalb des Dorfes Rimsting ein lebensgroßes Mammut aus dem Gras. Es ist nicht aus Plastik, sondern wurde von den Künstlern Regina Jenne und Johann Bachinger aus knorrigem Schwemmholz gebaut. Gegenüber steht im Schatten einer Baumgruppe ein Picknicktisch am Bachufer, an dem man hier auch prima spielen kann. Das Mammut ist Teil des Erlebnisweges Ratzinger Höhe. Folgt man diesem bergan, erreicht man nach etwa 20 Minuten Fußmarsch den Berggasthof Weingarten mit großem Spielplatz. Der Erlebnisweg führt mit tollem Blick weiter über die Ratzinger Höhe – leider auf Asphaltwegen. Wer ihn trotzdem gehen möchte, findet Infos unter www.rimsting.de/erlebnisweg.html. Parken kann man in Rimsting am besten oben am Friedhof.

Freizeitbäder

6 Prienavera

Das Prienavera nahe dem Priener Fähranleger ist ein echtes Familienbad mit mehreren Erlebnisbecken im Innen- und Außenbereich, einem Strömungskanal, Sprudeldüsen und einer Röhrenrutsche. Im Sommer öffnet das Strandbad am See mit großer Liegewiese, Slackline-Parcours und Plätzen für so kultige Sportarten wie Beachminton und Beachsoccer.

Geöffnet täglich ab 10 Uhr, Sa, So ab 9 Uhr. je nach Jahreszeit bis 21 oder 22 Uhr. Strandbad im Sommer 9–20 Uhr. Eintritt für zwei Stunden € 9,70, Kinder 6 bis 17 Jahre € 5,10, Tageskarte € 14,40 bzw. 8,20, Saunazuschlag € 6. Seestr. 120. www.prienavera.de

7 Chiemgau Thermen Bad Endorf

Im Außengelände mit bestem Bergblick gibt es warme Becken und ein Aktivbad, Whirlpool, Massagedüsen und einen rasanten Strömungskanal. Ansonsten sind die Thermen mit ihrer schönen Saunalandschaft eher in Richtung Wellness orientiert.

Geöffnet täglich 9–22 Uhr, Eintritt 4 h € 21,50, Kinder und Jugend 6 bis 18 Jahre € 17,50, Aufschlag für Sauna € 8, Zutritt für Kinder erst ab 3 Jahren. Ströbinger Str. 18, Bad Endorf. www.chiemgau-thermen.de

Badesee und Strandbad

Neben den vielen Strandbädern und Buchten am Chiemsee, die man am allerbesten bei einer Radtour auf dem Chiemseeuferweg **[› Tour 8 und 9]** *erforscht, bieten auch einige der kleineren Seen in der Umgebung interessante Bade-Alternativen.*

8 Strandbad Tüttensee

GPS N 47°50'43.0", E 12°33'52.0"
Am warmen Moorsee. Liegewiese mit Holzliegen und Badesteg. Auf dem See locken zwei Plattformen größere Kinder zum Schwimmen. Sehr empfehlenswerte Seegaststätte. Im Sommer ab und zu Tüttensee-Nights mit Musik und DJ. **[› Tour 1]**
www.tuettensee-seebad.de

9 Alzbad Truchtlaching

GPS N 47°57'40.0", E 12°29'58.0"
Frei zugängliches Strandbad an der Alz mit großer Liegewiese, vier Holzstegen und Spielplatz, im Sommer öffnet ein kleiner Imbiss. Eintritt frei!

10 Strandbad Griessee

GPS N47°59'19.0", E 12°26'33.0"
Abseits gelegenes schönes Strandbad am Moorsee mit Snackbar und großer Liegewiese am Hang. Weiter hinten am See bieten zwei Stege einen kostenlosen Zugang zum Wasser.
€ 2,50, Kinder 6 bis 11 Jahre € 1, Jugend 12 bis 17 Jahre € 1,50.

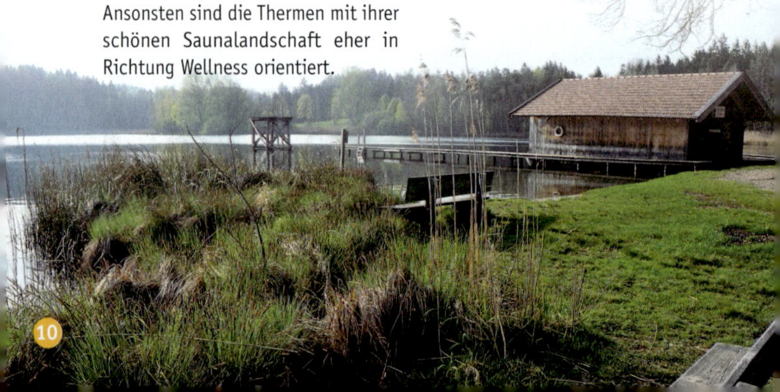

10

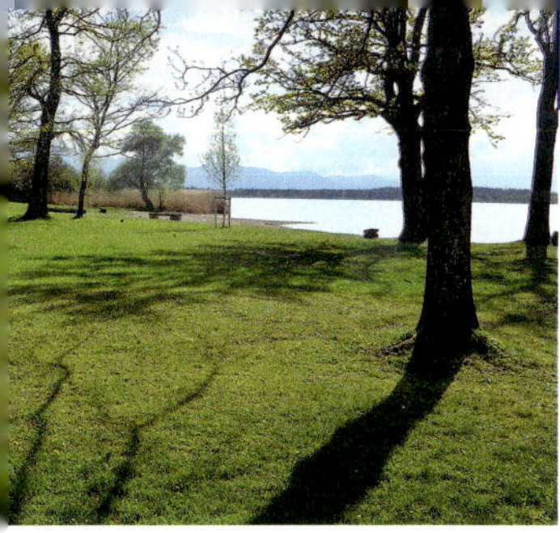

11 Freizeitgelände Eggstätt

GPS N 47°55'46.0", E 12°22'27.0"
Spielplatz und große Wiese, Gasthof und große, im Hochsommer vom DLRG betreute Steganlage am Hartsee. [› Tour 10]

12 Pietzing am Simssee

GPS N 47°51'47.0", E 12°14'19.0"
Ein besonders schönes Strandbad in Alleinlage und mit großer Liegewiese unter alten Bäumen hat Pietzing am ruhigeren Ostufer des Simssees zu bieten.

13 Baierbach am Simssee

GPS N 47°51'46.6", E 12°12'57.0"
Das gepflegte Bad in der Nähe von Baierbach mit langem Steg, schönem Spielplatz, Liegewiese, Kiosk und Snack-Restaurant ist Ziel der [› Tour 16], aber auch mit dem Auto erreichbar.

14 Ameranger Badeweiher

GPS N 47°59'22.0", E 12°17'38.0"
Nur knapp zwei Kilometer westlich von Amerang befinden sich die beiden Badeweiher Ameranger See und Zillhammer See. Meist ist es dort recht ruhig, ein schöner Ort, um einen Sprung ins kühle Nass zu wagen. Die Zufahrt erfolgt über die Schonstetter Straße, an den Seen gibt es keine Einrichtungen.

Strandbäder am Chiemsee

15 Strandbad Übersee-Feldwies

GPS N 47°50'57.0", E 12°28'35.0"
Familienfreundliches Bad mit langem Sandstrand. Durch den besonders flachen Zugang zum Wasser perfekt für die Kleinsten. Das Café Palma und die gemütliche Beach-Bar erfreuen auch die Eltern. Geöffnet Mai bis Oktober. Badeaufsicht von 8 bis 7 Uhr. Barrierefrei mit Einstieg für Rollifahrer! Die Beach-Bar ist auch außerhalb der Badesaison geöffnet. Eintritt € 2,50, Kinder ab 6 Jahre € 1. [› Tour 2 und 3]

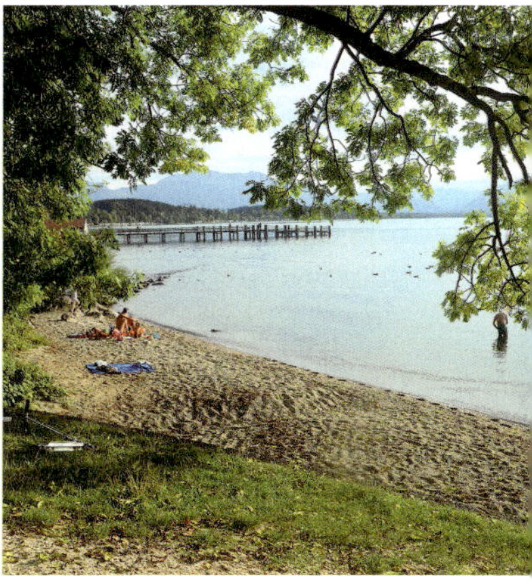

16 Strandbad Chieming

Das eigentliche Strandbad befindet sich südlich des Ortes, baden kann man jedoch auch oberhalb an der langen Kiesbucht. Im mittleren Bereich ist das Steinchaos an der Bachmündung ein idealer Platz zum Spielen am Wasser.

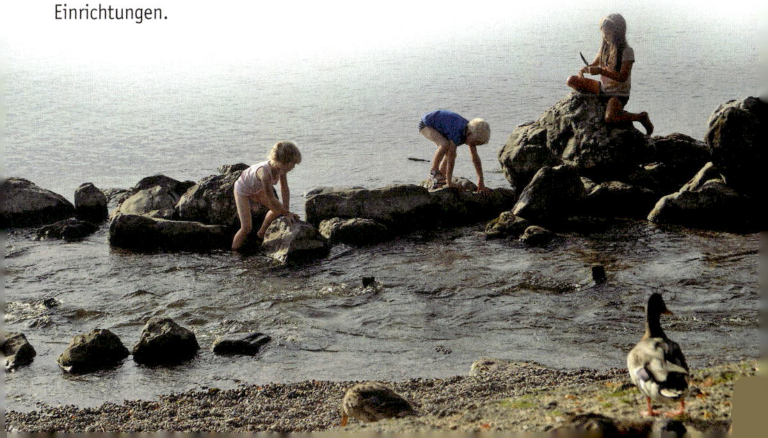

17 Strandbad Seebruck

GPS N 47°55'56.0", E 12°28'44.0"
Westlich der Alzmündung liegt gut versteckt eines der schönsten Strandbäder am Chiemsee. Riesige Liegewiese mit Spielplatz, langer Steg. Sanfter Einstieg ins Wasser und daher besonders geeignet für Familien mit kleineren Kindern.

18 Strandbad Gstadt

Gleich neben dem Dampfersteg in Gstadt befindet sich das Strandbad Hofanger, dass mit Kletter-Badeinsel und Wassertrampolin jede Menge »Action« verspricht.

19 Strandbad Wolfsberg

GPS N 47°52'56.0", E 12°23'16.0"
Mitten im Grünen liegt dagegen die Kiesbucht zwischen Wolfsberg und Urfahrn, die mit dem österreichisch angehauchten Gasthof Paraplü mit toller Seeterrasse auch außerhalb der Badezeit einen Besuch lohnt.

20 Strandbad Rimsting

GPS N 47°52'30.0", E 12°21'08.0"
Etwas abseits des großen Sommertrubels versteckt sich an der Mündung der Prien bei Rimsting ein einfaches Bad mit schattiger Liegewiese und Kiosk.

21 Strandbad Prien

GPS N 47°51'14.0" E 12°22'01.0"
Außer im gut ausgestatteten Strandbad am Freizeitbad Prienavera, kann man auch südlich des Ortes am Bootsverleih Schraml prima baden. Schön angelegtes Gelände, Kiosk und netter Spielplatz.

22 Chiemseepark Bernau-Felden

Große Liegewiese mit langem Steg und schönem Sandstrand.

Reiten

23 Ponyhof St. Peter

Der Ponyhof befindet sich etwas abseits vom Chiemsee nördlich von Rosenheim und bietet Unterricht und Ferienreitkurse für Kinder an. Die 30 Schulponys sind mit der partnerschaftlich orientierten DUO-Methode ausgebildet nach der auch unterrichtet wird.
Wochenkurs €450, Tel. 08031 50829
Waldmeisterstr. 15, Großkarolinenfeld
www.ponyhof-st-peter.de

Auf dem Wasser

24 Erlebnisbootsfahrt zum Delta der Tiroler Ache

Die Touren starten am Bootsanleger in Übersee, dauern etwa drei Stunden und werden von ausgebildeten Naturführern begleitet.
Von Mitte Mai bis Mitte September zu wechselnden Terminen auf Anfrage.
€24, Kinder 4 bis 14 Jahre €12.
Information und Buchung unter Tel. 08051 9655517.
www.chiemsee-alpenland.de

25 Piratenabenteuer auf Chiemsee und Herreninsel

Auf dem Chiemsee werden ab Hafen Prien auch spannende Piratenschifffahrten angeboten. Fünf- bis elfjährige starten mit einem »echten Piratenschiff« und ausgestattet mit einer Schatzkarte zu einer spannenden Schatzsuche über die Herreninsel.
Termine etwa ab April bis Oktober, rund 3,5 Stunden. Preis pro Pirat etwa €21. Tel. 08642 898211.

26 Wikingerschiff Freya

Gebaut wurde die Freya für den Kinofilm »Wickie auf großer Fahrt«, jetzt geht sie vom Badeplatz Schraml auf große Fahrt über den Chiemsee. Eine Stunde, zwei Stunden oder eine Fahrt in den Sonnenuntergang – es stehen

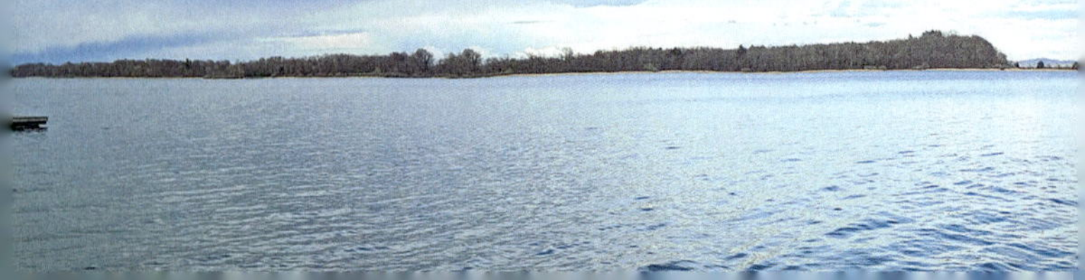

verschiedene Touren zur Wahl. Familien zahlen nur für das erste Kind, alle weiteren sind frei. Kinder dürfen erst ab 15 Kilo Körpergewicht mit an Bord.
1 Stunde ab €12,50, zweistündige Fahrt in den Sonnenuntergang €25. Kinder bis 17 Jahre €12,50.
www.chiemsee-erlebnis.de

Surfen, SUP und Kajak

Alle Surfschulen am See unterrichten auch Kinder und Jugendliche, die meisten verleihen auch SUPs (€10–15/h) und Kajaks (2er-Kajak €48 pro Tag).

27 Surfschule Kaufmann

Zweimal in der Woche kann man bei der kostenlosen Schnupperstunde in Bernau-Felden ein erstes Gefühl für Brett und Segel entwickeln. Wer das Surfen dann richtig lernen will bucht einen Einsteigerkurs.
www.surfschule-chiemsee.de

28 SUP-Center Chiemsee

Manuel Schönwälder hat sich ausschließlich auf Stand-Up-Paddling spezialisiert und bietet am Badeplatz Schraml auch Kurse für Kids ab sechs Jahren an. Nach 90 Minuten sitzt die Basis und selbständige Touren machen noch mehr Spaß.
Grundkurs 90 Minuten €40, Kinder 6 bis 16 Jahre €30,
SUP Schnupperkurs 30 Minuten €20.
supcenter-chiemsee.de

29 Chiemsee Surfcenter Gstadt

Am Surfcenter in Gstadt kann man auch SUPs, Kajaks und Fahrräder leihen. Gstadt eignet sich besonders als Startpunkt für eine Paddeltour zur Kraut- oder Fraueninsel.
www.chiemsee-surfcenter.de

30 Kajakverleih Feldwies

Kajak- und SUP-Verleih am Kiosk des Hochseilgartens in Feldwies-Übersee. Es werden auch begleitete Kanutouren auf der der Alz und SUP-Kurse für Kinder ab 10 Jahren angeboten.
Geöffnet April bis Oktober 10–18 Uhr.
www.parkeroutdoor.com

31 Segelschule Seebruck

In Seebruck lernen Kinder von 7 bis 13 Jahren in handlichen Optimisten-Jollen die Grundlagen des Segelns.
Grundkurs 4 Tage €240.
www.chiemsee-segelschule.de

Hochseilgarten

32 Kletterwald Prien

Elf Parcours, fünf davon für Kinder ab sieben Jahren schaukeln im Uferwald südlich von Prien. Sicherung mit Smart-Belay (versehentliches Aushängen beider Haken nicht möglich). Klettern ohne Begleitung eines Erwachsenen ab zehn Jahren. Nach dem Klettern lockt gegenüber der schöne Badeplatz am Bootsverleih Schraml.
Geöffnet April bis Anfang November. Drei Stunden Kletterzeit €24, Jugend 11 bis 17 Jahre €22, Kinder 7 bis 12 Jahre €20. Kinderparcours ab 4 Jahre €10. Im Hochsommer und in den Ferien täglich 9–20 Uhr. Im Herbst und Frühsommer Do und Fr nachmittags ab 13 Uhr und am WE ganztägig. Genaue Zeiten unter www.kletterwald-prien.de.

Wildnis2Go

Die Wildnisschule bietet unterschiedliche Ferien- und Wildniscamps für Familien an.
www.wildnisschule-to-go.de

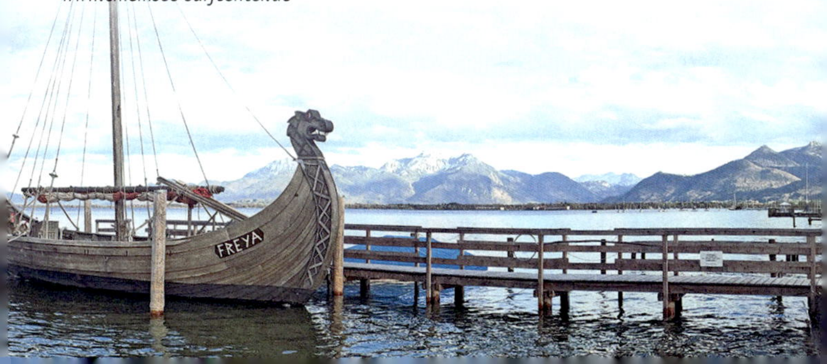

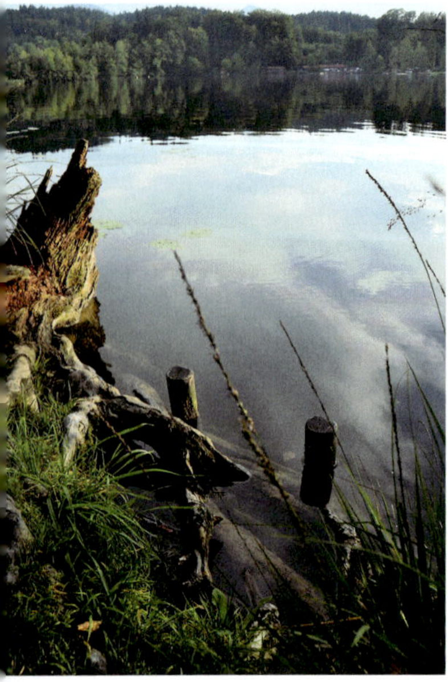

Tour 1: Rund um den Tüttensee

Einsame Buchten am warmen See

Lauschige Buchten mit Steg oder lieber ein richtiges Strandbad? Am Tüttensee haben wir die Wahl. Da der idyllisch gelegene Moorsee viel schneller warm wird als der benachbarte Chiemsee, ist er bei Groß und Klein beliebt. Und noch etwas macht den See interessant: Um seine Entstehung streiten sich die Experten. Man hat hier und auch in der Umgebung ungewöhnliche Steine gefunden, sodass die Theorie, es handle sich bei dem See um das Einschlagloch eines Meteoriten, nicht ganz von der Hand zu weisen ist. Das Chiemsee Impakt Museum in Grabenstätt beschäftigt sich mit dieser These. Außerdem stehen Informationstafeln am Uferweg, der den kleinen See auch ohne Sommerhitze zu einem attraktiven Ausflugsziel macht. Und das nicht zuletzt, weil am Ende der Runde die traumhaft schöne Terrasse des Seewirtes lockt.

eben

STRECKE 2 km

45 min

ab 4

Wanderung: Vom Parkplatz am Strandbad beginnen wir die Umrundung des in idyllischer Einsamkeit gelegenen Moorsees links herum im Uhrzeigersinn. Erst geht es auf einem breiten Weg ein Stückchen abseits vom Ufer durch den Wald – nur ab und zu erlaubt eine Baumlücke den Blick hinüber zum grün schimmernden See. Kurz vor der **Einmündung des Mühlbaches** ① treffen wir auf die erste kleine Badebucht. Danach überqueren wir den glasklaren Bach, an dem Kinder gut spielen und plantschen können und ein versteckter Badeplatz folgt auf den nächsten. Trampelpfade verbinden die kleinen Buchten und **mehrere Stege** und Treppen führen ins Wasser, das hier allerdings schnell tiefer wird. Zwei Bäume sind zu natürlichen Sprungtürmen umgestaltet – das Westufer des Tüttensees ist ein Badeparadies für größere Kids. Viel zu schnell erreichen wir die **Grenze zum Naturschutzgebiet**, ab der das Ufer gesperrt ist und wir wieder auf den breiten Waldweg zurückkehren. Hier informieren große Tafeln über die Theorie des Meteoriteneinschlags vor über 3000 Jahren. Dann erreichen wir am Ende unserer Runde den besten

TOUREN-STECKBRIEF

Anfahrt: Von Ortszentrum in Grabenstätt über die Tüttenseestraße ortsauswärts fahren. Nach einen knappen Kilometer dem Abzweig links zum Tüttensee folgen. Nach 600 Metern geht es rechts zum Parkplatz am Strandbad bei **GPS N 47°50‘44.0“, E 12°33‘52.0“**. Strandbad von Mai bis Oktober geöffnet.

Anspruch und Charakter: Einfacher Rundweg auf ebenen Wegen. Auch mit Kinderwagen oder Laufrad passierbar.

Highlights: Versteckte Badebuchten am Moorsee, Strandbad, Tische mit Seeblick auf der Terrasse des Seerestaurants.

Einkehr: Seewirtschaft Tüttensee (Mai bis Oktober). www.tuettensee-seebad.de

In der Nähe: Chiemsee Impakt Museum, Schloßstr. 17, Grabenstätt. Mo bis Fr 9–12, Do 14–16 Uhr. Juli bis September Mo bis Fr 9–12 und Mo bis Do 14–16 Uhr, Sa 9–11.30 Uhr. museum.chiemgau-impakt.de

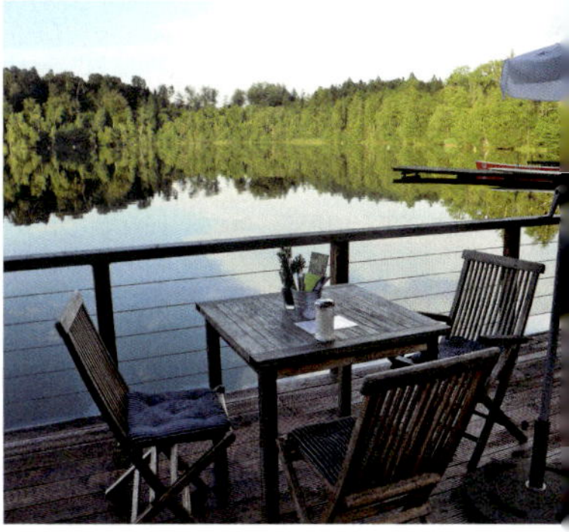

Badeplatz für die jüngsten Wanderer. Im **Strandbad** ② geht es seichter ins Wasser und auch ein abgegrenzter Bereich für Nichtschwimmer ist markiert. Zwei Plattformen weiter draußen im See ermutigen größere Kinder zum Schwimmen.

Ein weiterer Grund, sich auf das Ende der Seerunde zu freuen, ist natürlich die ausgesprochen anziehende **Terrasse des Seerestaurants**, an der man kaum vorbeigehen mag. Und warum sollte man auch? Hier sitzt man an Holztischen fast schon im See und isst zudem ausgezeichnet. Nachmittags gibt es auch hausgebackenen Kuchen oder ein leckeres Eis. Sollte das Wetter also nicht zum Baden einladen – die Runde um den Tüttensee lohnt schon wegen der Einkehr.

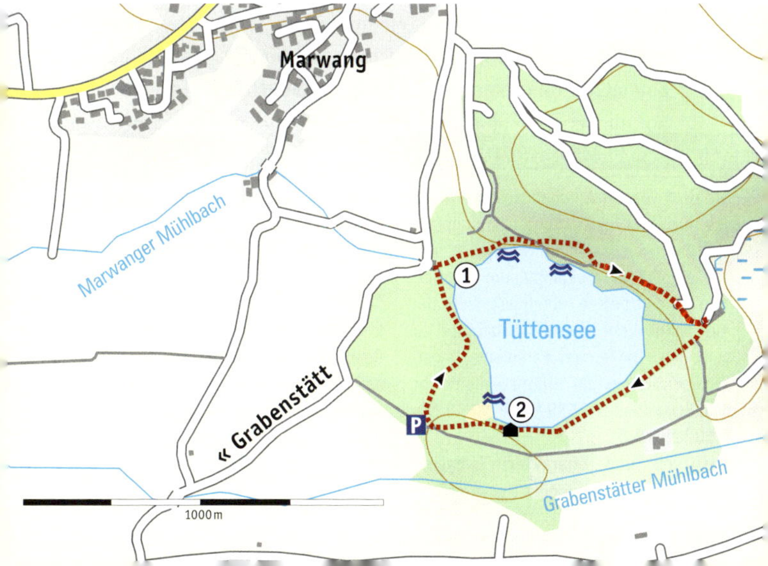

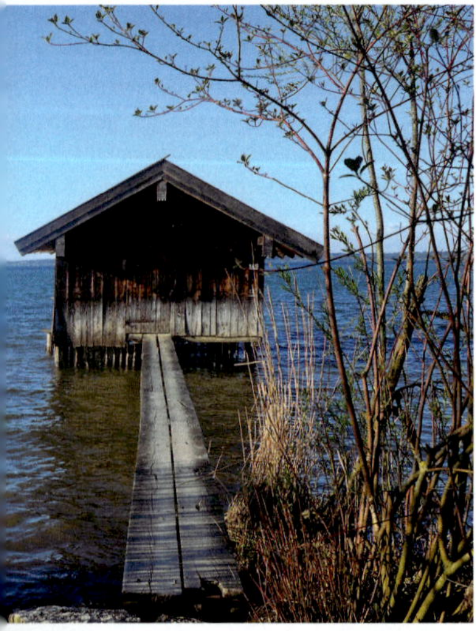

Tour 2: Strandbad und Vogelwarte

Auf dem Uferweg zum Delta der Ache

Von Chiemseestrand zu Chiemseestrand schlängelt sich der schattige Uferweg zwischen alten Bäumen hindurch über die Halbinsel Lachsgang. Hinter Strandcafé, Badeplätzen und Kletterbäumen ist unser eigentliches Ziel ein Beobachtungsturm mit leistungsstarkem Fernglas. Das Delta der Tiroler Ache ist Naturschutzgebiet und auf der Kiesbank vor dem Turm versammeln sich Enten, Möwen, Gänse und Kormorane. Dahinter verbirgt sich die verzweigte Wasserwelt der Flussmündung – nur die Beobachtungstürme an beiden Seeseiten erlauben Einblicke ins Vogelparadies.

eben

STRECKE 7 km

2 h 15

ab 4

Wanderung: Vom **Strandcafé** ① mit urgemütlichen Sitz- und Liegeplätzen in der Nähe des Hafenbeckens folgen wir dem Uferweg. Zuerst passieren wir einen kleinen Spielplatz und kurz darauf den **Hochseilgarten** von Parker Outdoor **[› Tour 3]**. Gleich dahinter liegt die große Wiese des Strandbades am Seeufer. Hier befindet sich auch der letzte Parkplatz. Weiter geht es nur noch zu Fuß oder mit dem Fahrrad. Der Weg windet sich zwischen großen alten Bäumen hindurch bis zur ersten langen **Kiesbucht** ②, an der es schön seicht ins Wasser geht. Ist es hier zu voll, laufen wir einfach noch ein Stück. Mehrere Pfade führen vom Hauptweg zum See und zu winzigen Buchten. Hinter der engen Kurve am Gaunerzipf folgt eine weitere lange **Sandbucht** ③. Dann führt der

TOUREN-STECKBRIEF

Anfahrt: Von der Autobahnausfahrt Übersee fährt man in Richtung Campingplatz und parkt nach wenigen hundert Metern auf einem der Parkplätze am Seeufer. Vom Dorf Übersee überquert man die Autobahnbrücke um auf die Halbinsel zu gelangen. Die ersten Parkplätze liegen am Jachthafen, der hinterste Platz vor dem Strandbad bei **GPS N 47°50′56.5″, E 12°28′32.6″.**

Anspruch und Charakter: Einfacher ebener Weg mit Naturboden immer in Seeufernähe. Auch für Kinderwagen und Kinderfahrräder geeignet.

Highlights: Seewirtschaften, Aussichtsturm mit Fernglas und viele schöne Buchten am See.

Einkehr: Seewirtschaft, Chiemgauhof, Beach-Bar und Café am Strandbad, Kiosk am Hochseilgarten.

In der Nähe: Hochseilgarten mit Kajak- und SUP-Verleih, Anleger der Chiemseeboote an der Seewirtschaft, Strandbad Übersee.

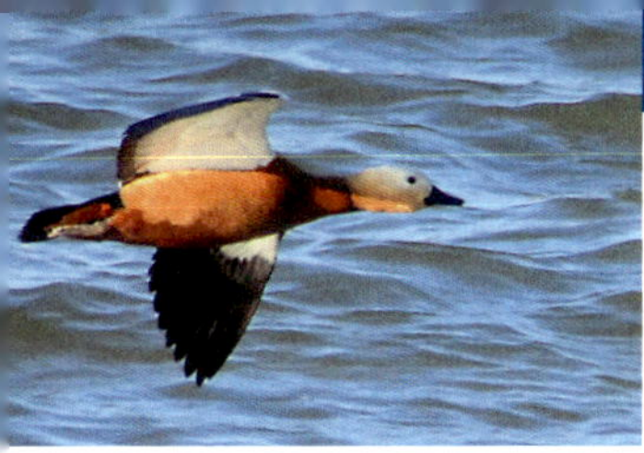

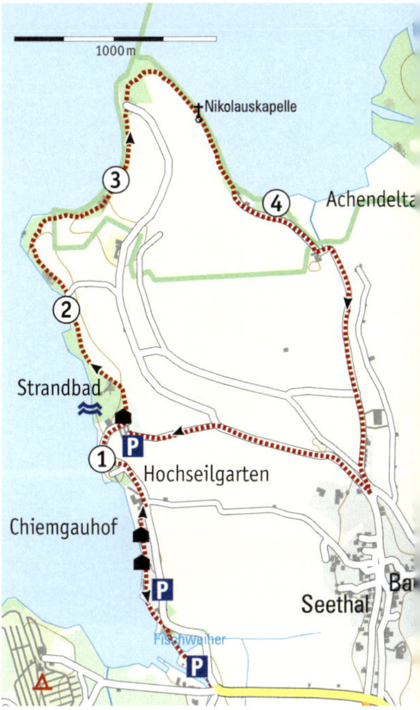

Weg direkt am Wasser weiter und nähert sich dem **Vogelschutzgebiet** am verzweigten Delta der Tiroler Ache. Das Gebiet um die Flussmündung ist gesperrt. Hier brüten viele seltene Vogelarten. Im Sommer kann man in Begleitung eines Biologen per Boot an das Schutzgebiet heranfahren.

Wir passieren die weiß getünchte **Nikolauskapelle** und dort, wo der Weg das Seeufer verlässt, schickt uns ein Wegweiser zum **Aussichtsturm** ④. Vom Plateau des im Schilf verborgenen Holzturmes sieht man zu den ersten Sandbänken des Deltas hinüber, auf denen sich gerne Enten, Möwen, Wildgänse und Kormorane aufhalten. Sie haben Ihr Fernglas vergessen? Kein Problem, es gibt in der Hütte ein sehr gutes, fest montiertes Exemplar. Es ist einfach zu bedienen und man kann die Wasservögel gut erkennen.

Vom Aussichtsturm laufen wir entweder auf demselben Weg zurück oder folgen dem breiter werdenden Fahrweg, bis er vor den ersten Häusern von Baumgarten auf die Straße mündet. Diese überqueren wir und laufen auf einem Fußweg zum See zurück.

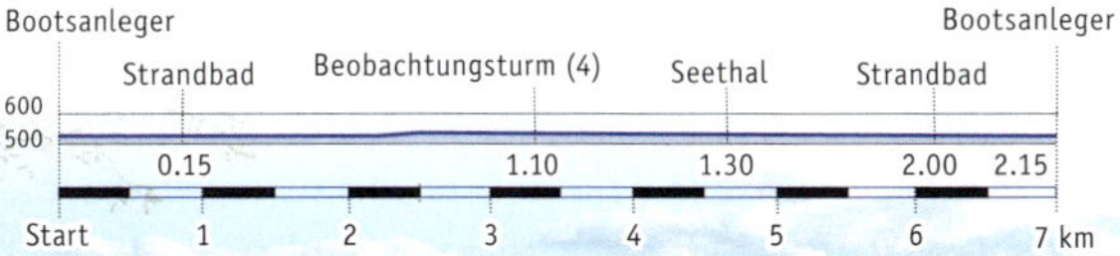

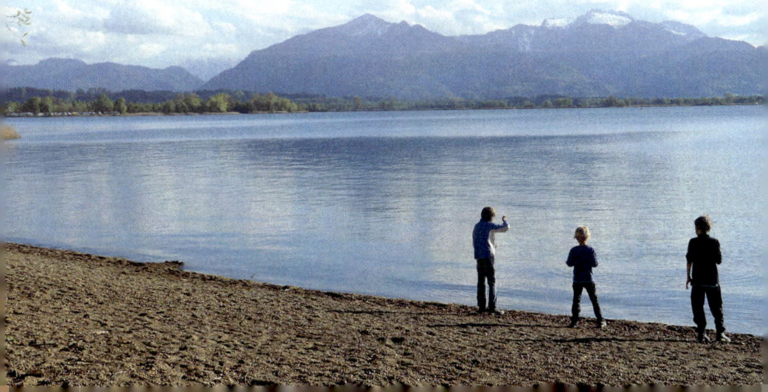

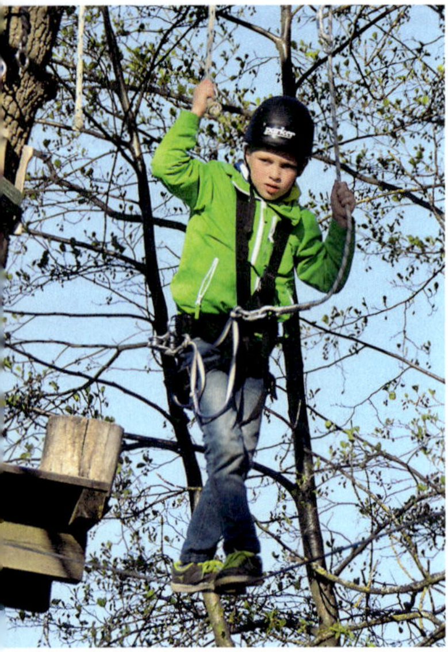

Tour 3: Zwischen den Baumwipfeln

Am Chiemseeufer von Baum zu Baum

*Auf einem Seil von Baum zu Baum balancieren, über eine schaukelnde Brücke steigen und mit der Seilbahn wieder zum Boden schweben – ein Besuch im Hochseilgarten ermöglicht ganz und gar ungewöhnliche Erfahrungen. In schönster Lage direkt am Seeufer klettern große und kleine Abenteurer*innen im Hochseilgarten in Übersee perfekt gesichert durch den lichten Uferwald und anschließend kann die ganze Familie am Seeufer relaxen.*

1 h

ab 4

Vom roten und schwarzen Parcours, der Kletterer ab sechs Jahren in luftige Höhen von acht und zwölf Metern Höhe zwischen die Bäume entführt, betrachten wir die Welt aus der Vogelperspektive. Zum ersten Mal die sichere Plattform am stabilen Stamm des Baumes zu verlassen, kostet schon ein bisschen Mut – und zwar nicht nur die Kinder! Junioren unter zehn Jahren dürfen nämlich nur in Begleitung eines Erwachsenen zwischen die Bäume. So ist ein Besuch im Hochseilgarten immer auch ein Familienevent – ein gemeinsam durchlebtes Abenteuer. Hier haben Kinder und Eltern zusammen Spaß und oft sind es nicht die Eltern, die besonders geschickt durch den Parcours steigen.

Für jüngere Kinder gibt es in moderater Höhe den Kinderparcours. Hier können die Eltern am Boden mitlaufen. Die Abstände sind kürzer und die Distanz zum Boden überschreitet nie die Zwei-Meter Grenze. Die Kids sind trotzdem professionell gesichert und die einzelnen Stationen denen der großen Parcours sehr ähnlich – so taugt auch der Spielplatz-Parcours als ernstzunehmender Einstieg in »größere Aufgaben«.

Einen Kletterwald mit größerer Auswahl an Parcours gibt es in Prien. Beim ersten Besuch im Hochseilgarten können wir dort den Schwierigkeitsgrad ganz langsam steigern. So werden auch vorsichtige Kinder nicht überfordert und der Spaß an der Sache bleibt immer im Vordergrund. [› Seite 33]

Bevor man Sie losklettern lässt, gibt es eine gründliche Einweisung zum Umgang mit Klettergurt und Seilsicherung. Das in Übersee verwendete Smart Snap System macht ein Umhängen

TOUREN-STECKBRIEF

Anfahrt: Von der Autobahnausfahrt Übersee fährt man in Richtung See bis zum Strandbad. Vom Dorf Übersee überquert man die Autobahnbrücke, um auf die Halbinsel zu gelangen und fährt durch bis zu den letzten Parkplätzen am Strandbad oder am Hochseilgarten bei **GPS N 47°50'52.0", E 12°28'34.0"**.

Hochseilgarten: Drei Parcours, davon einer für Kinder ab drei Jahren
Kompletter Parcours €23, Kinder bis zwölf Jahre abzüglich €20. Ab zwei Kindern zahlen auch Erwachsene den Kinderpreis, wenn beide Eltern mitklettern. Kinderparcours (ab drei Jahre) €9. Geöffnet: Bayerische Osterferien bis einschließlich bayerische Herbstferien, in den Ferien und ab Mitte Juni täglich ab 10 Uhr. Außerhalb der Ferien nur am Wochenende. Bei Regen geschlossen! Weitere Infos unter Tel. 0176 20599650 oder www.parkeroutdoor.com.

Anspruch und Charakter: Kleiner Hochseilgarten in toller Lage zwischen Strandbad und mehreren schönen Gaststätten am Seeufer. Mit Einweisung eine knappe Stunde pro Parcours rechnen.

Einkehr: Seewirtschaft, Chiemgauhof, Beach-Bar und Café am Strandbad, Kiosk am Hochseilgarten.

In der Nähe: Kajak- und SUP-Verleih am Hochseilgarten.

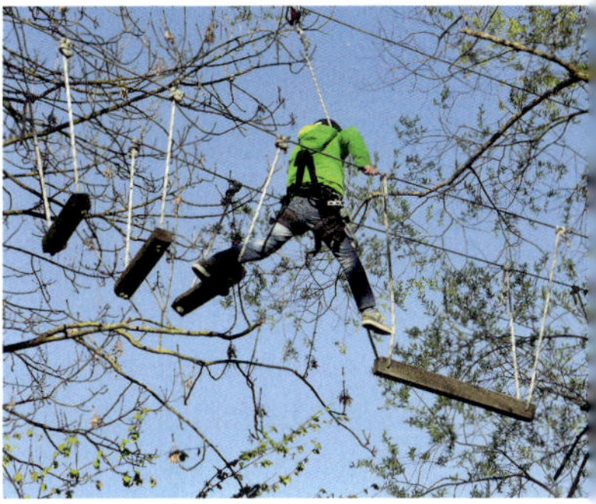

der Haken unnötig und den Parcours besonders komfortabel und sicher. Da aber der einfachere der beiden großen Parcours gleich bei acht Meter Höhe beginnt, ist der kleine Park weniger geeignet für vorsichtige Einsteiger. Außergewöhnlich schön ist dafür die Lage am See: Das Strandbad mit Café und Bar finden wir in unmittelbarer Nähe, am Hochseilgarten kann man auch Kajaks und SUPs leihen und der Chiemgauhof oder die urige Beach-Bar mit perfektem Sonnenuntergangsblick sind nur wenige Schritte entfernt. So wird aus dieser Tour mühelos ein runde, vielseitige Familienausflug.

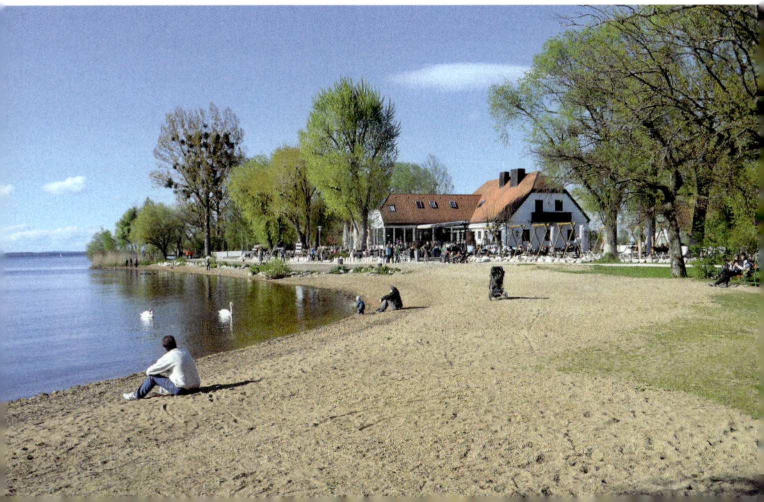

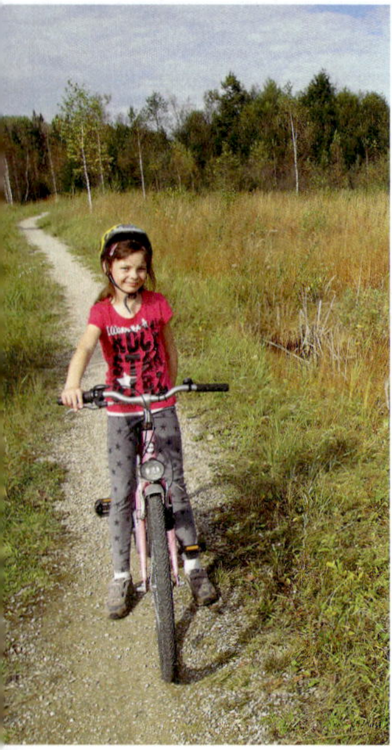

Tour 4: Keltenburg und Römermuseum

Eine Radtour auf dem archäologischen Rundweg

Das Gebiet am Nordufer des Chiemsees ist ein uraltes Siedlungsgebiet. Zwischen dem Seeufer, der Alz und dem Klostersee bei Seeon gibt es gleich mehrere Museen, Ausgrabungen und Nachbauten aus der Kelten- und Römerzeit zu entdecken. Dazwischen kann man baden, an schönen Plätzen rasten und einkehren, sodass man für diese Radtour unbedingt einen ganzen Tag einplanen sollte.

60 m
STRECKE 22 km
2–3 h
ab 8

Radtour: Vom Parkplatz aus machen wir uns mit den Fahrrädern durch die hintere, seeabgewandte Ausfahrt auf den Weg. Dem roten Hinweisschild mit der Aufschrift Bedaium und einem Capricorn, dem Wahrzeichen des einstigen Römerortes, folgen wir links und fahren auf der Straße bis zum Parkplatz an der Alz. Dann geht es rechts am Fluss entlang. Der Weg steigt an und wir haben einen schönen Blick zurück nach Seebruck, bevor wir uns im Weiler **Stöffling** links halten. Nach kurzer Fahrstrecke taucht das erste Highlight, ein rekonstruiertes **Keltengehöft** (1), vor uns auf. Schon lange vor den Römern waren die Kelten in Bayern heimisch. Bis heute geben sie viele Rätsel auf, sind ihre kulturhistorischen Spuren doch im Sand der Zeit verlaufen oder von den später folgenden Römern überbaut worden. Über vieles, was

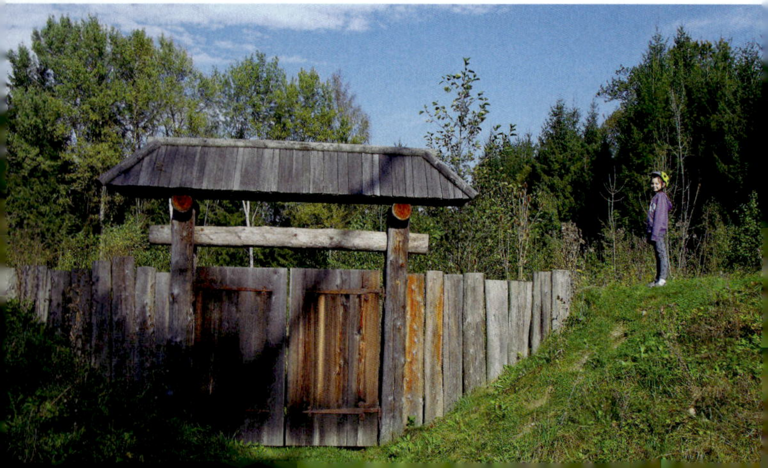

man heute noch weiß, gibt die Anlage mit mehreren Gebäuden Auskunft. Im Sommer finden, vor allem an den Wochenenden, auch Führungen und Workshops zum Thema Kelten und Römer im Chiemgau statt.

Auf der schmalen Asphaltstraße fahren wir weiter, folgen den Schildern des archäologischen Wanderweges nach links und sofort wieder rechts und radeln eine Allee aufwärts nach Truchtlaching. Sie mündet in die Hochöder Straße. Rechts käme man in den Ort hinein, links geht es in eine Alzschleife und zu einer alten **Keltenschanze** ②. Wir radeln links und dann rechts auf ein Wäldchen zu. Ein Holztor verschließt den Zugang der einstigen Kult- und Zeremonienstätte. Wer auf den Wall klettert sieht im Inneren allerdings auch nur Bäume und hohes Gras.

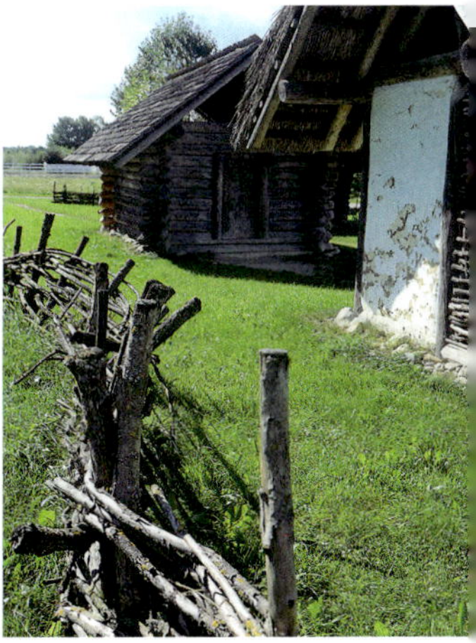

Noch ein Stück holpern wir über unebenen Waldboden, dann erreichen wir am Fluss einen ebene Weg. Links geht es noch zu einer nachgebauten **Fluchtburg** ③, die einst den Kelten Schutz vor Angriffen bieten sollte. Rechts gelangen wir in den Ortskern von **Truchtlaching** und finden, gleich neben der Alzbrücke, eine schöne Einkehrgelegenheit beim Neuwirt. Die schattige Terrasse reicht bis ans Ufer heran. Rechts neben der Brücke

TOUREN-STECKBRIEF

Anfahrt: Startpunkt ist der große Parkplatz direkt hinter dem Fähranleger in Seebruck. Die schnellste Anfahrt über die A8 führt bis zur Ausfahrt Grabenstätt und dann weiter Richtung Chieming und Seebruck. Im Ortsteil Graben, noch bevor die Alzbrücke ins Zentrum führt, befindet sich der kostenpflichtige Parkplatz rechts etwa 300 Meter hinter dem Campingplatz Kupferschmiede bei **GPS N 47°55′58.0″, E 12°29′07.0″**.

Fahrradverleih Kaufmann in Seebruck am Minigolfplatz, Fahrrad ab €15 pro Tag, Kinderräder €8. www.radlverleih-chiemsee.de

Anspruch und Charakter: Abwechslungsreiche Runde auf einem markierten Radweg über schmale Straßen und Waldwege durch das bäuerliche Hinterland und zu mehreren archäologischen Stätten. Da es eine ganze Reihe Steigungen gibt, braucht diese Runde schon ein bisschen Kondition. Im Sommer Badesachen nicht vergessen!

Römermuseum Seebruck: Geöffnet März bis Oktober Dienstag bis Samstag 10 – 12 und 14 – 16 Uhr, Sonntag 14 – 16 Uhr, Mitte Mai bis Mitte September ohne Mittagspause. Erwachsene €4, Jugend 15 bis 18 Jahre €3,50. Kinder 6 bis 14 Jahre €1. roemermuseum-bedaium.de

Highlights: Keltengehöft Stöffling, Keltenfluchtburg und Keltenschanze bei Truchtlaching, Hügelgrab, Baden am Chiemsee und in der Alz, Römermuseum

Einkehr: Neuwirt und Brauereigaststätte Camba in Truchtlaching, Klostergasthof in Seeon.

In der Nähe: Bootsverleih in Gstadt, Minigolfplatz in Seebruck.

Über Seeon und Roitham

Lohnenswert ist auch die Route über Seeon mit seinem auf einer Halbinsel gelegenen Kloster. Hält man sich im Ort rechts, kommt man zur Seebrücke, die zum Kloster mit Gaststätte hinüberführt. Am Wochenende ist auch das Café mit Terrasse direkt am Wasser geöffnet. Wenn nicht zu viel los ist, kann man die Räder über die Brücke schieben, ansonsten folgt man dem Weg außen herum.

Vom Kloster geht es dann auf Radweg in Richtung Seebruck bis Roitham. Dort überqueren wir die Ischler Ache (der Weg ist hier unmarkiert) und kehren auf einem Radweg zurück auf die Strecke des archäologischen Rundweges.

befindet sich das öffentliche und kostenlose **Flussbad** an der Alz.

Auf der anderen Flussseite geht es rechts in den Ort hinein und dann über die steilere Rieder Straße, oder **im Bogen über die Währländerstraße** ④ oberhalb der Alz entlang. Auf den Weideflächen des Hofes auf dem Hügel grast eine Gruppe mächtiger Auerochsen. Es geht noch einmal steil bergan, dann haben wir einen schönen Blick über eine Alzschleife.

Der Radweg trifft auf eine Straße, die wir überqueren um in westlicher Richtung auf einem Feldweg weiter zu radeln bis unsere **markierte Route nach links** ⑤ in den Wald abzweigt. Geradeaus ginge es hier weiter nach Seeon (siehe Variante). Auf der Hauptroute passieren wir nach kurzer Fahrt links ein **nachgebautes Hügelgrab** ⑥. Es ist aufgeschnitten und gewährt einen interessanten Blick ins Innere. Selbst ein paar Knochen liegen ganz unten im Kies.

An einer größeren Straße radeln wir nach **Ischl** biegen im Ort rechts ab und folgen der Ischler Ache. Bei einem **Sägewerk** ⑦ queren wir den Bach. Die Wegmarkierungen sind jetzt recht eindeutig und führen uns über die Landstraße und erneut in ein Waldstück. Dort zweigt die Route erst nach links, dann an einem einzelnen Gehöft nach rechts ab. Über einen schmalen Feldweg kommen wir zur **Moorlandschaft am Burghamer Graben**.

Auf dem **Blockbohlenweg** ⑧ schieben wir ein paar Meter und radeln dann auf einem besonders schönen schmalen Weg weiter bis zur nächsten Kreuzung. Hier folgen wir dem Radweg links und im Weiler Burgham wieder nach rechts, dann ist es nicht mehr weit bis zum Chiemseeufer, das wir am **Badeplatz Esbaum** ⑨ erreichen.

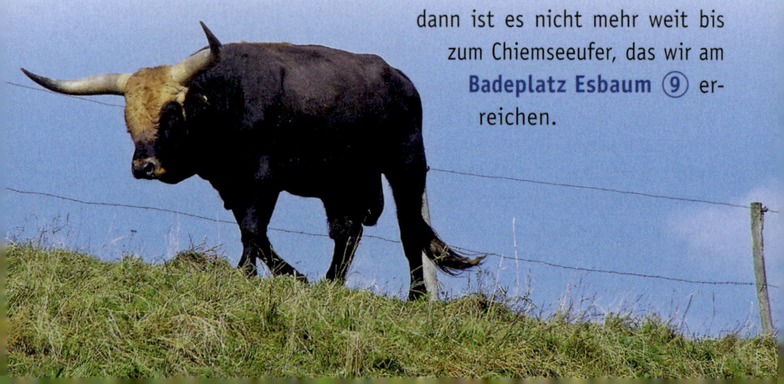

Dort ist auch der Nachbau einer Römerstraße mit allen Schichten, die man schon damals für eine dauerhafte Stabilität anlegte, zu bewundern. Links führt uns der als **Römerstraße** benannte Fahrweg Richtung Seebruck, wo wir einen letzten Halt an der **»Darre«** genannten Ausgrabung einer alten Seehütte aus Römerzeiten machen können. Sie befindet sich in einem überdachten Schutzgebäude, die Öffnungszeiten sind an die des kurz darauf folgenden **Museums Bedaium** gekoppelt. Dort sind viele Fundstücke aus den Ausgrabungen rund um Seebruck ausgestellt. Gleich hinter dem Museum gibt es einen schönen letzten Badeplatz am **Seebad Seebruck** ⑩, bevor wir über die Alzbrücke nach wenigen hundert Metern unseren Ausgangspunkt erreichen.

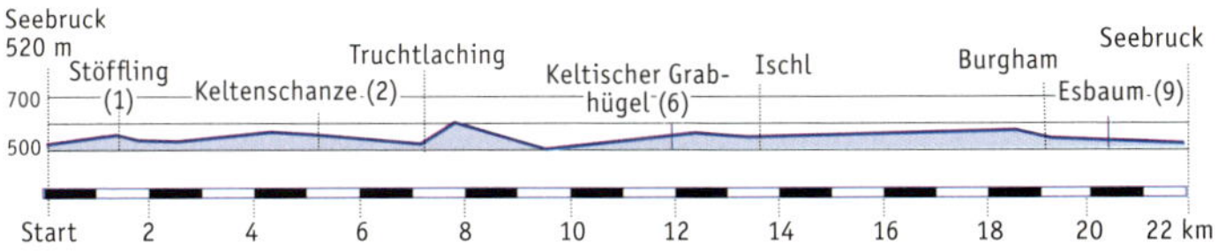

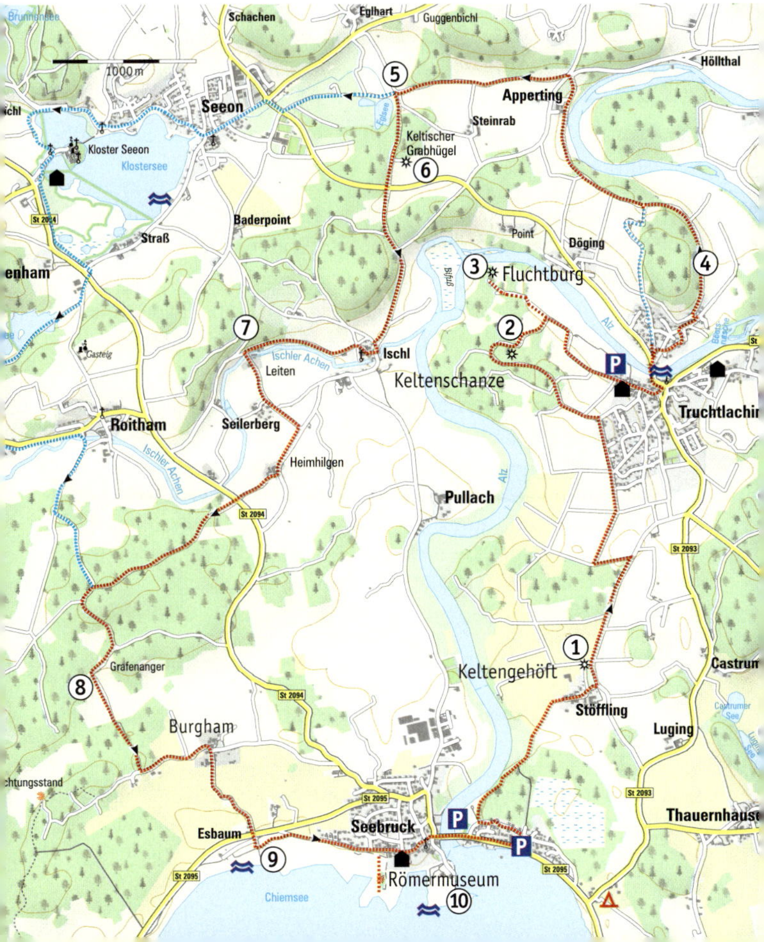

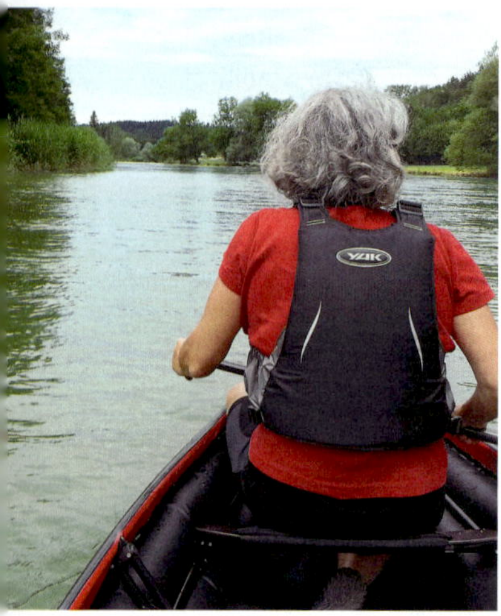

Tour 5: Mit dem Kanu auf der Alz

Sommerlicher Wasserspaß

Mit ihrem glasklarem Wasser, durch das man bis zu den Kieselsteinen am Boden schauen kann, ist die Alz ein besonders einladender Fluss für eine Paddeltour. Zwischen dem Chiemsee und dem Dorf Truchtlaching ist sie zuweilen recht breit aber niemals sehr tief. Fast überall kann ein Erwachsener im Wasser stehen. Die Strömung ist bei normalem Wasserstand gerade flott genug, um auch ein einfaches Schlauchboot langsam aber stetig zum Ziel zu tragen. So schwimmt hier an schönen Sommertagen ein buntes Sammelsurium an Wasserfahrzeugen den Fluss hinunter. Im Frühsommer gehört die Alz dagegen alleine der Tierwelt. Fluss und Uferzonen sind ein wichtiges Brutgebiet und stehen unter Naturschutz, sodass der Fluss nur von Juli bis Dezember befahren werden darf.

STRECKE 6 km

2 h

ab 6

Paddeltour: Einen Kanuverleih finden wir am Chiemseeufer in Seebruck. Wer ein eigenes Boot mitbringt, findet in **Seebruck am Flossanleger** ① hinter dem Minigolfplatz eine bequeme Einstiegsstelle mit kostenpflichtigem Parkplatz. Einen weiteren Parkplatz gibt es an der Ausstiegsstelle in Truchtlaching. Die Entfernung von sechs Kilometern zwischen beiden Orten ist überschaubar, sodass man das Nachholen des Autos locker per Fahrrad erledigen kann.

TOUREN-STECKBRIEF

Anfahrt: In Seebruck direkt östlich der Alzmündung am Minigolfplatz zum Parkplatz am Fluss bei **GPS N 47°56‘05.0“, E 12°28‘55.0“** abbiegen.

Kanuverleih Seebruck: Bei Chiemsee Kaufmann am Minigolfplatz verleiht man Kajaks und SUPs für eine Alzfahrt. Kanadier für 3 bis 4 Personen €42 pro Tag, Tel. 08051 7777.
www.chiemsee-kaufmann.de

Anspruch und Charakter: Aus Naturschutzgründen ist diese Kanutour nur von Juli bis Dezember erlaubt! Einfache Bootsfahrt mit Bademöglichkeit. Bis Truchtlaching ist die Alz auch mit einem einfachen Schlauchboot befahrbar. Die Anschlußstrecke von Truchtlaching bis Altenmarkt ist dagegen als Wildwasser I–II klassifiziert und nur mit soliden Paddelkenntnissen befahrbar.

Highlights: Bootsfahrt, Baden im Fluss

Einkehr: Neuwirt, Pizzeria Ciao Ciao, Brauereigaststätte Camba in Truchtlaching.

In der Nähe: Alzbad Truchtlaching, Römermuseum Seebruck.

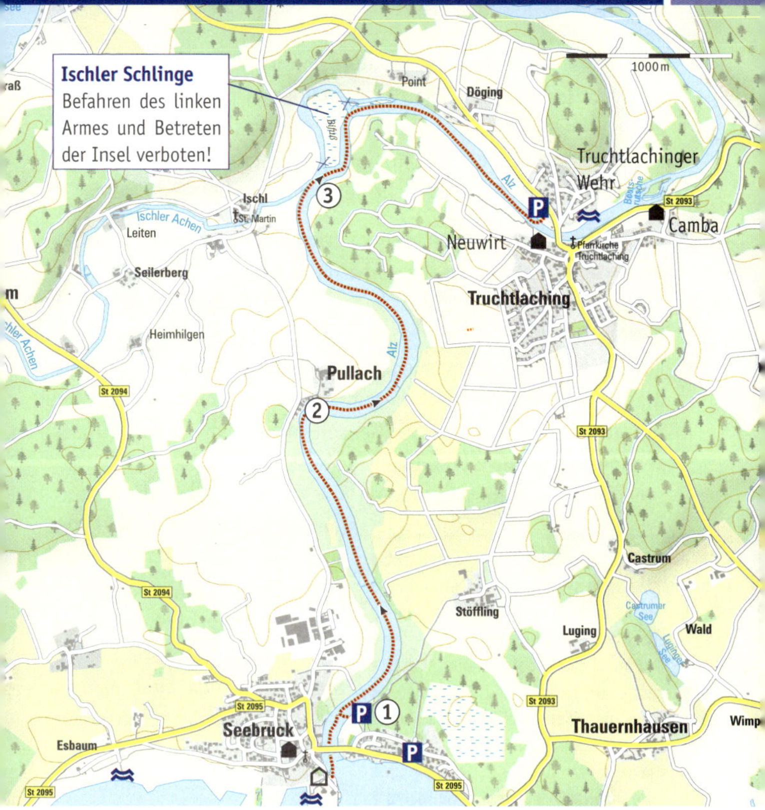

Auf ruhigem Wasser geht es dann los. Die Alz fließt auf dem ersten Stück bis zum Dörfchen **Pullach** ② gemächlich durch eine weite Moorlandschaft. Bei Pullach zieht der Fluss seine erste Schleife und danach wird die Strömung etwas flotter. Boote mit Tiefgang, wie zum Beispiel ein mit mehreren Personen belegter Kanadier, setzen hier bei hochsommerlichem Niedrigwasser leicht auf. Im Zweifelsfall müssen wir aussteigen und das Kanu ein Stückchen treideln (am Seil hinter sich herziehen).

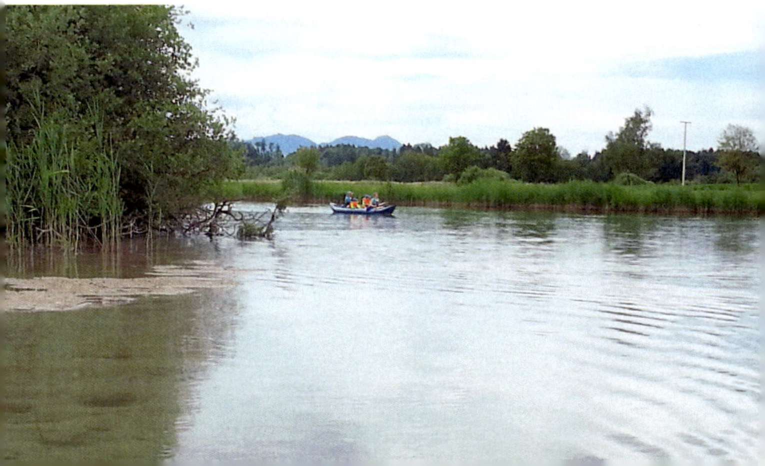

Hinter der nächsten Rechtskurve zweigt die ganzjährig geschützte **Ischler Schlinge** ③ – ein Seitenarm links einer großen Schilfinsel – vom Hauptstrom ab. Hier paddelt man rechts an der Insel vorbei. Der linke Arm und die Inseln selbst sind Naturschutzgebiet und dürfen nicht betreten oder befahren werden.

In den letzten zwei Kilometer vor **Truchtlaching** wird das Wasser dann tiefer und ruhiger. Wir nähern uns langsam dem Wehr, dass hinter dem Ort die Alz aufstaut. Unser Ausstieg befindet sich bereits vor dem Ort links vor der Straßenbrücke. Hier steht ein Podest aus Holz, dass auch als Anleger für die großen Flöße dient, die im Sommer auf diesem Streckenabschnitt fahren. Auf der gegenüberliegenden Straßenseite kann man dann bei passendem Wetter im **Alzbad** den Tag ausklingen lassen. An kühleren Tagen lockt auf der anderen Brückenseite der **Gasthof Neuwirt** mit Terrasse am Fluss hungrige Paddler. 700 Meter weiter unten am Alzufer wartet in Truchtlaching ein besonderes Highlight für die Eltern: Bei der **Brauerei Camba** sitzt man in rustikalem Ambiente oder auf der Terrasse über dem Fluss und kann unter 18 verschiedenen Bieren wählen. Leckeres Brot und Gebäck aus der zugehörigen Bio-Bäckerei und kleine Speisen gibt es auch.

Die Alz von Truchtlaching nach Altenmarkt

Ab Truchtlaching ist die Alz für erfahrene Paddler im Kajak oder im Kanadier auf weiteren zehn Kilometern befahrbar. Dabei ist am Wehr in Truchtlaching eine flotte Bootsrutsche zu passieren. 2,5 Kilometer weiter muss das Wehr Höllthal umhoben werden. Kurz darauf folgt an zwei Inseln im Fluss eine riskante Stelle mit Steinen im Wasser. Die zweite Insel unbedingt rechts umfahren! Dann folgt links an der Alzfähre der Anleger des Gasthofes Roiter **[› Tour 6]** mit angenehmen Plätzen im Garten. Noch zwei unkomplizierte Kilometer weiter geht es links vor dem Wehr von Altenmarkt aus dem Wasser. Der Parkplatz am Ziel liegt südwestlich von Trutlaching bei **GPS N 47°59‘52.0“, E 12°31‘18.0“** auf einer Wiese am Fluss.

Zwischen Truchtlaching und Altenmarkt darf die Alz nur von erfahrenen Kanuten mit gut manövrierbaren Booten befahren werden.

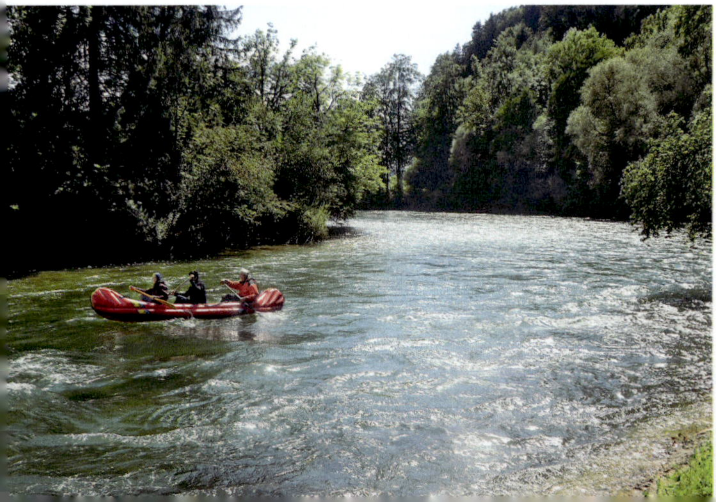

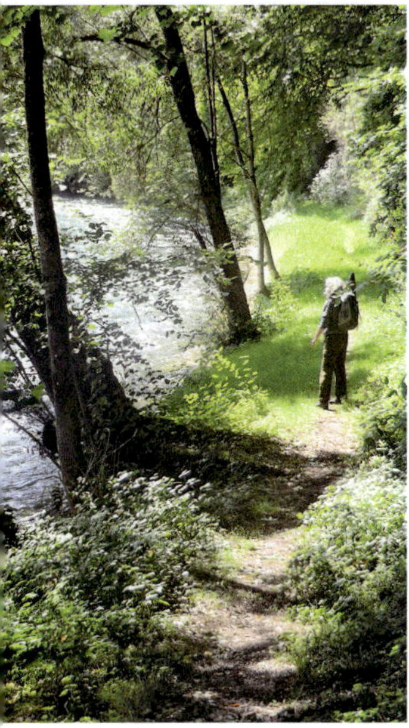

Tour 6: Kloster Baumburg und die Alzfähre

Ein Rundweg bei Altenmarkt

Ein Pfad direkt am Ufer der grünblauen, schwungvoll fließenden Alz, zwei schöne Badeplätze am Fluss, der später im schaukelnden Boot der Alzfähre überquert wird, der Wirtsgarten des Fährhauses und zum Schluss das alte Kloster Baumburg mit gemütlichem Klostergasthof im Innenhof – die kurze Wanderrunde bietet jede Menge Höhepunkte.

88 m

STRECKE 6,5 km

2 h 15

ab 6

Wanderung: Der Weg beginnt am Parkplatzende. Wir wählen nach wenigen Schritten auf dem Schotterweg rechts den Abzweig zur Liegewiese. Durch ein Wäldchen kommen wir zum **Soldatenfriedhof** ① von Altenmarkt. Hier befinden sich nicht nur Gräber aus den beiden Weltkriegen: ein steinernes Denkmal und die im Baum eingewachsenen Tafeln würdigen die Gefallenen einer weit älteren Schlacht. Dann treffen wir wieder auf einen breiteren Weg, dem wir links zur Liegewiese am Alzufer folgen. Dort überqueren wir die **Fußgängerbrücke** ② und laufen links am Alzufer entlang. Hinter der Stufe des Altenmarkter Wehres wartet eine weitere Uferwiese, an der man gut baden oder picknicken kann. Zwischen Juni und September landen hier nachmittags Kanus und Raftingboote nach einer spritzigen Fahrt auf der Alz.

TOUREN-STECKBRIEF

Anfahrt: In Altenmarkt der Beschilderung zum Kloster Baumburg folgen und das Auto am Parkplatz unterhalb des Klosters bei **GPS N 47°59'58.6", E 12°31'51.4"** stehen lassen.

Anspruch und Charakter: einfache Wanderung meist auf breiten Wegen, am Alzufer schmaler Pfad hoch über dem Fluss. Daher weniger geeignet für Kinderwagen oder Fahrräder.

Highlights: Badeplätze an der Alz, spannender Uferpfad, Alz-Fähre, Einkehr in schönem Biergarten an der Fähre.

Alzfähre: Gasthaus und Alzfähre haben einen neuen Pächter, der sich der regionalen Küche verschrieben hat. Viele Zutaten haben Bio-Qualität. Das Gasthaus ist Do bis Mo 17 – 23 Uhr, Sonntags ab 12 Uhr geöffnet. Die Fähre fährt während der Öffnungszeiten der Wirtschaft nach Bedarf. Bei starkem Hochwasser der Alz ist die Fähre außer Betrieb. Fahrpreis auf Trinkgeldbasis. Aktuelle Informationen zur Fähre unter Tel. 08621 7387 oder roiter.de.

Einkehr Bräustüberl im Kloster Baumburg oder Gasthaus zum Roiter an der Alzfähre.

In der Nähe: Höhlenburg Stein.

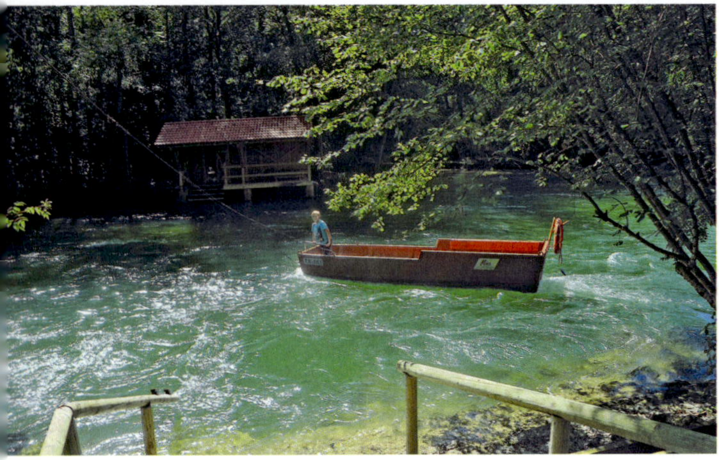

Seilfähre über die Alz: die Strömung schiebt das schräg gestellte Boot zum anderen Ufer

Wer nicht baden möchte, läuft am Beginn des Parkplatzes rechts hinauf und folgt oben dem **Wegweiser nach Massing** ③ auf den Wiesenweg am Hang (die Asphaltstrasse weiter unten endet an einem Hof). Mit schönem Blick auf den Fluss wandern wir bis zum Wald und in einem großen Bogen zum Flussufer hinunter. Ein Pfad führt links zur Alz, endet jedoch bald. Wir steigen deshalb an der einzigen Kreuzung im Wald rechts hinauf und laufen in Sichtweite der Straße an einer Wiese entlang und zurück in den Wald. Das blaue Band der Alz liegt jetzt erstaunlich weit unten. Unser Pfad fällt leicht ab, bis wir wieder direkt am Wasser entlanglaufen. Nach drei Kilometern Wegstrecke mündet der Uferweg in **Massingmühle** ④ auf ein wenig befahrenes Sträßchen, dem wir noch einen weiteren Kilometer bis zur **Alzfähre** folgen. Dort können wir den Platz an den Tischen im Garten nur empfehlen. Der hausgebackene Kuchen ist köstlich. Es gibt aber auch Brotzeiten und warme Gerichte. Auch die Überfahrt ans andere Ufer erbittet man beim Wirt, der uns gegen ein Trinkgeld in der urigen **Mini-Fähre** ⑤ über den Fluss schippert.

Auf der anderen Seite folgen wir dem Asphaltweg zwischen Maisfeldern bis zum ersten Abzweig. Hier geht es rechts hinauf und am oberen Wegende links zu den **ersten Häusern** ⑥ von Altenmarkt. Vorbei an der **Klosterbrauerei** kommen wir zur **Klostergaststätte**. Es lohnt auch ein Blick in die barocke Stiftskirche von 1755. Sie wirkt licht und heiter und war das Zentrum des bereits zu Beginn des 12. Jahrhunderts gegründeten Klosters auf dem Hügel zwi-

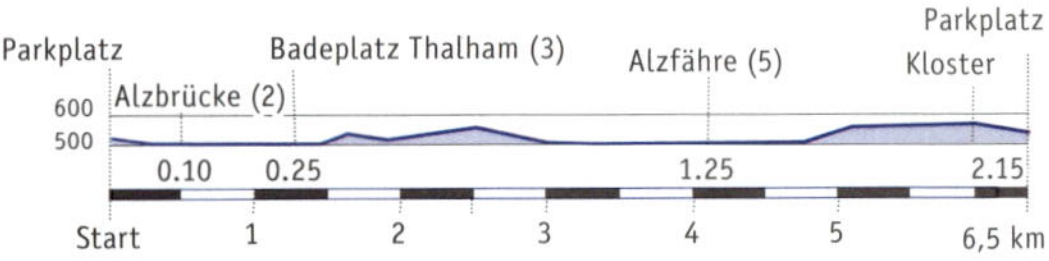

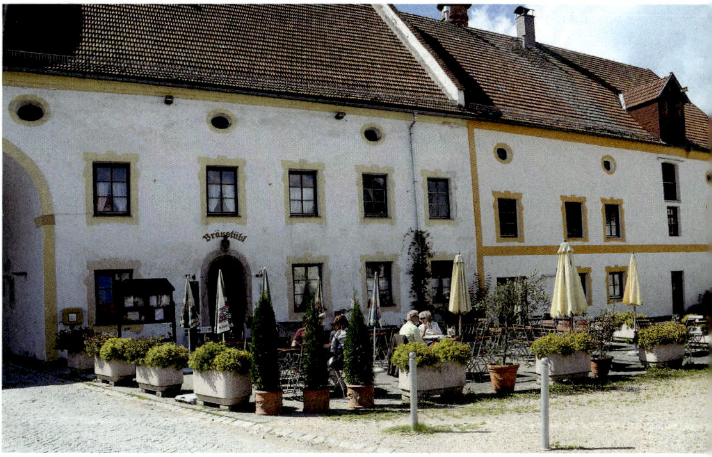

Im Kloster Baumburg

schen den Flüssen Traun und Alz. Das Kloster wurde 1803 aufgelöst und die Kirche ist heute Pfarrkirche von Altenmarkt. In den ehemaligen Klostergebäuden residiert neben dem Bräustüberl und der Brauerei Baumburg heute ein Seminarhotel. An den Tischen im Innenhof können Eltern nicht nur ein frisch gezapftes Baumburger Bier kosten, sondern auch sehr gut essen. Von Tagliatelle mit Garnelen zum scharfen Schweinderl bis zum Kaiserschmarren ist hier sicher für die ganze Familie gesorgt.

Wo wohnt dieser Adler?

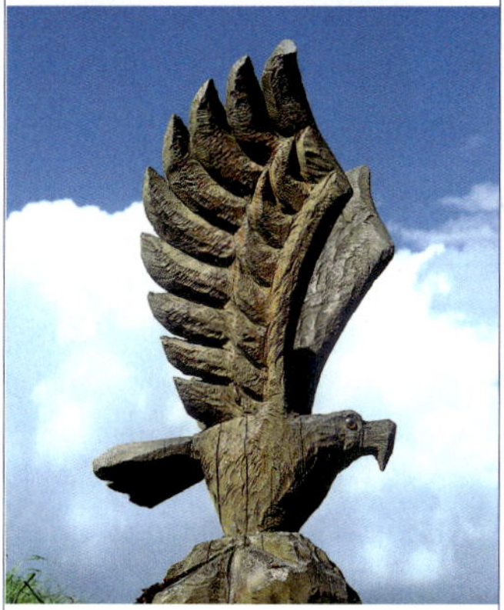

Auf dem Rückweg zwischen Alz und Kloster hat sich am Wegrand ein Adler versteckt ...

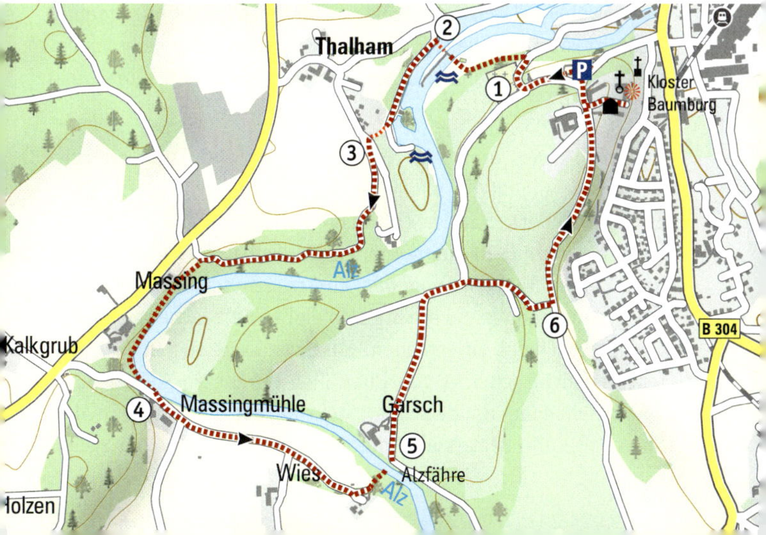

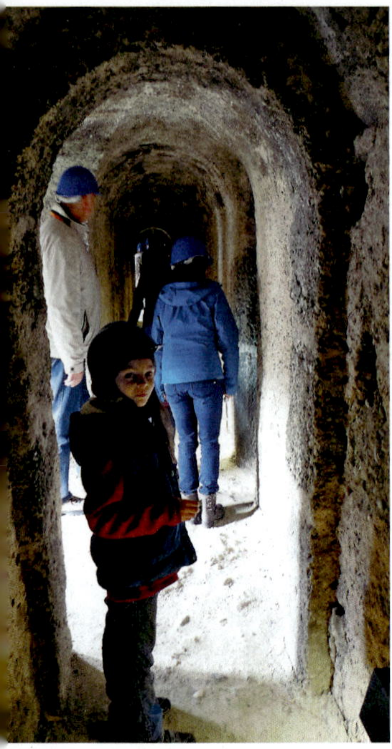

Tour 7: Schrecklich schön

Die Felsenburg des Raubritters Heinz von Stein

Bei einer Besichtigung von Deutschlands größter Höhlenburg in Stein an der Traun läuft man durch dunkle, in den Felsen gehauene Gänge und lauscht Geschichten aus dem Leben des sagenumwobenen Raubritters Heinz von Stein, der hier vor langer Zeit die Gegend unsicher machte. Spannung ist garantiert und die grauslichen Geschichten ziehen Klein und Groß in ihren Bann.

2 h

ab 4

Rundgang: Links um den Braugasthof herum begeben wir uns pünktlich 15 Minuten vor Führungsbeginn zur Eingangspforte des Schlosshofes. Er gehört zur unteren Burg Stein, in der heute ein Internat untergebracht ist. Hier wird die ganze Gruppe mit Grubenhelmen ausgestattet. Das Tragen ist im alten Gemäuer Pflicht. Dann geht es über viele Stufen nach oben in das in den Fels gehauene Hochschloss. Vermutlich im 11. Jahrhundert erbaut durchlebte es eine wechselvolle Geschichte und ging dabei durch die Hände verschiedener Adelsgeschlechter. Schillerndste Bewohner waren wohl die Witwe des brasilianischen Kaisers, Amelie, die um 1845 einzog aber fast ausschließlich das untere Schloss nutzte, und natürlich der sagenumwobene Raubritter Heinz von Stein. Zwar gibt es für seine Existenz kaum stichhaltige Beweise, dafür aber umso mehr Sagen und Geschichten, von denen wir während der Führung einige hören werden...

Fast zwei Meter groß soll er gewesen sein und damit ein unglaublicher Gigant für damalige Verhältnisse, lebte er doch im 13. Jahrhundert. Dazu noch fürchterlich entstellt durch schief herauswuchernde Backenzähne, ein pockennarbiges Gesicht und nach seiner Rückkehr von den Kreuzzügen schlecht verheilte Kriegsverletzungen. So reichte sein bloßes Auftauchen, um Gegner in die Flucht zu schlagen. Zusammen mit seinem Gefolge lebte er nicht schlecht von Überfällen auf die vor seiner Burg vorbeiziehenden Handelszüge. Stein an der Traun lag an der Salzstraße, die damals eine der wichtigsten Handelsrouten der

Region war. Wir erfahren, was es mit dem Audienzzimmer auf sich hatte, wie Heinz »Recht« sprach und wo er seine Gegner entsorgte oder zur »späteren Verwendung aufbewahrte«. Interessant wird es auch im wohnlichsten Raum der zugigen Burg, dem Waltraudzimmer, dass von einer Liebesgeschichte und dem Untergang des Raubritters erzählt. Nach weiteren haarsträubenden Geschichten verlassen wir die Burg durch einen steil nach oben führenden Geheimgang, der uns zurück ans Tageslicht bringt. Nach wenigen Minuten Fußmarsch ist der Ausgangspunkt am Braugasthof erreicht.

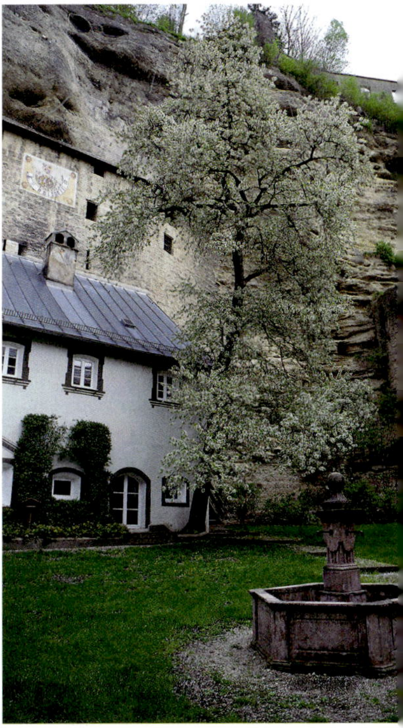

Ob die wilden Geschichten über Heinz von Stein historischen Tatsachen entsprechen oder doch eher der Fantasie entsprungen sind, ist nicht mehr zu klären. Sicher belegt ist jedoch, dass der katholische Aufklärer Lorenz Hübner 1782 ein Trauerspiel um den wilden Heinz ersann und das Leben des gruseligen Hünen zum ersten Mal festhielt.

TOUREN-STECKBRIEF

Anfahrt: Von der Autobahnausfahrt Grabenstätt fahren wir auf der östlichen Uferstraße bis Chieming. Dort schwenkt die Straße rechts vom Seeufer weg, bis sie nach 4,4 Kilometer auf die B 304 trifft, auf der wir links in Richtung Altenmarkt fahren. Kurz vor Altenmarkt gelangen wir in den Traunreuter Ortsteil Stein direkt unterhalb der Burg. Ein großer Parkplatz befindet sich an der ersten Kreuzung nach der Ortseinfahrt gleich rechts gegenüber des Braugasthofs bei **GPS N 47°59'10", E 12°32'50".**

Anspruch und Charakter: Abenteuerführung durch die Höhlenburg. Der Weg verläuft über holprigen Steinboden und viele Stufen durch das Innere des Felsens. Festes Schuhwerk ist ratsam, das Mitbringen eigener Taschenlampen Pflicht. Organisiert werden die Führungen vom Verein Freunde der Burg Stein. Sie finden von Mitte April bis Ende der Sommerferien täglich um 14 Uhr statt, in den Sommerferien zusätzlich Freitag bis Sonntag um 16 Uhr. Von Mitte September bis Mitte Oktober kann die Burg nur noch Freitag bis Sonntag um 14 Uhr besichtigt werden. Erwachsene € 3, Kinder € 2. www.steiner-burg.de

Highlights: Waltraudzimmer, Brunnenschacht, Fluchtgang und die schaurig-schönen Geschichten.

Einkehr: Brauereigasthof Martini, direkt unterhalb der Burg neben dem Parkplatz.

In der Nähe: Alzbad in Altenmarkt

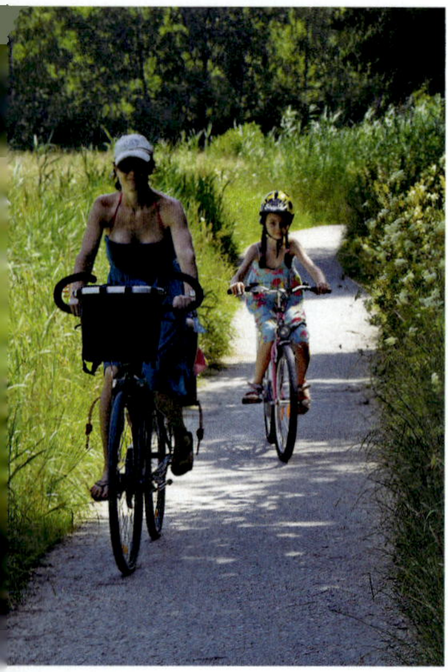

Tour 8: Von Prien nach Seebruck

Auf dem Chiemseeradweg von Strandbad zu Strandbad

Als größtes Gewässer in Bayern wird der Chiemsee auch das bayerische Meer genannt. Ein gut markierter Radweg mit vielen Badeplätzen, Stationen zur Vogelbeobachtung und gemütlichen Biergärten führt einmal um den See herum. Für Kinder ist die ganze Runde zu lang. Wir nehmen uns das Seeufer also in Etappen vor – mit viel Zeit zum Baden und Spielen – und nutzen dann das Ausflugsschiff zwischen den Chiemseehäfen als praktisches Wassertaxi.

20 m

STRECKE 22 km

2–3 h

ab 6

Von Prien nach Gstadt: 13,5 km
Gleich am Parkplatzausgang weisen die gelben Schilder den Weg Richtung »Chiemseerundweg« und »Gstadt« nach Norden. Schnell lassen wir das Priener Stadtgebiet hinter uns und radeln auf Schotterwegen durch schöne Natur. Die erste Radlerrast an der **Fischhütte Reiter** mit kleinem Biergarten kommt fast zu früh, wir werden ja gerade erst warm. Ein paar Kurven weiter folgen wir dem Osternacher Graben bis zu einer **Holzbrücke über die Prien**. Direkt dahinter erwartet uns die erste schöne Badegelegenheit, das **Rimstinger Seebad** ①. Liegewiesen, Kiosk und ein Bootsverleih verführen schon jetzt zu einem längeren Aufenthalt auf den gepflegten Rasenflächen. Links und nach den Tennisplätzen rechts ab führt die Route uns weiter, um die **Schafwaschener Bucht**, den nordwestlichsten Zipfel des Sees, der nur durch einen schmalen Durchfluss mit dem restlichen See

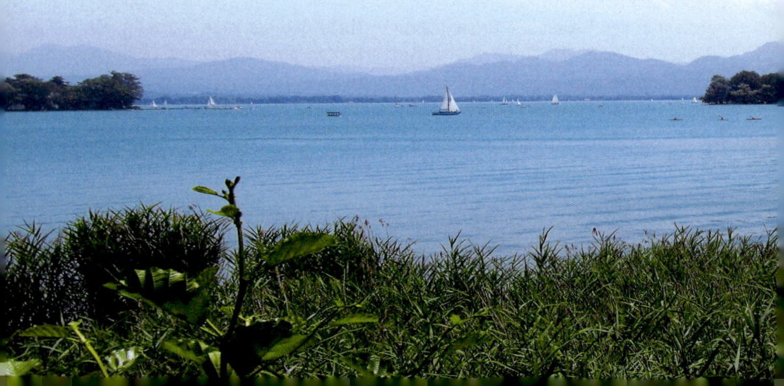

verbunden ist. Ein paar Meter führt der Fahrradweg bei **Hochstätt** ② an der Bundesstraße entlang, bevor er rechts erneut zum See hin abfällt. Hier hat man bei gutem Wetter einen tollen Blick auf den See und die dahinter liegende Kampenwand.

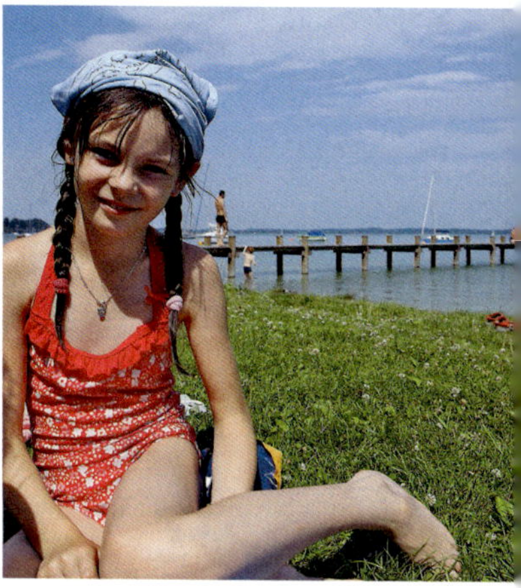

Dann folgt ein ruhiger schöner **Badeplatz** bei Wolfsberg. Ganz sanft fällt der Kieselstrand neben dem Steg ins Wasser ab. An heißen Tagen ist spätestens hier die erste Erfrischung fällig – oder man hält noch ein paar Meter durch und macht es sich auf den weitläufigen Wiesen des **Urfahrner Strandbades** ③ bequem. Hier gibt es auch Kiosk und Toiletten. Nach ein paar Kurven befinden wir uns wieder am Uferweg. Rechts geht es

TOUREN-STECKBRIEF

Anfahrt: Von der A8 über die Ausfahrt Frasdorf oder Prien zum Ortszentrum von Prien. Dort ist die Zufahrt zum gebührenpflichtigen Parkplatz (Harrasser Straße) bei **GPS N 47°51'37.0", E 12°21'51.0"**, am Anleger der Ausflugsboote beschildert.Wir können die Tour an jedem Ort mit Bootsanleger abbrechen und mit dem Schiff zurückfahren, wenn die Strecke zu weit wird.

Fahrradverleih: Fahrradverleih Kaufmann, am Minigolfplatz in Prien. Hier gibt es alles – vom Trailer bis zum e-Bike.
www.radlverleih-chiemsee.de oder Fahrradhaus Prien, Hallwanger Str. 22. www.fahrradhaus-prien.de

Anspruch und Charakter: Einfache Radtour mit wenigen kurzen Steigungen, fast durchgehend am Seeufer entlang. Teils Schotter, teils Asphalt, viele Bademöglichkeiten und Ausflugslokale. In Prien unbedingt am Fähranleger den Fahrplan für Schiff und Ringbus für die Rückfahrt mitnehmen – auch der Bus kann in der Sommersaison auf einem Anhänger Fahrräder transportieren. Die Haltestelle befindet sich am Parkplatz.

Highlights: Viele Badeplätze von klein und ruhig bis groß und belebt, schöne Biergärten, Ausblick und Vogelbeobachtung von den Warten am See.

Einkehr: Paraplü, Schalchenhof, Café Seehäusl, Gasthof Malerwinkel.

In der Nähe: Prienavera, Hochseilgarten Prien.

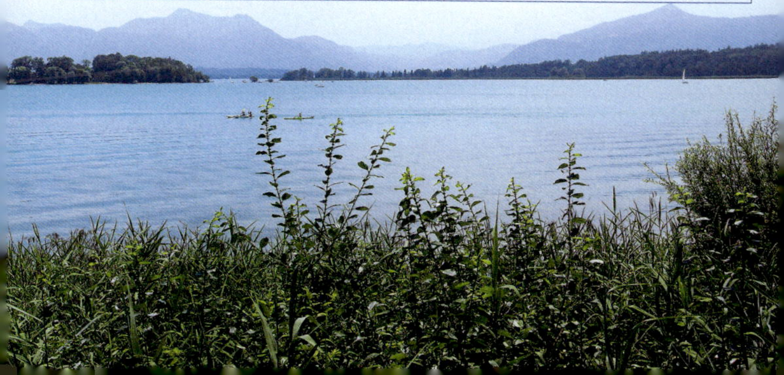

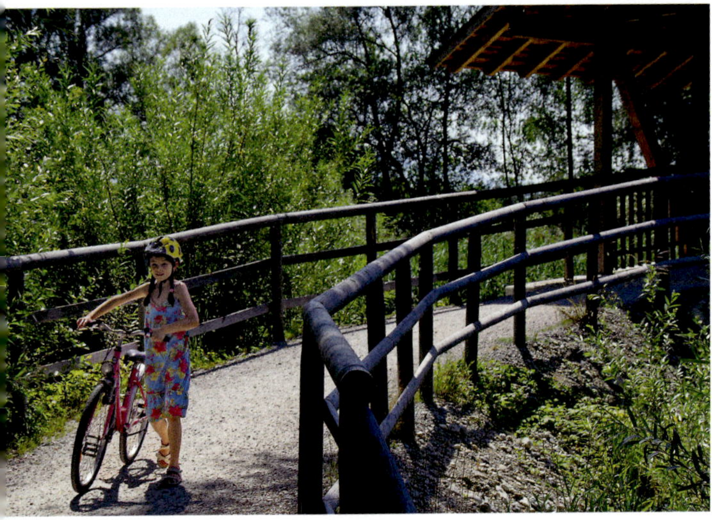

jetzt mehrfach zu ganz kleinen Buchten ab, die aber fast ausnahmslos in privater Hand sind.

Bei **Breitbrunn** steht dann eindeutig der Segelsport im Vordergrund. Kurz hinter dem einladenden Badestrand des Gradlhofes treffen wir wieder auf einen ruhig gelegenen öffentlichen Kiesstrand. Der Schotterweg verläuft nun durch Wald und Wiesen und rechts legen wir einen Stopp an der **Aussichtswarte Ganszipfel** ④ ein. Nicht nur Vögel, Enten und Schwäne lassen sich von oben beobachten, auch der Blick auf die Chiemseeinseln ist famos.

Kaum haben wir die Drahtesel wieder bestiegen, finden wir schon die nächste **Badestelle am Ortseingang von Gstadt** neben einem Seerestaurant. Nebenan ragt der Steg des **Bootsanlegers** in den See, von dem man nach Prien zurückfahren könnte.

Von Gstadt nach Seebruck: 8,5 km
Wir kommen zur Gstadter Hauptkreuzung. Ein wenig Obacht ist gerade an den Wochenenden wegen dem regen Ausflugsverkehr geboten. In Gstadt ist immer was los. Im Ort sorgen mehrere Eisdielen für ein reizvolles Zwischenziel. Auch das große **Strand-**

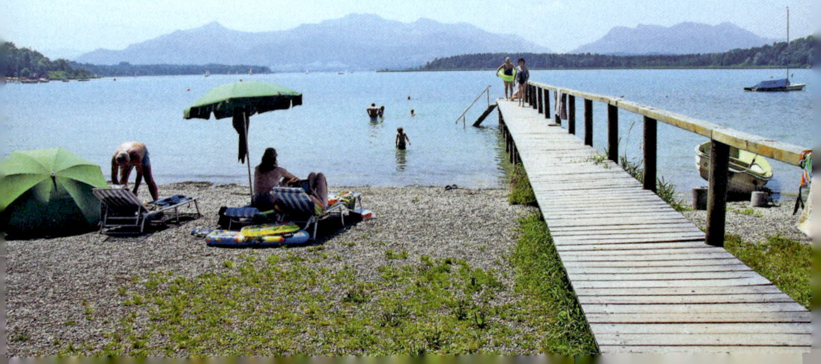

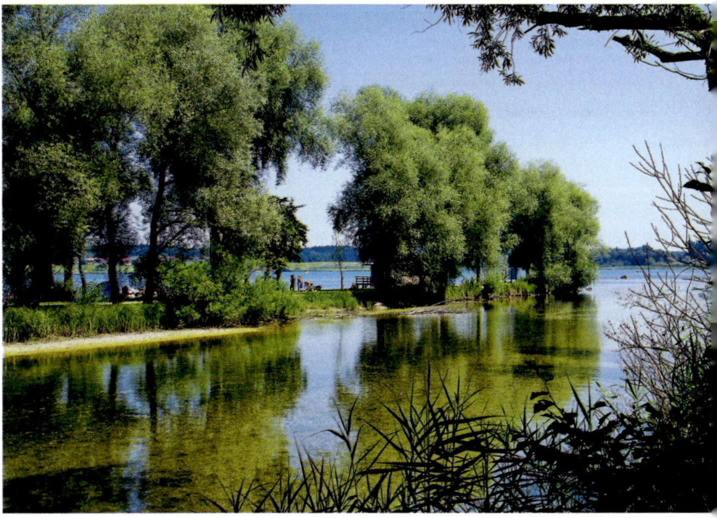

bad mit Badeinsel ⑤ rund 150 Meter weiter ist vor allem bei den größeren Kids sehr beliebt.

Der Radweg führt jetzt durch ein Waldstück parallel zur Hauptstraße und fällt dann erneut rechts zum Ufer ab. In Höhe der **Kapelle Schalchen** erwartet uns rechts die nächste richtig schöne **Badestelle** ⑥ der Tour. Ruhig im Grünen und, da mit dem Auto nicht direkt erreichbar, auch gleich mit viel weniger Badegästen tut ein Hüpfer vom Steg ins feuchte Nass so richtig gut. Am Ufer sonnt man sich auf einer leicht abfallenden Wiese. Vorbei am Hafen Gollenshausen und der Badestelle am **Café Seehäusl** samt Spielplatz erreichen wir das schöne **Hotel-Restaurant Malerwinkel**. Von der Terrasse genießt man eine wunderbare Aussicht. Auch die zum Haus gehörende einladende Liegewiese am Wasser darf von Gästen genutzt werden.

Nun ist es nicht mehr weit bis Seebruck. Immer geradeaus radeln wir zur **Badestelle Esbaum** ⑦, die sich schon in Sichtweite der ersten Häuser befindet. Hier hat man eine alte Römerstraße rekonstruiert. Sie gehört zum archäologischen Rundweg von Seebruck **[›Tour 4]**. In Seebruck angekommen kann man das Römermuseum Bedaium in der Ortsmitte besuchen oder vorher rechts ans Wasser bis zur Aussichtswarte fahren. Ein etwas verstecktes, dafür umso schöneres **Strandbad** mit großer Liegewiese befindet hinter dem Museum rechts. Wir schieben die Räder über die Alzbrücke, um nicht mit den vielen Fußgängern oder Autos an dieser Engstelle zu kollidieren. Nach rund 200 Metern haben wir dann den **Bootsanleger** erreicht. Gleich daneben kann man ein letztes Mal ins Wasser steigen, wenn man noch etwas Zeit bis zur Ankunft des Schiffes überbrücken muss.

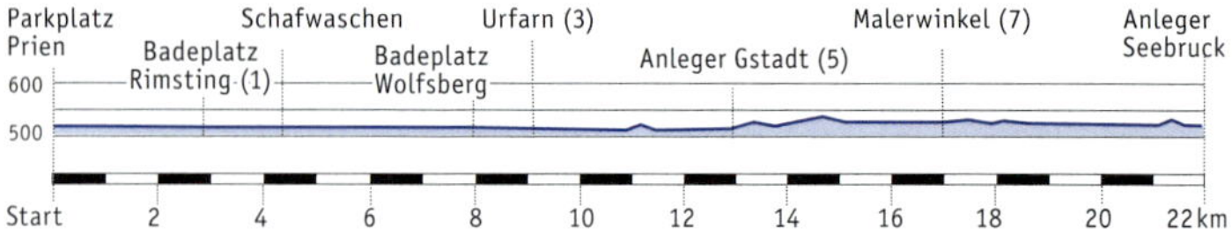

Tour 8

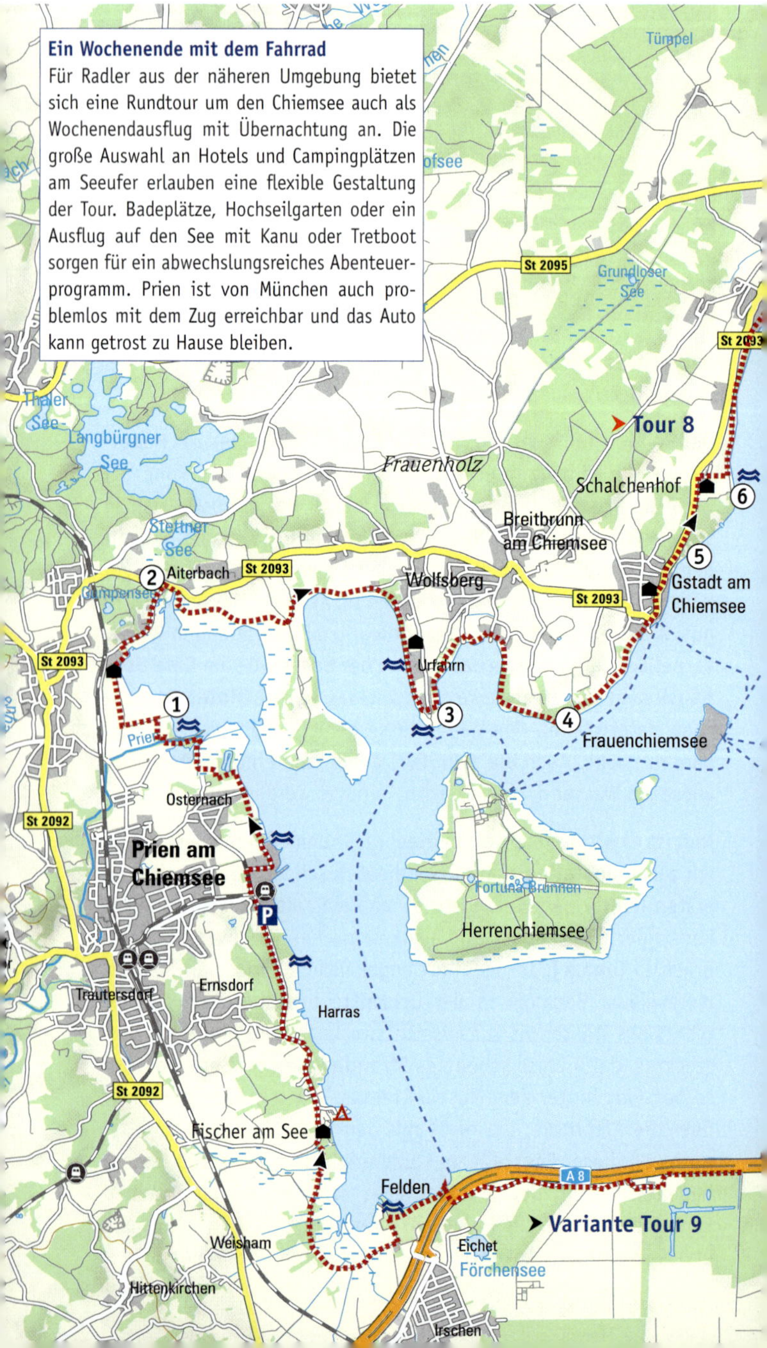

Ein Wochenende mit dem Fahrrad

Für Radler aus der näheren Umgebung bietet sich eine Rundtour um den Chiemsee auch als Wochenendausflug mit Übernachtung an. Die große Auswahl an Hotels und Campingplätzen am Seeufer erlauben eine flexible Gestaltung der Tour. Badeplätze, Hochseilgarten oder ein Ausflug auf den See mit Kanu oder Tretboot sorgen für ein abwechslungsreiches Abenteuerprogramm. Prien ist von München auch problemlos mit dem Zug erreichbar und das Auto kann getrost zu Hause bleiben.

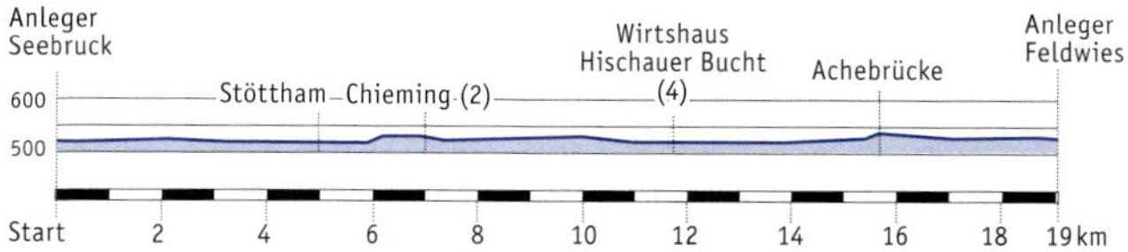
Anleger Seebruck
Stöttham
Chieming (2)
Wirtshaus Hischauer Bucht (4)
Achebrücke
Anleger Feldwies
600
500
Start
2
4
6
8
10
12
14
16
18
19 km

Tour 9

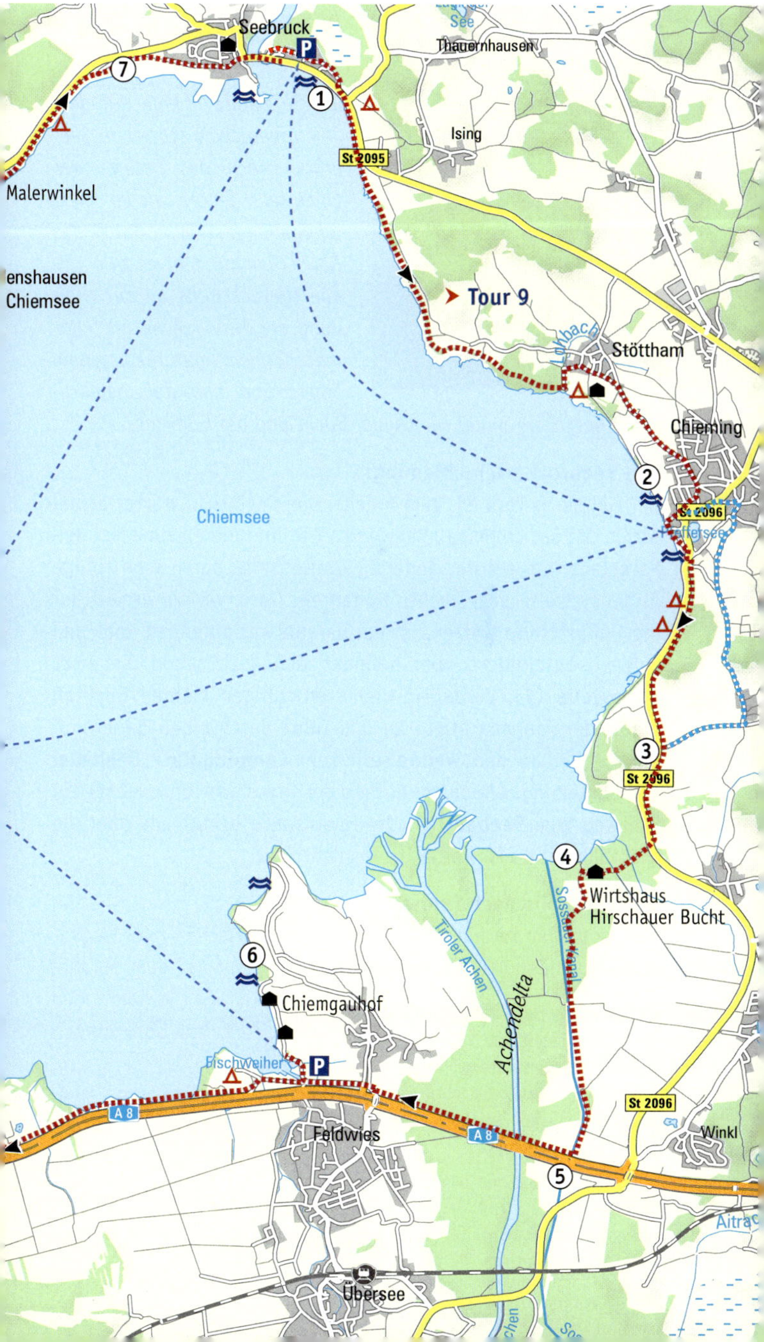
Seebruck
Thauernhausen
Ising
St 2095
Malerwinkel
enshausen
Chiemsee
Tour 9
Lohbach
Stöttham
Chieming
St 2096
Chiemsee
St 2096
Wirtshaus
Hirschauer Bucht
Tiroler Achen
Achendelta
Sossauer Kanal
Chiemgauhof
Fischweiher
A 8
Feldwies
A 8
St 2096
Winkl
Übersee

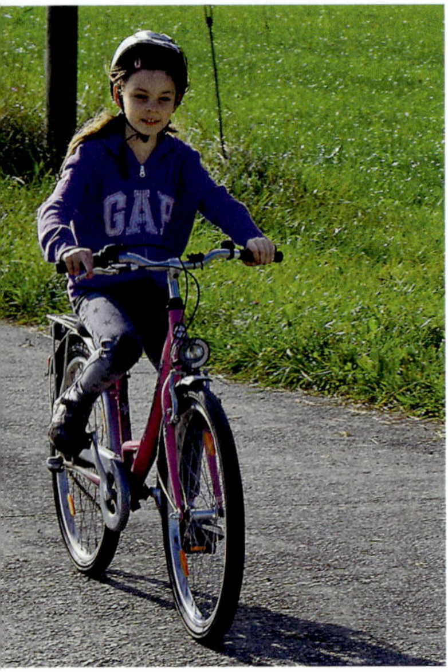

Tour 9: Von Seebruck zur Hirschauer Bucht

Wildnis und schmucke Dörfer

Unsere zweite Etappe auf dem Chiemseeradweg startet in Seebruck. Auch das Ostufer des Chiemsees bietet wieder viele schöne Badestellen. Durch das Dorf Chieming geht es zum wilden Uferabschnitt an der Mündung der Tiroler Ache mit kilometerlangem naturbelassenem Sandstrand und den gemütlichen Biergärten in der Hirschauer Bucht und bei Feldwies.

40 m

STRECKE 19 km

2–3 h

ab 6

Von Seebruck nach Chieming: 7 km

Am Ziel der [› Tour 8], dem Anleger von Seebruck, startet dieser Abschnitt des Chiemgau Radweges. Wir überqueren zunächst den Parkplatz, um auf der anderen Straßenseite durch eine ruhige Anliegerstraße nach rechts zu fahren. Dort, wo wir erneut auf die Hauptstraße treffen, ist der parallel verlaufenden Rad- und Fußweg beschildert. Hier befindet sich auch schon die erste **Badestelle** ①. Vorbei an mehreren ruhigen kleinen Buchten steigt der Fahrweg etwas an und führt durch einen Bauernhof und vorbei an den Wegweisern zum **Campingplatz Seehäusl** nach Chieming. Gleich am Anfang der Ortschaft führt rechts ein Fahrweg zum **Seebad** ②. Die Hauptroute bringt uns über die Stötthamer Straße weiter bis ins Zentrum.

Von Chieming nach Feldwies: 12 km

Nun kann man für die nächsten Kilometer zwischen zwei Wegvarianten wählen: Entweder wir setzen die Tour auf dem parallel zur Uferstraße verlaufenden Radweg fort. Von dort können

Vorsicht! Das letzte Boot zur Fraueninsel startet in Feldwies bereits am frühen Nachmittag. Auf der Fraueninsel steigen wir dann um nach Seebruck. Wer entspannt radeln will, beginnt den Ausflug in Feldwies mit der Bootsfahrt nach Seebruck.

Die Station Feldwies wird von den Booten nur im Sommer angesteuert. Außerhalb der Saison müssen wir bis Prien weiterradeln. www.chiemsee-schifffahrt.de

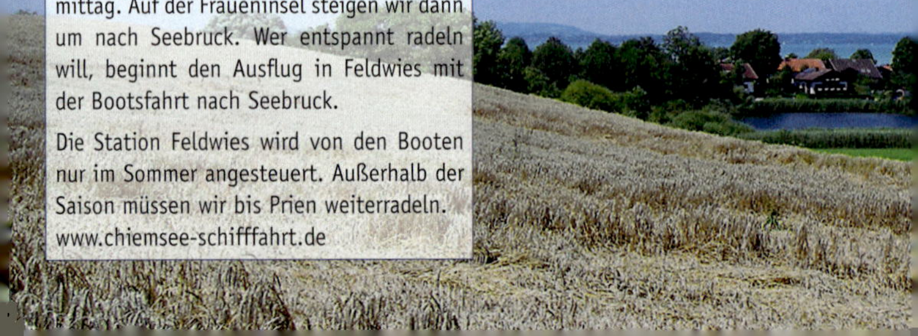

wir auch zum **Chieminger Bootsanleger** gelangen. Oder wir fahren ein Stück nach links und dann beschildert dreimal rechts durch die Pfaffinger-, Marx-Kurz- und Oberhochstätter Straße kurzzeitig steil ansteigend, erhöht auf einem ruhigen Güterweg weiter. Im Weiler Oberhochstätten biegen wir nochmals rechts ab und gelangen nun zur **Hauptstraße** ③, auf der sich beide Varianten treffen. Nur gute 500 Meter sind es, bis wir rechts in das ausgedehnte Feuchtgebiet der **Hirschauer Bucht** abbiegen. Auf der Schotterstraße im mannshohen Schilfgras fühlt man sich

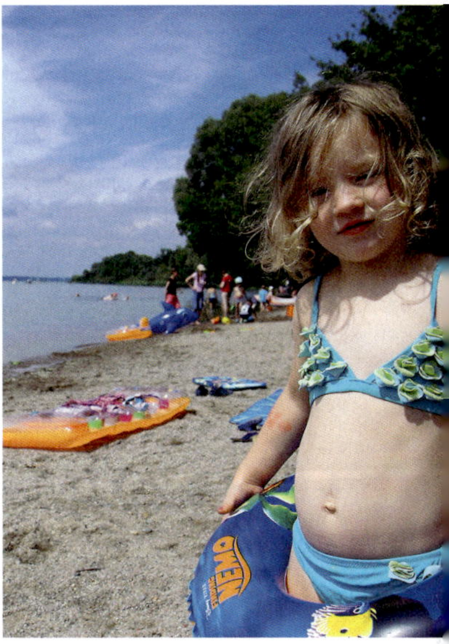

Sandstrand am Chiemsee: Badespass im Strandbad Übersee-Feldwies

TOUREN-STECKBRIEF

Anfahrt: Startpunkt ist der große Parkplatz direkt hinter dem Fähranleger in Seebruck. Die schnellste Anfahrt über die A8 führt bis zur Ausfahrt Grabenstätt und dann weiter Richtung Chieming. Seebruck ist nun bereits angeschrieben. Im Ortsteil Graben, noch bevor die Alzbrücke ins Zentrum führt, befindet sich der kostenpflichtige Parkplatz rechter Hand etwa 300 Meter hinter dem Campingplatz Kupferschmiede an der Traunsteiner Straße bei **GPS N 47°55'58", E 12°29'07"**.

Fahrradverleih in Seebruck:
Kaufmann in Seebruck am Minigolfplatz, Fahrrad ab € 15 pro Tag, Kinderräder € 8.
www.radlverleih-chiemsee.de
Bikes and More, Am Seefeld 4.
www.bikes-and-more.net

Anspruch und Charakter: Einfache, meist ebene Radtour, einige Steigungen bei Chieming. Der Weg führt meist am Seeufer entlang. Teils Schotter, teils Asphalt, viele Bademöglichkeiten und mehrere Ausflugslokale an der Strecke. In Seebruck unbedingt am Fähranleger den Fahrplan für Schiff und Ringbus für die Rückfahrt mitnehmen – auch der Bus kann in der Sommersaison auf einem Anhänger Fahrräder transportieren. Die Haltestelle befindet am Parkplatz.

Highlights: Viele schöne Badeplätze, das Mündungsgebiet der Tiroler Ache mit Aussichtsturm und Gasthof.

Einkehr: Gasthof Hirschauer Bucht, Gasthöfe in Chieming und Feldwies.

In der Nähe: Hochseilgarten Feldwies.

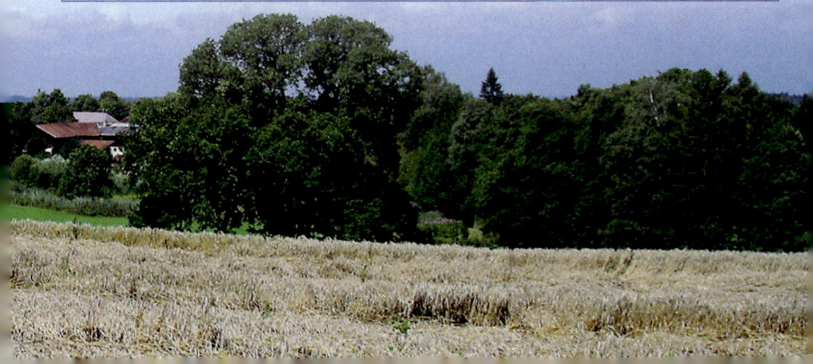

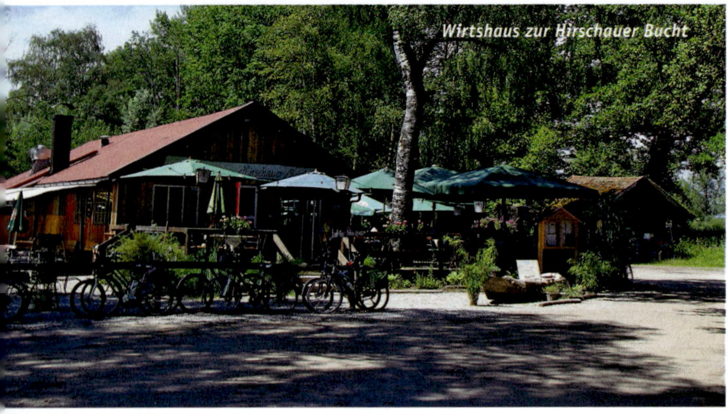

Am Südufer zurück nach Prien

zusätzlich 13 km, ↓↑20 m

Die schönere Variante des Radwegs am Südufer führt in Feldwies direkt am Sporthafen vorbei und schlängelt sich dann zwischen Campingplatz und A 8 zum Seeufer durch. Rechts folgt die Abzweigung zum einzigen offiziellen FKK-Gelände am See. Kaum Platz lässt uns die Autobahn auf den nächsten Kilometern und der Radweg zwängt sich ans Seeufer. Nach knapp zwei Kilometer bringt uns eine Unterführung zur anderen Straßenseite. Durch die Felder und vorbei an einem Tierheim, das durch lautes Gebell schon von Weitem ankündigt wird, erreichen wir Felden. Erneut geht es unterirdisch ans Seeufer zurück. Zwischen den Bade- und Kuranlagen hindurch halten wir uns links. Am hinteren Ende des Seebades befindet sich die Aussichtswarte »Irschener Winkel«. Schon vorher zeigen Radl-Wegweiser die Route nach Prien an. Unser Schotterweg durchs Grüne macht einen letzten Schlenker nach rechts und wir sind fast am Ziel. Noch ein versteckter Badeplatz mit Wirtshaus auf der rechten Seite, dann radeln wir auf der Harrasser Straße in Richtung Priener Hafen. Am Badeplatz Schöllkopf mit Restaurant geht die Wartezeit bis zur Abfahrt des Schiffes schnell vorbei. Von hier aus sind es nur wenige hundert Meter zum Anleger.

beinahe in die Wildnis versetzt. Und doch endet die Straße am Gasthof: Das **Wirtshaus zur Hirschauer Bucht** ④ steht mitten im Nichts im Wald und ist bekannt für gute bayerische Küche. Direkt davor bringt uns ein Fußweg zur **Aussichtswarte**, von der man Enten, Schwäne und anderes Federvieh erspähen kann. Das Mündungsgebiet der Tiroler Ache ist ein streng geschütztes Naturschutzgebiet und ein wichtiges Refugium für seltene Vögel aller Art. Weiter geht es nun durch die sumpfigen Wälder bis an den Rothgraben, der das Naturschutzareal rund um die Ache östlich begrenzt und folgen diesem, bis die **Autobahn** ⑤ sichtbar wird.

Bis zum Abzweig nach **Baumgarten** bleiben wir neben der großen Hauptverkehrsader. Dort geht es rechts ab und es lohnt sich der Abstecher zum **Seebad Übersee-Feldwies** ⑥ mit einem echten Sandstrand. **[› Tour 3]** Das 40.000 Quadratmeter große Areal hat auch verschiedene Sporteinrichtungen, einen großen Spielplatz und mehrere Restaurants zu bieten. Am Steg im Sporthafen bringt am Nachmittag ein Boot müde Radler zurück nach Seebruck.

Tour 10: Zwischen Kessel- und Hartsee

Abenteuertour für junge Mountainbiker

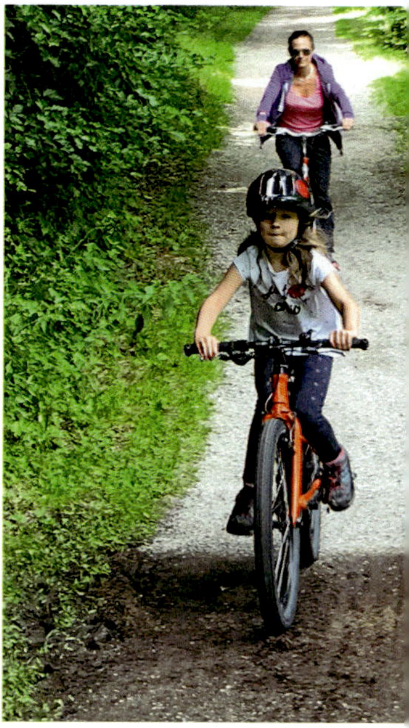

Rasant geht es kleine Hügel hinauf und hinab und dabei auch mal über dicke Wurzeln oder eine schmale Brücke. Und doch sind die Steigungen niemals sehr lang und die Abfahrten nicht zu steil. Ein versteckter Picknickplatz im Wald, der abgelegene Badeplatz am Kesselsee oder die große Eggstätter Badewiese mit schön angelegtem Steg, Spielplatz und Gasthof sorgen für die richtigen Zwischenziele und Pausenplätze. So ist die abwechslungsreiche Runde durch den Wald gerade recht für abenteuerlustige junge Radler.

50 m

STRECKE 9 km

1–2

ab 6

Radtour: Wir folgen vom Parkplatz den Markierungen des **Fahrradweges E1** rechts am Lemberg vorbei. In sanften Kurven geht es durch eine flache Moorlandschaft, rechts des Weges liegen die ersten beiden Tümpel verborgen im Schilf. Der erste größere See am Wegesrand ist der **Kesselsee** ① links unserer Strecke. An seinem oberen Ende befindet sich kleiner **Badeplatz** mit einer niedrigen Leiter als Einstieg ins Wasser. Hier zweigt der E1 nach rechts ab. Da es hier steil über Wurzeln den Berg hinauf geht, verlassen wir kurzzeitig den markierten Weg und fahren geradeaus bis zur nächsten **T-Kreuzung** ②. Hier wählen wir den Weg nach rechts und fahren geradeaus auf der nördlichen Seite

TOUREN-STECKBRIEF

Anfahrt: Die Eggstätter Seen befinden sich zwischen Bad Endorf und Seebruck. Startpunkt der Tour ist der Parkplatz Hartmannsberg, der bei **GPS N 47°54'39.0", E 12°20'56.0"** zwischen Langbürgner und Schlosssee an der D 2095 liegt.

Fahrradverleih: Kein Fahrradverleih an der Runde, nächste Verleihstation in Prien oder Gstadt.

Anspruch und Charakter: Radtour zwischen den Eggstätter Seen auf geschotterten Waldwegen und Pfaden mit Naturboden. Bitte Rücksicht auf Fußgänger nehmen. Kurze steile Passagen erfordern gute Fahrtechnik. Der Weg um den Hartsee ist auch mit einem geländegängigen Kinderwagen passierbar.

Highlights: Spannende Strecke mit kurzen Abschnitten auf unebenen Pfaden, mehrere schöne Badestellen, Spielplatz am Freizeitgelände Eggstätt.

Einkehr: Café Restaurant Hartsee Stüberl oder Imbiss am Freizeitgelände in Eggstätt.

In der Nähe: Chiemgau Thermen.

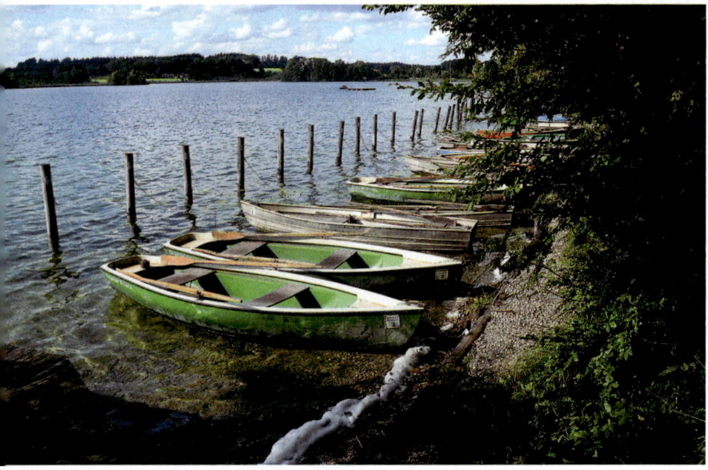

des **Einbessees** entlang. Der Weg ist recht schmal, bitte nehmen Sie hier unbedingt Rücksicht auf Fußgänger. Am Seeende fahren wir rechts, passieren einen schönen **Picknickplatz** ③, der sich oberhalb des Weges im Wald versteckt, und biegen kurz darauf, jetzt wieder dem Wegweiser des E1 folgend, links ab.

Außer dem E1 leiten uns ab jetzt auch die grünen Wegweiser der Hartseerunde, auf der wir immer ein Stück oberhalb des Sees radeln, bis wir links unter uns den **Steg der ersten Badestelle** erspähen. Kurz darauf treffen wir am Freizeitgelände Hartsee auf einen zweiten größeren **Badeplatz mit Steganlage**. Etwas oberhalb lädt die Terrasse des Hartseestüberls zu einer Rast ein. Hier gibt es nicht nur die beste Currywurst am See, sondern auch eine umfangreiche Karte mit mehreren Kindergerichten …

Wenig später stößt der Uferweg auf eine **Straße** ④ und führt etwa 500 Meter auf einem Radweg an dieser entlang. Hier verlassen wir endgültig den E1 und folgen der Markierung des Hartseerundweges auf einem **geschotterten Fahrweg** ⑤ links durch den Wald. Nach einem guten Kilometer Fahrt treffen wir auf einen langen **Holzsteg** ⑥, der über die Verbindung zwischen Pelhamer und Hartsee führt. Vom Steg hat man einen tollen Blick über den schilfgesäumten Wasserlauf zwischen den Seen. Unten im Wasser tummeln sich hunderte kleiner Fische.

Hinter dem Steg erwarten uns noch einmal zwei kräftige Steigungen. Kaum ist man schnaufend oben angekommen, geht es schon wieder rasant bergab. Eine **zweite kleinere Holzbrücke** erlaubt abermals Blicke ins Schilf. Dann fahren wir zwischen Hartsee und Einbessee hindurch. Kurz darauf biegt der E1, auf den wir hier wieder treffen, rechts ab und wir folgen ihm. Hier geht es nochmal etwas auf und ab, bevor uns die letzte super-

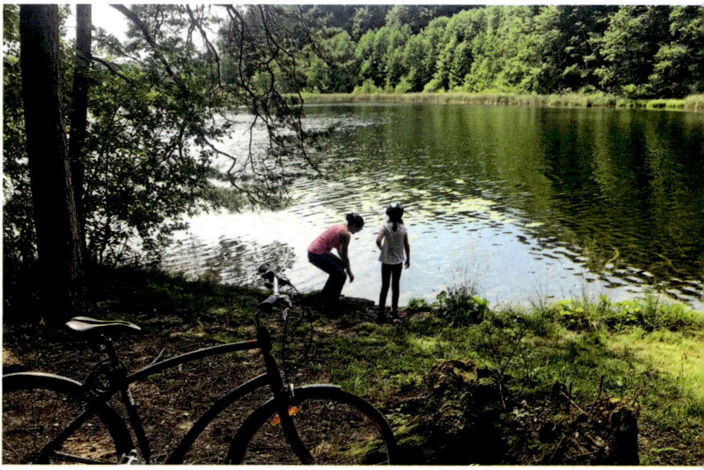

steile Abfahrt zum **Badeplatz am Kesselsee** ① zurückbringt. Links radeln wir dann zügig weiter zum Parkplatz.

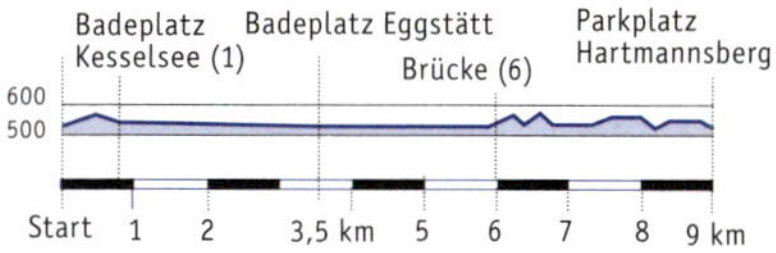

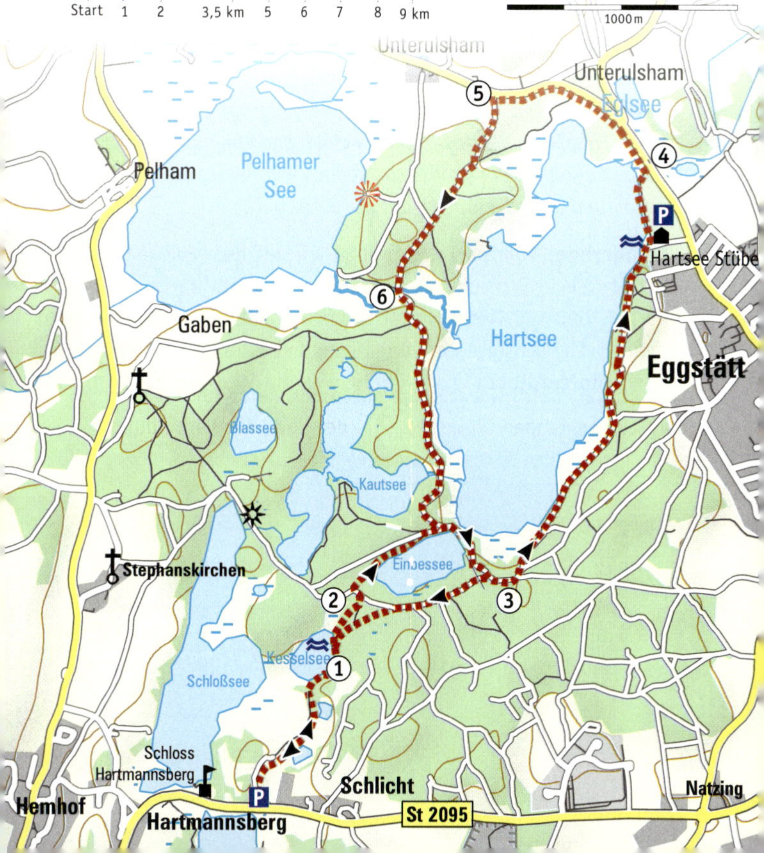

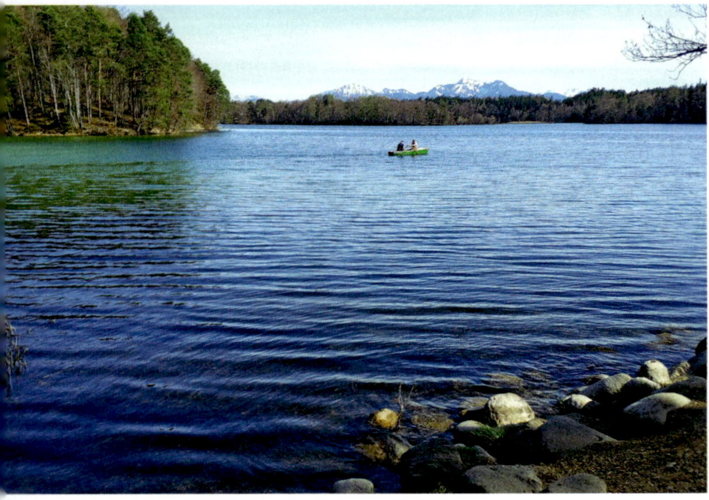

Tour 11: Bergblick am Langbürgner See

eben

STRECKE 2,7 km

1 h

ab 4

Spaziergang zu einem kleinen Idyll

Der Langbürgner See liegt gut versteckt zwischen dem Chiemsee und den Eggstätter Seen. Seine stillen Ufer sind am besten zu Fuß oder mit den Fahrrad erreichbar. Vom Wanderparkplatz Hartmannsberg erreicht man mit einem kurzen Spaziergang auf einem sympathischen Fußpfad am Seeufer einen kleinen und einen größeren Badeplatz. Außerhalb der Badesaison können wir hier wunderbar am See sitzen und über das Wasser auf die Berge gucken.

Wanderung: Vom Parkplatz gehen wir auf dem Fußweg neben der Straße in Richtung Westen und am Schloss Hartmannsberg vorbei. Gut 100 Meter weiter sehen wir auf der gegenüberliegenden Straßenseite ein verlassenes Gebäude und daneben einen **Schotterplatz ①**. Wir überqueren die Straße und biegen im

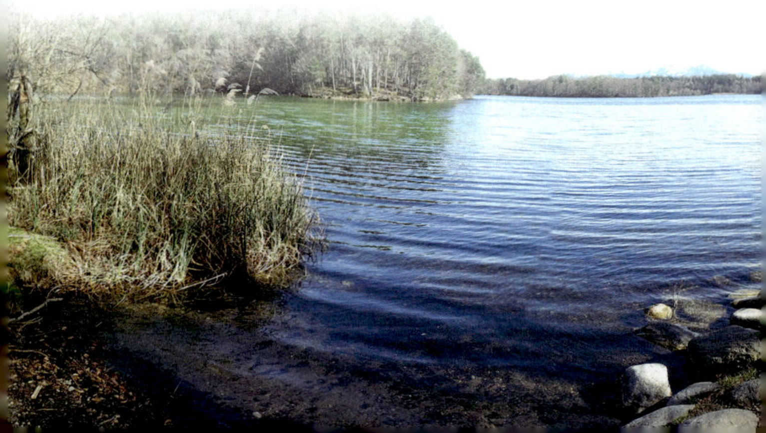

TOUREN-STECKBRIEF

Anfahrt: Die Eggstätter Seen sind zwischen Bad Endorf und Seebruck zu finden. Startpunkt der Tour ist der Parkplatz Hartmannsberg, der bei **GPS N 47°54'39.0", E 12°20'56.0"** zwischen Langbürgner und Schlosssee an der D 2095 liegt. Alternativ können wir das Auto auch am Beginn des Fußweges neben dem verlassenen Haus abstellen, dort ist aber kein offizieller Parkplatz.

Anspruch und Charakter: Kurze Runde, die die ersten 400 Meter auf einem Fußweg an der Straße entlangführt. Dann geht es auf schmalen Pfaden durch den Wald und am Seeufer weiter.

Highlights: Schöne Plätze und hübscher Pfad am Seeufer.

Einkehr: Keine.

In der Nähe: Chiemgau Thermen.

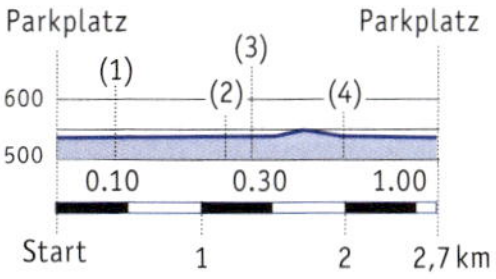

hinteren Winkel des Platzes in einen Fußpfad ein, der über einen Steg in den Wald und zum Seeufer führt. Nach wenigen Minuten stehen wir an einer **ersten kleinen Bucht ②**. Umrunden wir die Halbinsel, folgt ein **größerer Badeplatz ③** mit Steg.

Wenig später treffen wir auf einen breiten Fahrweg, dem wir nach rechts folgen, bis nach etwa 100 Metern rechts ein **Pfad ④** zwischen die Bäume führt. Auf diesem marschieren wir über einen Hügel und erreichen bald wieder unseren Hinweg. Hier geht es links, noch einmal über den Steg und zurück zur Straße.

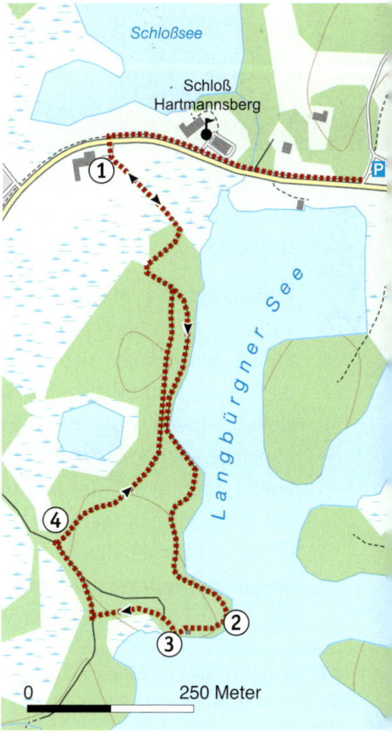

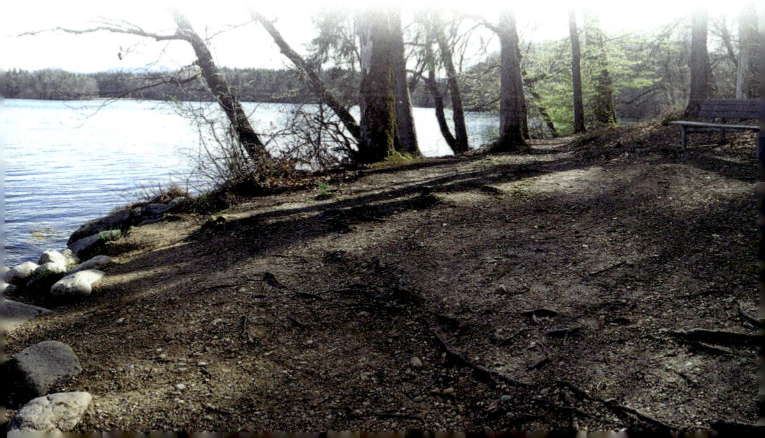

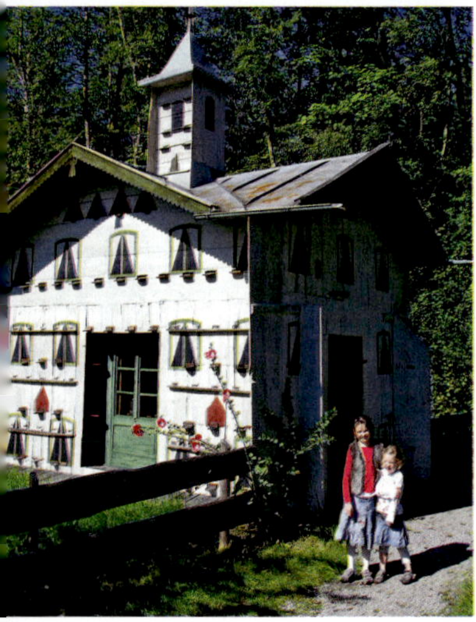

Tour 12: Wie einst die Bauern lebten

Das Bauernhausmuseum in Amerang

Bayern ist seit jeher für seine schmucken Bauernhäuser bekannt, die holzverschalt und mit Lüftelmalereien verziert oder strahlend weiß getüncht und mit prächtigem Blumenschmuck versehen, die Dörfer schmücken. Im Bauernhausmuseum erlebt man auf einem Rundgang das bäuerliche Leben vergangener Tage, das mal beschaulich und fröhlich, noch öfter aber anstrengend und schwierig war.

2–3 h

ab 4

Rundgang: Über eine kleine Brücke und durch das moderne Besucherzentrum des Museums gelangen wir ins Freigelände. Gleich links befindet sich im ersten Haus, dem Stadel »Kirchweihdach«, das **Stüberl** für eine gemütliche Einkehr. Doch zunächst wollen wir die alten Häuser genauer unter die Lupe nehmen. Gleich gegenüber befindet sich die alte **Schmiede** aus dem Landkreis Altötting und der **Bartlhof**, ein stattlicher Holz-Einfirster mit bald 350-jähriger Geschichte. Rechts um den Weiher mit Enten und Gänsen durchschreiten wir den **Holzmannhof** und gelangen zur **Seilerei** mit Werkstücken aus Flachs, Hanf und Sisal, die anschaulich aufgezogen wurden. Links vom Weg passieren wir einen **Gemüsegarten**. Wer kann die verschiedenen Sorten erkennen und bestimmen?

Am Eingang kann man zur Führung über das Gelände einen Audioguide ausleihen. Für Kinder gibt es außerdem das Buch *Bienenhaus und Wasserrad*, in dem Max und Emily den Kindern der heutigen Zeit mit vielen Geschichten ihr Dorf vorstellen.

Das lustige Gebäude rechts hinten im Eck ist das **Bienen-**

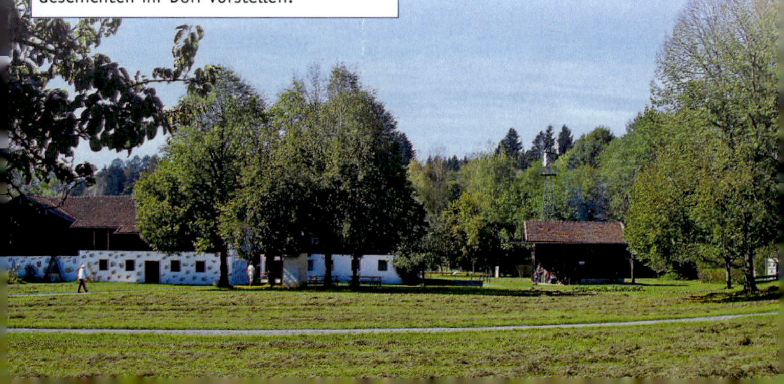

TOUREN-STECKBRIEF

Anfahrt: Von der Autobahnausfahrt Prien fahren wir auf der Straße 2092 über Bad Endorf in Richtung Wasserburg. In Halfing biegen wir nach rechts ab und erreichen nach gut drei Kilometern Amerang. In der Ortsmitte ist links über die Wasserburger Straße das Bauernhausmuseum ausgeschildert. Parkplatz vor dem Museumsgelände (Hopfgarten 2) bei **GPS N 48°00'08.0", E 12°18'22.0"**.
Museum: Geöffnet April bis Oktober, Di bis So und an Feiertagen 9–17 Uhr. €5,50, Kinder bis 16 Jahre frei.
www.bhm-amerang.de

Anspruch und Charakter: Kurzweiliger, ebener Rundweg in der Museumsanlage mit sieben alten Wohnhäusern und mehreren Wirtschaftsgebäuden, die erkundet werden können.
Highlights: Versteckte Winkel in den alten Bauernhäusern, die auf dem Gelände lebenden Bauernhoftiere, Aktionen an den Wochenenden.
Einkehr: Museumsstüberl mit gemütlichem Gastgarten am »Dorfplatz«.
In der Nähe: Schlossmuseum und Badeweiher in Amerang.

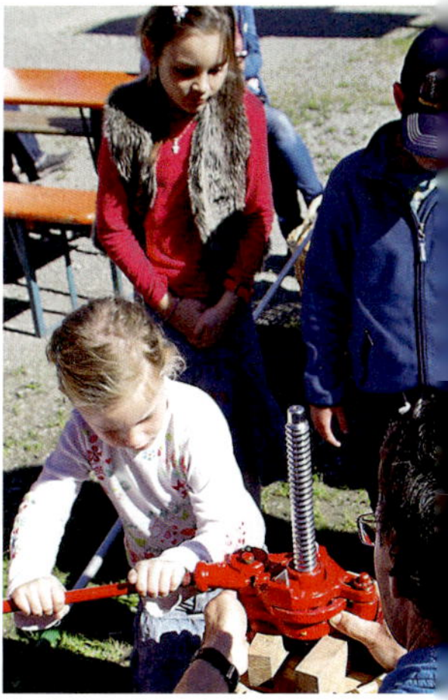

haus, in dem Dutzende von Völkern untergebracht werden können. Im Brechlbad am Windrad werden an Sonn- und Festtagen »Auszogne«, Schmalzkringel oder traditionell hergestelltes Brot gebacken. Daneben bildet der stattliche Vierkantbau des **Bernöderhofes** das Zentrum des Geländes. An Sommerwochenenden finden hier Veranstaltungen statt. Die Ausstattung des Hofes entspricht seinem Zustand aus dem Jahr 1920. Die Runde komplettieren die Bauernhäuser des **Mittermayer- und Häuslmannhofes** aus Aschau, der noch bis in die 1980er Jahre bewohnt war und die kleineren Gebäude Wagnerhäusl, Furthmühle und Sägemühle. Dazwischen grasen Schafe, Ziegen, Esel und Kühe. Zu guter Letzt stehen wir wieder am Dorfplatz. Nach so viel Kultur und Familiengeschichten haben wir uns jetzt eine »gschmackige Jausn« und ein kühles Getränk redlich verdient. Beides gibt es in großer Auswahl und zu recht moderaten Preisen im Museumsgasthaus.

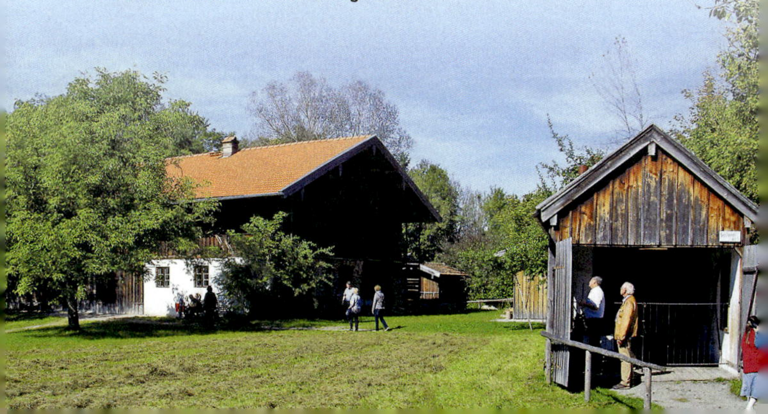

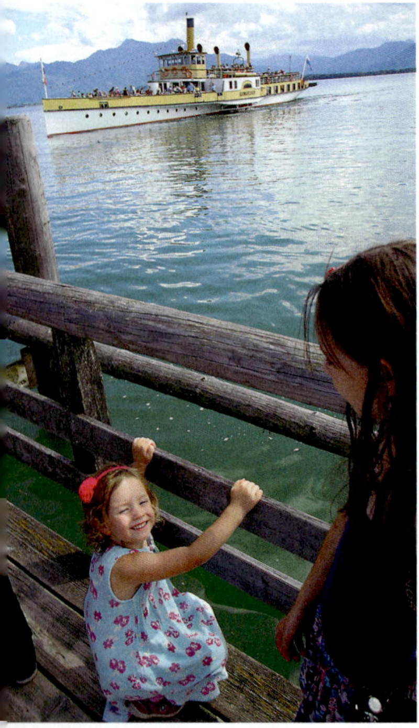

Tour 13: Baden, Fisch und Marzipan

Ein Tag auf der Fraueninsel

Mitten im Chiemsee befinden sich drei Inseln. Nur die zweitgrößte ist dauerhaft bewohnt. Man nennt sie nach dem dort ansässigen Kloster der Benediktinerinnen »Frauenchiemsee« oder auch einfach Fraueninsel. Mit den Ausflugsbooten der Chiemseeschifffahrt setzt man von allen größeren Orten am Seeufer über, ab Gstadt kann man die Strecke auch im Ruderboot oder einem Kanu in Angriff nehmen. Bei einem Rundgang über die Insel gibt es neben den schmucken Häusern der Insulaner Bademöglichkeiten, mehrere Ausflugslokale mit idyllischen Biergärten und eindrucksvolle Baumriesen zu sehen.

eben

STRECKE 1,7 km

45 min

ab 4

Rundgang: Wir haben Glück und dürfen die Fahrt von Gstadt auf dem nostalgischen Raddampfer »Ludwig Fessler« von 1926 antreten. Vom Inselsteg starten wir die Runde gegen den Uhrzeigersinn, was gerade an warmen Tagen vorteilhaft ist. Vorbei am **Klosterwirt** laufen wir auf schattigem Weg zum besten **Badeplatz** ① der Insel. Gleich hinter dem Klostersteg, an dem private Boote und Ruderkähne festmachen, folgt eine Wiese mit Einstieg ins erfrischende Wasser. Begleitet von ein paar Enten

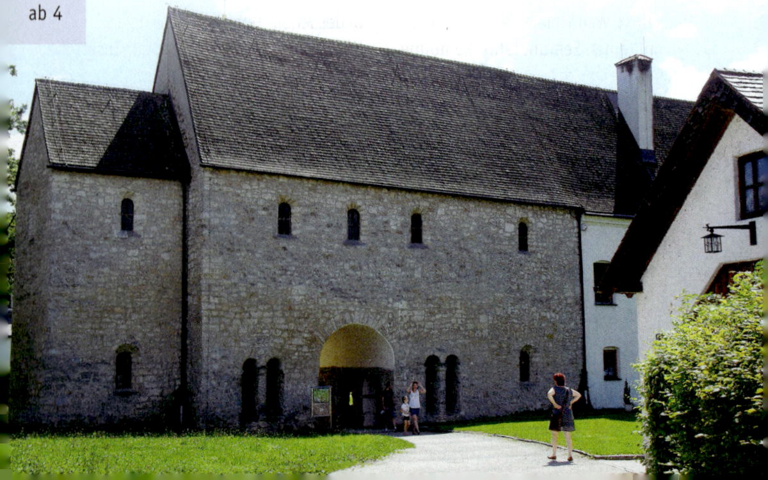

kühlen wir uns ab und genießen dabei die Blicke auf die vorbeiziehenden Boote und die schräg gegenüberliegende Herreninsel. Mit neuer Energie begeben wir uns wieder auf den Uferweg. Die Insel mit ihren rund 50 Häusern und knapp 300 Einwohnern ist klein genug, um sie auch mit jüngeren Kindern ganz zu umrunden.

Ein lustiges Fotomotiv ist das winzige **Inselchen »Schalch«** nur wenige Meter vom Ufer entfernt, vor allem wenn gerade ein Boot festgemacht hat. Kurz darauf folgt rechts, leicht zurückversetzt, die **Fischräucherei** ②. Hier gibt es geräucherte Renken, Aale und Brachsen – zum Mitnehmen oder frisch auf der Fischsemmel. Vorbei an privaten Stegen, auf denen Hausgäste die Sonne genießen, kommt wieder der Bootsanleger ins Blickfeld.

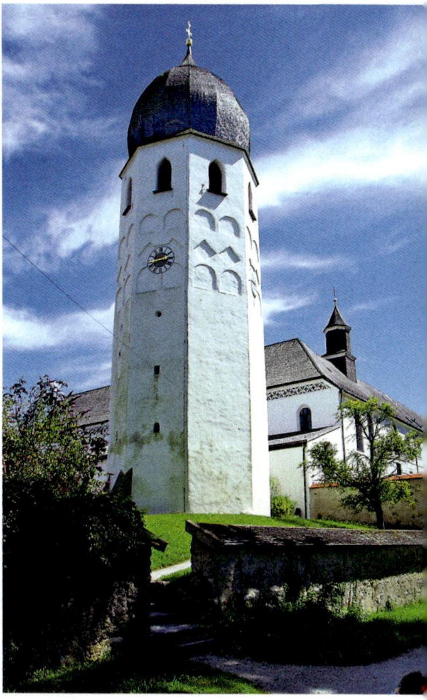

Der freistehende Campanile auf der Fraueninsel

Weihnachten auf der Fraueninsel
An zwei Adventswochenenden findet auf der Fraueninsel einer der stimmungsvollsten bayrischen Christkindlmärkte statt. Aktuelle Termine unter www.christkindlmarkt-fraueninsel.de.

TOUREN-STECKBRIEF

Anfahrt: Die kürzeste Überfahrt mit den meisten Verbindungen führt von Gstadt auf die Insel. Hier gibt es mehrere Großparkplätze zum Beispiel in der Reiterstraße bei **GPS N 47°53'03", E 12°24'57"**.
Bootsfahrt: Wenn man den Ausflug zur Insel mit einer Seerundfahrt kombinieren und gleich den Ausflug zur Herreninsel **[› Tour 14]** anschließen will, kann man auch in Seebruck, Chieming und, seltener von den Ausflugsschiffen angelaufen, Übersee / Feldwies und Bernau / Felden starten. Flyer mit den genauen Saison-Abfahrtszeiten finden wir an allen Anlegern oder online unter www.chiemsee-schifffahrt.de. Die direkte Überfahrt von Gstadt zur Fraueninsel und retour kostet für eine Familie etwa € 18,40, für die große Seerundfahrt sind es € 39,10. www.chiemsee-schifffahrt.de

Anspruch und Charakter: Asphalt- und Schotterwege. Die Insel ist autofrei! Auch zur Mitnahme eines Kinderwagens geeignet. Schöner Badeplatz auf der Insel. Insgesamt mindestens drei Stunden und Badesachen nicht vergessen!
Highlights: Die Bootsfahrt zur Insel, die schönen Badeplätze hinter dem Kloster, die pittoresken Inselhäuser mit blumenüberbordenden Gärten, die tausendjährige Tassilo-Linde, das selbstgemachte Marzipan im Klosterladen.
Einkehr: Klosterwirt, Kaisergarten, Inselbräu, Inselblick, Gasthaus zur Linde, Inselfischer Biergarten, Fritzis Biergarten und Pollfischer – acht Gastbetriebe stehen zur Auswahl. Bei einem Rundgang passieren wir alle und können unser Lieblingslokal selbst aussuchen.
In der Nähe: Strandbad in Gstadt.

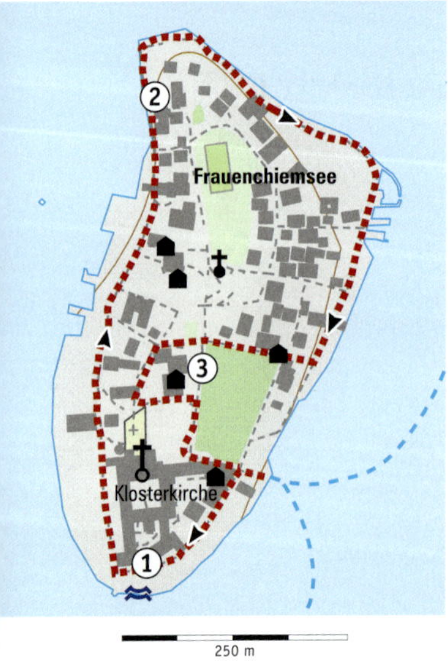

Spätestens jetzt sollten wir rechts in die Inselmitte abbiegen. Dort erwartet uns eine Gruppe Baumriesen mit der 1000-jährigen **Tassilo-Linde** ③ im Mittelpunkt. Daneben befindet sich ein Kriegerdenkmal. Links herum am Inselbräu vorbei gehen wir auf die **Klosterkirche** mit dem freistehenden Campanile, dem Kirchturm, zu. Dabei durchqueren wir die **Torhalle**. Mit rund 1000 Jahren ist sie eines der ältesten Gebäude in Süddeutschland. Sie beherbergt eine Kapelle und im Obergeschoss ein kleines Museum. In der Apsis wurden bei Restaurierungsarbeiten fast lebensgroße Engelsabbildungen freigelegt. Wer möchte kann noch einen Blick in die Kirche mit einem etwas düster wirkenden Netzrippengewölbe werfen bevor es, links herum, Richtung Klosterpforte weitergeht.

Mit dem Boot zur Krautinsel

Wem eher nach einem geruhsamen Picknick verbunden mit einem Bootsabenteuer und Baden und Relaxen ist, dem sei die Bootsmiete in Gstadt empfohlen. Am seetauglichsten ist ein Kajak. Es gäbe aber auch Ruder-, Tret- und Elektroboote. Statt zur Fraueninsel kann man auch zur kleineren und, bis auf ein paar Kühe, unbewohnten Krautinsel paddeln. Nur wenige Boote machen hier am Ufer fest und trotz des Trubels, der an schönen Sommertagen am Chiemsee herrscht, lässt sich hier fantastisch entspannen. Verpflegung, Sonnencreme und Badesachen nicht vergessen!

Rund ein Drittel der Inselfläche nimmt das Nonnenkloster Frauenwörth ein. Zu besichtigen ist es nicht, wohl aber der kleine **Klosterladen** schräg davor. Eine besondere Spezialität ist das Marzipan, dass die Schwestern selbst produzieren. In verschiedenen Größen und Formen, wie zum Beispiel als Fisch gestaltet, ist es ein originelles Mitbringsel. Vorbei am üppig wuchernden **Klostergarten** ist dann nach wenigen Metern der Dampfersteg erreicht.

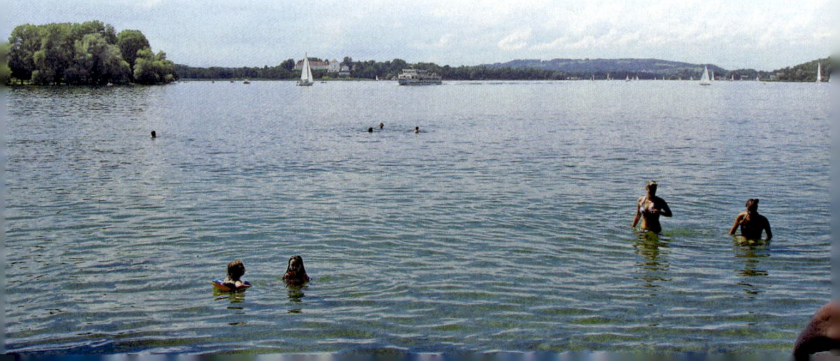

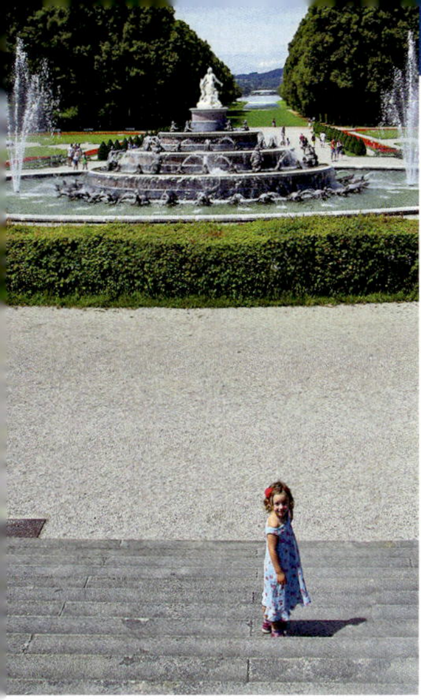

Tour 14: Im Reich des Märchenkönigs

Fledermäuse im Schloss und Ludwigs wilde Wälder

20 m

STRECKE 8 km

2 h 45

ab 6

Der bayerische König Ludwig II. liebte Märchen, Geschichten und prunkvolle Schlösser. Nach dem Bau von Neuschwanstein und Linderhof hat er sich auf der Herreninsel ein drittes Denkmal gesetzt: Mitten im See sollte ein Nachbau des französischen Versailles entstehen. Auch wenn nur der Haupttrakt fertig wurde, beeindruckt das Ergebnis. Im rechten Flügel ist dem König ein Museum gewidmet. Im Schloss und in den alten Baumriesen im Park leben Fledermäuse deren Höhlen auf unserem Rundweg über die Insel leicht zu entdecken sind. In der kleinen Fledermaus-Ausstellung im Schlosshof kann man Ludwigs nachtaktive Untermieter per Videoübertragung beobachten.

Eintrittskarten für Schlossführung, Ludwig II. Museum und die Ausstellungen im Augustiner-Chorherrenstift gibt es nur am **Ticketschalter am Bootsanleger**. Die Inselkarte für alle Attraktionen kostet € 10 pro Person. Für Kinder bis 18 Jahre ist der Eintritt frei. Im Sommer und in den bayerischen Winterferien werden dreimal täglich Kinderführungen angeboten. Die Fahrt mit der Kutsche zum Schloss kostet € 3,50, für Kinder 5 bis 14 Jahre € 1. www.herrenchiemsee.de

Die Inselrunde: Vom Dampfersteg führt der direkte Weg

TOUREN-STECKBRIEF

Anfahrt: Bester Ausgangspunkt für eine Bootsfahrt zur Herreninsel ist der Chiemseehafen in Prien. Am Anleger stehen riesige Besucherparkplätze zur Verfügung. **GPS N 47° 51'38.0" E 12° 21'52.0"**
Bootsfahrt: Flyer mit den aktuellen Abfahrtszeiten finden wir an allen Anlegern oder online unter www.chiemsee-schifffahrt.de. Die direkte Überfahrt von Prien zur Herreninsel und retour kostet für eine Familie etwa € 24,80. Wir können den Besuch der Herreninsel auch mit [› Tour 13] und einer Seerundfahrt kombinieren. Weitere Ausgangspunkte dazu sind Seebruck, Chieming und, seltener von den Ausflugsschiffen angelaufen, Übersee / Feldwies und Bernau / Felden. Das Familienticket kostet je nach gewählter Strecke € 28 – 39. www.chiemsee-schifffahrt.de
Anspruch und Charakter: Ebene Wege durchziehen die grüne, unter Naturschutz stehende Insel. Das zentral gelegene Schloss ist vom Schiffsanleger mit einem Fußmarsch oder per Pferdekutsche in gut 15 Minuten erreichbar.
Highlights: Wasserspiele im Schlosspark, Schloss Herrenchiemsee, Fledermaus-Ausstellung und Fledermaushöhlen auf der Insel, Ludwig II Museum, Fahrt mit der Kutsche zum Schloss.
Einkehr: Schlosswirtschaft oberhalb des Bootsanlegers im ehemaligen Kloster und Schlosscafé direkt im Königsschloss.
In der Nähe: Strandbäder am Chiemsee, Prienavera.

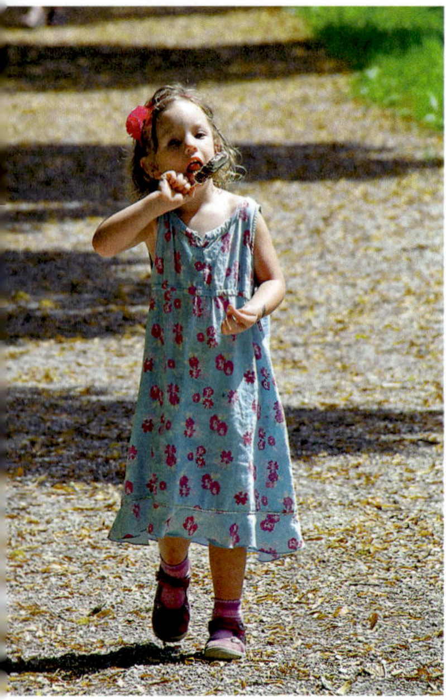

schräg links in etwa 20 Minuten zum **Schloss** ①. Auf dieser Strecke fahren alternativ auch Kutschen – der Kindertarif ist so günstig, dass man diesen Ausflug leicht mit der besonderen Attraktion einer Kutschfahrt beginnen könnte. Leider fahren die Kutschen auch an der großen Infotafel, die die Flora und Fauna der Herreninsel erklärt, vorbei, sodass einem einige Informationen entgehen. Viele der alten Bäume sind beispielsweise ein Refugium für verschiedene Fledermausarten, deren Höhlen man bei einem Spaziergang allerorts entdecken kann.

Schließlich lichtet sich der Wald und wir stehen mitten in der symmetrisch aufgebauten **Parkanlage**. Hofgärtner Carl von Effner ließ das Gelände im Auftrag Ludwigs ab 1875 anlegen. Die imposanten Wasserspiele laufen von Mai bis Anfang Oktober im 15-minütigen Turnus. Vom einst geplanten Gebäude steht nur der Mitteltrakt. Eigentlich sollte es mit zwei Flügeln ausgestattet mindestens dreimal so groß werden. Verhindert hat dies 1869 der bayerische Staat, als er dem König den Geldhahn abdrehte. Kurz darauf kam Ludwig II. unter niemals geklärten Umständen im Starnberger See ums Leben. Mehr über das Leben und den Tod des »Märchenkönigs« erfahren wir im Ludwig II. Museum im rechten Trakt des Schlosses. Doch vorher warten wir auf unsere

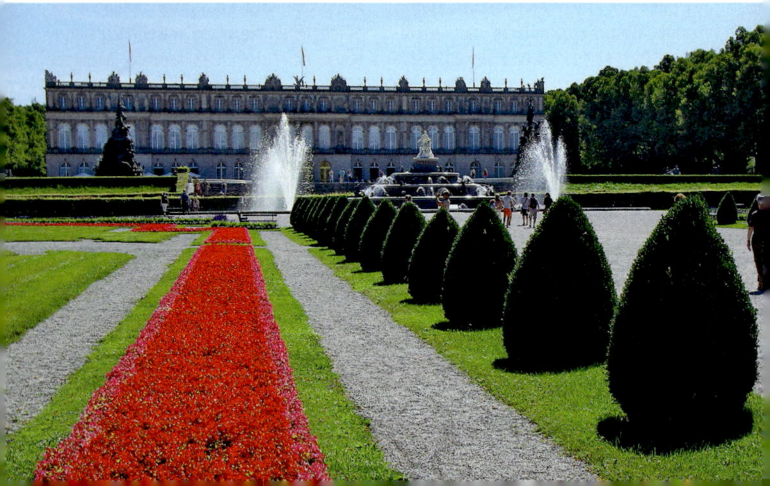

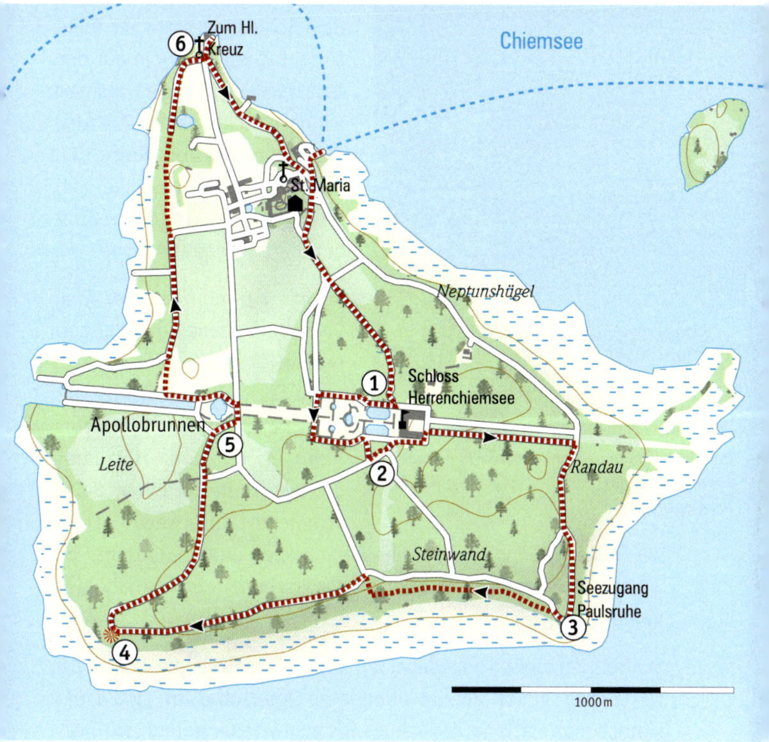

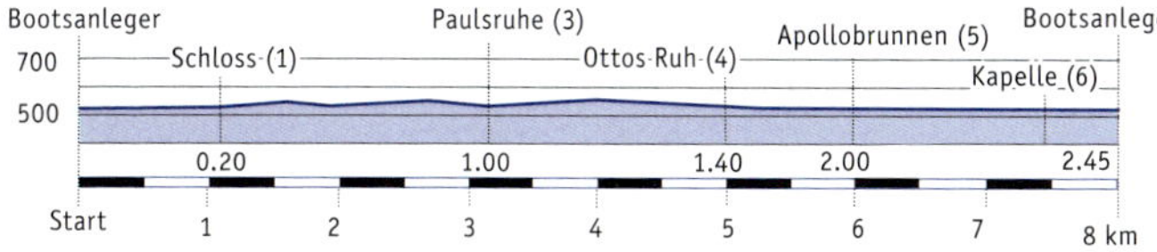

Führung durch die Prunkräume. Besonders interessant ist der Unterschied zwischen den vollendeten und im ewigen Rohbau verbliebenen Treppenhäusern, das blaue Schlafgemach und das höchst fortschrittliche »Tischlein Deck Dich«. Am Ende folgt noch die **Fledermausausstellung**, die uns mit Filmen und nachgebauten Fledermausverstecken das Leben dieser nachtaktiven Säugetiere näher bringt.

Wer Proviant dabei hat und nicht im Schlosscafé einkehren möchte, findet südlich vom Schloss ein **Damwildgehege** ② mit schönem **Picknickplatz**. Von hier aus beginnen wir unsere kleine Wanderrunde durch die alten Baumbestände der Insel. Wir folgen der Allee hinter

Märchenwanderung auf Herrenchiemsee
Von Mai bis Oktober finden voraussichtlich ab der Saison 2022 wieder mehrmals im Monat speziell für Kinder aufbereitete Märchenwanderungen über die Insel statt. Mit Erzählerin und Barde in historischen Kostümen geht es mit den kleinen Gästen rund um die Insel und man erfährt spannende Geschichten aus längst vergangenen Zeiten.
Erwachsene €12, Kinder €7.
Termine unter www.maerchenwanderung.de

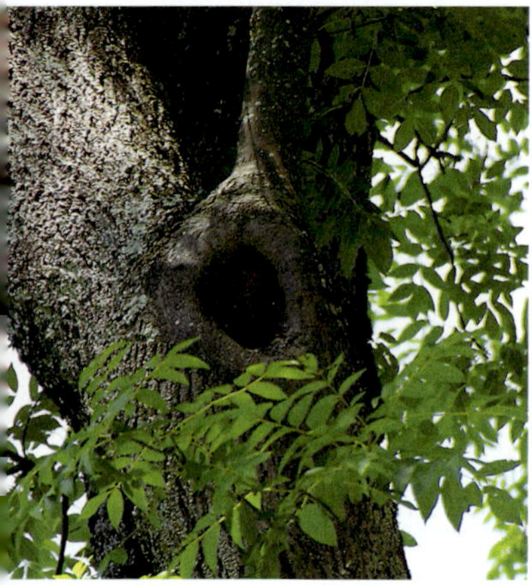

Die Baumhöhlen der Fledermäuse kann man überall im Schlosspark und im wilden Wald der Insel entdecken.

dem Schloss in östlicher Richtung, bis wir am Ende auf den Inselwanderweg stoßen, auf dem wir nach rechts gehen. Am Aussichtspunkt **»Pauls Ruh«** ③, einer alten Pferdetränke, haben wir einen schönen Blick auf die Chiemgauer Berge.

Rechts herum führt der Weg vorbei am ehemaligen Wasserreservoir und einer im Wald versteckten Keltenschanze bis zum Aussichtspunkt **»Ottos Ruh«** ④ mit einer Holzbank, die sich rund um einen Baum schmiegt. Unterwegs werfen wir immer wieder Blicke in die Baumkronen und stellen uns vor, wie die Fledermäuse wohl nachts zwischen ihren Baumhöhlen umhersegeln.

Schließlich stoßen wir wieder auf die **Schlossallee**, diesmal an der westlichen Achse am unvollendeten **Apollobassin** ⑤. Links könnte man entlang des Kanals bis zum Wasser gehen, wir nehmen aber den Weg geradeaus, vorbei an einer Pferdekoppel, bis zur Nordspitze mit der über 300 Jahre alten **Heilig-Kreuz-Kapelle** ⑥. Daneben wird vom Schlossrestaurant ein kleiner **Biergarten** betrieben. Am Ende der Inselrunde gelangen wir wieder zum Dampfersteg.

Wer noch Lust und Kraft hat, könnte im **Chorherrenstift**, dem »alten Schloss«, verschiedene Ausstellungen besuchen. Neben dem modern aufbereiteten Museum zu Gebäuden und Insel kann man in der Gemäldegalerie Werke von am Chiemsee tätigen Malern betrachten. Dem bekannten Münchner Maler Julius Exter ist ein eigener Bereich gewidmet. Wer lieber bis zum Eintreffen des Schiffes entspannen möchte, findet direkt vor dem Haus den schönen **Gastgarten des Schlosswirtes.** Westlich davon gibt es auch einen kleinen Spielplatz.

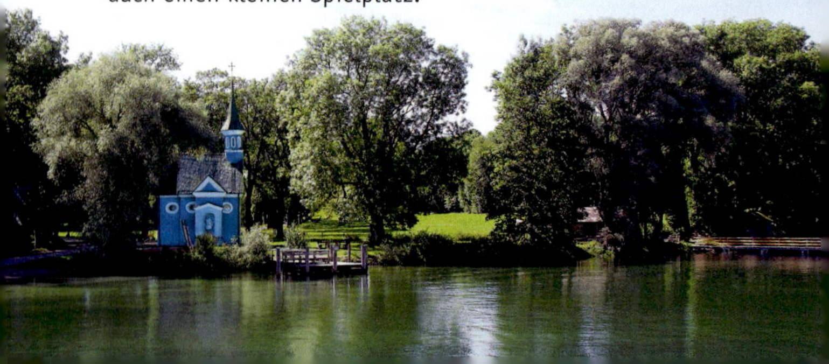

Märchenschlösser und Legenden
Die Geschichte von König Ludwig II.

Otto Friedrich Wilhelm Ludwig von Bayern wurde am 25. August 1845 in München geboren. Zusammen mit seinem jüngeren Bruder Otto wuchs er unter der Obhut von Erziehern im Schloss Hohenschwangau auf. Mit 18 Jahren übernahm er nach dem Tod seines Vaters viel zu früh die Regierungsgeschäfte in Bayern. Der junge Ludwig war eigentlich mehr an Musik und Kultur interessiert als an der Regierung seines Landes. Er war ein Einzelgänger und galt als etwas sonderbar. Von Kindheit an liebte er die Berge und flüchtete immer öfter in eine Märchen- und Sagenwelt, statt sich der Realität zu stellen. Er verehrte seinen Namensvetter, den französischen Sonnenkönig Ludwig XIV. und begeisterte sich für die musikalischen Werke Richard Wagners, mit dem ihn eine enge Freundschaft verband.

Nachdem Bayern 1866 im Bündnis mit Österreich den Krieg gegen Preußen verlor, war es auch mit der Position Ludwigs als souveräner Herrscher vorbei. So begann er 1867 sich seine private Traumwelt aufzubauen: seine Schlösser. Drei große Schlossanlagen entstanden in seiner Regierungszeit: Am 5. September 1869 wurde der Grundstein für Neuschwanstein gelegt. Ein Teil des Schlosses war Ende 1873 bezugsfertig

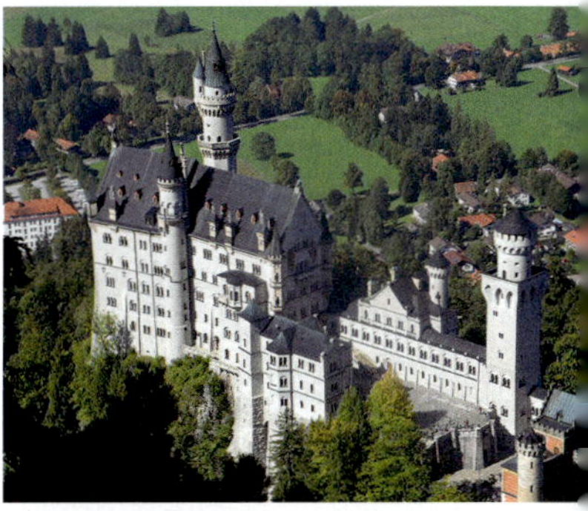

Schloss Neuschwanstein bei Füssen war das erste Märchenschloss König Ludwigs II.

und diente dem König jahrelang als Wohnung. Fertiggestellt wurde das Schloss erst einige Jahre nach seinem Tod. 1874 bis 1878 entstand dann das deutlich kleinere Schloss Linderhof, und gleich anschließend begannen die Bauarbeiten auf der Insel Herrenchiemsee.

Durch die Bauten der Schlösser hoch verschuldet, wurde König Ludwig am 8. Juni 1886 auf Betreiben der Regierung als unzurechnungsfähig erklärt und abgesetzt. Wenige Tage später ertrank der geübte Schwimmer unter mysteriösen Umständen im seichten Uferbereich des Starnberger Sees.

Fanclubs und Heldenverehrung

Der »Kini«, wie er liebevoll genannt wird, hat in Bayern heute noch die Popularität eines Popstars. Es gibt regelrechte Fanclubs, die sich an seinem Geburtstag treffen und über seine Persönlichkeit forschen. Die Liebe der Bayern zu dieser schillernden, leicht durchgeknallten Figur ihrer Geschichte ist wohl für »Zugroaste« nur schwer zu verstehen.

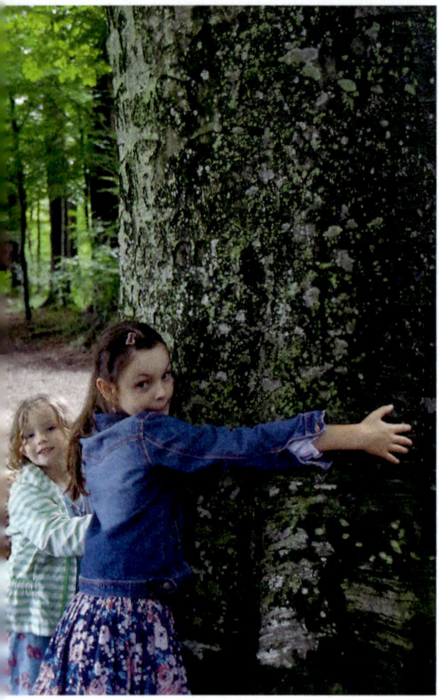

Tour 15: Naturparadies am Bach

Das Priener Eichental

Selbst manchem Einheimischen ist das Eichental hinter Prien bislang entgangen. Dabei ist der Weg entlang der Prien ein tolles Ausflugsziel für Familien mit jüngeren Kindern. Ein Gasthof, die Geräte des Trimm-Dich-Pfades und eine Obstbaumallee mit vielen alten Obstsorten sorgen für interessante Stopps. Unterwegs im Wald und am Bach lassen sich Vögel beobachten, die Stationen des Naturerlebnispfad erklären die Bäume am Wegesrand und am Wendepunkt der Wanderung wartet eine Riesen-Treppe ...

35 m

STRECKE 3,5 km

1 h 15

ab 4

Wanderung: Von der Einfahrt des Parkplatzes orientieren wir uns zunächst zum hinteren linken Ende. Dort startet die Rundtour am **Mühlbach**. Wir queren diesen auf einer **Holzbrücke** und folgen dem Bachlauf durch den Wald nach rechts. Im Laufe der Zeit wird das Rauschen immer lauter. Dort, wo sich Mühlbach und Prien vereinen, stürzen die Wassermassen tosend über ein **Wehr** ①.

Nun führt der Weg in Kehren nach oben und verlässt vorübergehend das Flussufer. Wir folgen rechts dem Pfad am Feldrand entlang. Hier erklären die Tafeln des **Naturerlebnispfades** die verschiedenen Baumarten und beantworten Fragen zur heimischen Flora und Fauna. Rechts und links des Weges wachsen selten geworde Pflanzen wie Eisenhut und Frauenschuh, die sich mit wachem Blick genauso entdecken lassen wie die seltenen Eisvögel und Wasseramseln. Der Pfad mündet nach einigen hundert Metern in einen Fahrweg ein, dem wir nach rechts folgen.

Hinter einem Wäldchen biegt ein schmales Asphaltband rechts zum **Gasthof Schützenwirt** ab. Wir laufen jedoch zunächst geradeaus und bei der nächsten Gelegenheit links zum Prienufer. Nach wenigen Metern am munter sprudelnden Fluss erwartet uns eine **Treppe** ②, die für Riesen gemacht scheint, so hoch sind die Stufen und so weit führt sie hinauf. Statt umzukehren ma-

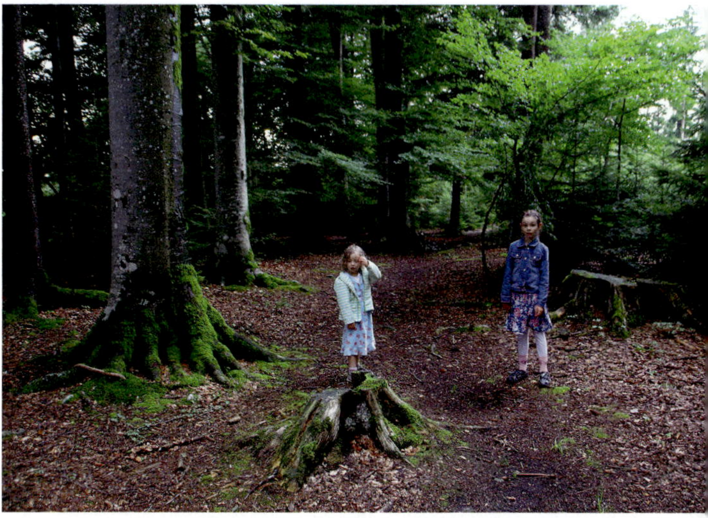

chen sich Tatkräftige auf, die einzelnen Absätze zu erklimmen. Oben lässt es sich gut im Wald picknicken, wenn der Boden trocken genug ist.

Links sucht man sich den besten Pfad bergab, alle führen zurück zum ursprünglichen Weg, und läuft bis zur nächsten **Kreuzung hinter einer Brücke** ③. Folgt man hier dem Fahrweg kommt man zum Schützenwirt. Die durchgehend warme Küche verwöhnt in der Gaststube oder im kleinen Biergarten mit bayerischen Schmankerln und fangfrischem Fisch aus dem nahen Chiemsee.

Wer nicht einkehren möchte, folgt an der Brücke dem Pfad, der geradeaus am Waldrand entlang in Richtung der Kirche St. Salvator führt. Am Abzweig zur Kirche bleiben wir aber rechts am Waldrand und folgen dem Weg über eine Wiese. Kurz hinter dem Schützenwirt treffen wir dann wieder auf den **Fahrweg** ④ und überqueren diesen geradeaus. Vom Gasthaus kommend müssen wir hier rechts abbiegen.

TOUREN-STECKBRIEF

Anfahrt: Ausgangspunkt der Wanderung ist der Parkplatz an der Beilhackstraße am westlichen Ortsende von Prien. Von der A 8 kommend erreichen wir ihn über die Ausfahrt Prien, dann immer geradeaus auf der Bernauer Straße bis zur großen Kreuzung in der Ortsmitte gegenüber der Kirche. Dort geht es links und nach gut hundert Metern erneut links in die Beilhackstraße. Der Parkplatz folgt nach 50 Metern bei **GPS N 47°51'15.0", E 12°20'28.0"**.

Anspruch und Charakter: Auf ebenen Waldwegen, einigen Schotter- und nur kurzen Asphaltpassagen führt die Tour meist eben durchs Eichental.

Highlights: Die Schleuse am Mühlbach, der Naturerlebnispfad, die Riesentreppe an der Prien, der Fitnessparcours und die »essbare Allee« am Ende der Wanderung.

Einkehr: Schützenwirt im Eichental (Di und Mi Ruhetag).

In der Nähe: Prienavera.

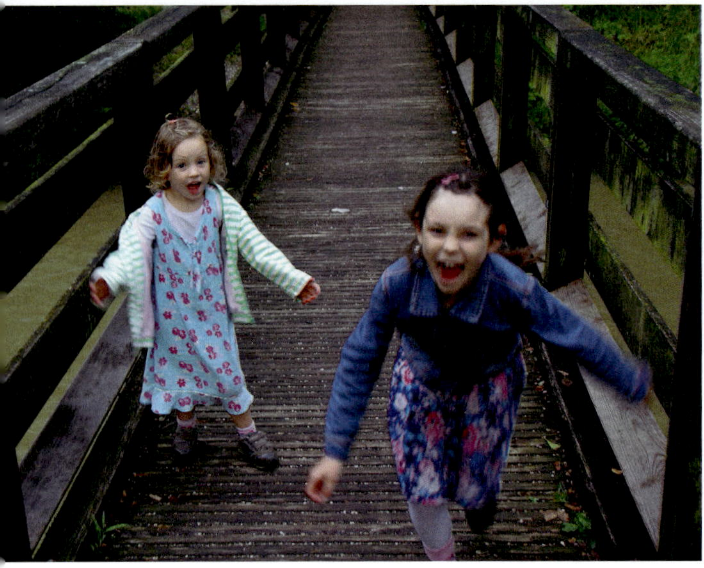

Wir überqueren die Prien erneut auf einer **Brücke**. Rechts stehen auf der Wiese die Geräte eines Trimm-Dich-Parcours, wandert man dagegen links auf dem Pfad direkt an der Prien entlang, kommt man zu einem kleinen **Spielplatz am Flussufer** ⑤. Links vom Tennisplatz führt dann ein Asphaltweg zum Parkplatz zurück. Dabei passieren wir zunächst das **Naturspielhaus Prien.** Rechts und links des Weges stehen dann viele Obstbäume – die meisten mit alten, selten gewordenen Apfel- Birnen- und Kirschsorten. Was reif ist, darf gekostet werden. Frisch gestärkt ist dann das Auto schnell erreicht.

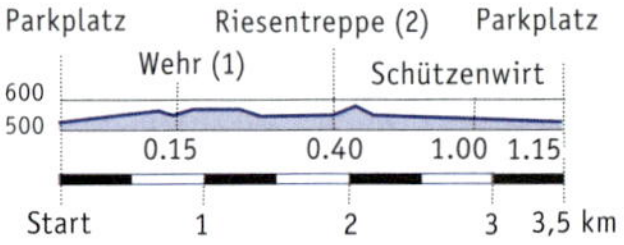

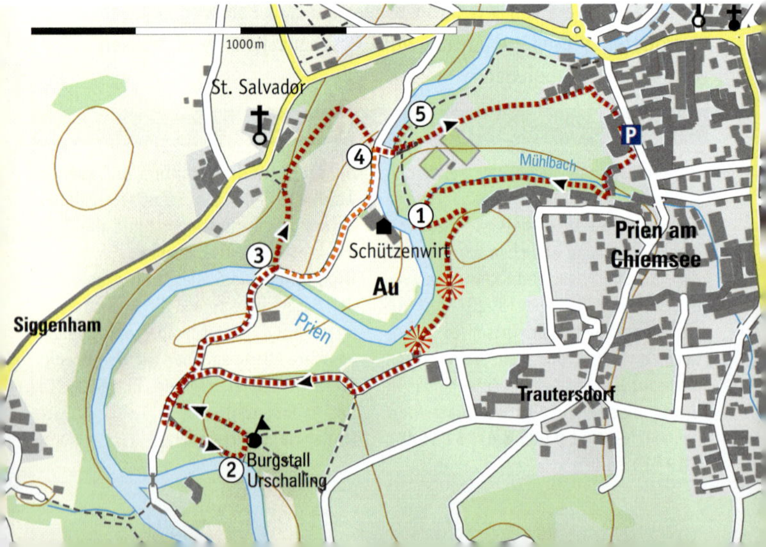

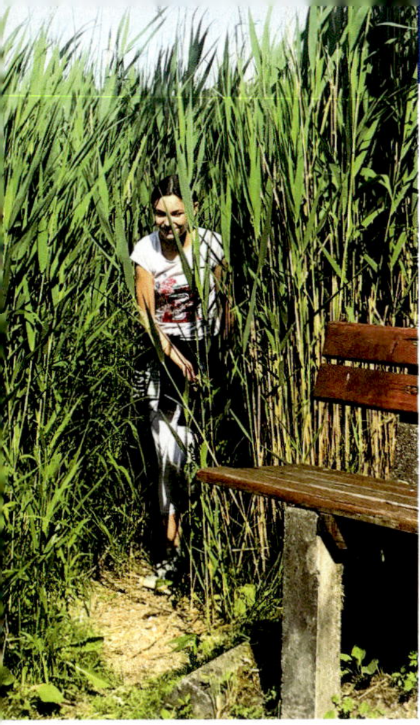

Tour 16: Durchs Simsseefilz zum Gocklwirt

Badeufer, Minigolf und Vogellehrpfad

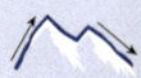

15 m

STRECKE 7,5 km

2 h 30

ab 4

Unser Uferweg führt durch ein sanft wogendes Meer aus Schilf. Auf der einen Seite geben mehrere Buchten den Blick über den Simssee frei, auf der anderen Seite schauen wir über das Moor auf die Gipfel der nahen Chiemgauer Alpen. Ein Vogellehrpfad hält die Jüngsten bei Laune und am Ziel wartet eine Badewiese mit Kiosk, Steg und Spielplatz. Und wer dann anschließend einen kleinen Umweg in Kauf nimmt, erlebt beim urigen Gocklwirt in Weinberg nicht nur kulinarisch eine Überraschung.

Wanderung: Vom Wanderparkplatz laufen wir entweder auf einem gut sichtbaren Wiesenpfad nach Süden oder, wenn dieser

TOUREN-STECKBRIEF

Anfahrt: Zwischen Ecking und Pietzing zweigt am östlichen Simsseeufer die Zufahrt zum Seewirt ab. Auf halbem Weg treffen wir bei **GPS N 47°51'21.0", E 12°13'45.0"** auf einen kleinen Wanderparkplatz.

Anspruch und Charakter: Ebene, gut befestigte Wege. Auch als Zwergerlradtour oder Spaziergang mit geländegängigem Kinderwagen geeignet.

Highlights: Die Buchten am Uferweg, Spielplatz am Strandbad, Ausstellung alter Landmaschinen und Minigolf am Gocklwirt.

Einkehr: Kiosk am See, Gocklwirt, Seewirt Ecking am Parkplatz.

In der Nähe: Badeplatz am Seewirt und weiter oben am See in Pietzing, Minigolfplatz am Gocklwirt.

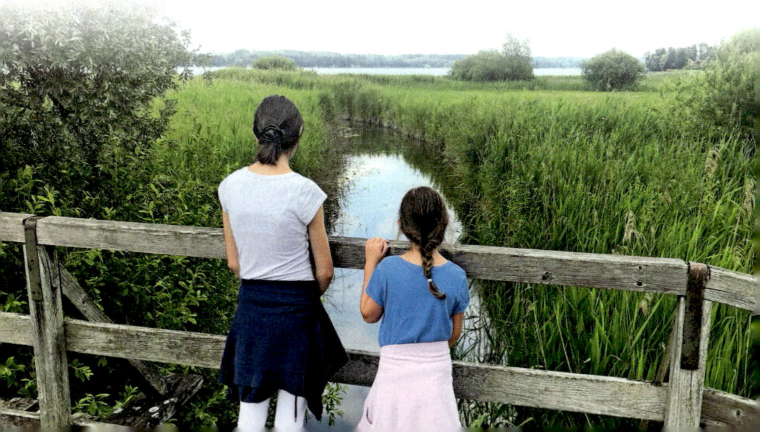

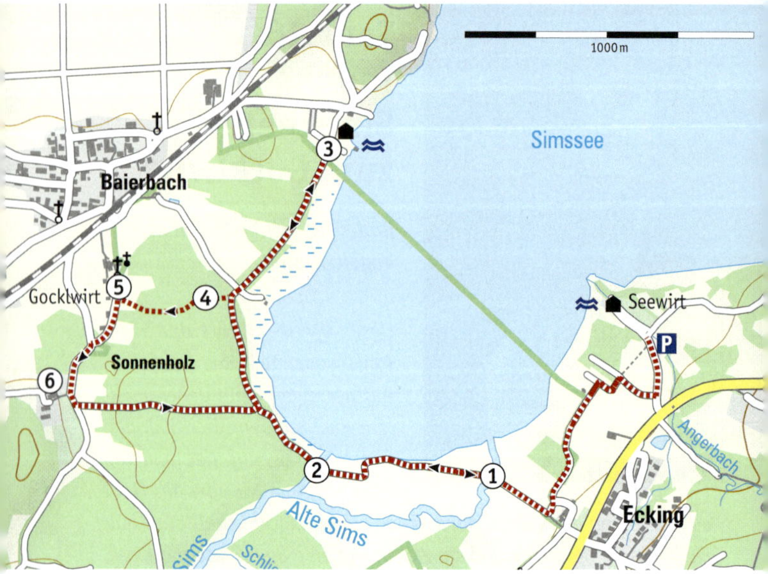

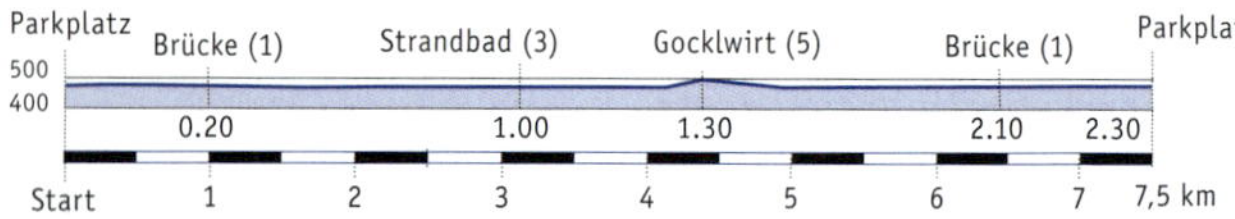

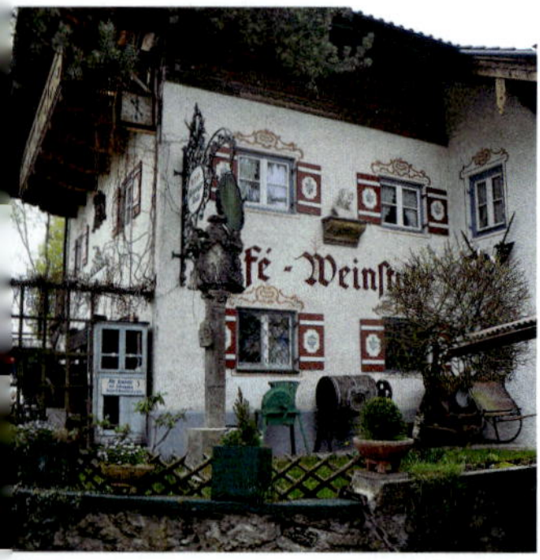

in Sommer zugewachsen ist, ein Stück auf der Zufahrt zurück und an der ersten Kreuzung rechts. Der breite Weg führt mit Abstand zum See durch die Wiesen. Unterhalb der Häuser von Ecking erreichen wir dann das Naturschutzgebiet und steuern rechts die weithin sichtbare **Holzbrücke** ① an. Immer in unmittelbarer Seenähe laufen wir durch hohes Schilf. Nur in **drei Buchten** mit schön platzierten Bänken kommt man direkt ans Wasser. Links schaut man immer wieder weit über das Hochmoor mit den dahinter aufragenden Bergen der Chiemgauer Alpen. Auf einem Holzsteg überqueren wir einen **Zufluss zum See** ②, und wenig später zweigt links der Latschenweg ab, auf dem wir später zurückkehren werden. Hier beginnt auch der Vogellehrpfad. 400 Meter weiter führt ein weiterer Weg nach links, wir bleiben jedoch erst mal am Ufer und laufen bis zum **Strandbad** ③ mit kleinem Spielplatz, großer Liegewiese und Sitzplätzen vor dem Kiosk, in dem wir eine Brotzeit, Kuchen, Pommes oder auch Espresso oder Latte Macchiato erstehen können. Etwas größer ist die Auswahl an warmen Snacks am zweiten Holzhaus weiter oben. Wer richtig essen

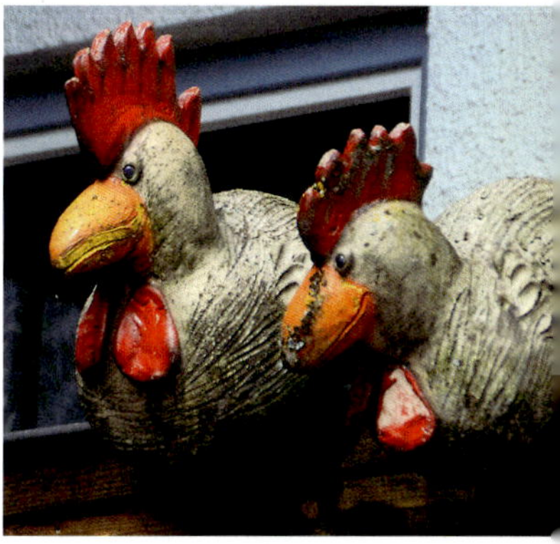

Neugierige Gesellen beim Gocklwirt

möchte, bewahrt den Hunger auf und speist auf dem Rückweg beim urigen Gocklwirt.

Zur Rückkehr zum Parkplatz folgen wir erst dem bekannten Uferweg, wählen aber diesmal den **Waldpfad rechts nach Weinberg** ④ und zum Gocklwirt. Der Pfad schlängelt sich zwischen den Bäumen hindurch, zeigt den Wanderern weitere heimische Vogelarten und verlässt unterhalb von Weinberg den Wald. Auch wenn man gar nichts essen will, lohnt der kurze Abzweig nach rechts. Der **Gocklwirt** ⑤ ist nicht nur ein Gasthof. Rings um das Haus versammeln sich uralte Maschinen, landwirtschaftliche Geräte des letzten Jahrhunderts, antike Karrusselpferde und jede Menge ganz unglaublicher Gerätschaften. Opfern wir die ein oder andere Münze setzen sich einige der antiken Maschinen tatsächlich in Bewegung. Wer mag, plant noch eine Pause auf dem **Minigolfplatz** am Gasthof, bevor es auf dem Vogellehrpfad weiter nach Sonnenhof geht.

Ein kurzes Stück folgen wir der Straße, bis vor uns ein rot-weißes **Schlösschen** ⑥ auftaucht. Hinter diesem geht es wieder links in den Wald hinein und zurück zum Seeufer. Rechts laufen wir dann auf vertrautem Weg zurück zum Parkplatz. Wer jetzt immer noch Hunger hat: Auch der **Gasthof Seewirt** am Ende der Straße mit guter Küche zu vernünftigen Preisen ist empfehlenswert. Es gibt Plätze im Wintergarten oder draußen auf der Wiese mit direktem Blick auf den See.

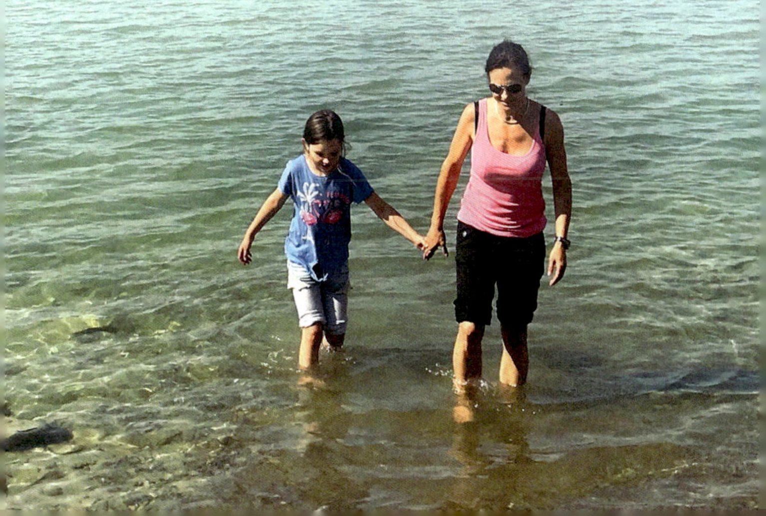

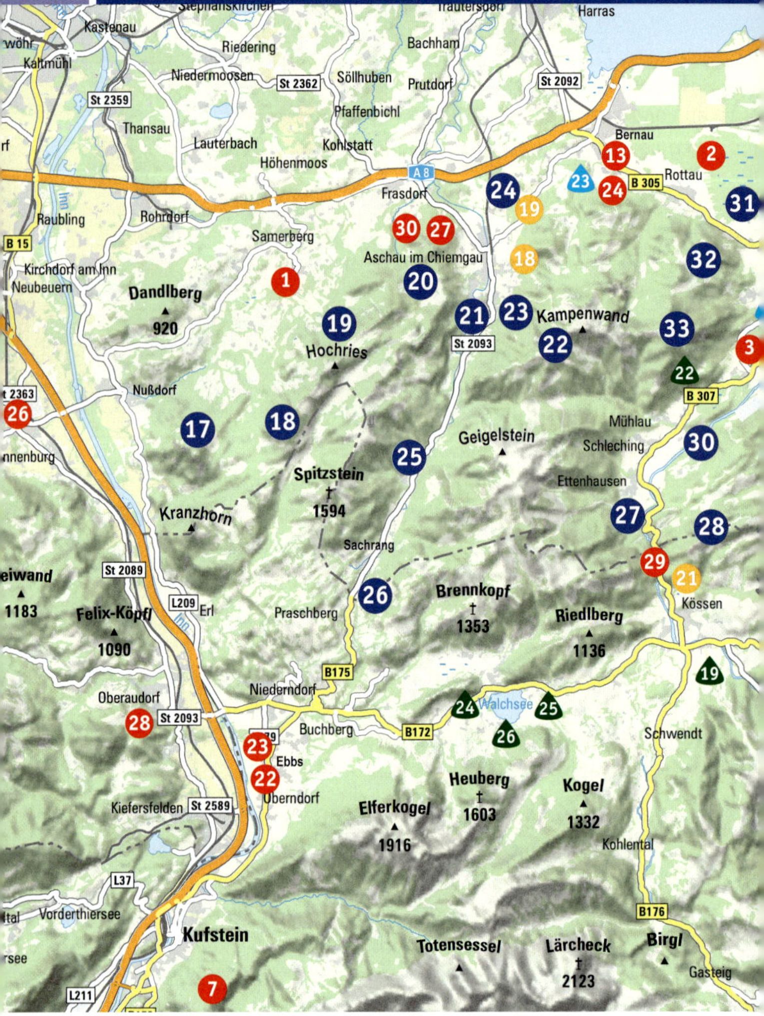

Südlich des Chiemsees rücken die Ausläufer der Alpen nahe ans Wasser heran. In der Ebene zwischen dem Seeufer und den ersten Gipfeln liegen ausgedehnte Hochmoore. In Nord-Südrichtung haben Prien, Tiroler Ache und Traun Taleinschnitte in die Berge gegraben. Schmal und dünn besiedelt ist das abgelegene Tal der Prien, das bei Aschau beginnt. Mehr Raum haben die Dörfer südlich von Marquartstein im breiten Tal der Tiroler Ache, die am Klobenstein durch eine schmale Schlucht, die Entenlochklamm, aus dem österreichischen Kössen herüberfließt. Bei Ruhpolding und Inzell führt ein dritter Taleinschnitt zwischen die Berge, die an der Grenze zu Österreich langsam alpinen Charakter annehmen. Aber auch die Gipfel in der ersten Reihe sind keine langweiligen grünen Hügel. Einige von ihnen sind mit Bergbahnen erschlossen und so auch für weniger geübte Wanderer gut erreichbar.

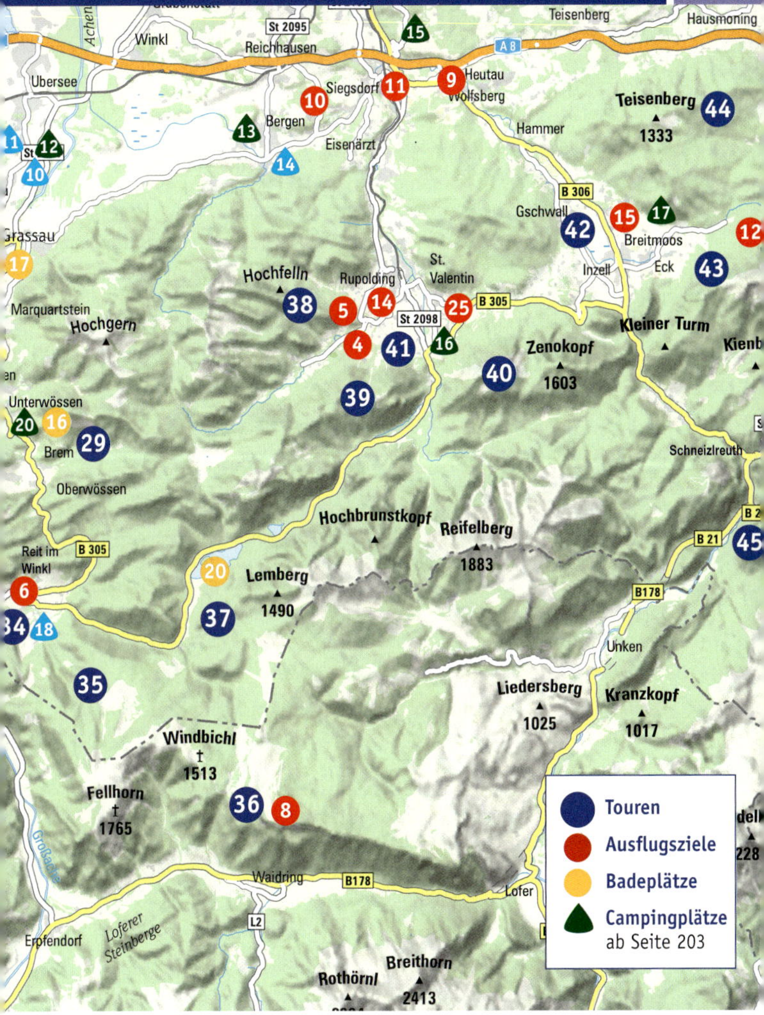

Spaß und Spiel

1 Bauerngolf Samerberg

Kurzweilig und wenig elitär geht es beim Bauerngolf zu. Statt auf einem kurz geschorenen »Green« schlägt man die Bälle zwischen Obstbäumen, Tieren und anderen landwirtschaftlichen »Hindernissen« über eine ebenfalls recht grüne Weide. Als Schläger dient ein Holzschuh am Stiel, auch der Ball unterscheidet sich deutlich: Es handelt sich um einen Lederball in Handballgröße. Wie beim richtigen Golfen muss der Ball mit möglichst wenigen Schlägen ins Loch geschlagen werden.

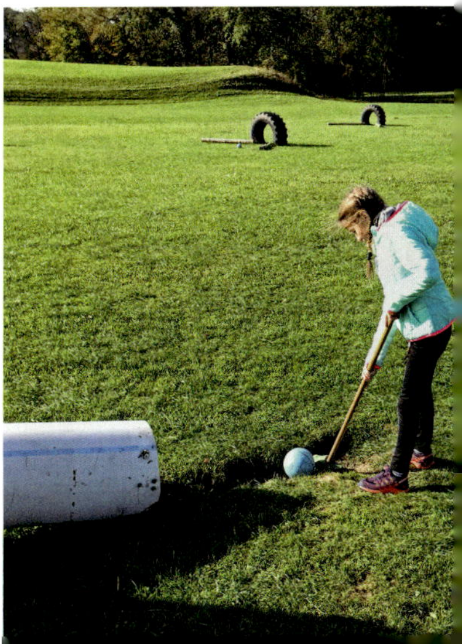

Geöffnet April bis Oktober 11–20 Uhr, €5, Kinder bis 14 Jahre €3,50, Familie €14. Kirchplatz 5, Samerberg (von der Autobahn den Wegweisern zur Hochriesbahn folgen, ab dort ausgeschildert). www.bauerngolf-samerberg.de

2 Torfbahn Rottau

Der Triebwagen der Torfbahn ist aus grün gestrichenem Metall und sieht aus wie ein Spielzeugzug. Kaum zu glauben, dass er tatsächlich mehrere Wagen mit Museumsbesuchern durchs Hochmoor ziehen kann. Die Zugfahrt gehört zur Führung durch das Bayerische Moor- und Torfmuseum am Rand der Kendlmühlfilzn. **[› Tour 31]**
Geöffnet Mai bis Oktober Sa und So 11–16 Uhr, Juli bis September auch Mi. Kombikarte Museum und Feldbahnfahrt €8, Kinder 6 bis 14 Jahre €6, Familie €20. www.museum-torfbahnhof.de

3 Märchenpark Marquartstein

Die Sommerrodelbahn, eine Parkeisenbahn, der Wasserspielplatz, Riesenschaukel, Abenteuerspielplatz und der Störrische Esel sind die beliebtesten Attraktionen des kleinen Märchenparks, in dem sich vor allem jüngere Kinder amüsieren. Einige Tiergehege und Märchenstationen sorgen für weitere Beschäftigung. Der Park ist in Marquartstein ausgeschildert.
Von Ostern bis zum Ende der Herbstferien von 9.30–18 Uhr geöffnet. €14,90, Kinder (90 cm bis 13 Jahre) €12,90, inkl. Sommerrodelbahn. Jägerweg 14, Marquartstein. www.maerchenpark.de

4 Freizeitpark Ruhpolding

GPS N 47°44'26.3", E 12°36'58.5"
Ein vergrabenes Dinosaurierskelett will hier von jungen Forschern geborgen werden und im Kristallbergwerk gibt es echte Edelsteine zu finden. Ein Wasserspielplatz und eine Minibahn sorgen für neue Ideen, bevor es zur Riesenrutsche und zum Bogenschießen geht. Auch ein Ritt auf Drache Siegfried ist nicht zu verachten. Und wer einen Drachen reitet, schafft bestimmt auch die Fahrt im rasanten Gipfelstürmer, einer Achterbahn im Kinderformat.
Der Park ist von Ostern bis zum Ende der Herbstferien bei jeder Witterung von 9–18 Uhr geöffnet. €18,90, Kinder (90 cm bis 11 Jahre) €16,90. www.freizeitpark.by

5 Lieblingsziel für Schleckermäuler

Die Windbeutelgräfin ist in Ruhpolding eine kulinarische Institution. Das Café serviert seit vielen Jahrzehnten allerlei Torten und riesige Windbeutel mit viel Sahne und verschiedensten Füllungen. Süßmäuler und Kuchenfans sind im siebten Himmel. (Branderstraße an der Zufahrt zum Freizeitpark).
Geöffnet 10–18 Uhr. Mo und Di Ruhetag. Brander Str. 23, Ruhpolding. www.windbeutelgraefin.de

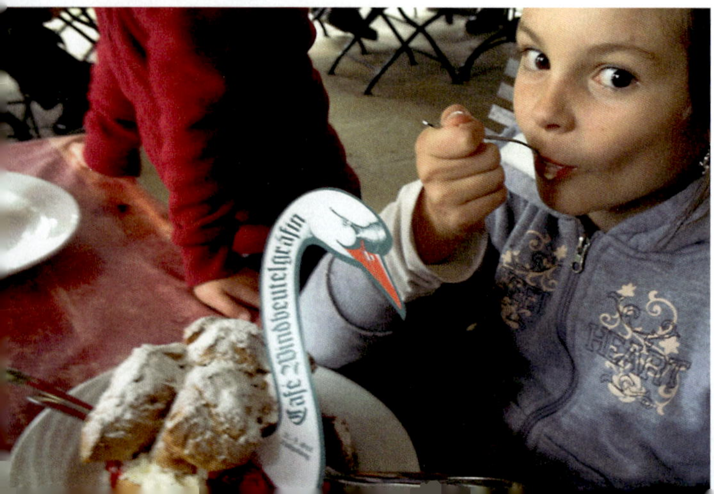

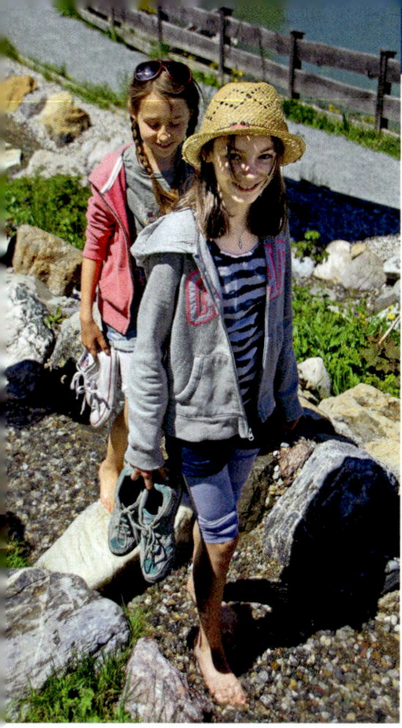

Wasserspielplatz am Berg: Das Hexenwasser in Hochsöll

Schotterflächen und über satten, weichen und kühlen Waldboden läuft. Und wer ist schon mal barfuß durchs Moor marschiert? Zur Einkehr hat man hinterher und zwischendurch gleich mehrere Almen zur Auswahl, einige davon mit Blick auf die Felswände des Wilden Kaiser.

Geöffnet Mai bis Oktober täglich 8.45–17 Uhr, Eintritt frei. Berg und Talfahrt mit der Gondelbahn €28, Kinder ab 4 Jahre €14, Jugend 15 bis 17 Jahre €21.

Eine kostenlose Übersichtskarte mit allen Attraktionen gibt es an der Talstation der Bahn.

www.hexenwasser.at

6 Spieleweg Reit im Winkl

Der fünf Kilometer lange Spieleweg beginnt am Festsaal in der Tiroler Straße in Reit im Winkl und lässt sich auch prima mit Kinderwagen oder -fahrrad befahren. Vom Märchenwald läuft man zum Waldriesen und vom Steinlabyrinth zum Skulpturenpark und zum Badestrand direkt am Ufer der Lofer. An der Kneippanlage im Ort gibt es außerdem noch einen Barfusspfad. Beide Wege sind kostenfrei benutzbar. Die Wegbeschreibung mit Übersichtskarte kann man in der Gästeinfo in Reit im Winkl abholen oder unter www.reitimwinkl.de herunterladen.

7 Hexenwasser

Aus alten Hexengeschichten und neuen Spielideen hat man hier einen liebevoll fantastischen Bergspielplatz gesponnen. Schön angelegte Teiche, verbunden durch einen seichten Bach. Ein Kletterpfad und ein großes Baumhaus gibt es im zentralen Bereich des Hexenwassers. Man kann Floss fahren, Wassertropfen hören und Steine schleifen, in den Wasserläufen plantschen, das Bienenhaus besuchen oder auf dem fantasievoll angelegten Spielplatz schaukeln, rutschen und Seilbahn fahren. Besonders nett ist der lange Barfußpfad, auf dem man über Wiesen und durchs Wasser, über kurze

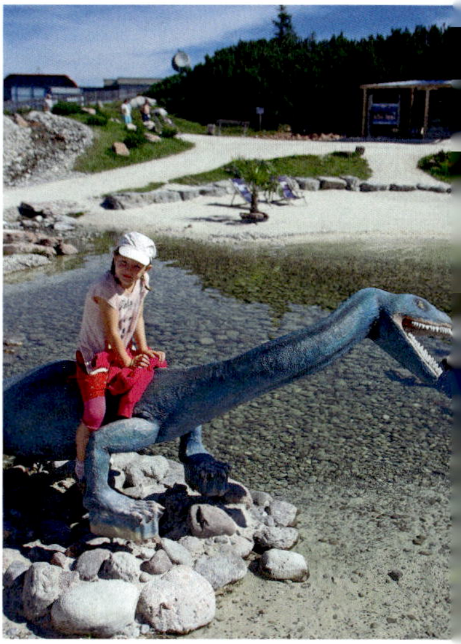

8 Hinauf in die Urzeit

Auf spielerische Art und Weise nähern sich junge Forscher im Triassic Park der Erdgeschichte und der Entstehung des Lebens. Die Theorie und eine schnelle Basisausbildung zum Urzeit-Forscher gibt es im überdachten Triassic Center, dann geht es hinaus auf den vier Kilometer langen Trail (kinderwagentauglich), um das Gelernte auch gleich umzusetzen. Das Außengelände mit Spielplatz, Badetümpel, Floß und langer Kletterwand

bietet anschließend Platz zum Toben. Der Park befindet sich an der Bergstation der Seilbahn auf die Steinplatte. *Geöffnet von Juni bis Anfang Oktober täglich 9–16.45 Uhr, Eintritt frei. Berg- und Talfahrt auf die Steinplatte €22, Kinder ab 4 Jahre €12, Jugend 16 bis 17 Jahre €19,50, Familie €52–64.*
Fußweg auf schmaler Straße etwa 15 Minuten steil bergauf. Vom Parkplatz am Ende der Mautstraße **[› Tour 36]**.
www.triassicpark.at

9 Mühlenladen St. Johann

GPS N 47°49'12.0", E 12°40'44.0"
Seit 1509 wird in der alten Wassermühle St. Johann an der Traun Korn gemahlen. Heute wird die Kraft des Wassers dazu nur noch indirekt genutzt – zur Stromerzeugung. Reinigen, Mahlen, Sieben – es braucht einige Arbeitsgänge, bis das biologische Dinkel- und Weizenmehl aus regionalem Getreide in großen Säcken in den Regalen des Mühlenladens liegt. Hier kann man direkt ab Hof unbehandelte Mehl- und Getreideprodukte bester Qualität kaufen und dabei einen Blick in die Räume der alten Mühle werfen. Für Gruppen ist auch eine Besichtigung möglich. Kinder sind herzlich willkommen.

Mehl und Getreide wird im Mühlenladen per Seilzug zum Parkplatz transportiert.

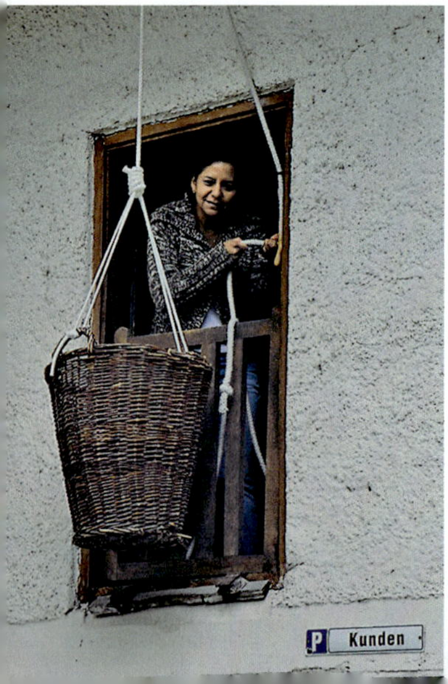

Anfahrt: Von Siegsdorf auf der B 306 in Richtung Hammer und an der ersten Kreuzung links in die Neukirchener Straße abbiegen. Gleich darauf hinter der Traunbrücke rechts zur Mühle. Mühlenstraße 25, Siegsdorf. www.muehle-st-johann.com

10 Adelholzener Quelle

Wer kennt sie nicht, die stabilen Pfandflaschen der Adelholzener Quelle. Ob Wasser oder Saftschorle – Adelholzner ist in vielen bayerischen Familien beliebt. Die Adelholzener Quelle, die schon seit mehr als 1000 Jahren für ihr Heilwasser berühmt ist, liegt im Chiemgau östlich von Siegsdorf und gehört zum Kloster der Barmherzigen Schwestern. Neben dem Klostergebäude ist heute eine moderne Abfüllanlage entstanden. Die alte St. Primusquelle liegt oberhalb des Klosters und ist frei zugänglich. Aus einem goldenen Hahn fließt das frische Wasser in die mitgebrachten Becher und Flaschen und schmeckt ganz besonders gut. Die Gewinne der Alpenquelle Adelholzen werden zum Unterhalt des Klosters und für soziale Zwecke verwendet. Wenn das kein Grund ist, Adelholzener zu trinken.
Die Adelholzener Wasserwelt ist auch für Besucher zugänglich. St.-Primus-Str. 1, Siegsdorf. Infos unter www.adelholzener.de

11 Naturkunde und Mammutmuseum Siegsdorf

Im Gerhartsreiter Graben unweit von Siegsdorf machte ein 16-jähriger Schüler vor gut 40 Jahren eine unglaubliche Entdeckung. Bernhard von Bredow und ein Freund durchstreiften mit einem selbstgebastelten Metalldetektor auf Schatzsuche den Wald, als sie statt auf verborgene Schätze auf aus dem Boden ragende Riesenknochen trafen. Dem Jungen war sofort klar: Das ist ein Mammut. Er begann die Ausgrabung mit Hilfe eines Suppenlöffels. Erst viel später, als er alleine nicht weiter kam, informierte er die Öffentlichkeit. Das Mammutskelett steht heute in der modern aufbereiteten Ausstellung des Siegsdorfer Naturkundemuseums, die uns chronologisch durch die **Frühgeschichte der Erde** bis in die Zeit der Mammuts und großen Landsäugetiere wie Säbelzahntiger und Höhlenbär führt. Ein riesiges Mammutmodell krönt den Rundgang, die Original-Knochen aus dem Wald hängen an einer Wand.

Zuletzt betreten wir das Freigelände. In der sogenannten **»Steinzeit Siegsdorf«** können sich vor allem Kinder unter fachkundiger Betreuung in verschiedenen steinzeitlichen Disziplinen üben: es wird Stockbrot am offenen Feuer gegrillt, Bernstein geschliffen und getöpfert. Täglich kann man nach Edelsteinen und Fossilien buddeln. Genaue Infos zu den verschiedenen Angeboten im Freigelände erhält man auf der Website www.steinzeit-siegsdorf.de.
Geöffnet April bis Oktober täglich von 10–18 Uhr, im Winter nur bis 15.30 Uhr. €10, Kinder 6 bis 18 Jahre €5. museum-siegsdorf.de

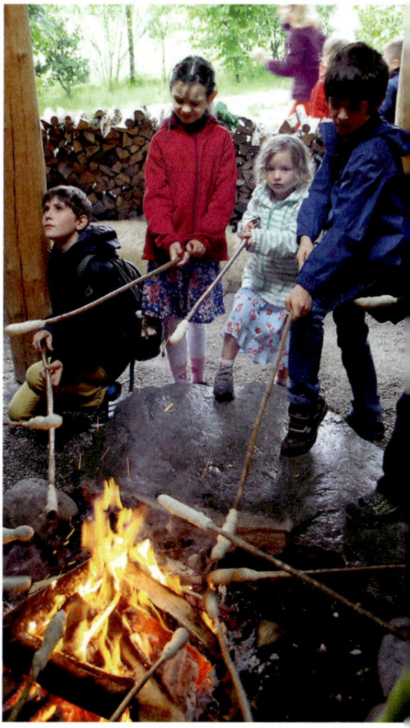

12 Hans-Peter Porsche Traumwerk

GPS N 47°47'30.7", E 12°52'10.9"
Die modern präsentierte Sammlung bei Piding ist vor allem ein Spielzeugmuseum. Auf 3500 Quadratmetern finden sich unter anderem auch eine nostalgische Blechspielzeug- und Stofftiersammlung. Herzstück ist die detailreich gestaltete, große Modellbahnwelt, auf der ständig 40 Züge gleichzeitig unterwegs sind. Die Anlage wird regelmäßig abgedunkelt und zeigt dann nachempfundene Wetterphänomene, wie Donner und Regen oder andere Licht- und Farbeffektshows. Außerdem gibt es Auto-, Schiffs- und Flugzeugmodelle sowie Oldtimer aus der privaten Sammlung Hans-Peter Porsches. Im Freibereich kreist sonntags eine kleine Bahn auf einer 1,3 Kilometer langen Runde um die schön gestalteten Außenanlagen mit Abenteuerspielplatz.
Geöffnet Di bis So 9–17.30 Uhr, €14, Kinder 7 bis 17 Jahre €9. Zum Traumwerk 1, Anger. www.traumwerk.de

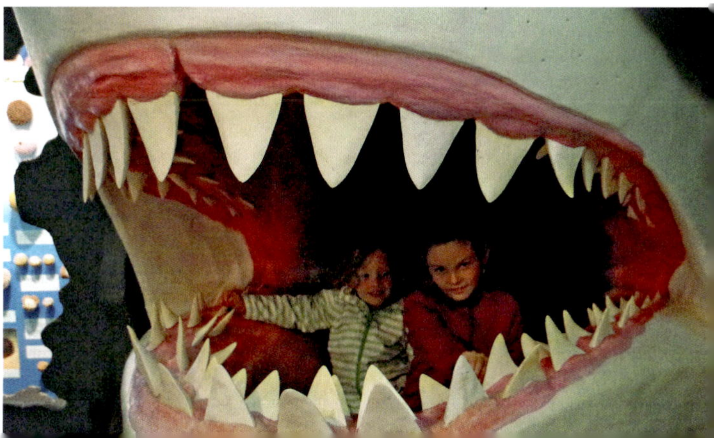

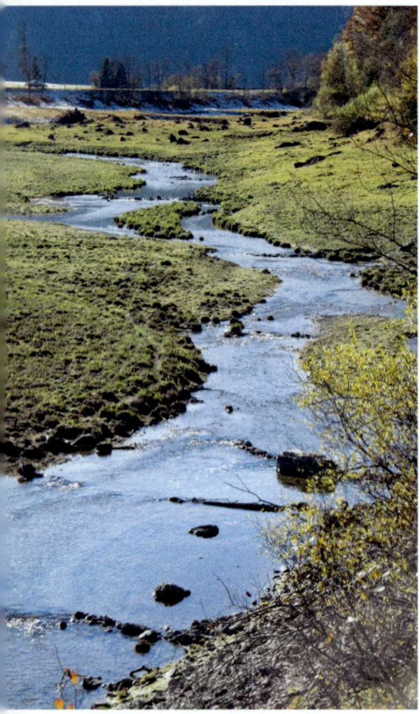

Freizeitbäder

13 BernaMare

Einfaches Hallenbad in Bernau mit Sport- und Kinderbecken und kleinem Spielbereich. Sauna und Dampfbad, Außenbereich mit Liegen.
Geöffnet Di bis Fr 14–19.30, Sa, So 14–19 Uhr. €5,50, Kinder 6 bis 16 Jahre 3,50 (ohne Sauna). Erlenstr. 14, Bernau. www.bernamare.de

14 Vita Alpina

Die Attraktionen des Vita Alpina in Ruhpolding sind das Wellenbad, eine 76-Meter-Riesenrutsche, das Kleinkinderbecken mit Wasserspielplatz, Springbrunnen und Mini-Rutsche und die Urmeertherme (Solebecken) im Außenbereich. Verschiedenes Wasserspielzeug wie Schwimmflügel und -bretter, Tauchbrillen gibt es zum Ausleihen. Saunawelt gegen Aufpreis. Im Sommer Freibad mit Bergblick.
Geöffnet täglich von 9–21 Uhr, 2 Stunden €11, Kinder 3 bis 6 Jahre €2,50, Kinder 7 bis 17 Jahre €6. Branderstr. 1, Ruhpolding. www.vita-alpina.de

15 Badepark Inzell

Mit Hallenbad und Sauna ist der Badepark Inzell zu jeder Jahreszeit ein attraktives Ziel. Für Familien besonders interessant ist jedoch der nur in der Sommersaison geöffnete Naturbadesee mit großer Liegewiese.
***Wegen Renovierung bis Mitte 2023 geschlossen!** €4,50, Kinder 6 bis 16 Jahre €2,50. www.badepark-inzell.de*

Badesee und Freibad

16 Strandbad Wössner See

GPS N 47°43'37.0", E 12°28'22.0"
Im kostenlosen Strandbad lässt sich wunderbar relaxen. Der liebste Platz für Kinder ist das im See vertäute Holzfloß und die doppelte Wasserrutsche. Für die Kleinsten gibt es einen Planschbereich. Einkehr und Toiletten am Lokal Seestüberl.

17 Strandbad Reifinger See

GPS N 47°46'22.7", E 12°27'36.8"
Der kleine Badesee versteckt sich neben der Straße von Grassau nach Marquartstein. Mit sanft abfallendem Ufer, Steg, einem kleinen Spielplatz und einer beinahe rund um den See reichenden Liegewiese eignet er sich gut für einen Badetag mit Kindern. In der Seewirtschaft gibt es neben Eis und Pommes auch kleine Snacks.

18 Naturschwimmbad Aschau

GPS N 47°47'05.0", E 12°19'58.0"
Sanft abfallender Kiesstrand, Wasserrutsche, Liegewiese und Spielplatz an künstlich angelegtem flachen See am Ortsrand in Richtung Bernau. Kiosk.
Mai bis September von 10–20 Uhr. €1,30, Kinder 5 bis 14 Jahre €0,50.

19 Moorbad Aschau

In den Becken des kleinen einfachen Bades schwimmen wir im weichen dunklen Moorwasser. **[› Tour 24]**

20 Weitsee, Mittersee, Lödensee

GPS N 47°41'19.4", E 12°34'26.7"
Drei flache Seen füllen die Senke zwischen Dürrnbachhorn und Gurnwaldkopf östlich des Ferienortes Reit im Winkl. Sie sind durch schmale Zuflüsse, die sich in vielen Kehren durch

die Wiesen winden und an denen man prima spielen und plantschen kann, miteinander verbunden. Die Umgebung der Seen ist karg und ein wenig karstig und erinnert an Regionen wesentlich weiter nördlich, was dem Gebiet den Namen Klein-Kanada eingebracht hat. Alle drei Seen sind wegen ihrer guten Wasserqualität beliebt als Badeseen. Mittersee und Lödensee sind maximal sechs Meter tief und erwärmen sich im Sommer besonders schnell. Die Badestelle am Weitsee sieht man schon von der Straße, die direkt am See entlang führt. Geschützter liegt der Badeplatz am Mittersee. Hier geht es sehr seicht ins Wasser, der Untergrund ist jedoch leicht schlammig. Auch außerhalb der Badesaison bieten sich die Seen für Spaziergänge und ein Picknick an.

21 Waldschwimmbad Kössen

GPS N 47°40'32.0", E 12°24'08.0"
Freibad mit Liegewiese, Spielbach, drei Wasserbecken und Riesenrutsche.
Mitte Mai bis Mitte September 9–19 Uhr. Eintritt €5,90, Kinder 6 bis 15 Jahre €3,40, Familie €11,90.

Ziele für Tierfreunde

22 Raritätenzoo Ebbs

Stachelschwein, Känguruh, Mähnenwolf, Königsgeier, Riesenschildkröte und Nasenbär – über 70 verschiedene Tierarten leben im **Raritätenzoo Ebbs**. Einige kann man nicht nur anschauen, sondern auch füttern. Spezialfutter bekommt man an der Kasse. Mit Voranmeldung kann man im Zoo an Wanderungen mit sibirischen Huskys teilnehmen oder im Husky-Taxi eine Runde drehen.
Geöffnet von April bis Anfang November täglich von 9–18 Uhr. Eintritt €10,50, Kinder 4 bis 16 Jahre €5,50, Familie ab €21. Kruckweg 20, Ebbs. www.raritaetenzoo.at

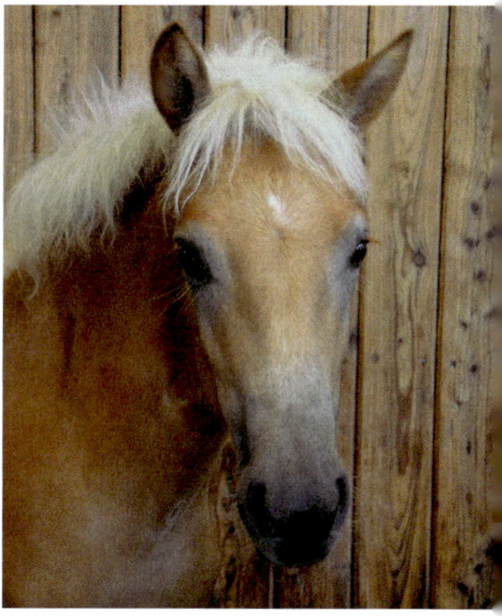

23 Fohlenhof Ebbs

Der Fohlenhof in Ebbs ist das älteste Haflinger-Gestüt der Welt und kann täglich von Gästen besichtigt werden.

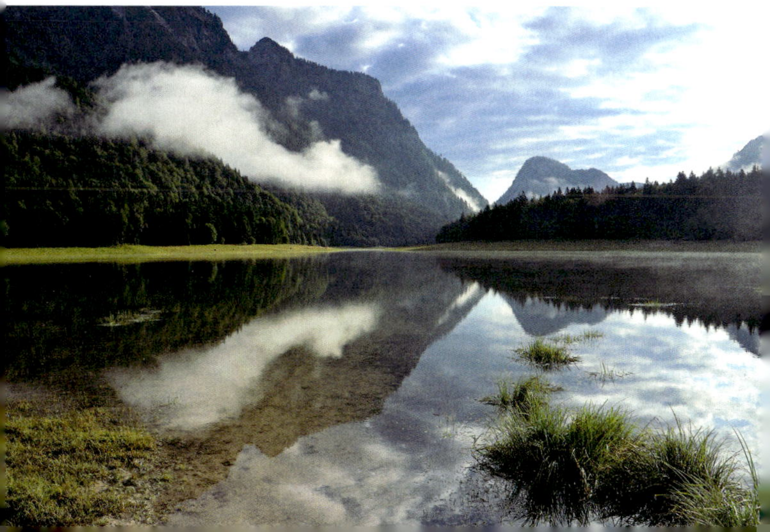

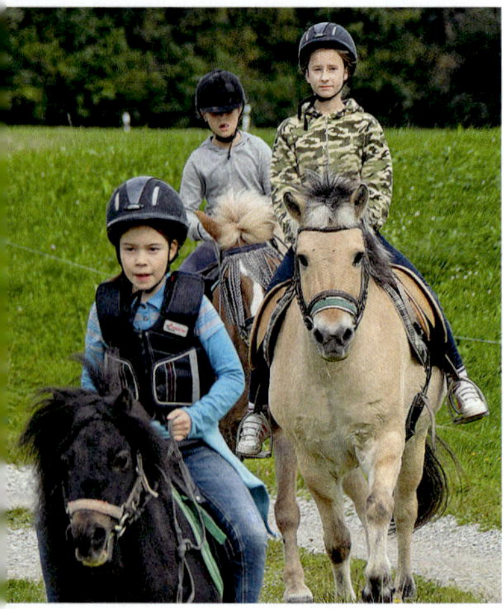

Von Oktober bis Mai sind etwa 120 Haflinger Pferde in den Stallungen. In den Sommermonaten, wenn die Jungpferde auf den Almen sind, kann man die Stuten mit ihren Fohlen sowie die Deckhengste besuchen. Außer an Montagen sind vor- und nachmittags auch immer Pferde beim Training zu beobachten. Wer mehr sehen will, besucht die einstündige Freitag-Abend-Show. Mit Anmeldung am Vortag können Kinder auch an den täglichen Voltigierstunden teilnehmen und spielerisch ersten Kontakt zum Pferd herstellen.
Gestütsbesichtigung ohne Führung täglich von 9–17 Uhr. Eintritt €8, Kinder 5 bis 16 Jahre €4, Haflinger-Shows im Juli und August. Tel. 0043 5373 42210. www.haflinger-tirol.com

24 Sepp'n-Bauer, Bernau

Die Familie Simon bietet Gästen einen Einblick in das bäuerliche Leben an. Bei der Führung auf dem Bauernhof kann man auch Tiere streicheln. Es gibt hausgemachten Kuchen und Brotzeit. Auch eine Fahrt mit der Kutsche und zwei starken Bauernrössern durch das Chiemseemoor gehört dazu.
Führung mit Kutschfahrt ab Farbing, Bernau, April bis Oktober freitags 13.30 Uhr. €19,50, Kinder 5 bis 14 Jahre €12. Anmeldung unter Tel. 08051 9617222, Rottauer Str. 72a. www.seppenbauer.com

Reiten

25 Islandpferdegestüt Brendlberg

Ausritte ins nahegelegene Naturschutzgebiet oder Reitunterricht in der Bahn – beides ist möglich. Der Hof hat sich vor allem auf Reiterferien für Kinder spezialisiert. Es gibt auch Ferienwohnungen. Die meisten Schulpferde sind Isländer aus eigener Zucht. Anmeldung erforderlich!
Reitstunde ab €20, Schnupperkurs mit zwei Reitstunden ab €58, auch Ponyreiten möglich. Brendlberg 2, Ruhpolding, Tel. 08663 2569. www.brendlberg.de

26 Ponyhof St. Margarethen

Eine geführte Ponyrunde für die Kleinsten oder spielerischer Reitunterricht für Kinder ab fünf Jahren – der Ponyhof in Brannenburg ist ganz auf junge Reiter eingestellt, die hier auch ohne Eltern die Ferien verbringen können. Auch Externe sind jederzeit zum Unterricht und zu Ausritten willkommen. Bitte am Vortag bis 16 Uhr unter Tel. 08034 2909 anmelden.
Geführtes Ponyreiten Di bis So 10–17.30 Uhr ohne Anmeldung. 30 Minuten €13. www.ponyreithof.de

Hochseilgarten und Sommerrodel

27 Chiemgauer Hochseilgarten

Die Anlage befindet sich östlich von Aschau neben dem Freischwimmbad. Sie ist in drei Teile gegliedert, die je nach Interesse und Fähigkeiten begangen werden können. Hoch-, Nieder- und Waldseilgarten bieten ganz verschiedene Arten zu klettern und sind gut aufeinander abgestimmt. Geübte können Sich auch auf einer Nachttour versuchen. Einen echten Kick bieten auch Sprungturm und der zwölf Meter hohe »Mega Swing«.
Geöffnet Mai bis Oktober Mi bis So 9.30–19 Uhr. Tel. 0179 8115229. 3 bis 4 Stunden €29, Kinder bis 16 Jahre €25, Bernauer Str. 48, Aschau. www.chiemgauer-hochseilgarten.de

28 Rodeln und Klettern am Hocheck

1100 Meter schlängelt sich die neue Metallrutsche in schwungvollen Steilkurven und durch den 360 Grad-Super-Kreisel ins Tal. Start der Sommerrodelbahn ist an der Mittelstation der Bergbahn Hocheck. Die ganz Kleinen fahren im Doppelrodel mit. An der Bergstation Hocheck gibt es außerdem einen schönen Waldseilgarten mit einem Parcours für mutige Kinder ab sechs Jahren.

Hochseilgarten: 4 Stunden €22, Kinder bis 17 Jahre €18. In den bayerischen Ferien jeden Mittwoch Familientag. Kombiticket mit Bergfahrt aufs Hocheck und Talfahrt mit der Sommerrodelbahn: Aufpreis €5,50. Eintrittskarten an der Bergbahnkasse. Mai bis Oktober an Wochenenden und Feiertagen und in den bayerischen Schulferien von 10–17 Uhr. Tel. 08033 9794016. www.waldseilgarten-oberaudorf.de

Outdoorsport für Familien

29 Rafting auf der Tiroler Ache

Die Tiroler Ache ist ein flotter Wildfluss und für geübte Paddler ein ausgesprochen reizvolles Ziel. Der absolute Höhepunkt ist die landschaftlich besonders spektakuläre Fahrt durch die Entenlochklamm. Wer noch keine Paddelerfahrung hat, kommt trotzdem in die Schlucht – sogar mit Kind und Kegel. In der Obhut eines erfahrenen Guides des **Adventureclub Kaiserwinkl** kann man den Fluss im stabilen Raftingboot befahren. Es erwartet einen dabei kein wilder Wildwasserritt, sondern eine flotte Schlauchbootfahrt. Für Paddler mit Erfahrung verleihen die Kössener aber auch Schlauchkanadier für zwei bis vier Personen, mit denen man auf eigene Faust losziehen kann.

Erlebnisraftingtour (3 Stunden) €42 pro Person, Jugend 11 bis 15 Jahre €38, Kinder bis 10 Jahre €34.

Mit **Kids Canyoning** gibt es auch eine spielerische Canyoningtour für Familien. Empfohlen für Kindern zwischen acht und zwölf Jahren.

2,5 bis 3 Stunden Kinder bis 15 Jahre €45, Erwachsene €36 (Sonntagszuschlag €8). Adventure Club Kaiserwinkel in Kössen, Hüttfeldstraße, Tel. 0043 (0)5375 29000. www.ack-koessen.at

30 Winterwanderung zur Frasdorfer Hütte

GPS N 47°47'34.0", E 12°16'53.0"

Rodelvergnügen nach herkömmlicher Art verspricht eine Wanderung mit anschließender Abfahrt auf der präparierten Rodelstrecke. Vom Parkplatz in Frasdorf an der Lederstube läuft man eine gute Stunde bergan bis zur ganzjährig bewirtschafteten Berghütte. Nach der Einkehr geht es auf Kufen wieder hinunter. Einen Schlitten kann man oben an der Hütte leihen. Rodelmiete €5, Mo und Di Ruhetag. www.stubn.co

Anfahrt: A8 Ausfahrt Frasdorf. Im Ort links dem Wegweiser zur Lederstube folgen. Nach einigen hundert Metern links bis zum Ende der Straße fahren. Kostenlose Stellplätze für Besucher der Hütte am oberen Parkplatzende.

Smaragdgrün schimmernd schlängelt sich die Tiroler Ache zwischen schroffen Steilwänden und weißen Kiesbänken durch die Entenlochklamm.

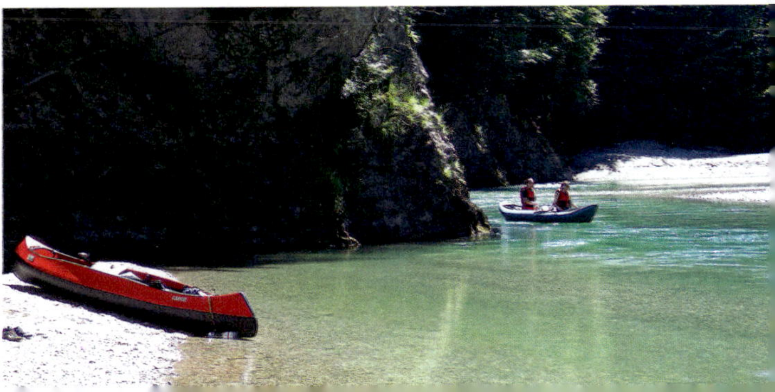

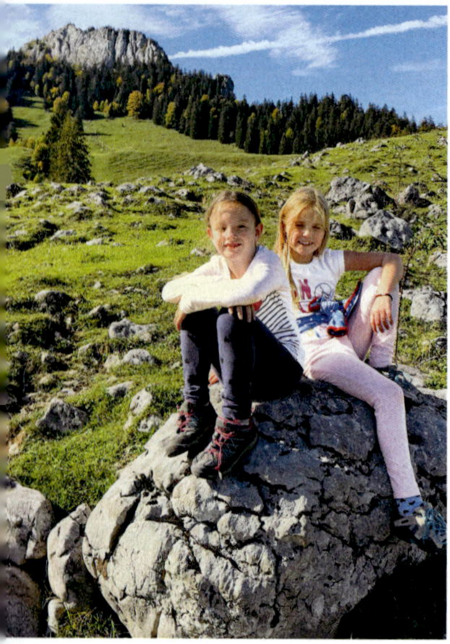

Tour 17: Gipfeltrio über dem Inntal

Vom Duftbräu auf den Heuberg

Zwischen den Spitzen von Kitzstein und Wasserwand wirkt der eigentliche Heuberggipfel eher unauffällig. Trotzdem hat man von dem grünen Grasbuckel einen tollen Blick. Wer es ein wenig spannender mag und mit größeren trittsicheren Kindern unterwegs ist, wählt für den Aufstieg den Pfad, der sich dem Gipfel über einen Felssporn von der Nordseite nähert. Hierzu verläuft ein Teil des Aufstieges auf einem Schotterweg. Ansonsten ist man meist auf schönen Wald- und Wiesenpfaden unterwegs. Beim Abstieg sorgt ein Wegstück am Bach mit schönen Spielstellen für Abwechslung, und wem der Aufstieg zum Gipfel noch zu steil und die ganze Runde zu lang ist, der begnügt sich mit den schön gelegenen Daffnerwaldalmen als Ziel. Nach der Wanderung bietet der Spielplatz am Duftbräu ein weiteres lockendes Ziel.

540 m
STRECKE 7 km
3 h 45
ab 6

Wanderung: Wer das Auto nicht am Duftbräu sondern auf dem Heubergparkplatz abgestellt hat, kann auf einem schmalen Pfad oben am Waldrand entlang zum Duftbräu wandern. Der Pfad beginnt im hintersten Winkel des Parkplatzes und führt zuerst eben am Hang entlang. Kurz vor dem Gasthaus geht es dann steil über einen Hügel und anschließend quer über die Eselweide zu dem Tischen des Duftbräu.

Für den Aufstieg wählen wir den schönen **Weg am Bach** entlang. Er führt eigentlich unten an der Straße an der Bachbrücke rechts in den Wald. Dieser Weg war jedoch zuletzt wegen eines Bergrutsches versperrt. Alternativ kommt man auf einem etwas höher gelegenen Weg an die gleiche Stelle. Dazu steigt man am Gasthaus die Aspaltstraße bergan und geht am Haupteingang vorbei zum Waldrand. Auf einem Schotterweg geht es dann sanft bergan und in den Wald. An der ersten Kreuzung gehen wir links zum Bach hinunter. Immer am Bachufer entlang erreichen wir eine Lichtung mit einer **Scheune am Bachufer** ①. Hier kann man prima rasten und an den seichten Stellen im Bach spielen.

TOUREN-STECKBRIEF

Anfahrt: Die Wanderung startet beim Gasthaus Duftbräu östlich von Nussdorf am Inn. Gut zu finden ist das Duftbräu von Samerberg: Man durchquert den Ort und wählt am Ortsende nicht den Weg hinauf zur Hochriesbahn, sondern folgt dem unauffälligen Wegweiser in Richtung Duftbräu. Auf einer schmalen Straße geht es weiter und nach einem knappen Kilometer biegen wir in einer Rechtskurve links ab. Das Duftbräu ist auch hier ausgeschildert – allerdings auf einem Wanderwegweiser. Ein gutes Stück weiter kommen wir in einer Kurve an eine Bachbrücke und gleich darauf nach Duft und zum Gasthaus. Wer nur zur Alm möchte, parkt am besten hier in Duft bei **GPS N 47°44'30.7", E 12°12'46.8"**. Der Parkplatz ist allerdings für die Besucher des Gasthauses reserviert. Wer nicht einkehren will, kanm auch am Straßenrand parken. Der Start für die schwierigere Variante befindet sich noch 500 Meter weiter. Man biegt vor der nächsten Kurve links ab zum Heubergparkplatz bei **GPS N 47°44'19.0", E 12°12'15.0"**.

Anspruch und Charakter: Im unteren Bereich einfache Forstwege, der Wiesenweg von den Almen hinauf zum Heuberg ist steil und bei feuchtem Boden sehr glitschig, Wanderschuhe sind notwendig, Stöcke empfehlenswert. Variante bis zur Alm technisch unkompliziert. Auf der Variante beim Aufstieg über Mailach im oberen Bereich kurze Kletterstellen über Fels, ausgesetzte Stelle mit alpinem Anspruch am Felssporn kurz vor dem Heuberggipfel.

Highlights: Aufregender Aufstieg, toller Gipfelblick, Spielstellen am Bach, Spielplatz am Duftbräu.

Einkehr: Daffnerwaldalmen, Gasthof Duftbräu.

In der Nähe: Bauerngolf am Samerberg.

Hinter der Scheune beginnt dann der richtige Aufstieg zur Alm. Auf einem felsigen Pfad klettern wir Kurve um Kurve höher und druchqueren dabei einen leicht finsteren **Zauberwald**. Zwischen eng stehenden Bäumen und dicken Steinbrocken geht es hinauf zum **Waldrand** und von dort über eine Weide hinauf zu den **Häusern der Alm** ②. Ob man lieber auf der Terrasse der Deindlalm oder der Laglerhütte Platz nimmt, oder doch erst noch zum Heuberg hinaufklettert, bleibt jedem selbst überlassen.

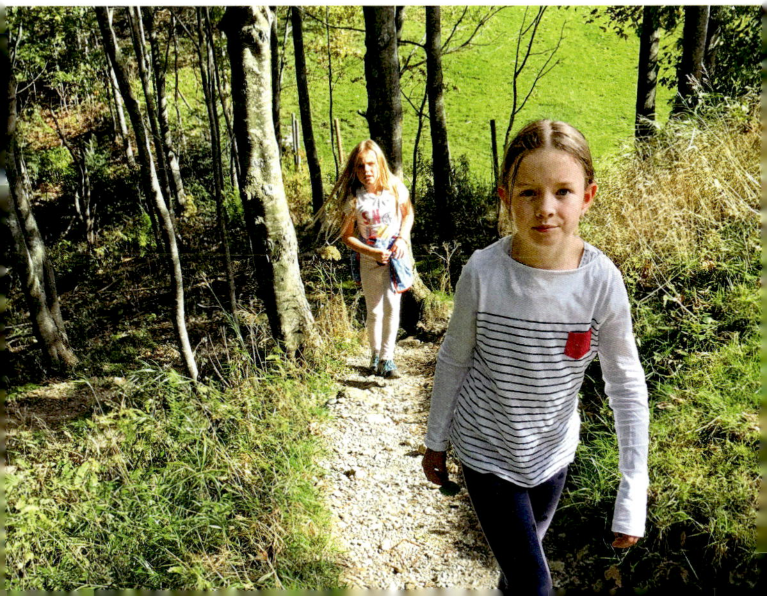

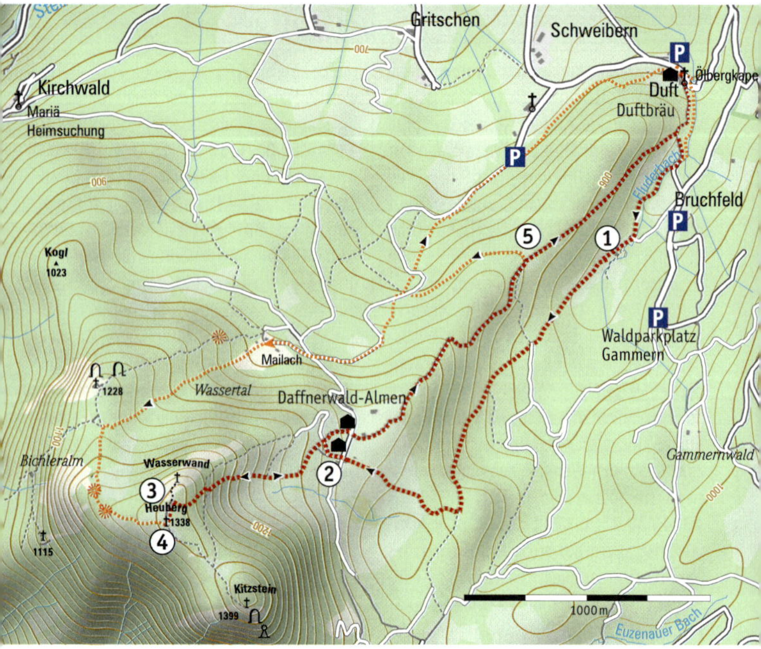

Der **Aufstieg auf den Heuberg** beginnt zwischen den Hütten. Der Pfad verläuft mitten auf der Wiese und ist von unten gut zu erkennen. Der Boden ist lehmig und wird nach Regenfällen leicht schmierig und rutschig, sodass vor allem beim Abstieg Vorsicht geboten ist. Wir steigen hinauf bis auf den **Sattel** ③. Rechts liegt jetzt die felsige Wasserwand, die nur auf einem anspruchsvollen Klettersteig bestiegen werden kann. Links führt ein steiler aber unkomplizierter Pfad auf den harmlosen, aber ebenfalls sehr schönen **Wiesengipfel des Heuberges** ④.

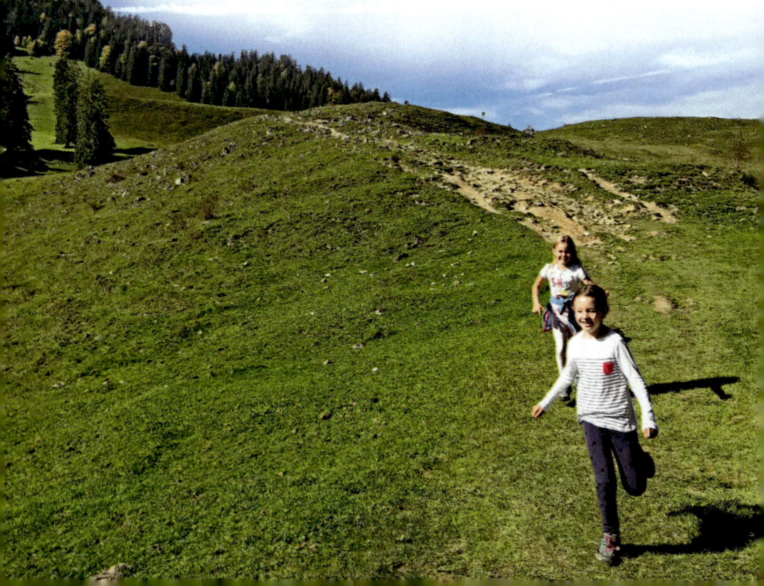

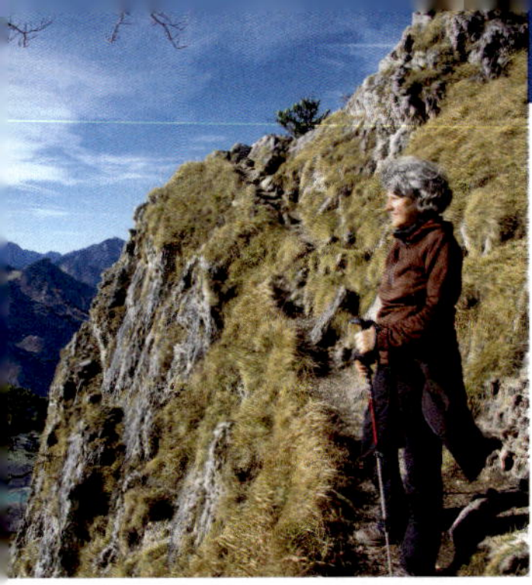

Für den Rückweg geht es zurück in Richtung Wasserwand zum Wegweiserbaum hinab und von hier aus wieder rechts über den steilen Wiesenpfad hinunter zu den Häusern der **Daffnerwaldalm**, wo jetzt sicher eine Pause angesagt ist.

Danach steigen wir ab zum Duftbräu. Dazu folgen wir neben der **Deindlalm** dem **Weg an einer Hütte vorbei** und über eine Almwiese bis zum Waldrand. Zwischen eng stehenden Bäumen führt dort ein Pfad hinunter. An einer **Lichtung** ⑤ erreichen wir eine Kreuzung. Hier ist links der Weg zum Heubergparkplatz beschildert. Wer dort geparkt hat, biegt links ab und folgt dann an der nächsten Kreuzung dem breiten Forstweg rechts hinab. Um zurück zum Duftbräu zu kommen, geht man an dieser Kreuzung einfach geradeaus weiter und folgt einem ebenso breiten Waldweg zurück zum Gasthaus.

Die große Runde über Mailach

6,5 km, Gehzeit: 3 h, ↓↑ 585 m, ab 10 Jahre

Der Aufstieg über Mailach lohnt mit geübten Wanderkindern wegen zwei spektakulären Aussichtspunkten mit Blick in das Inntal und dem spannenden Weg westlich des Heuberggipfels. Vom **Heubergparkplatz** folgen wir dazu dem breiten Forstweg in Kehren hinauf und erreichen nach einer halben Stunde eine asphaltierte Fahrstraße. Wir überqueren diese, folgen dem Wegweiser Heuberg über Mailach und erreichen kurz darauf eine Lichtung mit Berghütten. An deren oberem Ende führt ein steiniger Weg schnurgerade den Berg hinauf. Weiter oben wird er zum serpentinenreichen Waldpfad.

Der anstrengende Aufstieg wird im oberen Drittel üppig belohnt: An einem kleinen **Plateau** kann man ein paar Schritte rechts laufen und den ersten Ausblick bis hinüber zum Wendelstein genießen. Ab hier wird aus dem ruppigen Waldweg ein schöner Pfad, der sich über Wurzeln und Felsstufen hinaufwindet. Ab und zu kommen die Hände zum Einsatz und trittsicher sollte man hier oben auch sein. Vorsicht braucht es, wenn wir dann kurz vor dem **höchsten Punkt** über eine steile Felsstufe steigen. Auf der anderen Seite des Felsens erwarten uns ein schmaler Weg und ein Abgrund. Mit entsprechender Vorsicht ist der luftige Sitz auf dem **Felssporn** ein wirklich außergewöhnliches Erlebnis.

Die aufregende Stelle ist recht kurz, sodass man schon wenig später entspannt auf einem sanften Wiesenweg weiterläuft. Über diesen steigen wir hinauf zum Gipfelkreuz auf dem Grasbuckel des Heuberges. Hinunter geht es dann von der Deindlhütte auf dem Abstiegsweg der normalen Runde und an der **Lichtung** ⑤ links und wieder rechts zum ausgeschilderten Heuberg-Parkplatz.

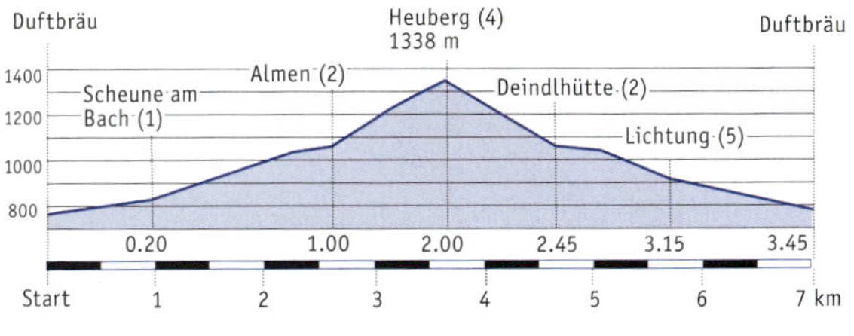

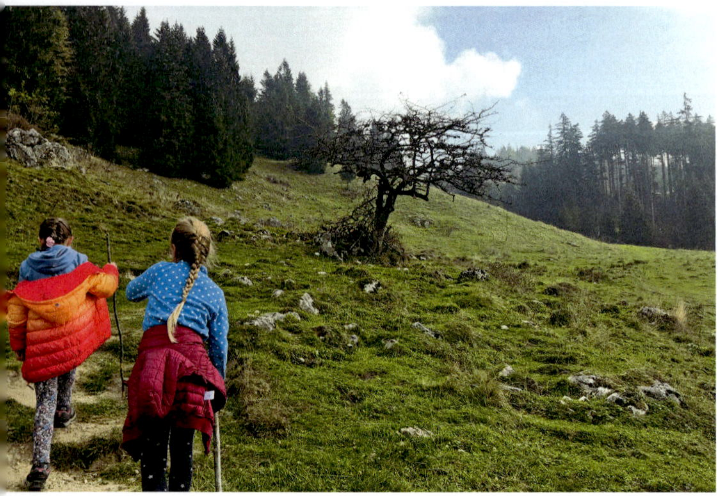

640 m

STRECKE 6,2 km

3 h 45

ab 8

Tour 18: Weitblick und Almvergnügen

Wagneralm und Feichteckgipfel

Ein Pfad führt von der Wagneralm über Almwiesen und durch den Wald hinauf auf den Feichteckgipfel. Zwischendurch sorgen immer wieder neue Ausblicke für Abwechslung, und der freie, weite Blick über Berge, Berge und nochmals Berge fasziniert auch Kinder. Unterhalb des Gipfels sorgt die im Sommer bewirtschaftete Feichteckalm für eine zweite Einkehrmöglichkeit inmitten von Kuhweiden. Auf der malerisch gelegenen Wagneralm weiter unten am Berg kann man am Wochenende auch noch außerhalb der Almsaison einkehren. Auf den leicht gewellten Wiesen finden Kinder zwischen

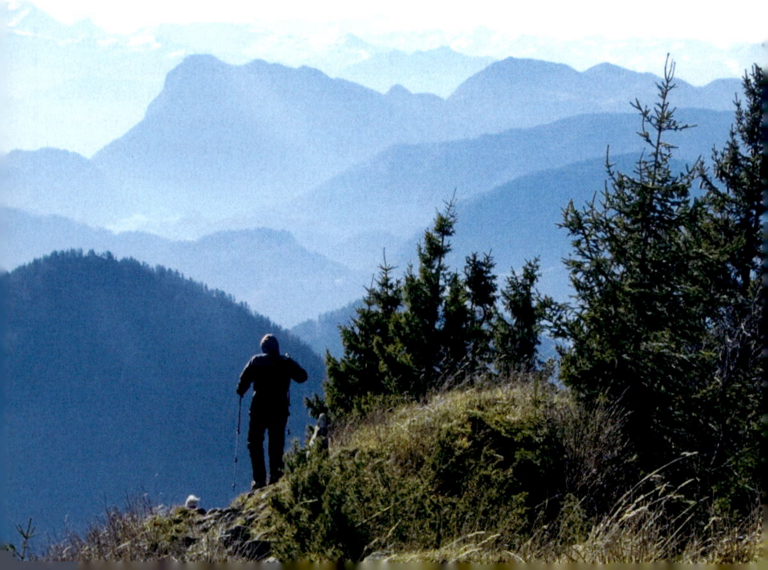

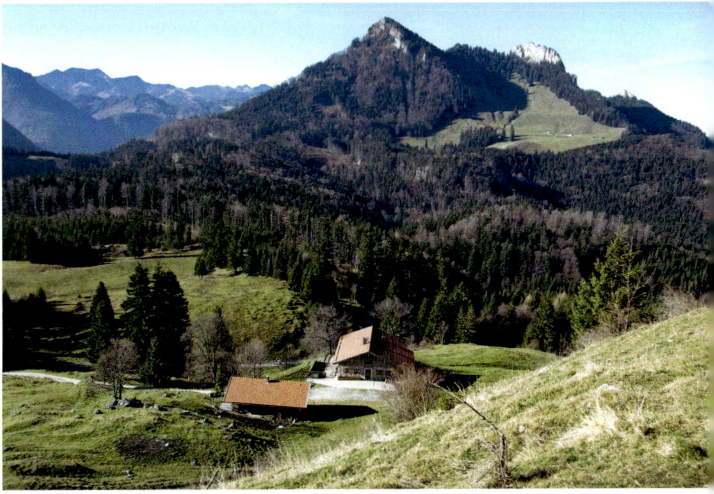

Bäumen und Felsbrocken schöne Stellen, an denen sie gefahrlos spielen können. Wenn die Kondition den stattlichen Höhenmetern des Feichteckgipfels noch nicht gewachsen ist, bieten auch Wagner- oder Feichteckalm ein schönes Ziel.

Wanderung: Am oberen Ende des Parkplatzes zweigt neben der Fahrstraße ein **schmalerer Weg** links ab, der mit Wagneralm / Feichteck beschildert ist. Hier laufen wir hinauf. Nach etwa zehn Minuten mündet der Weg wieder auf die **Forststraße**, der wir kurze Zeit folgen. Nach einer sehr steilen Asphaltstrecke kommen wir in einer Linkskurve an den **Abzweig zur Wagner- und Feichteckalm** (1). Zwei Wege stehen zur Wahl: Der rechte schlägt

TOUREN-STECKBRIEF

Anfahrt: Die Wanderung startet am Waldparkplatz Gammern in der Nähe des Gasthaus Duftbräu östlich von Nussdorf am Inn. Man durchquert Samerberg und wählt am Ortsende nicht den Weg hinauf zur Hochriesbahn, sondern folgt dem unauffälligen Wegweiser in Richtung Duftbräu. Nach einem knappen Kilometer auf der schmalen Straße biegen wir in einer Rechtskurve links ab. Das Duftbräu ist auch hier ausgeschildert – allerdings auf einem Wanderwegweiser. Kurz bevor wir das Gasthaus erreichen, führt links die Zufahrt zum Parkplatz in den Wald. Der Schotterweg ist mit Waldparkplatz und Kranzhorn beschildert. Vorbei an einem Haus geht es hinauf, bis der Weg nach 1,5 Kilometer am kostenpflichtigen Parkplatz bei **GPS N 47°43'58.0", E 12°12'42.0"** endet.

Anspruch und Charakter: Technisch unkomplizierte Wanderung, fast durchgängig auf schmalen Pfaden, im obersten Gipfelbereich steil und steinig (Trittsicherheit). Sehr weiter Blick vom Gipfel. Wanderschuhe notwendig, Stöcke sinnvoll. Längere Streckenabschnitte führen über Wiesenwege und können auch barfuss gelaufen werden.

Highlights: Schmale Wege, die auch durch die Kuhweiden der Alm führen, toller Gipfelblick, schöne Wiesen mit Felsblöcken um die Wagneralm.

Einkehr: Wagner Alm (Do bis So ab 17 Uhr geöffnet, November bis April nur am WE), in der Almsaison Feichteckalm.

In der Nähe: Gasthof Duftbräu, Bauerngolf Samerberg.

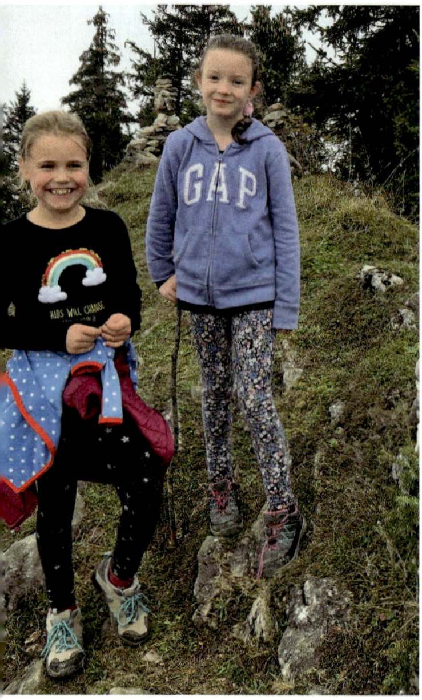

auf breiten Wegen einen großen Bogen um die Hütte. Wir wählen links den rot-weiß markierten Pfad, der auf deutlicher Spur über eine Wiese direkt hinauf zur **Wagneralm** ② führt.

Links an der Hütte vorbei beginnt hinter dem Haus (neben dem WC) der **Aufstiegsweg zum Feichteck**. Etwas weiter oben weist auch ein Holzschild den Weg. Über die Wiese laufen wir zum Waldrand und dann auf einem teilweise sehr steilen Steig im Wald hinauf. Nach einer knappen Stunde stehen wir auf einem **Plateau mit freiem Blick** ③, an dem es sich gut rasten lässt. Dann geht es auf einem etwas breiteren Weg noch einmal steil hinauf und wieder auf einem Steig durch dichten Wald bis zu einer Steinmauer und zu den Almwiesen der **Feichteckalm** ④. Ein Schild weist rechts den Weg zur Alm, die im Sommer einfach bewirtschaftet ist. Die Hütte, die man sieht, ist jedoch nur ein **Jagdhaus**. Die Alm liegt weiter hinten und ist in etwa 15 Minuten erreichbar.

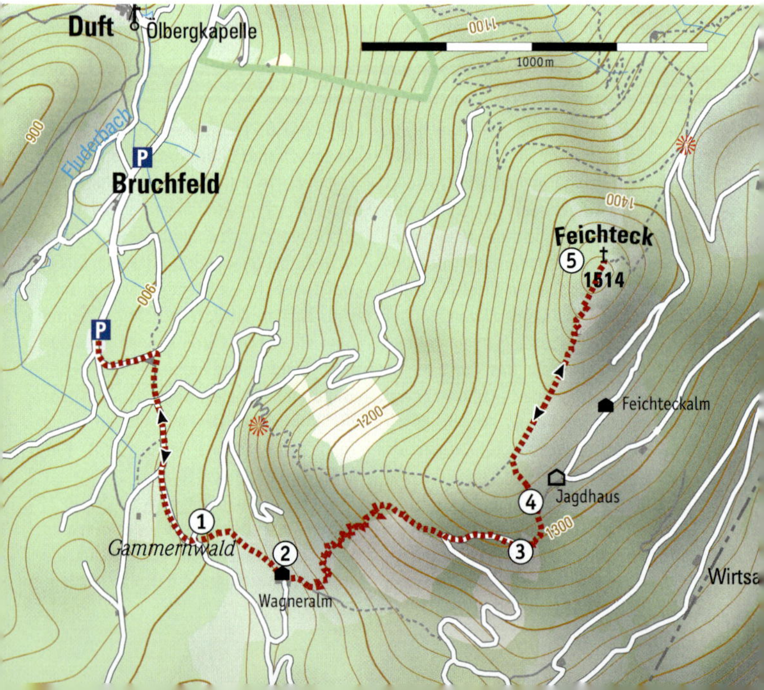

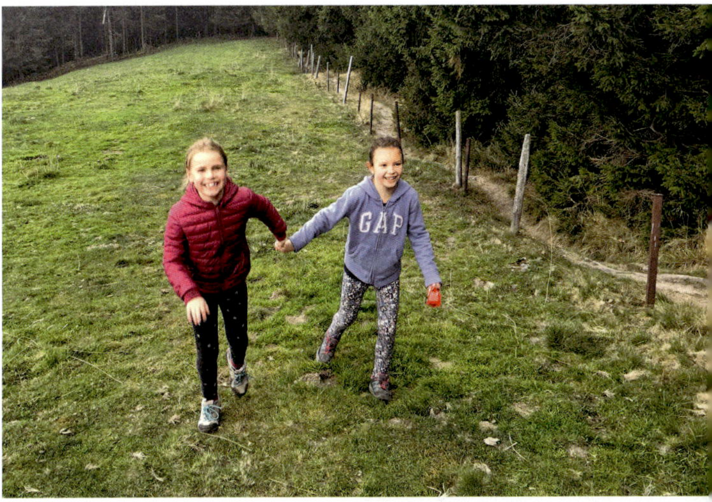

Der Weg zum Gipfel führt weiter am Wiesenrand entlang, überquert mit einem weiteren Holztritt den Weidezaun und führt dann auf der Wiese den Bergkamm entlang. Kurz vor dem Gipfel wird es noch mal steiler und über ein paar kleine Felsstufen klettern wir bis zum **Gipfelkreuz ⑤**. Hier oben gibt es auch ein Gipfelbuch und natürlich dürfen sich die kleinen Wanderer dort eintragen. Stella und Lilli stehen jedenfalls drin.

Auf demselben Weg geht es dann zurück. Wir steigen jetzt zügig und mühelos zur Wagneralm hinunter, die sich vor dem Abstieg zum Parkplatz für eine letzte Pause anbietet.

Vom Waldparkplatz zur Wagneralm

Variante ab 4 Jahre

Gehzeit: 1 h, ↓↑ 180 m, 2 km

Mit den Kleinsten ist die schön gelegene Wagneralm ein einfach erreichbares Ziel. Hier ist viel Platz zum Spielen und Toben und man hat trotz des kurzen Aufstieges bereits einen besonders schönen Bergblick. Benutzt man statt der beiden Pfade, die unseren Weg kürzer und spannender machen, den Fahrweg, käme man sogar mit dem Kinderwagen hinauf. Allerdings dürfte das eine schweißtreibende Angelegenheit sein – der Weg ist ordentlich steil.

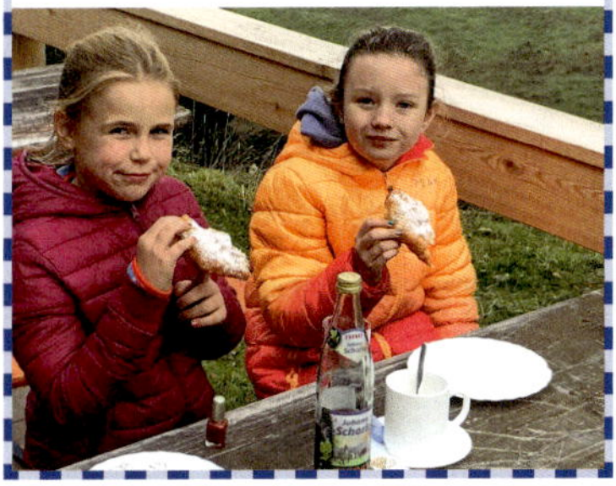

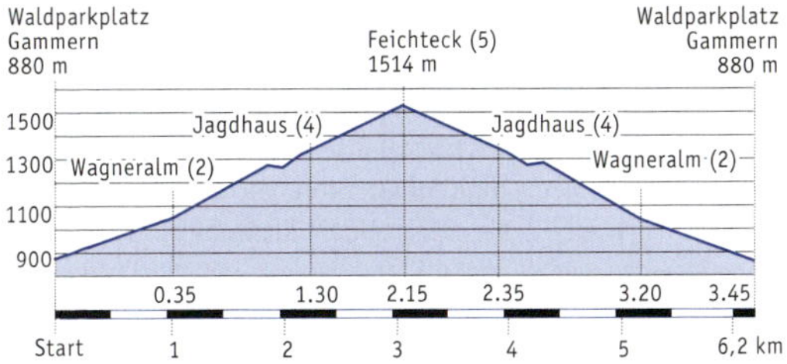

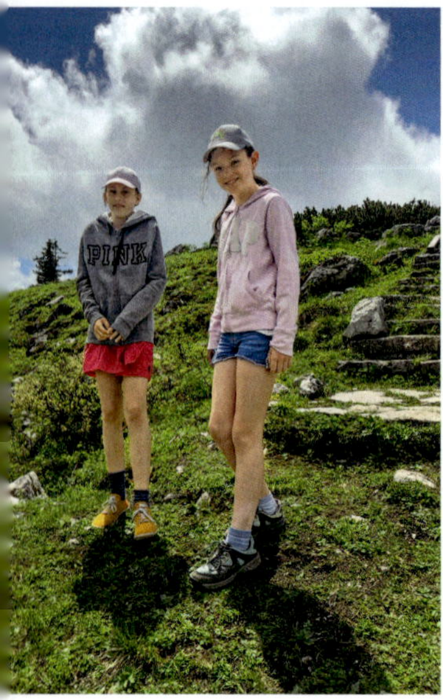

Tour 19: Gipfelblick für kleine Wanderer

Von Alm zu Alm zwischen Hochries und Riesenhütte

Der schroffe Felsgipfel der Hochries erlaubt einen weiten Blick über das Inntal und die Chiemgauer Berge und ist mit der Bergbahn leicht erreichbar. Sanft gewellte Wiesen mit mehreren Almhütten prägen die Hochebenen weiter unten. Breite Fahrwege gibt es hier oben nicht. Vom Gipfel geht es auf einem steinigen Pfad hinunter bis in das Wiesengelände der ersten Hochebene. Die urige Riesenhütte, die immer eine besonders attraktive Einkehr und ein gutes Familienquartier war, ist hoffentlich bald wieder geöffnet. Ein Waldpfad führt dann hinunter zu den nächsten Almwiesen und zur Käseralm mit tollem Spielplatz.

10 m

630 m

STRECKE 6 km

2 h 15

ab 6

Wanderung: Von der Bergstation der Gondelbahn lohnt sich zuerst der Abstecher bergauf zum **Hochrieshaus**. Von hier aus hat man freien Blick ins Inntal hinein. Um zur Riesenhütte zu gelangen, geht es wieder in Richtung Bergstation und über den Bergrücken hinab. Von ganz oben sieht man die Riesenhütte unten auf der Wiese. In sanften Kehren führt der grobsteinige Weg hinunter. Wenige Passagen sind etwas steiler, der mit Steinblöcken übersäte Boden fordert aber aufmerksames Gehen. Wer mit Kraxe unterwegs ist, ist hier mit Wanderstöcken gut bedient. Etwa nach einer halben Stunde endet der Abstieg am **Rand der**

TOUREN-STECKBRIEF

Anfahrt: Von der Salzburger Autobahn bis zur Ausfahrt Samerberg. Den Wegweisern nach Samerberg folgen und im Ort weiter in Richtung Hochriesbahn. Parkplatz bei **GPS N 47°46'12.0", E 12°14'10.0".**

Hochriesbahn: Die Bahn besteht aus zwei Sektionen. Zur Mittelstation fährt ein Einersessellift (9.30 – 16 Uhr), ab der Mittelstation geht es mit einer Kabinenbahn weiter. Die Gondel fährt jeweils zur vollen Stunde, bei entsprechender Nachfrage alle 30 Minuten.

Berg- und Talfahrt: € 24, Kinder € 12, Familienkarte € 49.
www.hochriesbahn.de

Anspruch und Charakter: Meist schmale Bergsteige und Waldpfade, technisch unkompliziert, aber mit einigen steileren Passagen. Kein Schatten beim Abstieg zur Riesenhütte, ansonsten Waldwege.

Highlights: Fahrt mit zwei verschiedenen Bergbahnen, Riesenhütte, Spielplatz an der Käseralm an der Mittelstation.

Einkehr: Hochries, Riesenhütte, Käseralm.

In der Nähe: Bauerngolf Samerberg.

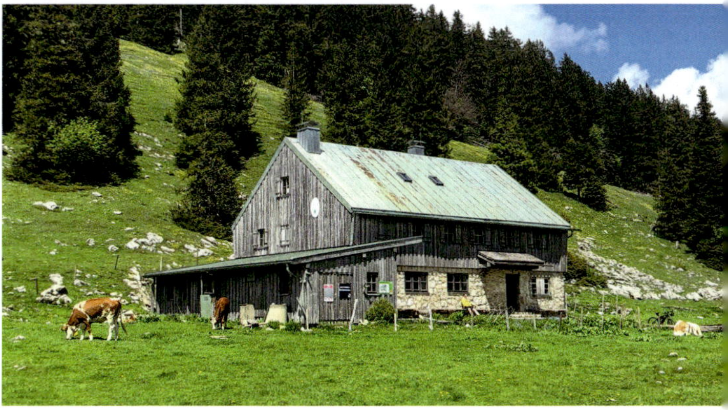

Die Riesenhütte bleibt leider weiterhin geschlossen und eine Sanierung ist noch nicht in Sicht.

grasbewachsenen Hochebene an einer beschilderten **Kreuzung** ①. Geradeaus geht es hier zur **Riesenhütte** ②, die aber leider auch weiterhin geschlossen bleibt. Wir wählen an dieser Stelle den rechten der beiden Wege in Richtung Grainbach. Er führt deutlich abwärts.

Die erste Abzweigung nach links lassen wir unbeachtet, wenig später stehen wir dann an einer **zweiten Kreuzung** ③. Wenn wir uns rechts halten (Schild »Nur für Geübte«), führt der kürzeste Weg in steilen Serpentinen zur Mittelstation. Wir wählen die sanfter abfallende Route am Hang entlang. Sie bringt uns zur behaglich in eine grüne Kuhle gebetteten, nicht bewirtschafteten **Ebersberger Alm** ④.

An der Almhütte folgen wir rechts vom Haus der rot-weißen Markierung auf einen schlecht erkennbaren Wiesenpfad, der den Hang hinab in den Wald führt. Von rechts stößt der steilere Ab-

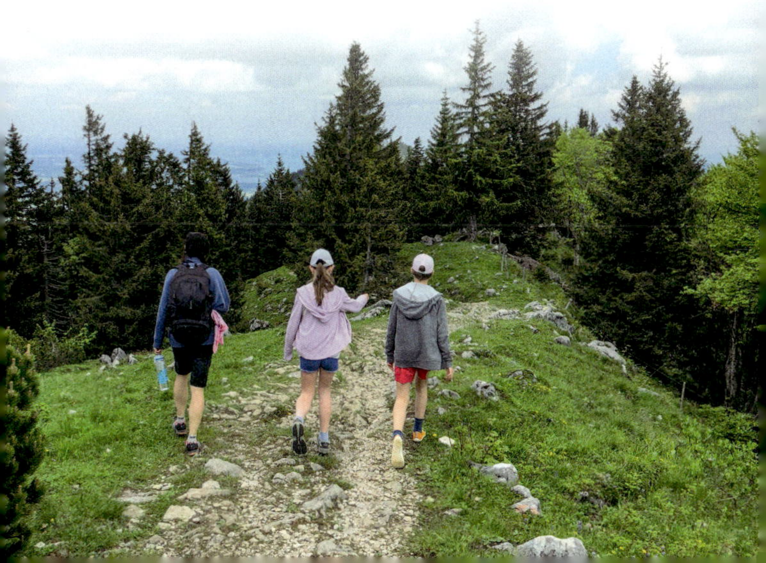

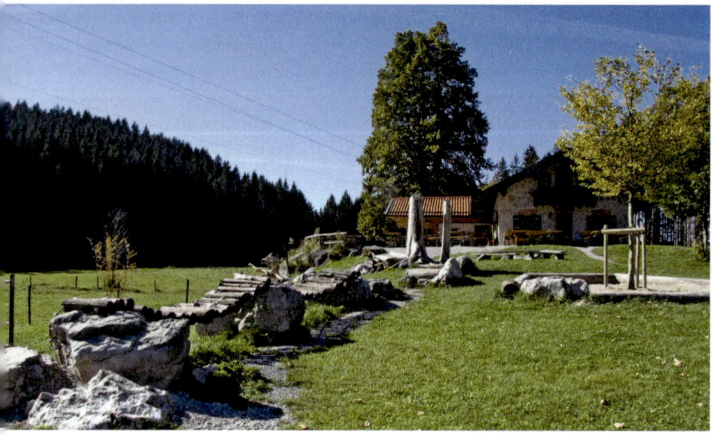

stieg wieder auf unseren Weg und kurz darauf mündet er an einer Hütte auf einen **asphaltierten Fahrweg** ⑤. Diesen laufen wir geradeaus hinab und durch ein Tor hindurch geradewegs auf die **Käseralm** mit sehr schönem, fantasievoll angelegtem Spielplatz zu. Hier ist es so einladend, dass man um eine Rast fast nicht herum kommt. An der Hütte geht es auf dem Fahrweg links zur Kräuterhexe und zur **Bergstation des Sesselliftes** zurück.

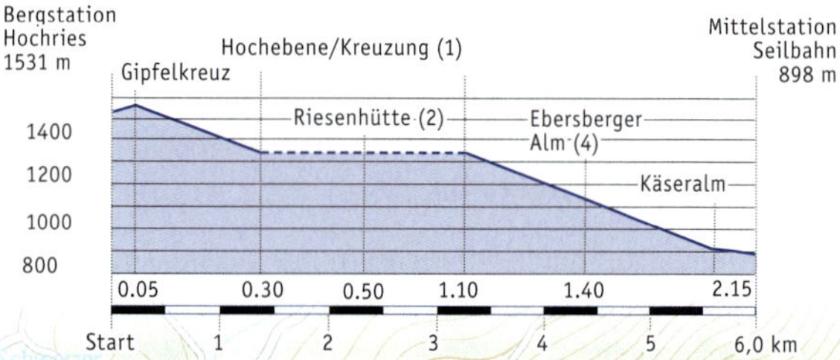

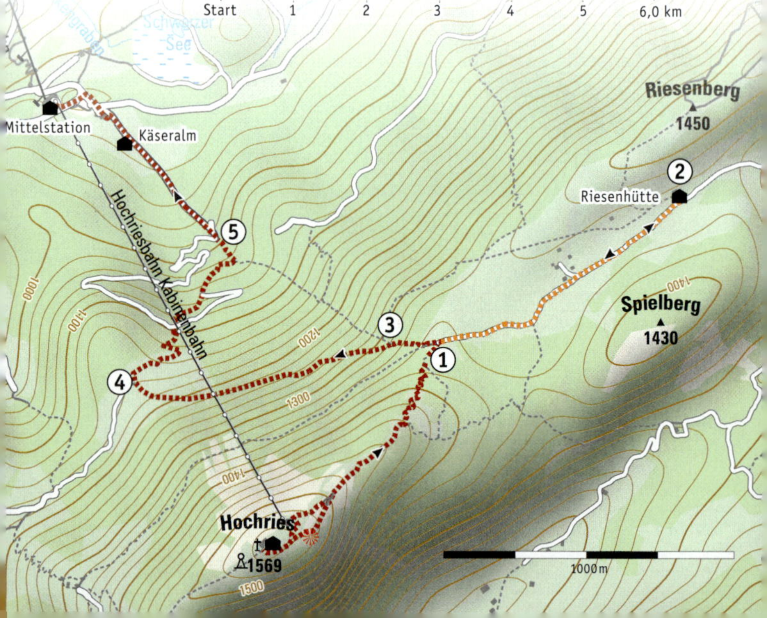

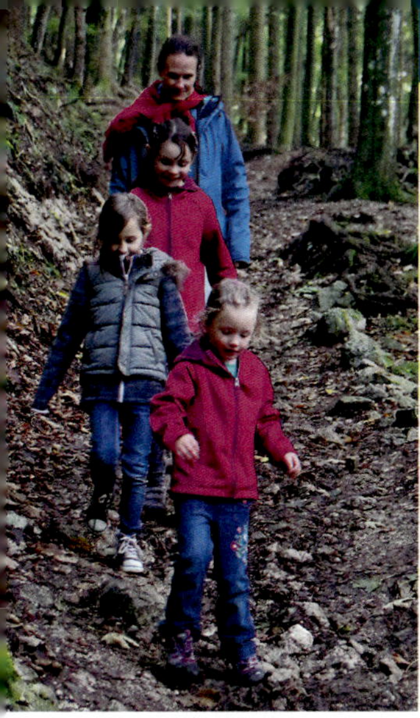

Tour 20: Durch die Hintertür zur Frasdorfer Hütte

Strammer Aufstieg von Hohenschau

Die Frasdorfer Hütte liegt auf einer stillen Hochebene, umgeben von Almwiesen, auf denen Kühe und Pferde weiden. Die Wiesen auf dem Hochplateau sind außerdem bekannt für ihre Murmeltierkolonie. Mit gutem Essen und einem schönen Spielplatz ist die Frasdorfer Hütte bei Familien ein besonders beliebtes Ziel. Gleich mehrere Routen führen auf die Hochebene – unsere Variante ist nicht ganz so bekannt. Wir starten in Hohenaschau und steigen zunächst auf einem Waldweg zur Hofalm hinauf. Der Rundweg führt dann durch eine wilde Schlucht und am Steinbach entlang nach Aschau zurück.

380 m

STRECKE 8,5 km

3 h 30

ab 6

Wanderung: Vom Parkplatz am Schloss laufen wir entlang der **Schloßbergstraße** auf den bewaldeten Hang zu. Links oben lockt das Schloss und die zugehörige Falknerei zu einem Extraausflug **[› Tour 21]**. Am Ende der Straße biegen wir erst nach rechts in die Zellerhornstraße ein und dann gleich wieder links in den Heurafflerweg. Dort sind auch schon **Wegweiser zur Hofalm** ① zu finden. Nochmal tief Luft holen, denn jetzt folgt, gleich zu Beginn, das steilste Stück der Wanderung. In vielen Kehren schlängelt sich der breite Schotterweg stetig ansteigend durch den Wald nach oben. An manchen Stellen fällt kaum Licht

TOUREN-STECKBRIEF

Anfahrt: Von der A8 nehmen wir die Ausfahrt Aschau. Nach der Ortsdurchfahrt gelangen wir in den etwas südlicher liegenden Teil Hohenaschau, der von einer imposanten Burg gekrönt wird. Direkt vor dem Burgberg biegen wir rechts ab und parken am Fuße des Schlosses in der Schloßbergstraße bei **GPS N 47°45'60.0", E 12°19'22.0".**

Anspruch und Charakter: Der steile, recht anstrendende Aufstieg in vielen Kehren durch dichten Bergwald erfordert solide Kondition. Dann folgen gut ausgebaute, ebene Wanderwege auf dem Hochplateau. Zurück führt ein Waldpfad dicht am Hang entlang und dann etwas steiler bis ins Tal.

Highlights: Einkehr auf der Alm, die Reste des Kalkbrennofens, Murmeltiere, der wilde Abstieg zum Steinbach.

Einkehr: Hofalm, Frasdorfer Hütte (Wiedereröffnung Frühjahr 2022).

In der Nähe: Falknerei und Schloss, Naturbadesee und Hochseilgarten Aschau.

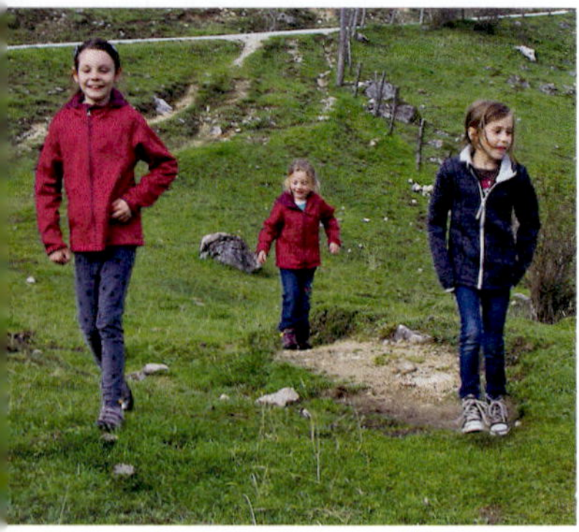

durch das dichte Blättermeer über unseren Köpfen. Kurz vor der Hofalm ist die größte Anstrengung vorbei. An einer Pferdekoppel erreichen wir die **Hochebene** ② und wandern weiter bis rechter Hand die kleine **Bergwirtschaft** auftaucht. Zu moderaten Preisen gibt es Getränke und eine kleine Jause als Stärkung.

Wir folgen der Schotterstraße links an der Alm vorbei rund 150 Meter, zweigen dann links auf den schmalen Wanderweg ab und passieren die Überreste eines historischen **Kalkbrennofens** ③. An der Forststraße biegen wir nun nach rechts ab und stehen kurz darauf vor der **Frasdorfer Hütte**. Es lohnt sich, unterwegs die Augen offen zu halten. Idealerweise hat man ein Fernglas im Gepäck und ein wenig Zeit, die Hänge ringsum nach Murmeltieren abzusuchen. An schönen Tagen gucken die putzigen kleinen Nager gleich mehrfach aus ihren Bauten. An der Hütte gibt es auch einen Spielplatz und ein recht großes Angebot an Speisen und Getränken. Im Sommer kann es im Gastgarten schon einmal eng werden, vor allem an Wochenenden ist dann richtig was los.

Für den Rückweg halten wir uns auf der bekannten Forststraße nun immer links und gelangen so

An den rustikalen Holztischen der Hofalm geht es ruhiger zu als an der Frasdorfer Hütte

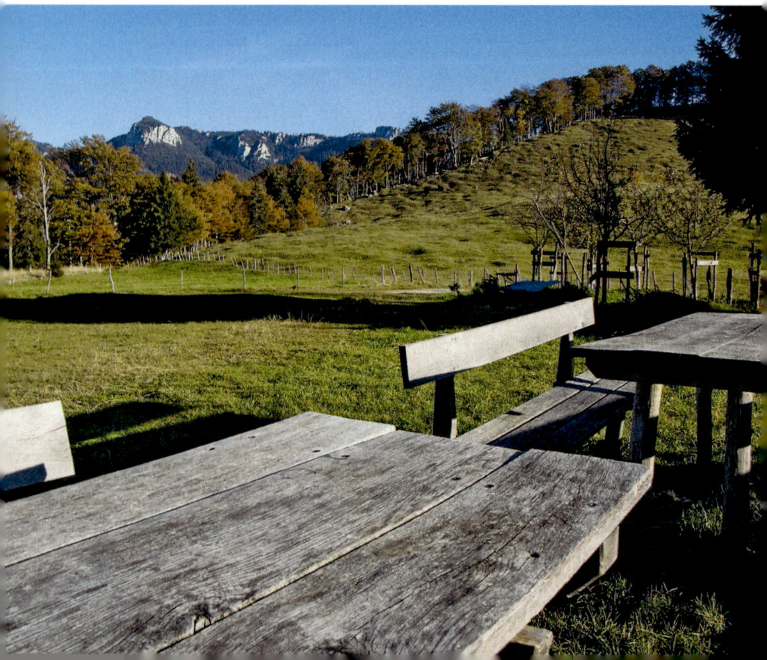

zurück zur **Hofalm**. Dort biegen wir gleich danach rechts auf den schmalen **Wanderweg nach Hohenaschau** ④ ab. Er führt über längere Zeit sanft abfallend dicht am Hang entlang. Dann geht es über einige Kehren abwärts, bis wir an einer neu errichteten Furt mit kleiner Brücke den **Steinbach** ⑤ queren, der von oben herabrauscht. Schilder weisen auf die Geschichte des Baches als Teil einer Wasserkraftanlage hin. Wenige Schritte weiter erreichen wir die **ersten Häuser von Hohenaschau**. Erst folgen wir der Anliegerstraße bergab, halten uns am Ende links und biegen dann wieder rechts in die **Schloßbergstraße** ein, die uns zum Tourbeginn zurückbringt.

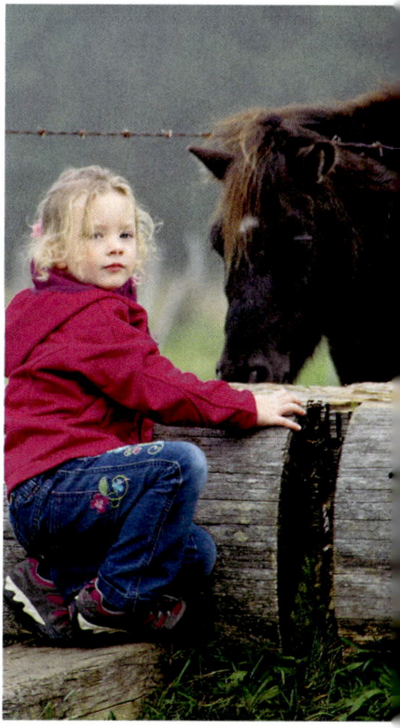

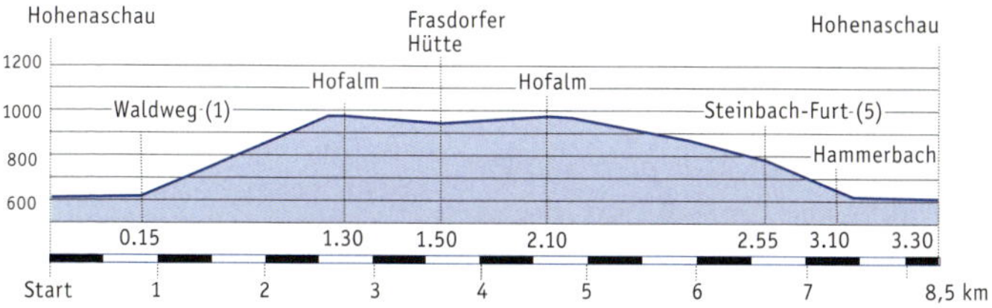

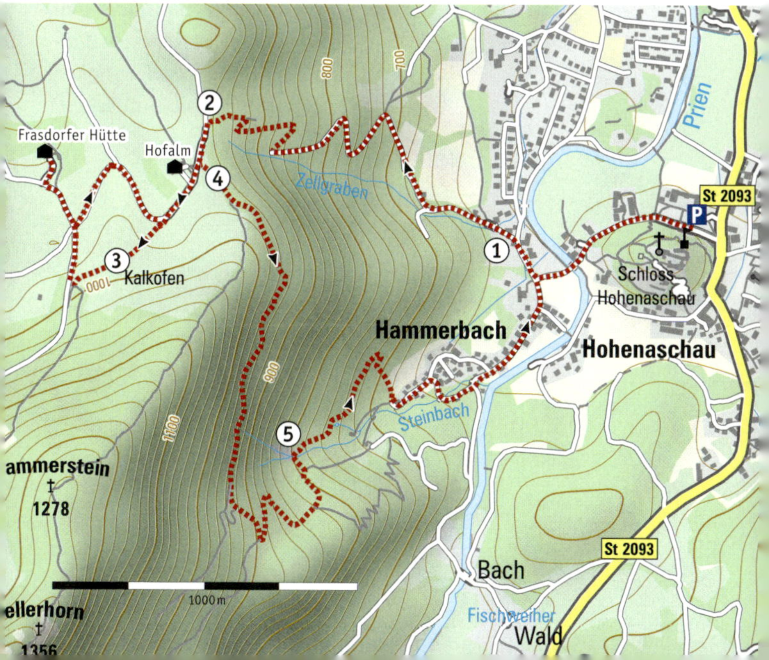

Schlafen wie ein Murmeltier?

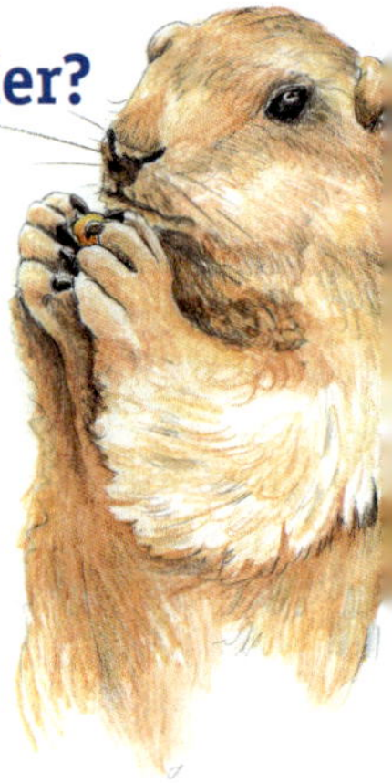

Der Pfiff eines Murmeltieres ist laut und durchdringend und man hört ihn auch, wenn man sich noch recht weit entfernt befindet – und genau das ist der Sinn der Sache. Vor allem Greifvögel wie der Steinadler, aber auch lärmende Wanderer veranlassen die Wächter einer Murmeltierkolonie dazu, ihren Warnruf auszustoßen. Blitzschnell verschwinden alle Tiere der Gruppe in ihren Bauten.

Murmeltiere sind etwa 50 Zentimeter hoch und haben einen 15 Zentimeter langen Schwanz. Die Vorderpfoten sind kräftig, mit langen Krallen versehen und werden beim Fressen fast wie Hände eingesetzt. Die Krallen eignen sich aber auch vorzüglich zum Graben. Die längste Zeit ihres Lebens verbringen die braunen Nager unter der Erde.

Sie bauen im Sommer einfache Fluchtgänge und für den Winter und die Aufzucht der Jungen wohnliche Bauten mit größeren, bis zu sieben Meter tief in der Erde gelegenen Höhlen. Sogar extra Toilettengänge werden dabei angelegt. Eine vollständige Murmeltierfamilie besteht aus einem Elternpaar und den Jungtieren mehrerer Jahrgänge. Mehrere Murmeltierfamilien leben zusammen in einer Kolonie, sodass dort mit der Zeit ein ausgedehntes Gangsystem entsteht. Ein von Murmeltieren bewohnter Hang ist daher ziemlich durchlöchert. Am liebsten graben die Nager ihre Bauten in die geschützten Südhänge der Almwiesen in Höhen zwischen 1000 und 2500 Metern.

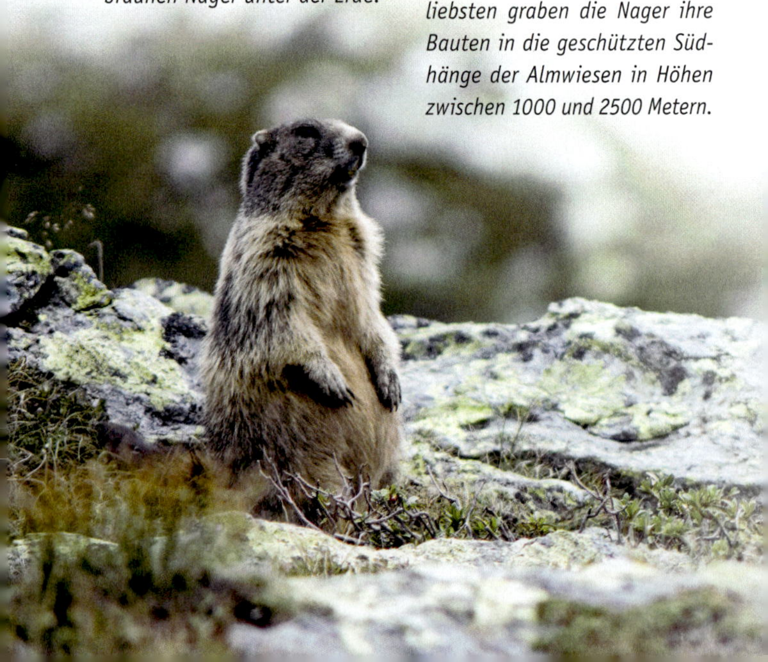

Murmeltiere sind tagaktiv, verbringen aber nur wenige Stunden am Tag außerhalb ihres Baus, um zu fressen, zu spielen oder in der Sonne zu sitzen und sich gegenseitig das Fell zu putzen. Sie entfernen sich dabei selten mehr als 10 bis 15 Meter von ihren Fluchtgängen. Wird es mittags richtig heiß, verschwinden sie in ihren kühlen Höhlen. Ihr Futter besteht aus den frischen Trieben oder Blüten von Gräsern und Kräutern. Auch Insekten und Regenwürmer schmecken einem Murmeltier. Im Sommer fressen sie sich eine dicke Fettschicht an, denn nur so können sie den Winter überleben.

Murmeltiere halten Winterschlaf. Im Herbst, wenn das Futter knapper wird, beginnen sie Heu zu machen. Dabei werden Grashalme abgebissen und bleiben liegen, um zu trocknen. Das Heu wird als Polstermaterial in die Nester geschleift. Gibt es draußen nicht mehr genug nahrhaftes Futter – und das ist oft schon im Oktober der Fall – gehen die Murmeltiere schlafen. Die Eingänge zur Höhle werden fest verschlossen und die ganze Familie kuschelt sich im Nest zusammen. Die Körpertemperatur der Tiere sinkt unter 5°C und der Herzschlag von 200 Schlägen auf etwa 20 Schläge pro Minute. So senken sie ganz drastisch den Energieverbrauch und können alleine von ihren Fettreserven die Winterzeit überstehen. Sie wachen nur kurz auf, um zu pieseln oder Kot abzusetzen und schlafen so volle sechs bis sieben Monate. Erst die Frühsommerwärme im Mai weckt sie wieder auf.

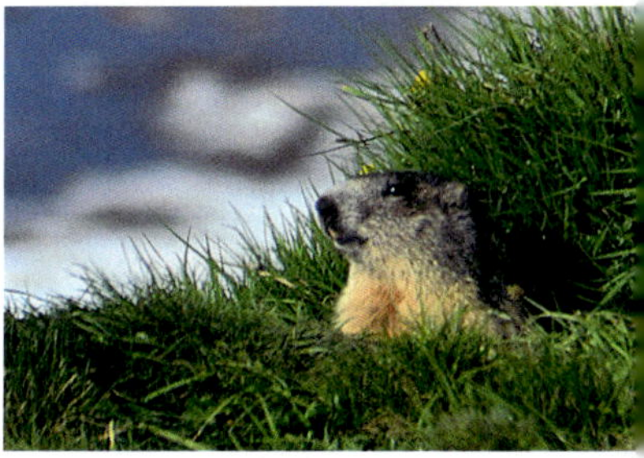

Sofort nach dem Aufwachen beginnt die Fortpflanzungszeit, und nach 30 Tagen kommen Anfang Juni zwei bis sechs nackte Junge zur Welt, die die Schlafhöhle belegen und dort gesäugt werden. Der Rest der Familie muss so lange ausziehen. Ab Juli kann man dann auch junge Murmeltiere auf den Wiesen entdecken. Mit zwei Jahren sind die Jungen ausgewachsen. Bis zum Winter haben sie etwa das halbe Körpergewicht eines ausgewachsenen Tieres erreicht. Der Winter ist eine riskante Zeit für ein junges Murmeltier. Fast ein Drittel von ihnen hat zu wenig Fettreserven und übersteht den ersten Winterschlaf nicht. Aber auch in der wärmeren Jahreszeit ist ihr Leben nicht ganz ungefährlich: Sie stehen auf dem Speiseplan der großen Greifvögel, und auch einem Fuchs oder Marder gelingt es manchmal, einen der braunen Nager zu fangen. Und wenn von August bis Mitte September in den Bergen die Jagdsaison beginnt, sind die possierlichen Tiere auch von menschlichen Jägern bedroht.

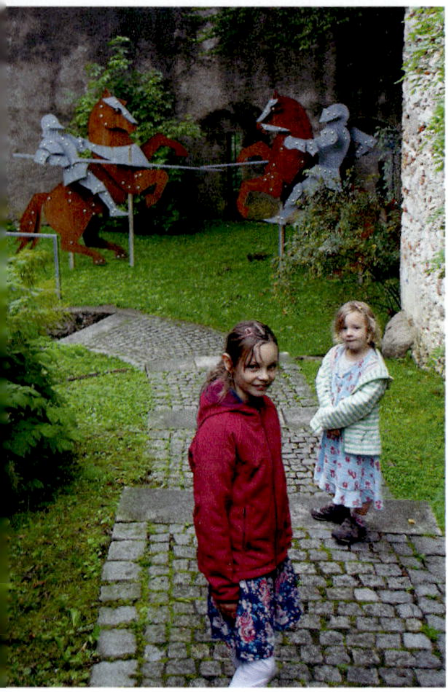

Tour 21: Ritter und Adler in Hohenaschau

Besuch im Schloss und in der Falknerei

Neben den Märchenschlössern König Ludwigs II., die in jedem Reiseführer ganz vorne erwähnt sind, wird Schloss Hohenaschau gern einmal vergessen. Dabei reckt sich die Burg schon von Weitem sichtbar malerisch auf einem Hügel oberhalb der gleichnamigen Gemeinde in den Himmel und wartet mit einer mehr als 800-jähigen Geschichte auf. Der Besuch in der Falknerei am Fuße des Schlossberges, den man leicht mit der Schlossbesichtigung kombinieren kann, macht das Aschauer Schloss für Familien besonders attraktiv.

½ Tag

ab 4

Der Weg zum Schloss: Drei Wege führen zum Schloss. Entweder wir gehen vom Parkplatz an der Hauptstraße entlang und dann rechts über die vielen Treppenstufen des Bürgermeister-Karl-Bauer Weges nach oben. Oder wir marschieren direkt rechts die Schlossbergstraße hinunter und nehmen dann die nach etwa 200 Metern abzweigende Asphaltpiste auf den Schlossberg. Am spannendsten ist die dritte Variante: Der abenteuerliche Ministrantenweg, der rechts am Parkplatz durch die Büsche hinauf-

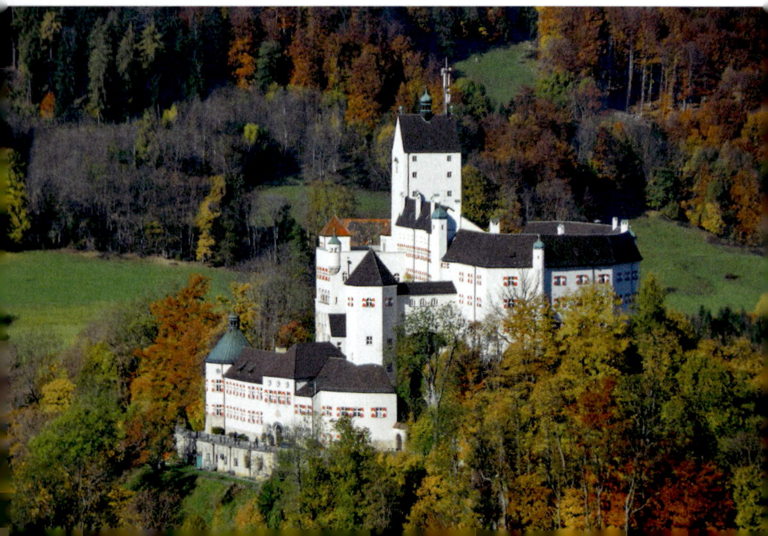

führt. Oben angekommen durchqueren wir die Mauerreste der ehemaligen Verteidigungsbastion. Nach einigen Stufen geht es durchs untere Tor und wir stehen wir am Eingang zum Schloss. Rechts befindet sich das **Prientalmuseum**. Modelle informieren über die Eisenverarbeitung, die dem Priental lange Zeit seinen Wohlstand sicherte. Der erste Stock ist der Familiengeschichte der Schlossbesitzer – der Familie Cramer-Klett gewidmet.

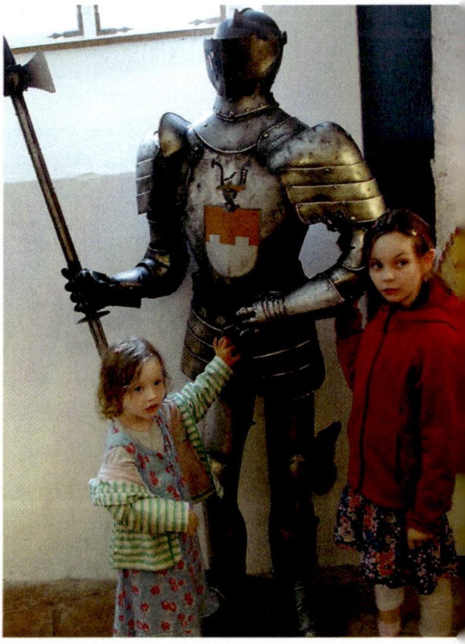

Auf besonders unterhaltsame Weise erleben Kinder das Schloss bei den Kinderführungen **»Wilde Ritter, freche Feen«** und **»Schlossgespenster unterwegs«**.

Mai, Juni und Oktober: am ersten Sonntag im Monat 13.30 Uhr, im Juni, Juli, August, zusätzlich jeden dritten Dienstag im Monat um 13.30 Uhr, von Juli bis September jeden Sonntag um 13.30 Uhr, zwei Eltern und eigene Kinder pauschal € 19. Treffpunkt ist der Parkplatz am Schlossberg.

Besuch im Schloss: Zusammen mit unserem »Tour Guide« betreten wir über das Mittlere Tor den Vorhof und die Schlosskapelle. Dann geht es durch das Rittertor in den Innenhof. Ein großer Teil des Schlosses ist heute Unterkunft des Sozialwerks und nicht zu besichtigen. Doch der **Gewölbekeller** der Ringburg ist für uns geöffnet

TOUREN-STECKBRIEF

Anfahrt: Von der Autobahnausfahrt Frasdorf oder Bernau fahren wir nach Aschau, durchqueren den Ort und parken in Hohenaschau am Parkplatz rechts der Durchfahrtsstraße unterhalb des Schlossberges bei **GPS N 47° 45′60.0″, E 12° 19′22.0″** (Schlossbergstrasse).

Charakter: Besichtigung eines Teils der mittelalterlichen Burg inkl. dem kleinen Prientalmuseum am Eingang. Nach dem Aufstieg auf den Schlossberg folgen im Schloss, während der Führung durch die alten Mauern, weitere Treppen. Entspannt zurücklehnen kann man sich dann bei der Falknereivorführung.

Führung durch das Schloss: Von Mai bis Oktober Di bis So, Dauer etwa 60 Minuten. Es gibt auch eine Kinderführung. Eintritt € 7, Kinder 6 – 16 Jahre € 5, Familie € 15. Das Prientalmuseum ist im Preis inbegriffen und öffnet immer 30 Minuten vor der ersten Führung.

Falknerei: April bis Oktober Vorführung Mittwoch bis Sonntag um 15 Uhr, Juli und August Dienstag bis Sonntag um 11 und 15 Uhr. Sondervorführungen mit Jagdhornbläsern einmal im Monat.
Bei Regen oder wenn die Vögel nass sind entfällt die Vorführung. Erwachsene € 9, Kinder 5 bis 15 Jahre € 5, Familie € 24. Für Jugendliche ab 14 Jahre sind für € 150 auch Erlebnistage in der Falknerei buchbar.
www.falknerei-burghohenaschau.de

Highlights: Der abenteuerliche Aufstieg über den Ministrantenweg, der bunt bemalte Laubensaal des Schlosses, die Flugshow in der Falknerei.

In der Nähe: Naturbad und Moorbad in Aschau, Café Pauli.

und wir erfahren allerlei zu den Bewohnern der letzten 800 Jahre und ihrem Leben im Schloss. Höhepunkt ist der barocke **Laubensaal**, der, üppig mit Park- und Schlossmotiven bemalt, den Eindruck vermittelt, man stünde mitten in einer italienischen Gartenlaube. Auf der anderen Seite des Schlosshofes gehen wir über das Prunktreppenhaus in die stuckverzierten Preysingsäle und zum Ahnensaal, wo so manch skurrile Persönlichkeit aus ihrem goldenen Rahmen herabblickt.

Den Rückweg treten wir über die Asphaltstraße an, die sich unterhalb der Burgstiege anschließt. Diese führt direkt zur **Falknerei Hohenaschau**. Wenn wir die Schlossführung um 13.30 Uhr wählen, beginnt die sehenswerte Flugshow fast direkt hinterher. Auf der Wiese der Falknerei erleben wir verschiedene Falken, den Milan Sally, Uhu Paulchen, den Steinadler Xaver und Gänsegeier Wally bei ihrem majestätischen Gleitflug und blitzschnellen Stossmanövern. Falkner Hannes Lenhart erklärt und erzählt dabei viel Wissenswertes über seine Schützlinge.

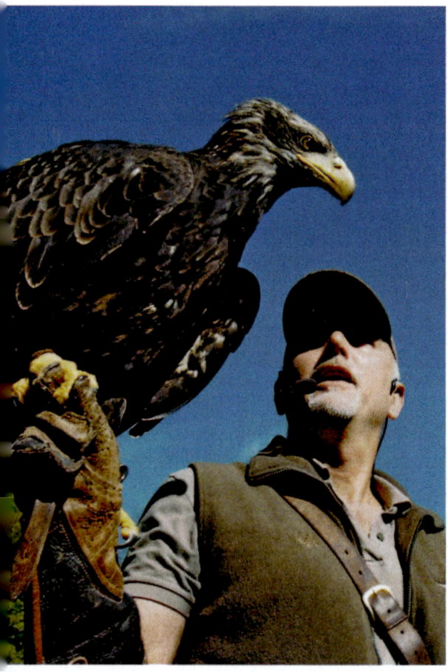

Falkner Hannes Lenhart mit Seeadler Wilma

Die **Falknerei** diente ursprünglich der Abrichtung von Raubvögeln für die Beizjagd des Adels. Auch auf Hohenaschau wurde mit der Hilfe von Greifvögeln gejagt. Die Technik der Beizjagd ist sehr alt: Schon auf Bildern aus dem alten Ägypten und dem Reich der Assyrer sind Jagdvögel abgebildet. Neben Gerfalken, Lanner-, Wander- und Sakerfalken werden auch Habichte, Sperber und Adler zur Jagd auf Fasan und Rebhuhn oder Kaninchen und Hasen abgerichtet. Dabei kann man jeden Raubvogel nur auf seine natürliche Beute ansetzen.

Die in einer Falknerei lebenden Vögel sind bereits in Gefangenschaft geboren. Jagdtraining und Freiflug dienen in den Schaugehegen mehr der artgerechten und gesunden Haltung der Tiere als dem tatsächlichen Jagdeinsatz. Für uns Menschen sind Falknereien jedenfalls fast die einzige Möglichkeit, die beeindruckenden Greife aus allernächster Nähe zu erleben.

Tour 22: Steinlingsalm und Kampenwand

Kletterabenteuer und Chiemseeblick

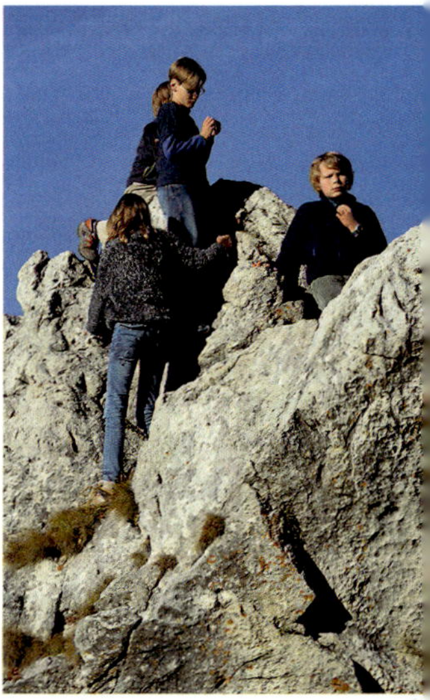

Die wilden Felszacken der Kampenwand sind das Wahrzeichen der Chiemgauer Alpen. In der ersten Bergreihe erheben sie sich majestätisch und als schön anzusehende Kulisse hinter der blauen Wasserfläche des Chiemsees. Der Ausflug dort hinauf ist eigentlich keine Bergtour, sondern eher ein Spaziergang – allerdings ein Spaziergang mit einem Ausblick, der seinesgleichen sucht. Eine Kabinenbahn trägt uns von Aschau zum Fuß der zackigen Felsnadeln und ein bequemer Weg zur schön gelegenen Steinlingsalm. Wollen wir dann hinauf auf die Zacken, wird doch noch eine Bergtour aus der Sache. Von der Steinlingsalm führt ein steiniger Pfad durch die Felsen zum Gipfel. Auf den letzten Höhenmetern kettern wir dabei von Stein zu Stein bis zum luftigen Sitzplatz neben dem Gipfelkreuz.

300 m

STRECKE 4 km

2 h

ab 6

Wanderung: Von der Bergstation der **Kampenwandbahn** halten wir uns auf dem breiten Almweg in Richtung Steinlingsalm und folgen diesem erst einmal stetig bergan. Am höchsten Punkt wird der Ausblick grandios: Links von uns sieht man die letzten Ausläufer der Chiemgauer Alpen und weiter hinten in der Ebene den Simssee als blauen Klecks. Dann erscheinen vor uns die Hütten der **Steinlingsalm** (1) zwischen malerisch verstreuten Felsen, auf denen man prima klettern kann. Auf der Höhe der Almhütte führt ein Pfad rechts hinauf zum Gipfelkreuz auf einer Zinne der Kampenwand. Er schlängelt sich zuerst am kahlen Hang

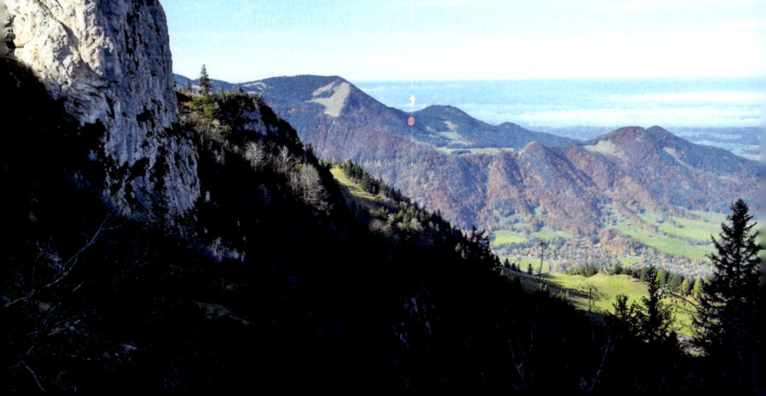

TOUREN-STECKBRIEF

Anfahrt: Von der A8 nehmen wir die Ausfahrt Aschau. Durch den Ort gelangen wir in den etwas südlicher liegenden Teil Hohenaschau. Auf Höhe der Burg liegt der Parkplatz der Kampenwandbahn links der Straße bei **GPS N 47°45'55.0", E 12°19'31.0"**.
Bergbahn: Juli bis Mitte September 9–18 Uhr, Nebensaison bis 17 Uhr. Berg- und Talfahrt €22–25,50, Kinder 5 bis 15 Jahre €10,50–12,50, Rabatt bei mehreren Kindern, Frühtarif vor 9.30 Uhr günstiger.
Anspruch und Charakter: Bis zur Steinlingsalm einfacher Bergspaziergang. Aufstieg zur Felszinne steil und steinig, streckenweise fast weglos. Trittsicherheit und Wanderausrüstung sowie ein bisschen Erfahrung notwendig. Nur auf den allerletzten Metern zum Gipfel leicht ausgesetzt.
Highlights: Fahrt mit der Bergbahn, toller Ausblick, Kletterfelsen an der Steinlingsalm, Kletterweg zur Felszinne, aufregender Gipfelplatz mit Dohlen.
Einkehr: Steinlingsalm.
In der Nähe: Schloss Hohenschwangau, Naturbadesee und Moorbad Aschau, Café Pauli, Bernamare.

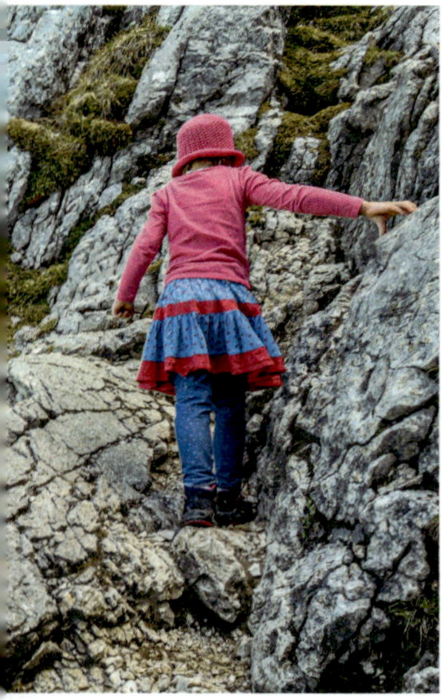

entlang und verschwindet dann in einer **Felsrinne**. Hier ist kaum mehr ein Weg erkennbar und man klettert über Felsblöcke bergan. Durch die Lage in der Rinne ist der Weg jedoch nicht ausgesetzt und daher als einzige der Aufstiegsvarianten auch mit Kindern begehbar. Nur auf den allerletzten Metern zum Gipfelplateau wird es etwas luftig und es ist Schwindelfreiheit angesagt. Kinder gehören hier unter aufmerksame Aufsicht. Am felsigen **Gipfel** ② hat man Rundumblick und kann die Dohlen beobachten, die hier besonders gerne ihre Flugkünste zeigen.

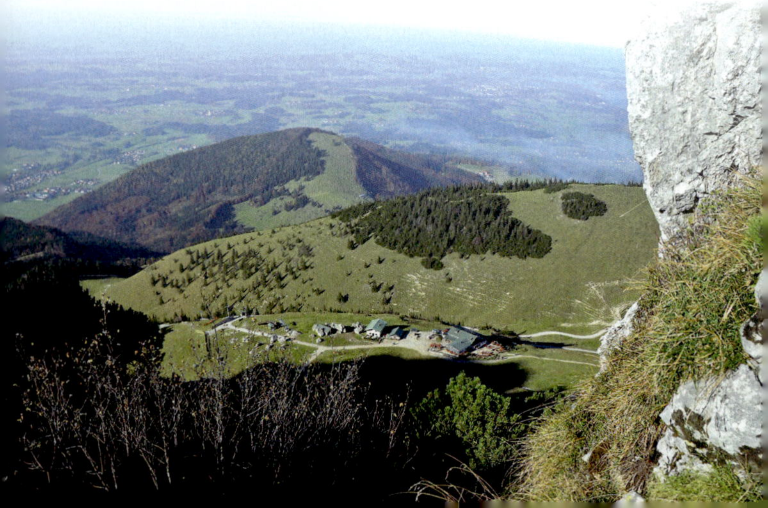

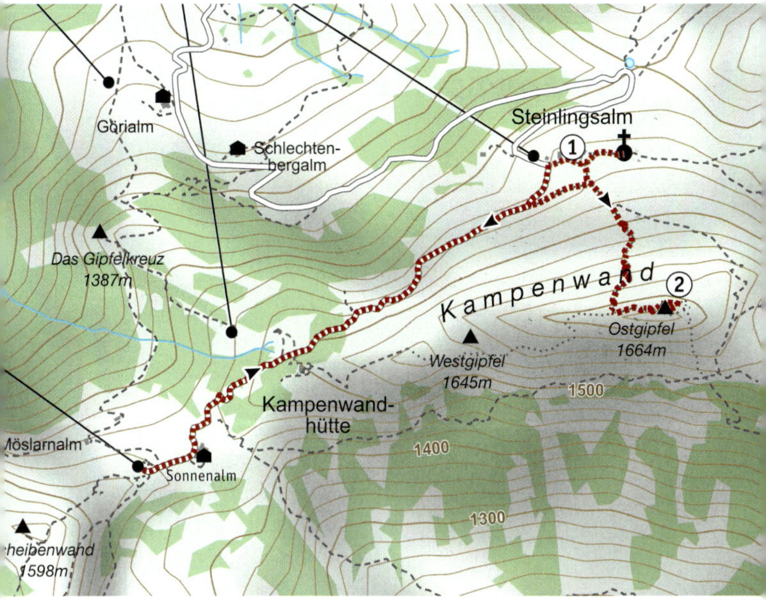

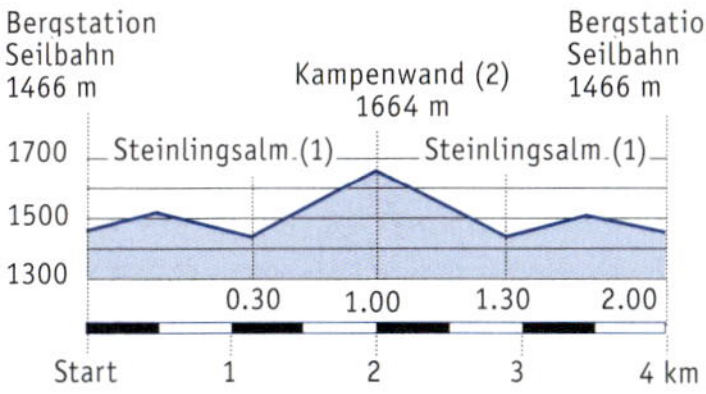

Bergspaziergang zur Steinlingsalm

Variante ab 4 Jahre

Gehzeit: 1 h, 2,7 km, 125 m

Der Weg von der der Bergstation der Kampenwand zur Steinlingsalm ist breit und auch mit den Jüngsten gut zu machen. An der Alm ist viel Platz zum Toben und auch einige Klettersteine haben das richtige Kinderformat.

Auf dem gleichen Weg steigen wir dann wieder hinab. Nicht den am Gipfel rechts abzweigenden Pfad nehmen! Unten angekommen schmeckt die Brotzeit auf der **Steinlingsalm** ① nochmal so gut und der Rückweg zur Bahn ist ein Kinderspiel.

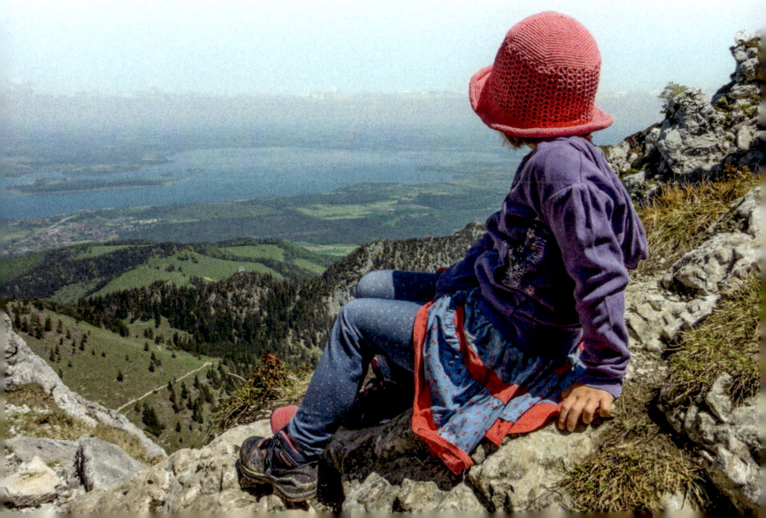

Flugkünstler im schwarzen Kleid
Die Alpendohle

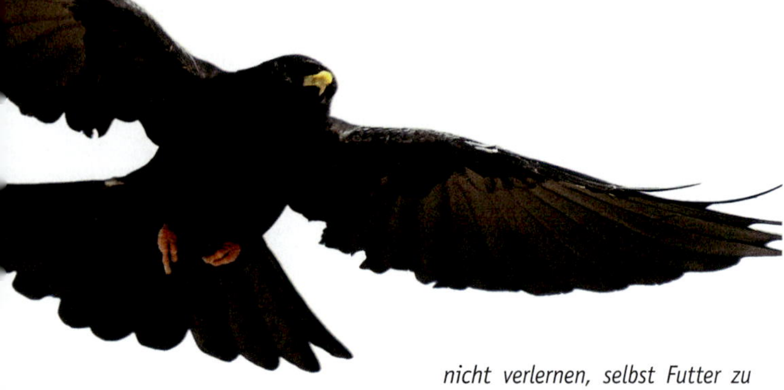

Nähert man sich auf Wanderungen der Baumgrenze, trifft man fast immer auf die schwarzgefiederten Flugkünstler mit den gelben Schnäbeln. Sie stürzen sich von den Felsen und segeln haarscharf über die Köpfe der Wanderer, um direkt vor ihren Füßen zu landen und nachdrücklich ihren Anteil an der Brotzeit einzufordern. Für jüngere Kinder kann das schon mal bedrohlich wirken, während die größeren meist viel Spaß daran haben, die Dohlen zu füttern. Allerdings sollte man dabei zurückhaltend sein, damit die Vögel nicht verlernen, selbst Futter zu suchen. Auch Herumliegen lässt man besser nichts: Unbeaufsichtigt abgelegte Leckereien werden auch mal blitzschnell als Wegzoll kassiert …

Auch wenn Kekse, Brotkrümel oder Apfelreste nicht unbedingt das natürliche Futter der Alpendohlen sind, direkt schaden wird es ihnen in kleinen Mengen kaum: Die schwarzen Vögel sind Allesfresser. Insekten, Spinnen, Schnecken, aber auch Aas gehören zu ihrem bevorzugten Futter. Im Herbst und Winter ernähren sie sich verstärkt vegetarisch. In dieser Zeit sind Flechten,

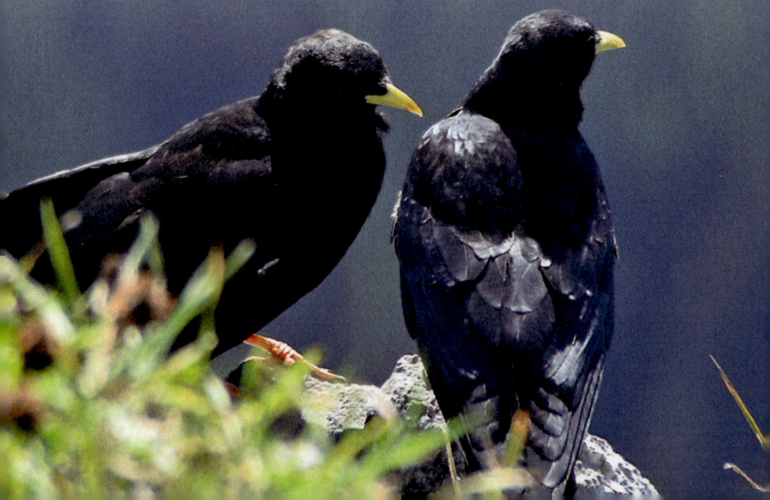

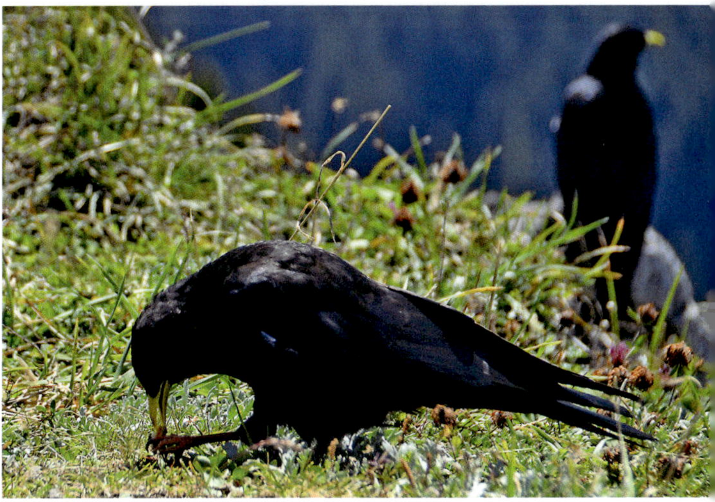

Blätter, Beeren, Obst und Knospen ihre Nahrung. Die Vögel haben in den Bergen kaum natürliche Feinde und sind in den Alpen weit verbreitet. Sie leben nur im Hochgebirge dort, wo keine Bäume mehr wachsen, und sind in den Alpen gewöhnlich in Lagen zwischen 1300 und 3000 Metern anzutreffen.

Ihre Nester bauen Dohlenpaare aus Zweigen und Pflanzenteilen in Felswänden, wo kein Nesträuber den Jungvögeln etwas anhaben kann. Dohlen sind gesellige Vögel und brüten in größeren Gruppen, sogenannten Kolonien. Zwischen Mitte April und Ende Mai legt das Weibchen vier oder fünf Eier. Bei Dohlen brüten alleine die Weibchen. Knapp drei Wochen lang wärmt sie ihre Eier und wird in dieser Zeit vom Männchen gefüttert, bis die Jungen schlüpfen. Der Nachwuchs verlässt nach ca. 30 Tagen das Nest, wird aber noch einige Zeit von den Eltern mit Futter versorgt. Junge Dohlen sind matter im Farbton und haben noch keinen gelben Schnabel. Frei lebende Dohlen werden etwa 20 Jahre alt und 36 bis 39 Zentimeter groß. Männchen und Weibchen unterscheiden sich dabei nicht im Aussehen.

Dohlenpaare bleiben dauerhaft zusammen. Während der Brutzeit sind sie in kleinen Gruppen oder paarweise auf Nahrungssuche, im Herbst und Winter bilden sich auch größere Schwärme. Alpendohlen sind sogenannte Standvögel: Sie leben das ganze Jahr am selben Platz. Nur bei sehr harten Wetterbedingungen ziehen sie sich in niedrigere Lagen zurück.

Die Alpendohle ist ein sehr geschickter Flieger. Die besonderen Luftströmungsverhältnisse an Steilwänden nutzt sie zum Gleiten und Segeln. Oft kann man regelrechte Verfolgungsspiele unter Dohlengruppen mit wirklich erstaunlichen Flugmanövern beobachten.

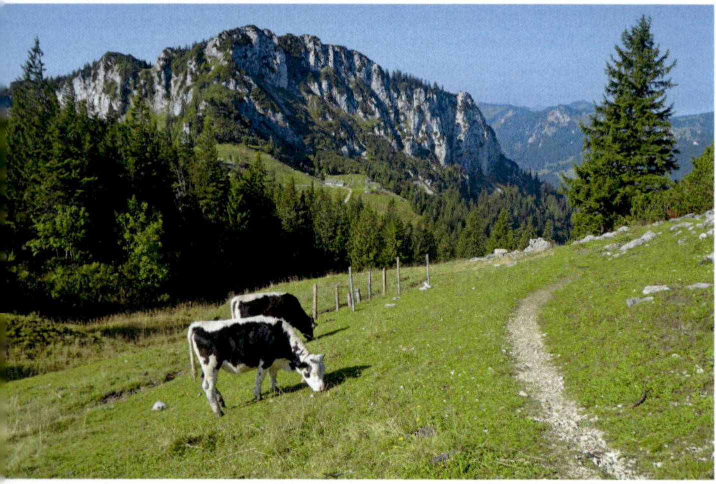

50 m

895 m

STRECKE 8,5 km

3 h

ab 6

Tour 23: Kampenwand und Gederer Wände

Von der Steinlingsalm zurück ins Tal

Familien, die gerne abwärts wandern, sparen sich die zweite Fahrt mit der Gondelbahn und kehren zu Fuß nach Aschau zurück. Um den tollen Ausblick von der Bergstation nicht gleich wieder zu verlieren, drehen wir aber zuerst hier oben noch eine Runde. Von der schön gelegenen Steinlingsalm umrunden wir die grüne Hügelkuppe des Sulten. Vorbei an den Gederer Wänden, die kaum weniger schroff und eindrucksvoll sind als die benachbarte Kampenwand, geht es dann, meist auf Wanderpfaden und oft durch dichten Wald, Kurve um Kurve stetig bergab.

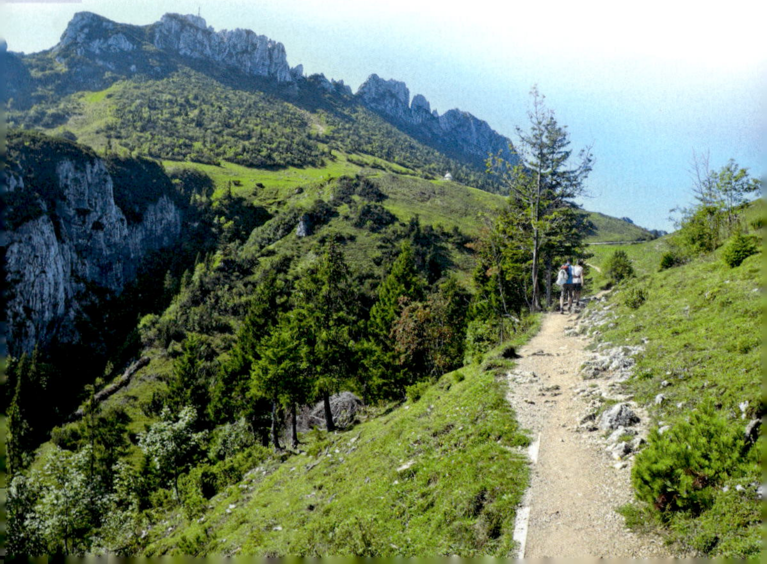

Wanderung: Von der **Bergstation der Bahn** folgen wir dem breiten, steil ansteigenden Weg zur Steinlingsalm, der an schönen Wochenenden und in der Sommersaison oft an eine Ameisenstraße erinnert. Trotzdem ist die **Steinlingsalm** ① eine der am schönsten gelegenen Hütten der Chiemgauer Alpen und lohnt unbedingt eine Pause mit kleiner Stärkung, bevor es richtig losgeht. Familien mit viel Energie können vor dem Abstieg auch noch den Gipfel der Kampenwand erklimmen [› Tour 22].

Von der Steinlingsalm ins Tal: Kurz vor der Alm folgen wir dem links hinunterführenden Schotterweg, der am **Hang des Sulten** entlangführt und schnell zu einem sehr hübschen Wanderpfad mutiert. Der Blick zurück auf Kampenwand und Steinlingsalm ist dabei besonders reizvoll. Immer am Hang entlang geht es durch Wiesen, und bald taucht vor uns ein weiterer Felsriegel auf. Die **Gederer Wände** sind sozusagen die kleine Schwester der Kampenwand. Am Rand der Felswand angekommen, zweigt an einem **Schilderbaum** ② rechts ein Pfad ab, der über Stock und Stein und im stetigen Bergauf und Bergab bis zum Gipfelkreuz auf dem hinteren Felsgipfel führt. Der Abstecher ist mit 45 Minuten einfach angegeben, was ganz sicher nicht übertrieben

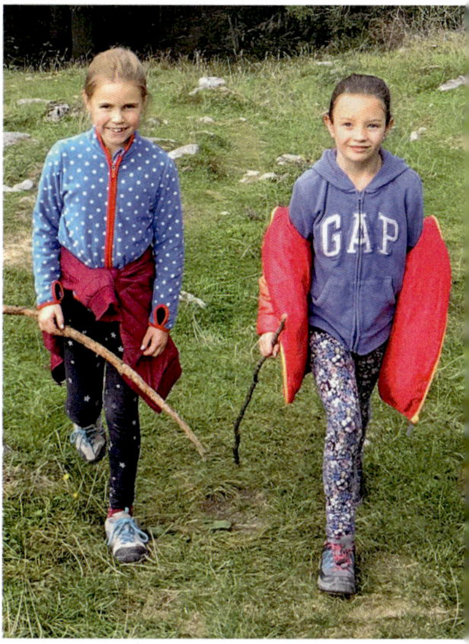

TOUREN-STECKBRIEF

Anfahrt: Von der A8 nehmen wir die Ausfahrt Aschau. Durch den Ort gelangen wir in den etwas südlicher liegenden Teil Hohenaschau. Auf Höhe der Burg liegt der Parkplatz der Kampenwandbahn links der Straße bei **GPS N 47°45'55.0", E 12°19'31.0"**.

Bergbahn: Juli bis Mitte September 9–18 Uhr, Nebensaison bis 17 Uhr. Bergfahrt €15–18, Kinder 5 bis 15 Jahre €7,50–9,50, Rabatt bei mehreren Kindern, günstiger Frühtarif vor 9.30 Uhr.

Anspruch und Charakter: Bis zur Steinlingsalm einfacher Bergspaziergang. In der Saison sind hier immer sehr viele Menschen unterwegs. Hinter der Alm wird es schnell ruhiger. Der Boden wechselt zwischen schönen Bergsteigen und Abschnitten auf breiten Schotterwegen. Unten im Ort laufen wir auf ruhigen Straßen.

Highlights: Aufregende Fahrt mit der Bergbahn, Kletterfelsen an der Steinlingsalm, tolle Berglandschaft mit Ausblick von der Alm zum See und später von unten auf die Zacken der Kampenwand.

Einkehr: Steinlingsalm, Liftstüberl an der Talstation des Steinlinglifts.

In der Nähe: Schloss Hohenschwangau, Naturbadesee und Moorbad Aschau, Bernamare.

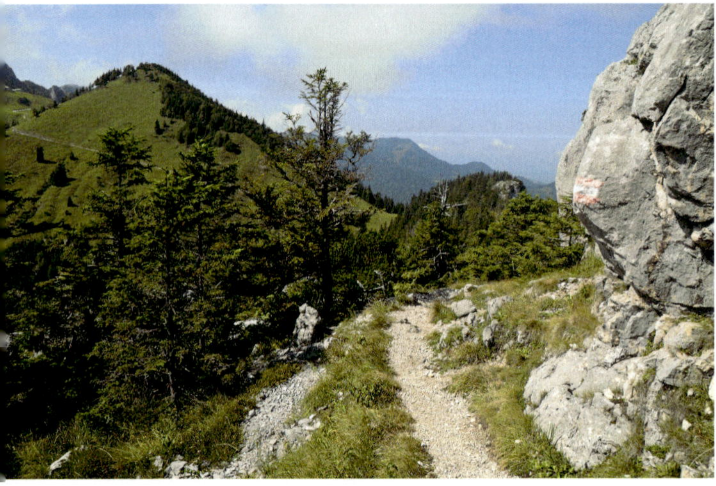

ist. Der kraftraubende Abstecher ist das richtige Abenteuer für Familien mit abenteuerlustigen Teenagern mit ausreichend Kondition. Mit jüngeren Kids hält man sich lieber an den direkten Abstiegsweg.

Dazu geht es am **Schilderbaum** links hinunter – entweder rechts vom Zaun oder links vom Zaun. Es funktioniert beides. Die Wege treffen weiter unten wieder zusammen. In Serpentinen klettern wir durch den Wald weiter hinunter, **bis sich der Weg** nach einem guten Kilometer **teilt**. An der **Verzweigung** ③ biegen wir links ab und wandern am Hang entlang zum Waldrand und weiter über Kuhwiesen. Hier ist es noch einmal besonders schön, denn der Blick reicht weit über das Aschauer Tal. An einem **Wegkreuz** ④ wählen wir den rechten, unteren Weg und unterqueren die Seile eines Skiliftes. Das zugehörige **Liftstüberl** ermöglicht auch im Sommer eine Einkehr auf halbem Weg, liegt aber nicht ganz so idyllisch.

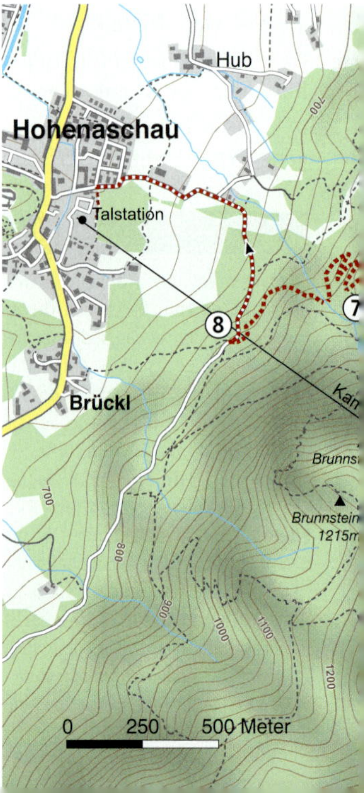

Wir durchqueren noch einmal ein Waldstück und treffen an dessen Ende auf eine **Kreuzung** ⑤. Links kommt sehr steil ein Pfad herunter und dort, wo dieser abzweigt, führt links neben dem Fahrweg eine **Trittstufe** über den Weidezaun. Sie gehört zu einer Abkürzung, die uns recht steil links über die Weide hinunterführt und dann wieder auf den **Fahrweg** ⑥ trifft. Hier biegen wir wieder links ab und folgen dem sogenannten »Ziehweg« in Richtung Kampenwand-bahn-Talstation. An einem ersten **Abzweig** geht es rechts und an der nächsten **Kreuzung** stehen wir vor einer **Bank und** einem **Holzkreuz** ⑦. Hier biegen wir rechts ab und folgen kurz darauf dem kreuzenden **Reitweg** nach links und weiter ins Tal.

Der Weg schlägt unter der **Trasse der Seilbahn** ⑧ einen Bogen und wir sehen hoch über uns die kleinen bunten Gondeln schaukeln. Etwa 500 Meter weiter treffen wir dann auf die **ersten Häuser von Aschau** und folgen der Straße hinunter zum Ort. Schon bevor wir auf der Hauptstraße ankommen, führt links ein unmarkierter Fußweg zu den Parkplätzen der Seilbahn.

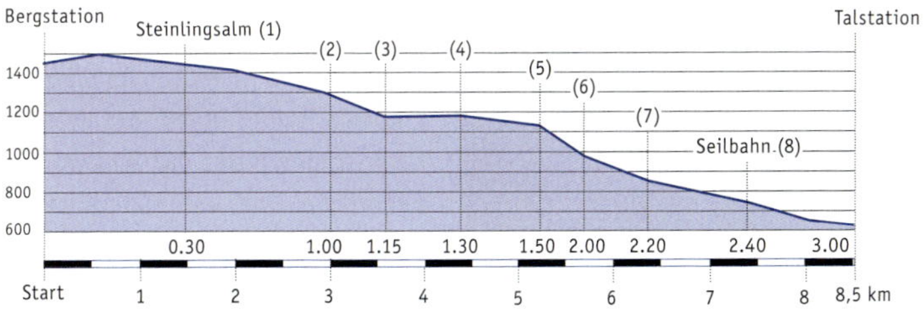

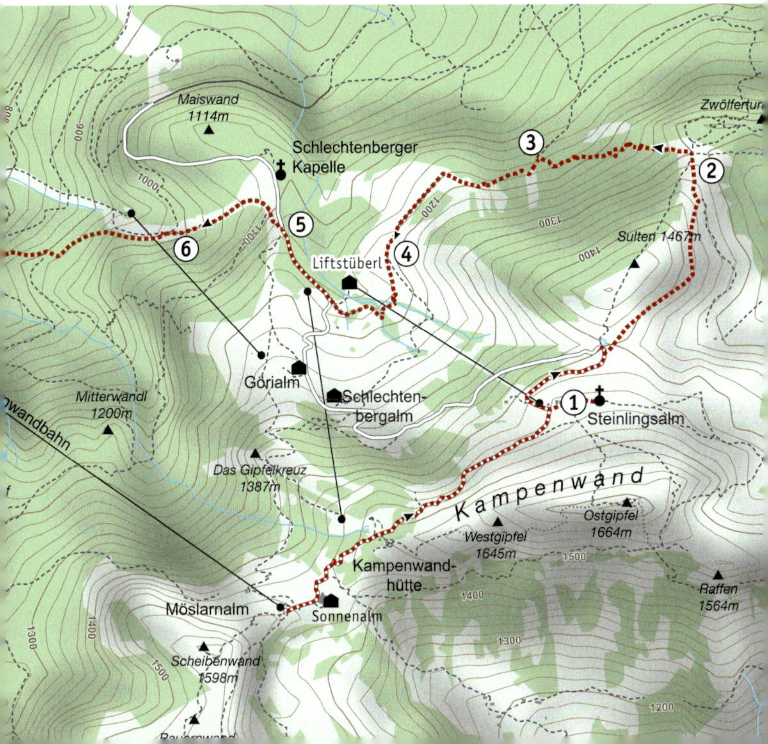

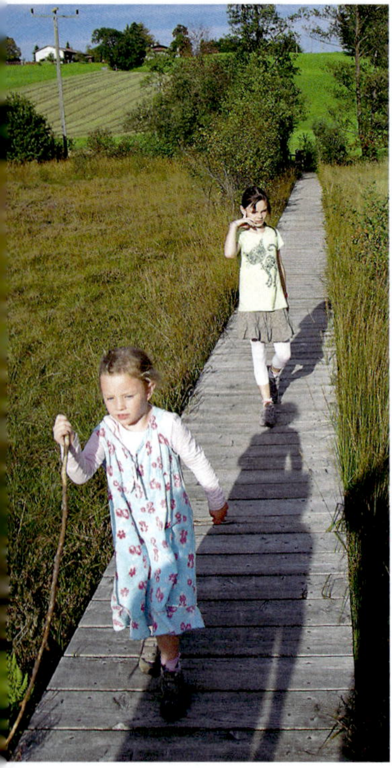

Tour 24: Naturschutzgebiet Bärnsee

Rundweg am Café Pauli

Der Bärnsee liegt mitten in einer weiten Moorlandschaft. Ein Naturerlebnispfad führt vom Moorbad, neben dem man gleich zu Beginn der Wanderung die Füße im Naturkneippbecken kühlen kann, an den See heran. Wir queren die sumpfigen Uferwiesen auf einem Holzbohlenweg und umrunden dann den See, teils auf Wiesenwegen, teils durch den Wald. Grashüpfer, bunte Libellen und allerlei Amphibien krabbeln und hüpfen am Wegesrand, schöne Blicke auf Schloss Hohenaschau und die Kampenwand tun sich auf. Nach einem kurzen Anstieg zum bayerischen Bilderbuchidyll Höhenberg beenden wir die Runde am Café Pauli mit Spielplatz und Streichelzoo.

70 m

STRECKE 4,2 km

1 h 30

ab 4

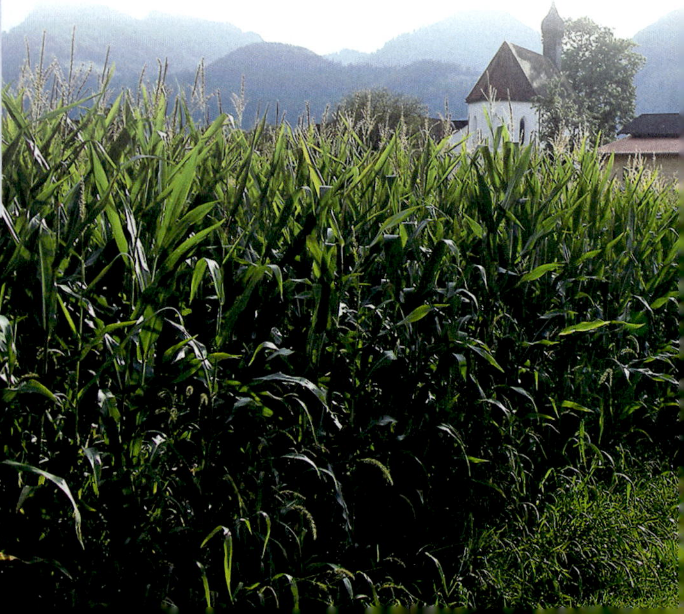

TOUREN-STECKBRIEF

Anfahrt: Am Kreisel in Aschau folgen wir der Straße in Richtung Bernau. Kurz hinter dem ortsende zweigt links die beschilderte Zufahrt zum Café Pauli ab. Der etwas schmale Fahrweg zwängt sich zwischen Bäumen hindurch, bevor wir dann entweder bei **GPS N 47°47'24.0", E 12°19'53.0"** am Moorbad oder weiter oben am Café Pauli (www.cafe-pauli.de) parken können.
Moorbad: Geöffnet Mitte Mai bis Mitte September von 11 – 19 Uhr, am Wochenende ab 10 Uhr. Spielplatz und Kiosk am Gelände.
Anspruch und Charakter: Ebene Wege durch den Wald und Holzbohlenwege über die Feuchtwiesen. Am Anfang und ganz am Ende kurze Passagen auf Schotter und Asphalt. Nach starken Regenfällen können die Wege am See nass, matschig und schlecht passierbar sein. Kurze hoppelige, von Wurzeln durchzogene Passage am See, ansonsten auch für geländegängige Kinderwagen machbar. Hunde müssen im Bereich des Sees an der Leine geführt werden. Zusätzlich Zeit für die Stationen des Naturlehrpfades einplanen.
Highlights: Moorbad Aschau, Naturerlebnispfad, die Holzbohlenwege am Bärnsee und natürlich das Café Pauli mit Streichelzoo und Spielplatz.
Einkehr: Café Pauli (Dienstag Ruhetag).
In der Nähe: Naturschwimmbad Aschau, Chiemgauer Hochseilgarten.

Wanderung: Der Grund schon am Fuße des kleinen Hügels am Moorbad zu parken statt hinauf zum Café Pauli zu fahren, ist schnell erklärt: Wie soll man Kinder zum Wandern bewegen, wenn ein Spielplatz und Streicheltiere zum Bleiben verführen? An warmen Sommertagen ist das **Moorbad** zudem ein ideales Ziel, um am Ende der Wanderung noch ein wenig im kühlen Wasser zu plantschen. Rechts vom Bad beginnt der erste Teil des Weges entlang des be-

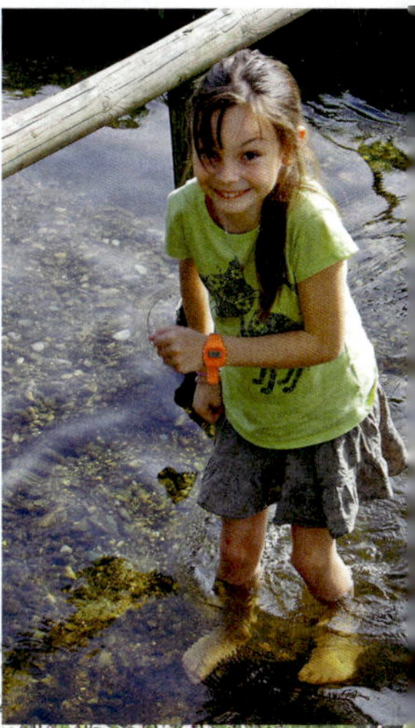

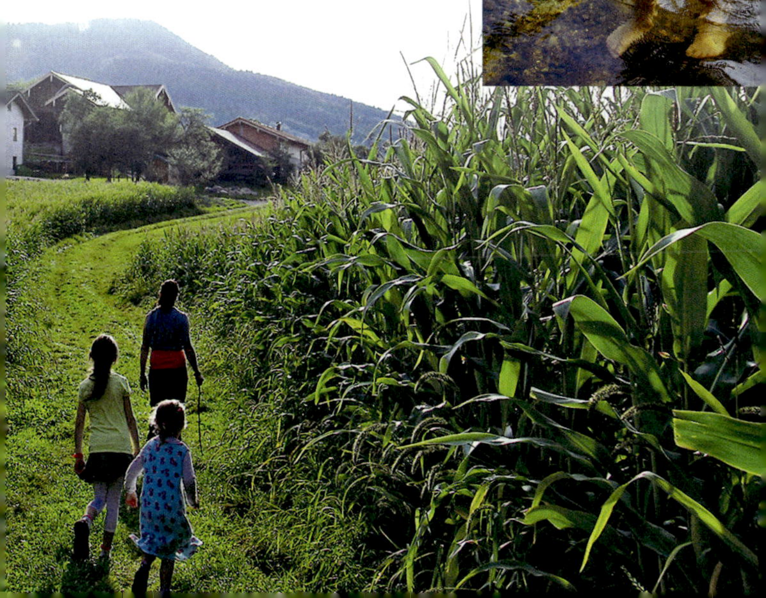

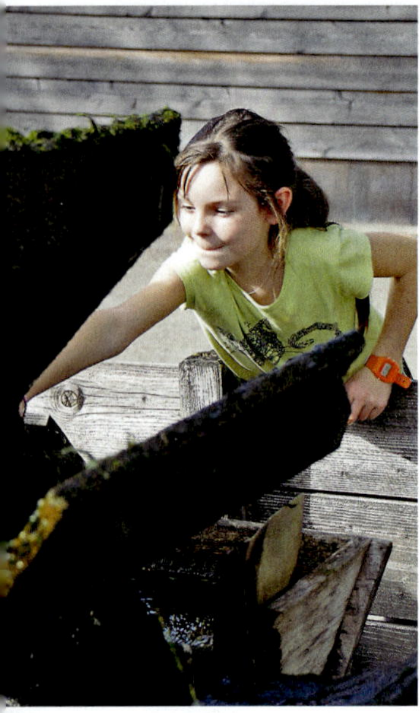

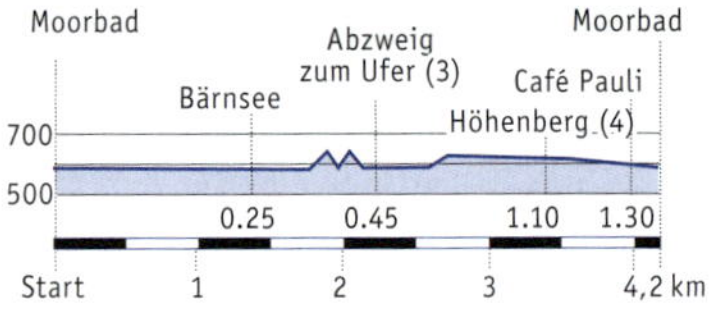

schilderten **Naturlehrpfades**. Gleich vis à vis des Eingangs kann man sich die Schuhe ausziehen und durch den kühlen Fluss waten. Geländer sorgen auf dem **Kneippweg** ① dafür, dass man trotz leichter Strömung nicht den Halt verliert. Nun folgen eine ganze Reihe Stationen, auf denen man Interessantes über den Lebensraum Moor und seine Bewohner erfährt.

Etwa 200 Meter weiter biegen wir am **Abzweig** ② an einer Feuchtwiese links ab auf den Weg zum Bärnsee. Er führt auf einem ebenen Schotterweg durch den Wald. Wenn sich die Bäume lichten, halten wir uns rechts und können an einer Bank pausieren, bevor der See zum Vorschein kommt. Er ist dicht mit Schilf bewachsen und man erhascht nur hier und da einen Blick aufs Wasser. Schilder weisen darauf hin, dass wir uns im Naturschutzgebiet aufhalten, daher ist selbstverständlich auch das Baden verboten. Der nun folgende **Blockbohlenweg** darf nicht verlassen werden. Im Gras ringsum gibt es aber auch so genug zu se-

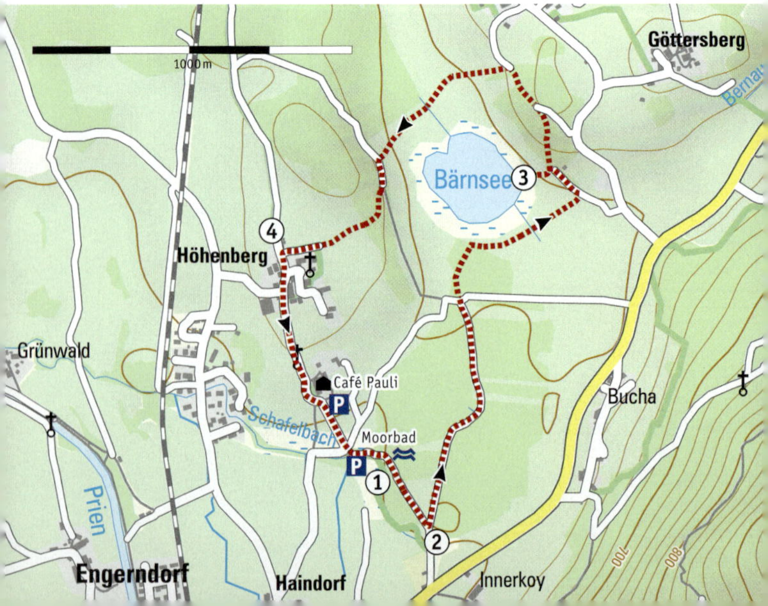

hen. Alle möglichen Insekten schwirren herum, in der Sonne ruhen sich auf den Holzboden große grüne und kleine braune Eidechsen aus. Am Ende der Bohlen gehen wir am Wegpunkt **»Spöck«** links weiter. Bevor sich der Pfad vom See entfernt, kann man kurz darauf links **über Bretter durch das Schilf** und über die sumpfigen Wiesen **ans Seeufer** ③ gelangen. Wenn man sich leise verhält, ist hier so mancher seltene Wasservogel zu beobachten.

Nach einer **holprigen Waldpassage** führt die Runde erneut hinab zum See. Von hier hat man den besten Blick aufs Wasser. Wieder geht es ein Stück über Holzbohlen durch Feuchtwiesen, bis sich der Weg steil nach oben schwingt. Durch einen Tunnel aus Maispflanzen erreichen wir den zu Aschau gehörenden Weiler **Höhenberg** ④. Eine Kirche, ein paar Bauernhöfe, Kühe, die aus dem Stall gucken und ein paar freundliche Altbäuerinnen, die einem von der Bank am Haus aus zunicken – mehr Oberbayern geht nicht! Immer geradeaus durchqueren wir den Ort und stehen kurz darauf am **Café Pauli**. Der Blick fällt vom Garten auf das Schloss Hohenaschau. Die Auswahl auf der Karte reicht von Kuchen und Eis bis zu warmen Gerichten und die Kinder sind zwischen Eseln, Ziegen und Kaninchen an den Streichelgehegen sowieso bestens aufgehoben.

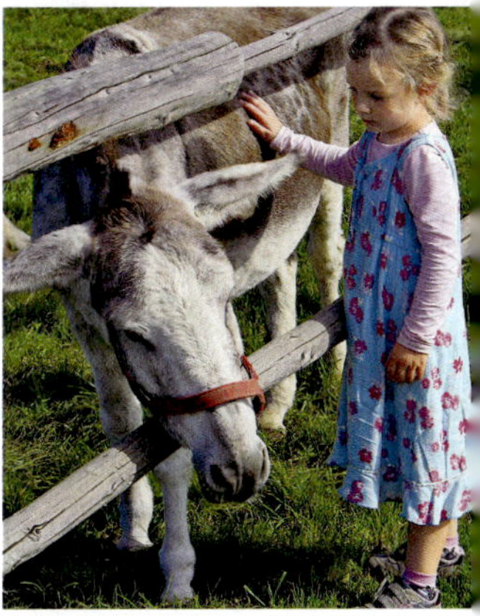

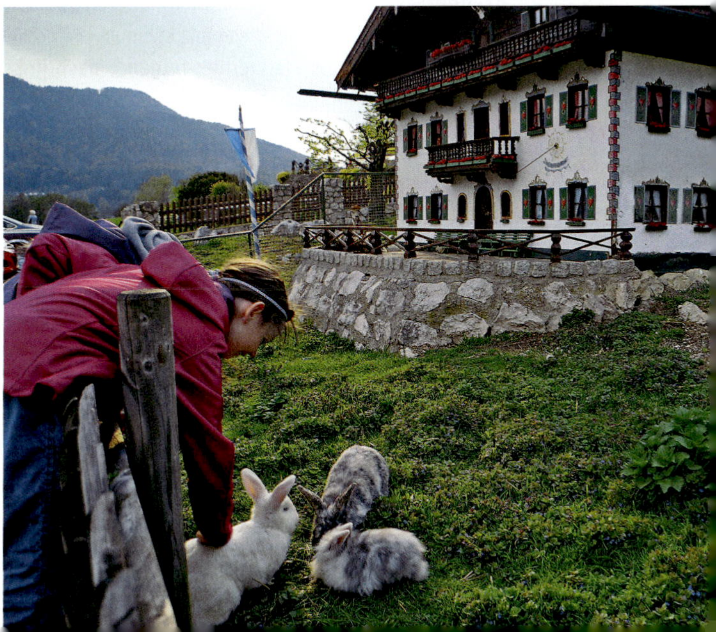

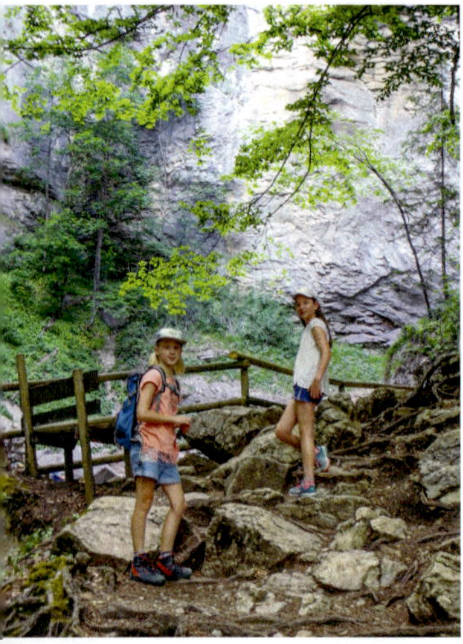

Tour 25: Rieselndes Wasser im Zauberwald

Ein Spaziergang zum Schossrinn Wasserfall

Felsbrocken mit grünem Pelz aus weichem Moos und zu skurrilen Formen verschlungene Wurzeln – der Wald in der Nische des Schossrinn-Wasserfalles hat etwas Geheimnisvolles. Gnome, Feen, Kobolde – sie müssten sich hier ganz und gar zu Hause fühlen. Der Waldweg endet vor einer hohen Felswand, über die erstaunlich sanft das Wasser rieselt. Zerteilt in viele kleine Tröpfchen trifft die Kaskade auf einen zerklüfteten Felsen in einem grün schimmernden Wasserbecken. Nur die gestürzten Bäume im Bachbett verraten, welche Wucht das schmale Rinnsal entwickeln kann. Der Schossrinn gilt als Ort weiblicher Kraft. Noch heute kommen Frauen hierher mit der Bitte um Fruchtbarkeit oder eine leichte Geburt. Was liegt also näher, als auch Kinder mit an diesen zauberhaften Ort zu bringen?

50 m

STRECKE 2 km

45 min

ab 4

Wanderung: Der Wanderweg beginnt am oberen Parkplatzende auf der gegenüberliegenden Straßenseite und ist mit einem braunen Holzpfeil markiert. Der schmale Weg führt am häufig trockenen **Bachbett der Prien** entlang. Dann überqueren wir eine **Brücke** (1) und umrunden eine Wiese mit schmuckem Wohnhaus. Am Waldrand geht es, der Markierung folgend, nach links auf einen Waldpfad. Dieser mündet in ein Fahrweg, der zwischen Waldrand und Wiese auf die Berge zuführt. Durch ein **Weidetor**

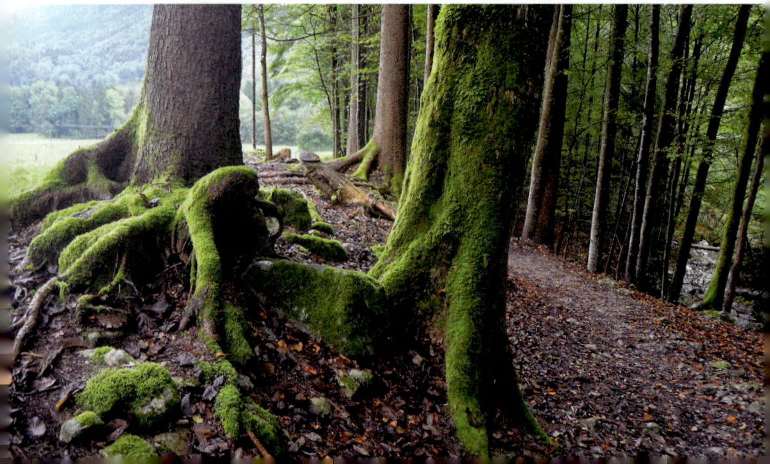

TOUREN-STECKBRIEF

Anfahrt: Der kostenpflichtige Parkplatz befindet sich etwa vier Kilometer südlich von Aschau bei **GPS N 47°44'0.0", E 12°18'15.0"** an der Straße nach Sachrang. Von Aschau kommend ist die Zufahrt 600 Meter hinter dem gelben Hinweisschild »Schossrinn« und kurz nach einem Café und einer Bushaltestelle auf der linken Seite markiert.

Highlights: Platz und Wald am Wasserfall
Anspruch und Charakter: Einfache ebene Wege und Waldpfade. Vorsicht auf den glatten Steinen am Wasserfall. Das Bachbett ist etwas unterhalb der Kaskade mit ein wenig Kletterei zugänglich und eignet sich nur für größere Kinder zum Spielen.
In der Nähe: Naturbad Aschau, Schloß Hohenaschau, Wildpark Wildbichl.

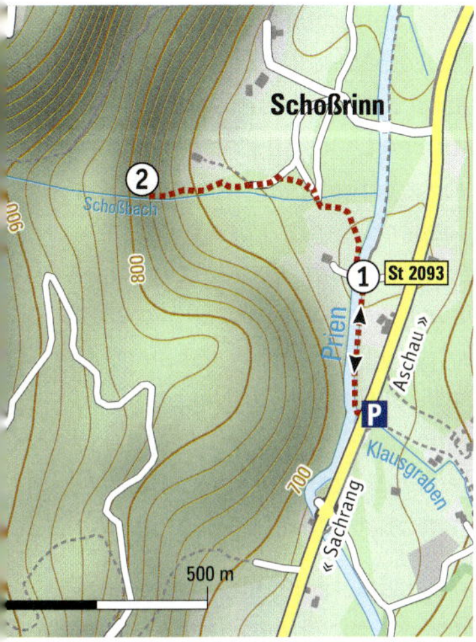

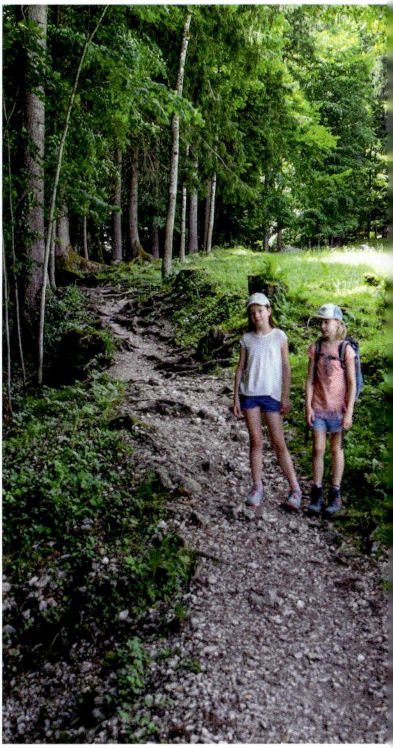

nähern wir uns einem Haus und links ist dann der **Zugangsweg zum Wasserfall** markiert. Eine Allee hoher Bäume mit grün bemoosten Stämmen geleitet uns zum ebenen Platz neben dem Bach, dessen Bodenfläche ganz und gar von den verschlungenen Wurzeln der umliegenden Bäume durchzogen ist. Nur so retten sich die Bäume am Bachufer vor dem Sturz ins plätschernde Wasser, das die Ufer unterspült und immer weiter aushöhlt. Bei normalem Sommerwasserstand fließt jedoch nur ein glasklares Rinnsal über die Felsstufen im Bachbett. Von diesem Platz führt eine Treppe aus Wurzeln und Fels zum Bassin am Fuß des sanft über einen hohen Felsen rieselnden **Wasserfalles** ②. Zwei Bänke mit Blick auf die Kaskade bieten den richtigen Platz für jüngere Kinder. Eindrucksvoller ist der Wasserfall jedoch von der kleinen Kiesbank am Wasserbassin, das man mit einer kurzen Kletterei über meist leicht feuchte Felsen erreicht. Zurück geht es dann auf dem gleichen Weg.

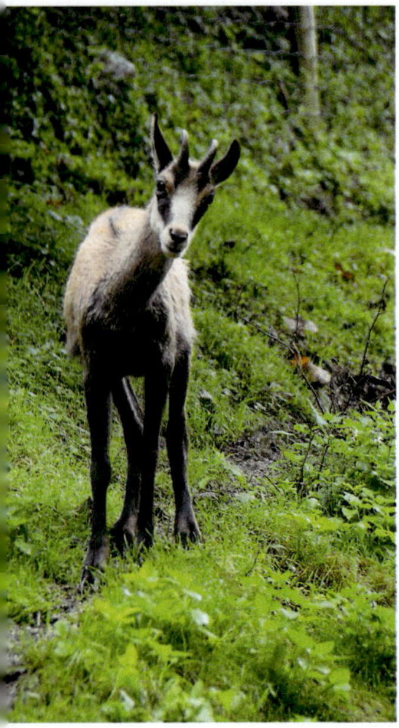

Tour 26: Wildpark Wildbichl

Besuch bei Gämse, Luchs und Hirsch

Tiere in freier Wildbahn zu beobachten ist ein seltenes Privileg. Selbst wenn man dabei viel Glück hat, sieht man Gämse, Hirsch oder Biber meist in weiter Entfernung oder nur ganz flüchtig vorbeihuschen. Hier im Wildpark kann man viele der Tiere, die in unseren Bergen und Wäldern leben, in aller Ruhe betrachten. So ist es dann auch außerhalb des Parkes viel einfacher, eine Gams an der typischen Zeichnung und den kurzen Spießen eindeutig von Steinbock oder Ziege zu unterscheiden oder Rotwild vom viel kleineren getupften Damwild. Die meisten Tiere in Wildbichl sind zutraulich – einige fressen den kleinen Gästen die Grünfutterpellets, die man am Eingang kaufen kann, sogar direkt aus der Hand.

1–2 h

ab 4

Ein schattiger Rundweg führt durch das Gelände mit großen naturbelassenen Gehegen. Und wenn wir nicht gerade an einem sonnigen Sonntagnachmittag eintreffen, an dem selbst die stets hungrigen Schafe, Ziegen und Hirsche keinen Appetit mehr haben, lockt man alle Tiere des Parkes leicht an den Gehegezaun. Nur der mächtige Luchs mag das Futter aus der weißen Tüte nicht,

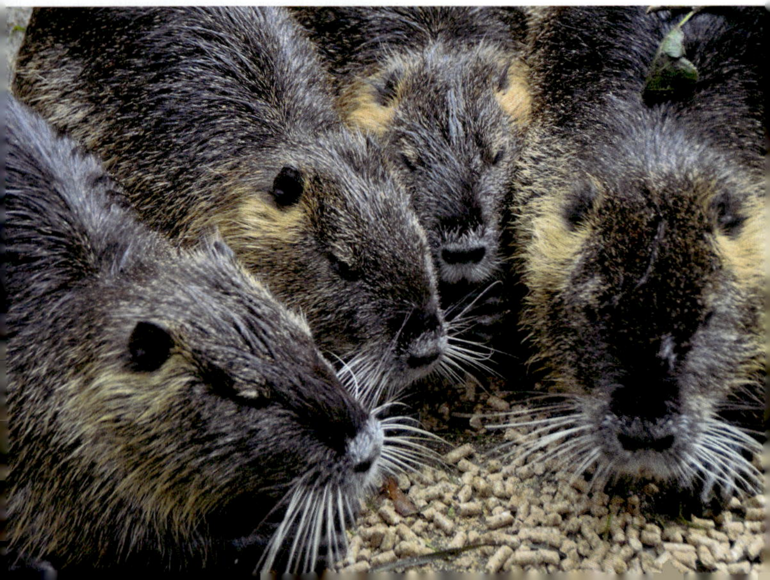

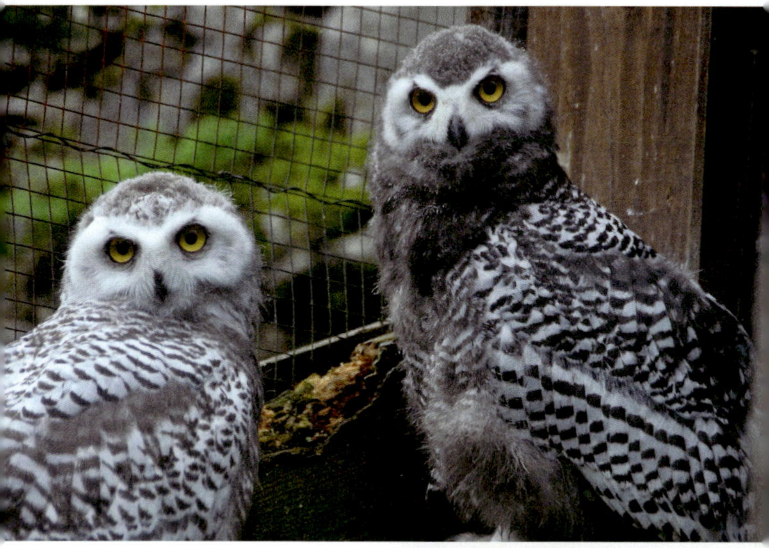

genauso wie die Eulen oder Falken, die man in den Volieren beobachten kann. Besonders eindrucksvoll sind die großen leuchtend gelben Augen der Schleiereulen. Der Biberfamilie schauen wir beim Bad und beim Frühstück zu. Am Ende der Runde bekommt das schön getupfte Damwild, das im obersten Gehege wohnt, die letzten Futtervorräte und es geht zurück zum Eingang, wo man auf der Sonnenterrasse oder in der freundlich-rustikalen Stube des Gasthofes den Ausflug ausklingen lassen kann.

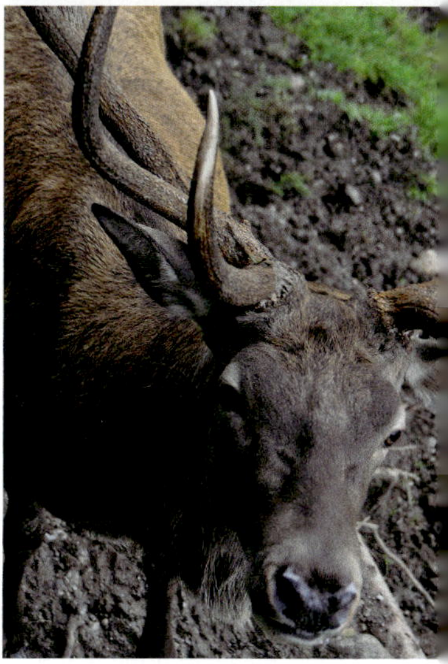

TOUREN-STECKBRIEF

Anfahrt: Von Aschau über Sachrang. Der Park liegt 1,5 Kilometer südlich von Sachrang schon auf der österreichischen Seite der Grenze beim Gasthof Wildbichl und direkt an der Straße bei **GPS N 47°40'37.0", E 12°15'18.0"**. Von der österreichischen Seite erreichen wir Wildbichl über Niederndorf.

Öffnungszeiten: Ganzjährig geöffnet im Sommer 9–18 Uhr im Winter Fr bis So 10–16 Uhr. Erwachsene €8,80, Kinder €4,70, Futtertüte €1. www.wildbichl.com

Charakter: Gute Möglichkeit, Tiere zu beobachten, schattige Wege machen einen Besuch auch im Hochsommer angenehm

Highlights: Mit dem vor Ort gekauften Futter Hirsche und Ziegen füttern, kleiner Spielplatz am Ende der Runde.

Einkehr: Gasthof Wildbichl.

In der Nähe: Fohlenhof Ebbs, Raritätenzoo Ebbs, Schloss Hohenaschau.

Gämse und Steinbock – Klettertalente im Fels

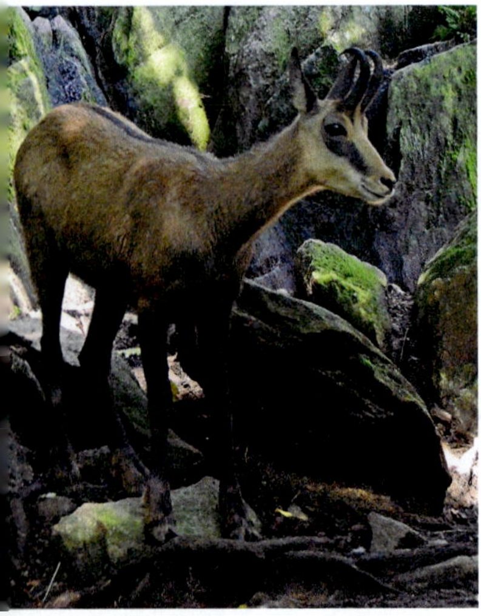

Die typische Zeichnung einer Gams

Die schwarz-weißen Gesichter und die kurzen spitzen Hörner machen eine Gams unverkennbar. Das Fell ist braun mit schwarzen Beinen. Ansonsten sehen Gämsen ähnlich aus wie Ziegen, zu deren Familie sie, genau wie auch die Steinböcke, gehören.

Gämsen sind die am leichtesten zu beobachtenden Tiere in den Alpen. Sie sind tagaktiv, relativ häufig anzutreffen und so groß, dass man sie nicht so leicht übersieht. Etwa 75 bis 85 Zentimeter Schulterhöhe hat eine ausgewachsene Gams. Im Winter leben sie vorzugsweise in den oberen Waldregionen, im Sommer wandern sie hinauf in den baumlosen Bereich und fühlen sich hier vor allem an den kühleren Nordhängen oder in schattigen Taleinschnitten wohl.

Der Lebensraum der Steinböcke liegt zwischen der Baum- und der Eisgrenze und damit deutlich weiter oben, als der einer Gams. Beide Arten sind in etwa gleich groß. Durch das glattbraune Fell ohne die gämsetypische Zeichnung und dickere Hörner ist Steinwild gut von diesen zu unterscheiden. Bei den Weibchen, auch Geißen genannt, werden die Hörner bis zu 35 Zentimeter lang und sind leicht nach hinten gerundet. Die Hörner eines Steinbockmännchens können bis zu einem Meter lang werden, sind säbelförmig gebogen und mit kräftigen Wülsten versehen. So tragen ältere Böcke bis zu 30 Kilo auf ihrem Kopf. Damit sie nicht unter der Last ihrer eigenen Hörner zusammenbrechen, sind ausgewachsene Böcke recht stämmig gebaut und können bis zu 120 Kilo wiegen – mehr als doppelt so viel wie eine groß gewachsene Steinbockgeiss.

Im Verhalten ähneln sich beide Arten. Die weiblichen Tiere leben mit ihren Jungen in Rudeln. Die Böcke gesellen sich nur in der Paarungszeit von Oktober bis Dezember zu den Herden. Dabei beansprucht ein Bock eine ganze Gruppe Weibchen für sich, sodass es im Herbst zu heftigen Kämpfen kommt und sich nur die kräftigsten und stärksten Tiere fortpflanzen. Zu ernsthaften Kämpfen kommt es

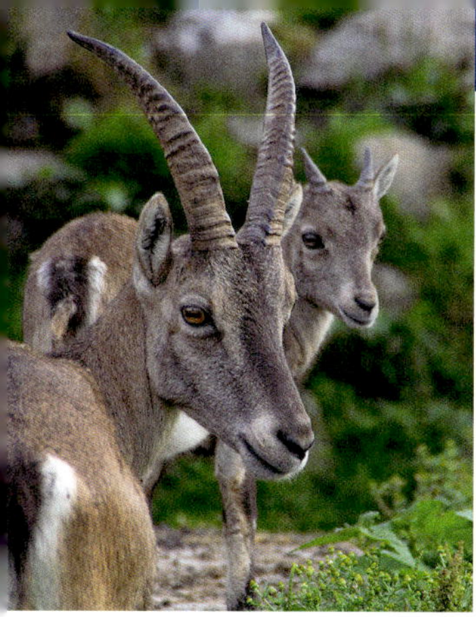

Die Wanderschuhe der Steinböcke

Steinböcke und Gämsen sind echte Kletterkünstler. Damit sie auch an steilen Felshängen nicht abrutschen, sind die Sohlen unter ihren Füßen von ganz besonderer Beschaffenheit: Die harten Hornränder sorgen für Trittfestigkeit, während die weichen Ballen im Inneren nachgeben und so ein Abrutschen verhindern. Die beiden Zehen lassen sich einzeln bewegen, sodass ein Bergziegenfuß sich jedem Gelände gut anpasst und die Tiere leichtfüßig und trittsicher von Stein zu Stein springen können.

dabei nur zwischen gleichrangigen Tieren. Bei den Steinböcken gibt schon Größe und Gewicht des Kopfschmucks Auskunft über die Stärke ihres Trägers. So sind in vielen Fällen die Dinge auf den ersten Blick klar und unnötige Kraftverschwendung in zu vielen Kämpfen wird vermieden. Erschöpfte und verletzte Tiere haben wenig Chancen, den harten Bergwinter zu überstehen.

Im Sommer leben männliche Bergziegen als Einzelgänger oder in kleineren Gruppen mit anderen männlichen Tieren. Wenn im Juni die Jungtiere geboren werden, sind die Geißen wieder unter sich. Die Kitze bleiben bei der Mutter, bis im nächsten Sommer neuer Nachwuchs kommt, erwachsen sind sie dann mit zwei bis drei Jahren.

Wie alle Ziegen sind Gämsen und Steinwild reine Pflanzenfresser und knabbern neben Gräsern und Flechten auch Blätter und Zweige.

Natürliche Feinde des Bergwildes sind vierbeinige Jäger wie Luchs, Wolf und Bär, die ja in unseren Bergen nicht allzu häufig vorkommen. Nur den Kitzen können auch große Raubvögel wie Adler und Uhu gefährlich werden. Viele Tiere fallen im ersten Winter den harten Lebensbedingungen im Hochgebirge zum Opfer. Auch Lawinenabgänge sind eine ernste Gefahr.

Der Steinbock war um 1800 schon einmal fast ausgerottet. Die Böcke waren nicht nur wegen ihrer imposanten Hörner begehrtes Jagdwild, auch Blut, Haut und Haare galten als Wundermedizin. Etwa 100 Exemplare gab es damals noch. Ein erfolgreiches Schutzprogramm hat dafür gesorgt, dass der Bestand heute als gesichert gilt.

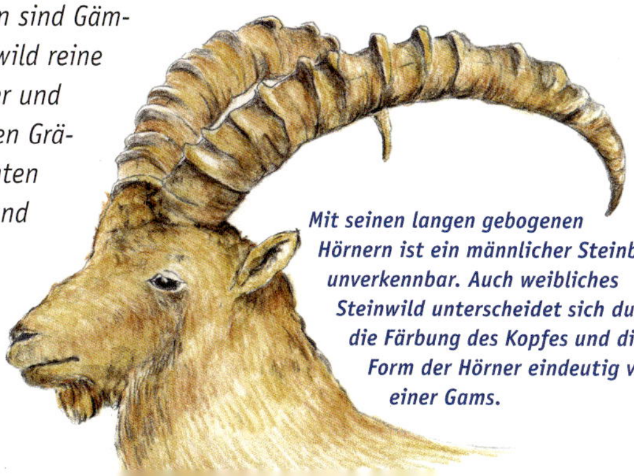

Mit seinen langen gebogenen Hörnern ist ein männlicher Steinbock unverkennbar. Auch weibliches Steinwild unterscheidet sich durch die Färbung des Kopfes und die Form der Hörner eindeutig von einer Gams.

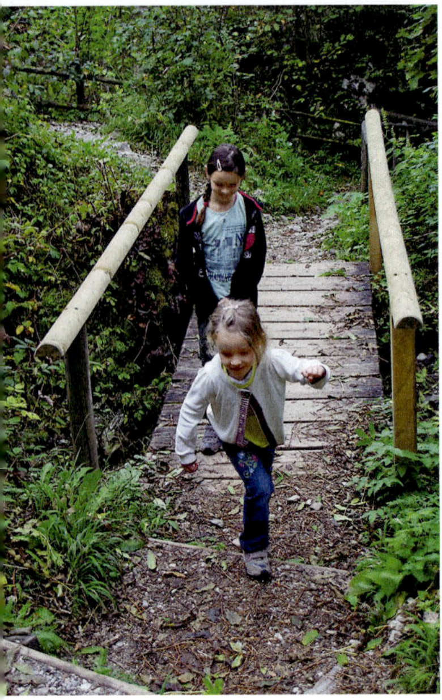

Tour 27: Bei Nacht und Nebel über die Grenze

Auf dem Schmugglerweg zur Entenlochklamm

Der Schmugglerweg ist ein Weg mit Geschichte. Hier wurden bis ins 20. Jahrhundert hinein Waren zwischen Österreich und Deutschland transportiert – unauffällig, bei Nacht und Nebel und am Zoll vorbei. In Zeiten des vereinten Europa ist aus dem ehemaligen Schmugglerpfad ein bequemer Forstweg geworden. Nur das letzte Stück vor der Grenze führt über Stock und Stein und lässt die Fantasie in frühere Zeiten abdriften. Das Ziel der Wanderung – die lange Hängebrücke, die an der Entenlochklamm die Tiroler Ache überspannt – lohnt den Weg auf jeden Fall. Hier unten am Fluss kann man picknicken oder ein Stückchen hinaufsteigen zum Gasthaus Klobenstein und zur Kapelle.

260 m

STRECKE 9 km

3 h 30

ab 6

Wanderung: Wir laufen den Forstweg hinunter und biegen gleich darauf links ab auf einen schmaleren Weg, der zwischen Weiden hindurchführt. Er mündet in eine **Allee** ①, auf der wir rechts weitergehen und dabei immer dem Hinweis Schmugglerweg folgen. Eine Wegalternative führt am **Rudersberger See** ② entlang, die Verbindung von der Fischerhütte am Seeende zum

TOUREN-STECKBRIEF

Anfahrt: Autobahnausfahrt Marquartstein. Auf der B 176 in Richtung Schleching, durch den Ort hindurch und im südlich gelegenen Ortsteil Ettenhausen den Wegweisern zur Geigelsteinbahn folgen. Parkplätze befinden sich etwa 150 Meter unterhalb geschlossenen Sesselbahn am Straßenrand (mit Parkschein) bei **GPS N 47°42'20.5", E 12°22'49.5"**. Der hier abzweigende Forstweg führt zum Schmugglerweg (Hinweisschilder). Von Klobenstein fährt an Wochentagen der Bus 9509 nach Ettenhausen (zweimal am Nachmittag, am WE nur vormittags).

Anspruch und Charakter: Bis kurz vor dem Ziel breiter Forstweg, das letzte Stück auf schmalem Pfad mit Stufen und Kurven. Steiler Abstieg zum Fluss. Schuhe mit rutschfesten Sohlen notwendig.

Highlights: Hängebrücke und Entenlochklamm, Picknick auf der Kiesbank am Fluss.

Einkehr: Gasthof Klobenstein.

In der Nähe: Rafting durch die Entenlochklamm mit dem Adventure Club Kaiserwinkel.

Schmugglerweg, ist jedoch nicht so leicht zu finden. Wer es unkompliziert mag, bleibt daher oben auf der Forststraße. Dort laufen wir an der **nächsten Wegkreuzung** ③ geradeaus über die Brücke und folgen dem Fahrweg, der sich hoch über dem Fluss in weiten Kurven zwischen Wald, Wiesen und Felsen hindurchschlängelt.

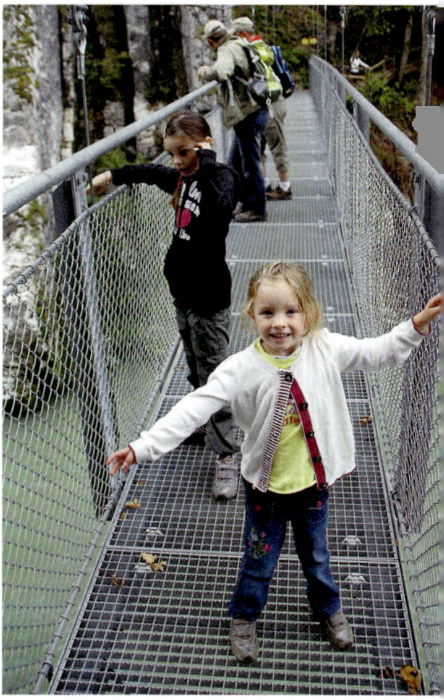

Die Hängebrücke über die Entenlochklamm schwankt sachte unter den Füßen

Nach einer knappen Stunde Gehzeit endet der Weg an einem **Platz im Wald** ④ und der ursprüngliche Pfad führt rechts am Berg hinauf. Ab hier geht es auf und ab und über Felsen, Wurzeln und Treppchen, vorbei am Grenzpfosten nach Österreich. Wenig später führt links ein Pfad hinab zur **Hängebrücke** ⑤ und nach Klobenstein. Schon auf halbem Weg sieht man unten das leuchtende Blau des Flusses, und obwohl die Brücke ganz massiv aussieht, schwankt sie tatsächlich sachte unter den Füßen. Auf jeden Fall kann man hier unten an einem der beiden Holztische oder auch auf der Kiesbank am Fluss prima picknicken. Wer lieber einkehrt, steigt noch ein paar Schritte zum Gasthof hinauf. Zurück geht es auf dem gleichen Weg.

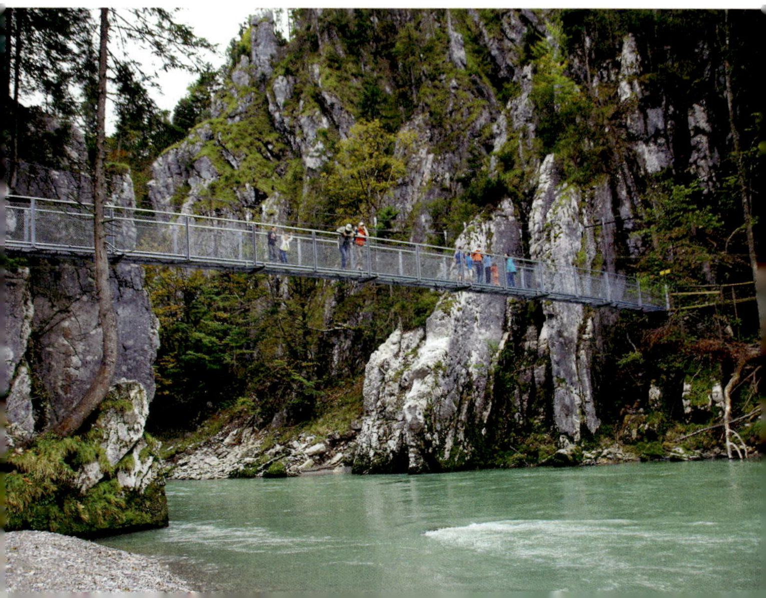

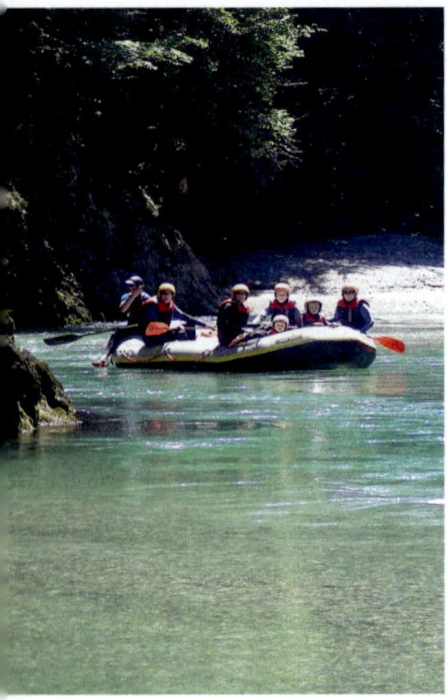

Familienrafting auf der Tiroler Ache

Sie wollen die Entenlochklamm vom Wasser aus sehen? Die Halbtagestour mit dem Schlauchboot auf der Tiroler Ache, bei der die Klamm durchfahren wird, ist auch für Familien geeignet. Obwohl alle Teilnehmer Schwimmwesten und Helme tragen, sollten die Kinder aber bereits sicher schwimmen können. Gefahren wird ab sechs Teilnehmern, man kann sich aber auch als Einzelperson einer Gruppe anschließen.

Erlebnis-Rafting Entenlochklamm:
Erwachsene € 42, Kinder bis Jahre € 34, Kinder 11 bis 15 Jahre € 38. Aufschlag am So.
Adventure Club Kaiserwinkel in Kössen, Hüttfeldstraße 65a,
Tel. 0043 (0)5375 29000.
www.ack-koessen.at

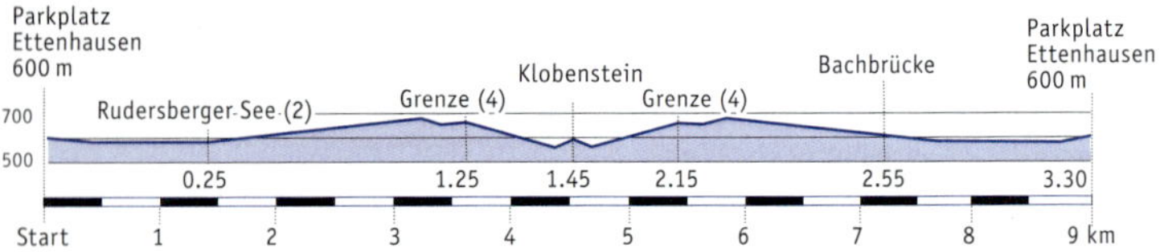

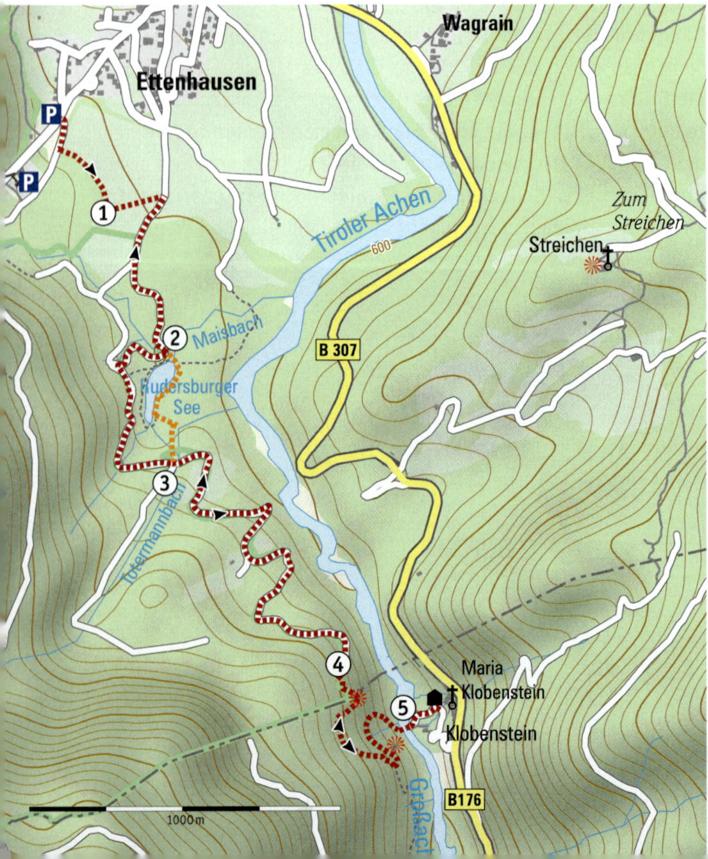

Eine Wettfahrt im Bach
Boote aus der eigenen Werkstatt

Eine Wettfahrt den Bach hinunter oder das Spiel im selbstgebauten Bootshafen – ein Schiffchen am Wasser weckt unzählige Spielideen. Selbstgebaute Boote aus Naturmaterialien haben einen entscheidenden Vorteil gegenüber mitgebrachten Plastikbooten: Man muss sie nicht tragen, kann sie am Ende des Spieles oder als ein Teil davon einfach auf dem Bach aussetzen – und es macht viel Spaß, sie selbst zu bauen.

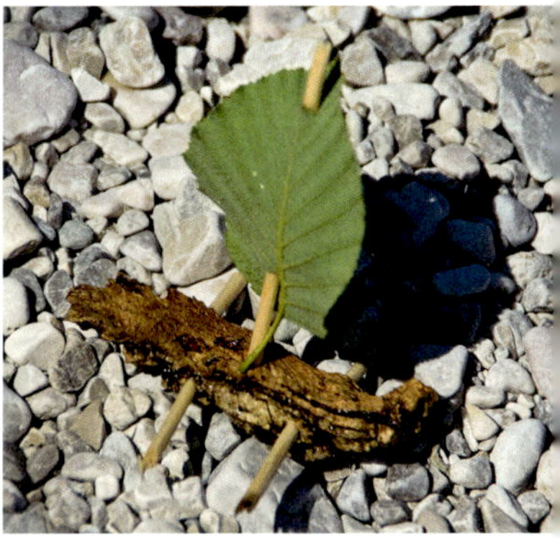

Ein kleines Schiff – schnell gebaut …

Der wichtigste Teil des Bootes ist eine gut schwimmende Basis, wie zum Beispiel ein Stück trockene Baumrinde, wie man sie im Wald findet. Besonders gut geeignet ist die extrem leichte Rinde der Korkeiche. Stücke davon kann man im Zoofachhandel kaufen, wo sie für Mäuse und Reptilien angeboten wird. Ebenso geeignet für kleine Boote sind halbierte Flaschenkorken.

Damit es nach richtigem Boot aussieht, braucht das Ganze einen Mast und ein Blatt als Segel. Um den Mast stabil zu fixieren, wird ein kleines Loch in den Bootskörper gebohrt. Am einfachsten geht das mit einem Handbohrer.

Das Gewicht des Segels macht ein schmales Boot leicht kippelig. Um ihm mehr Stabilität zu geben, braucht es rechts und links Ausleger, die man ganz einfach mit halben Zahnstochern anfügen kann. Ein Rindenboot aus einem breiteren Rindenstück wie das hier links unten schwimmt auch ohne diese Hilfe stabil genug, um kleinere Wellen und leichte Strömung auszuhalten.

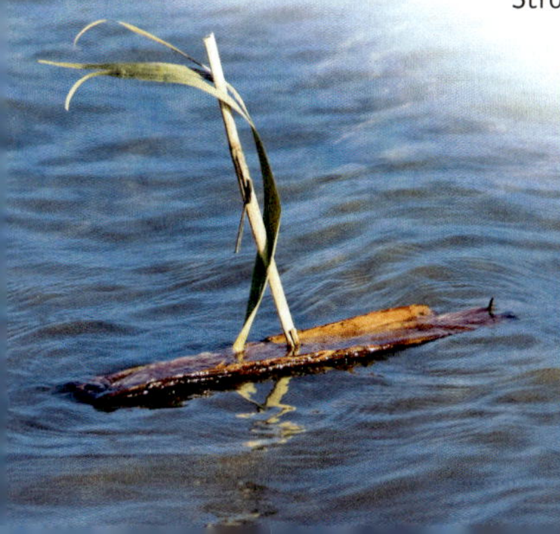

Materialien für den Bootsbau

Aus der Natur: Rinde und Stöckchen.

Mitgebracht: Zahnstocher oder Schaschlikspieße, halbierte Korken. Keine Schnüre verwenden, sie zersetzen sich zu langsam und werden zur Gefahr für Wasservögel.

Werkzeug: Taschenmesser, evtl. ein kleiner Handbohrer.

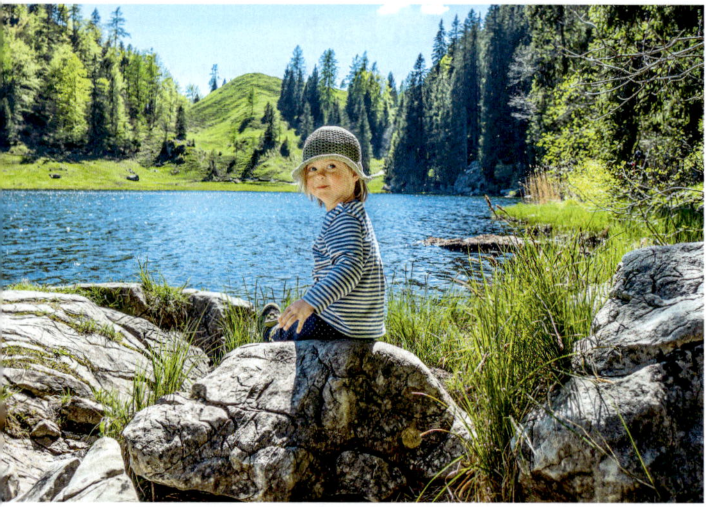

550 m

STRECKE 9 km

4 h

ab 10

Tour 28: Eine Almhütte über dem Taubensee

Zaubersee und Almgenüsse

Eingebettet in einen grünen Bergkessel oberhalb von Kössen glitzert die Wasserfläche des Taubensees. Ein verwunschener Pfad führt an seiner Seite zwischen dicken Felsbrocken hindurch. Etwas oberhalb befindet sich mit der Taubenseehütte eine Alm mit guter Küche, in der man auch früh und spät im Jahr noch einkehren kann. Hinauf kommt man am schnellsten von Kössen. Netter ist der Aufstieg aber von der anderen Seite: Mit Luftboden- und Kroatensteig kann man zwei verschiedene Waldpfade für Auf- und Abstieg nutzen. Unten sind sie einfach zu laufen, kurz vorm höchsten Punkt muss man auf beiden ein bisschen klettern.

TOUREN-STECKBRIEF

Anfahrt: Von Marquartstein in Richtung Schleching. Nähern wir uns der Brücke über die Tiroler Ache, sehen wir schon links oben ein kleines weißes Kirchlein. Kurz hinter der Brücke folgen wir dem Schild zur Streichen(kirche) links in vielen Kurven hinauf bis zum zweiten Wanderparkplatz links der Straße (Tagesgebühr €2) bei **GPS N 47°42'15.6", E 12°24'13.5"**. Von hier aus läuft man etwa zehn Minuten zur Kirche und dem zugehörigen Gasthof.

Anspruch und Charakter: Einfache Wege um die Almen. Der Kroatensteig, der über die felsigen Bereiche um den Taubensee führt, hat im oberen Bereich einige knifflige, enge und leicht ausgesetzte Stellen, die bei trockenem Boden mit ein wenig Geschick und Kletterei gut zu bewältigen sind. Zwei Seilsicherungen geben dabei zusätzlichen Halt. Bei feuchtem Boden ist dieser Bereich jedoch nicht ganz ohne und sollte nur von erfahrenen Wanderern begangen werden!

Highlights: Spielen am Seeufer, Terrasse der Taubenseehütte, Kletterpfad zum See

Einkehr: Taubenseehütte, Gasthof Streichen.

In der Nähe: Entenlochklamm.

Wanderung: Vom Parkplatz folgen wir dem Fahrweg in Richtung Kirche, biegen aber schon in der ersten Kurve dem Wegweiser zum Taubensee folgend links ab. Auf einem Pfad geht es an einer Weide entlang bis zur Hütte der **Petereralm** ①. Hier folgen wir dem Fahrweg rechts hinauf durch den Wald. In der zweiten Kurve umrunden wir das nächste von Wiesen umgebene Almgebäude, bevor wir in in der folgenden Kurve kurz hinter dem Abzweig zur bewirtschafteten **Chiemhauser Alm** rechts auf den schmalen **Kroatensteig** ② abbiegen. Im unteren Bereich führt dieser durch mooriges Gelände und ist fast immer leicht feucht. Dann steigt der Pfad in vielen Kehren immer steiler bergauf und an einigen Stellen ist hier bereits Aufmerksamkeit und Trittsicherheit gefragt. Kurz vor dem Sattel helfen zwei **Seilsicherungen** über abschüssige Steinstufen. Es folgen weitere felsige Kletterstellen, an denen nicht nur bei den Kindern die Hände zum Einsatz kommen. Diesen Weg sollten wir daher nur bei trockenem Boden laufen, um keine unnötigen Risiken einzugehen. Haben wir den Sattel erreicht, klettern wir auf der anderen Seite ebenso steil wieder 60 Meter hinunter – dann stehen wir auf der **Hochebene zwischen dem See und der Hütte** ③.

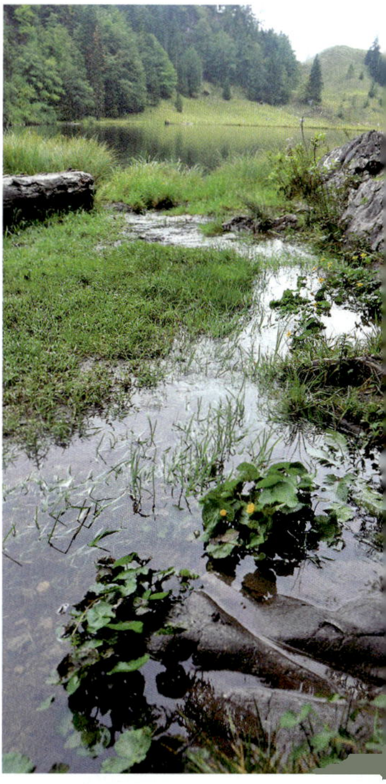

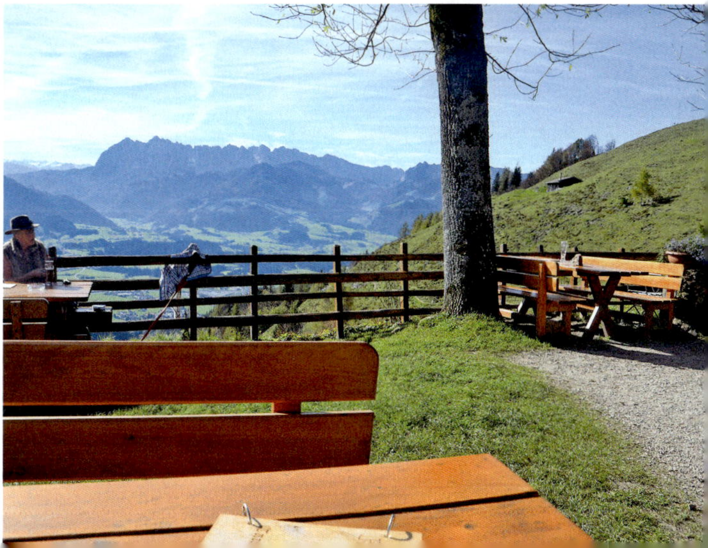

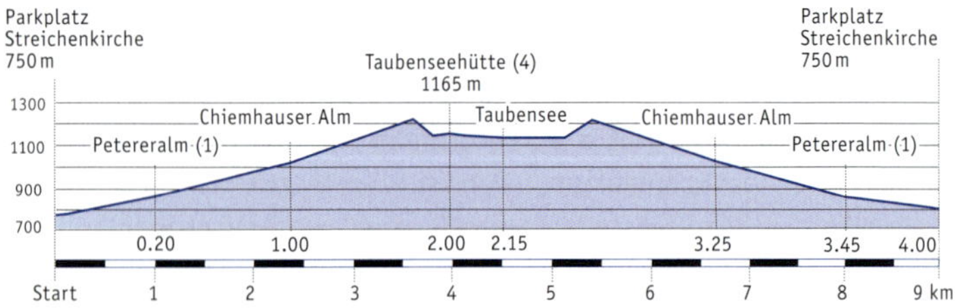

Die kürzere Variante ab Kössen

Gehzeit 2 h 30 min, ↓↑350 m

ab 6 Jahre

Der kürzeste Weg führt von Kössen zum Taubensee. In der Ortsmitte biegt man in den Mühlbergweg ein und folgt diesem etwa vier Kilometer bis zum kostenpflichtigen Parkplatz Schaffler hinter einem Bauernhof. Die Zufahrt ist mit Parkplatzschild markiert. Von hier aus erreicht man die Taubenseehütte in einer guten Stunde über einen steilen Fahrweg. Dazu wählen wir am Parkplatz den linken Weg, der erst einmal sanft ansteigend durch den Wald führt. Auf halbem Weg bietet sich die interessante Alternative, an einer Lichtung mit Hütte nach links über die Wiese auf den Pfad zu wechseln, der vom Kössener Schwimmbad heraufkommt. Der Wiesenweg zieht sich in engen Serpentinen am Hang hinauf und quert dann auf Höhe der Taubenseehütte den Hang. Auf den letzten 200 Metern ist der Pfad sehr schmal und leicht ausgesetzt, sodass Trittsicherheit gefragt ist.

Wir haben jetzt die Wahl: Zur Hütte oder lieber gleich zum See? Am **Taubensee** verlocken schöne Plätze zwischen dicken Steinen und einige Bänke am Westufer zum Bleiben. Hier kann man prima picknicken und im Hochsommer im See baden. Ebenso verlockend ist die Brotzeit in der **Taubenseehütte** ④, wo viele leckere Dinge auf der Speisekarte stehen. Dazu sitzt man in der warmen Stube oder auf der Sonnenterrasse mit Blick auf das Berggebiet des Wilden Kaiser.

Zurück geht es auf dem gleichen Weg.

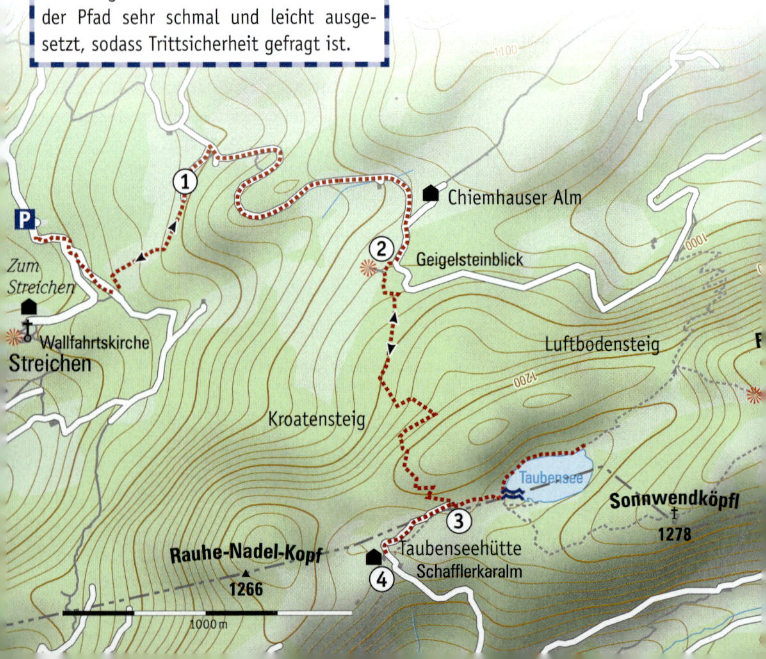

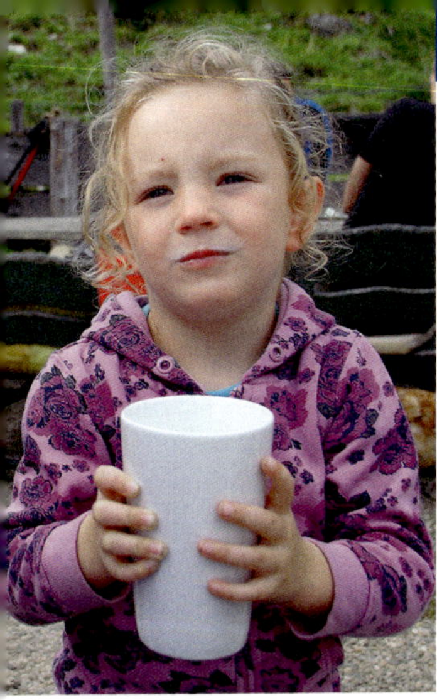

Tour 29: Am Bachweg von Hütte zu Hütte

Wanderung zur Feldlahn- und Rechenbergalm

500 m

STRECKE 8,4 km

3 h 30

ab 6

Diese Tour auf bequemen Wegen ist ideal für alle, die ohne allzu große Mühen ein wenig Bergluft schnuppern wollen. Nur das kurze, leicht abenteuerliche Wegstück vor der Rechenbergalm sorgt für einen kleinen Adrenalinschub, damit so viel Idylle nicht doch zu langweilig wird. Gleich zwei schöne Hütten mit vielen Tieren bieten unterwegs Verpflegung, und am Abstieg zeigt sich der Chiemgau mit sanften Almwiesen und weitem Bergpanorama von der allerschönsten Seite.

Wanderung: Vom unteren Parkplatz überqueren wir die Brücke und biegen gleich rechts ab. Nach wenigen Metern kommen wir zu einem **Becken mit kleinem Wasserfall** ①, in dem man nach der Wanderung gut die Füße kühlen kann. Dann geht es weiter bis zum oberen Parkplatz, an dem wir den Bach erneut über eine Brücke überqueren und dann auf dessen rechter Seite an einem Staubecken vorbeiwandern. An dieser Stelle stoßen wir zur Tour, wenn wir den oberen Parkplatz als Ausgangspunkt gewählt haben. Die nächste Brücke folgt schon wenige Schritte weiter. Es ist die dritte von vielen. Mal überqueren wir den Hammerer Graben, mal nur einen Bach, der hineinfließt. So plätschert es stetig mal auf unserer rechten, mal auf unserer linken Seite.

TOUREN-STECKBRIEF

Anfahrt: Von der Ausfahrt Grabenstätt fahren wir zunächst bis Grassau und ab dort in südlicher Richtung auf der B 305 in Richtung Reit im Winkl. Rund 1 km hinter Unterwössen passieren wir linker Hand den Campingplatz Litzelau. Kurz danach führt links im Weiler Brem ein Fahrweg am Waldrand entlang. Braune Holzschilder weisen bereits zur Feldlahnalm. Wir können entlang des Hammerergrabens parken oder bis zum Ende der Straße fahren. Dort befindet sich am Sägewerk ein Wanderparkplatz bei **GPS N 47°42'45.0" E 12°29'13.3"**.

Anspruch und Charakter: Einfacher Weg am Bach bis zur Feldlahnalm, nicht übermäßig steil. Übergang zur Rechenbergalm auf steilem Bergsteig mit abenteuerlicher Kletterpartie über Wurzeln. Abstieg über Forstwege und -straßen. Wanderschuhe sind, zumindest am Teilstück vor der Rechenbergalm, erforderlich.

Highlights: Kühe, Schafe, Esel, der wilde Hammerbach und das Abenteuerwegstück vor der Rechenbergalm.

Einkehr: Feldlahnalm, Rechenbergalm.

In der Nähe: Badeplatz am Wössener See.

Über sieben Brücken zur Feldlahnalm
Mini-Bergtour für die Jüngsten
Gehzeit: 1 h 45 min, 5,2 km, 300 m
ab 4 Jahre
Folgt man dem beschriebenen Weg nur bis zu Feldlahnalm, können auch die jüngsten Wanderer gut mithalten. Immer am Bach entlang geht es auf mäßig steilem Weg und über viele schmale Brücken zu den Eseln und Ziegen auf der Almwiese. Nach der Einkehr wandern wir auf demselben Weg wieder hinunter.

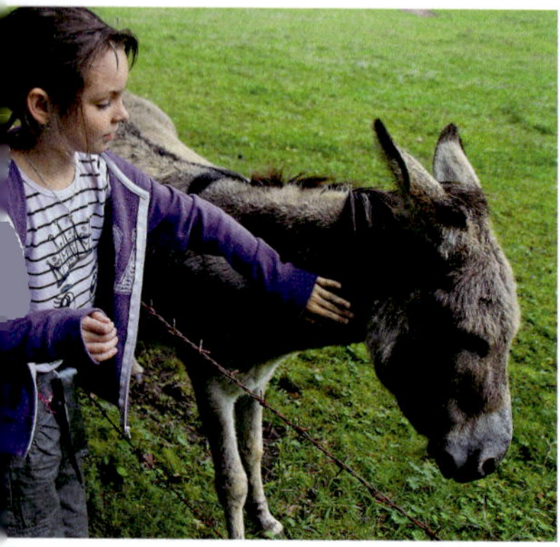

Nach knapp zwei Kilometern kommt zuerst ein breiterer Weg von rechts und kurz darauf kreuzen wir einen **Fahrweg** ②. Wir gehen hier geradeaus und auf der rechten Bachseite weiter. Kurz darauf überqueren wir noch einmal das Wasser und wandern jetzt auf der linken Bachseite bergan. Der Weg steigt stärker an und wir verlassen das Bachufer. An der nächsten **Brücke** ③ überqueren wir erneut den Hammerer Graben und folgen den Hinweisschildern zur **Feldlahnalm** und dem breiten Weg, der in einem Linksbogen hinaufführt. Etwa 100 Meter weiter geht es links zur Alm hinauf. Direkt neben der Terrasse freuen sich die grasenden Esel und Ziegen über Streicheleinheiten oder frisches Gras, das außerhalb der eigenen Weide bekanntlich immer am besten schmeckt. Zur Stärkung der Wanderer werden Getränke, Snacks, Kuchen und kleine Speisen serviert.

Ein **Pfad** führt ansonsten rechts am Rand der Koppel entlang aufwärts und trifft wieder auf die **Forststraße** ④. Hier halten wir uns links und folgen dem Fahrweg. Zwischen den Bäumen hindurch erhascht man immer wieder Blicke auf die umliegende

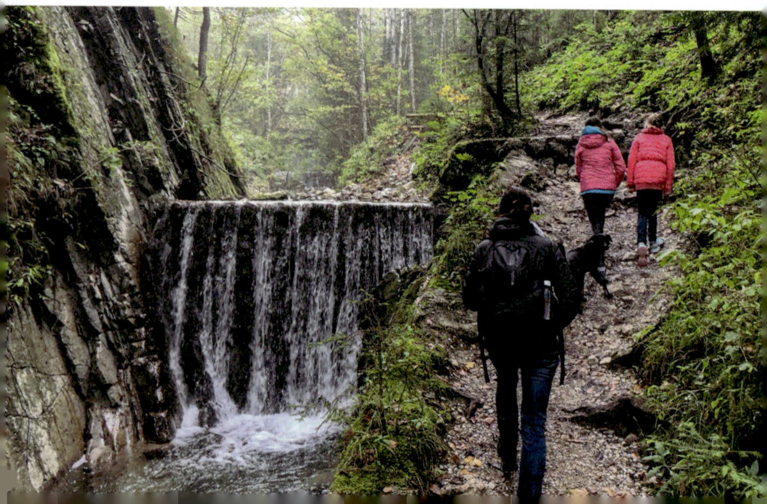

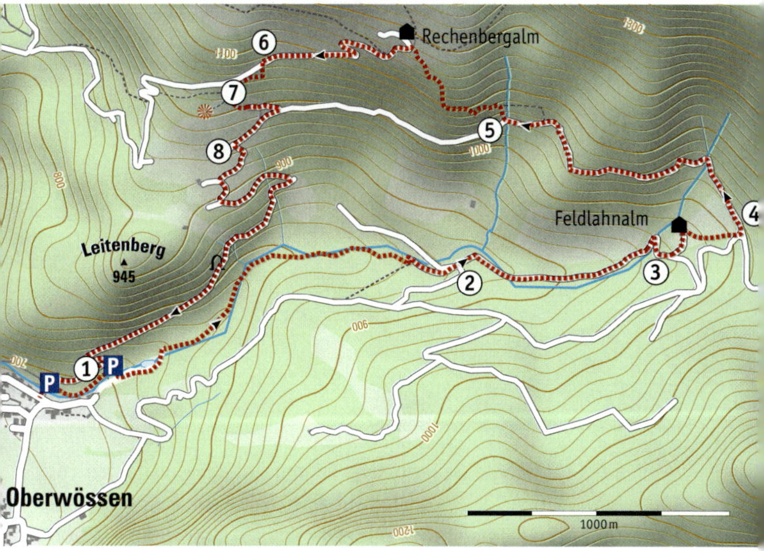

Bergwelt, ansonsten ist dies nicht der schönste Teil der Strecke. Nach knapp zwei Kilometern queren wir dann zwei kleine Wasserläufe, die ins Tal plätschern. Nach dem zweiten Bachlauf heißt es aufpassen: In einer Linkskurve führt ein schwer erkennbarer, **unbezeichneter Pfad** ⑤ links des Baches steil hinauf ins Dickicht. Für die ersten zehn Meter brauchen Kinder Hilfe und auch die Eltern werden die Wurzeln gern für einen beherzten Sicherungsgriff nutzen. Nach dieser kurzen, aber aufregenden Passage bleibt es zwar recht steil, aber die Spur ist nun meist gut begehbar. Nachdem wir unterwegs

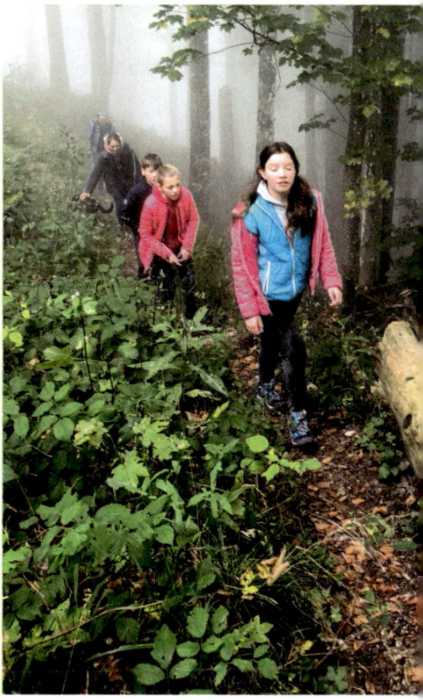

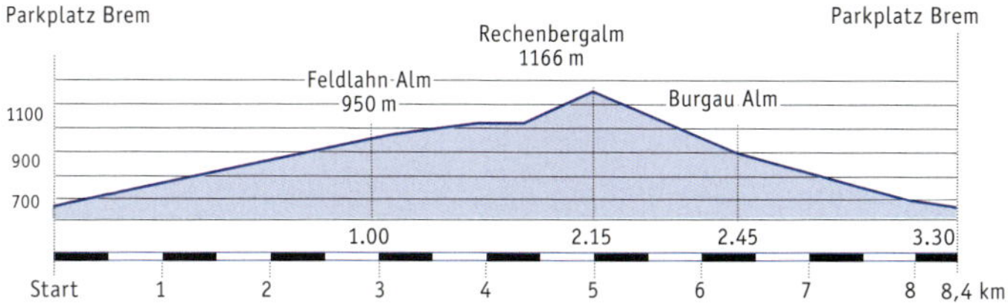

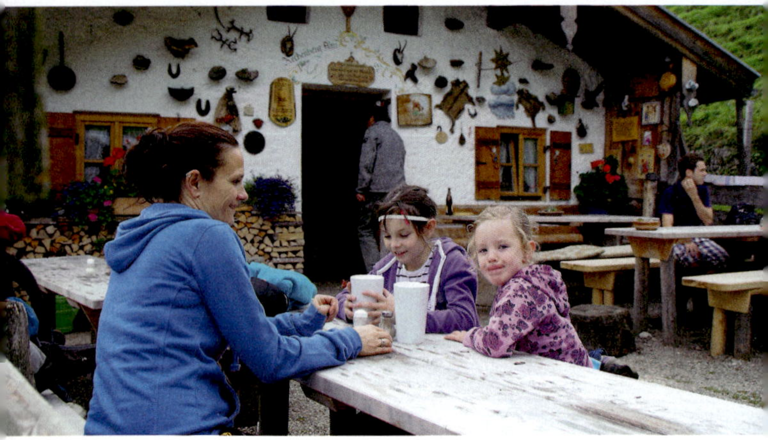

ein paar ausgesägte Baumstämme überquert haben, verlassen wir das bewaldete Areal und landen auf einer Almwiese. Hier teilt man sich mit Kühen eine stark abfallende Koppel, die wir aber schon nach wenigen hundert Metern direkt bei der **Rechenbergalm** wieder verlassen können. Auf der Terrasse oder im kleinen Gastraum der besonders urigen Alm warten Brotzeit und Kuchen.

Zum Abstieg folgen wir dem Fahrweg bergab, bis nach 700 Metern links ein **Wanderpfad** ⑥ abzweigt (Oberwössen über Burgau 1 ¼ Stunden). Auf diesem steigen wir durch den Wald weiter hinunter, bis wir ein **Weidetor** erreichen. Auf der anderen Torseite ist der Weg erst schlecht zu erkennen, führt aber über die Wiese und dann links hinunter auf einen Schotterweg. Vorher lohnt eine **Pause am Wiesenrand** ⑦. Hier ist der Ausblick einfach grandios: Rund um uns sind nur noch Berge und Wiesen zu sehen.

Dann folgen wir dem Schotterweg hinunter zur privaten **Burgaualm** ⑧, vorbei an den Höfen und einer winzigen Kapelle. Hinter dem letzten Haus treffen wir am Waldrand auf eine **Kreuzung** und gehen hier nach links. Der Weg führt in den Wald, schlägt einen letzten Bogen und führt dann stetig abfallend hinunter nach Oberwössen. Auf Höhe des Parkplatzes macht er zwei letzte Kehren und wir stehen wieder an der ersten Brücke am unteren Parkplatz.

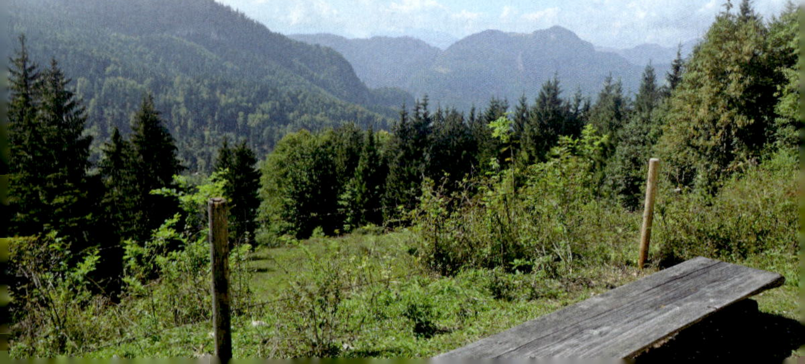

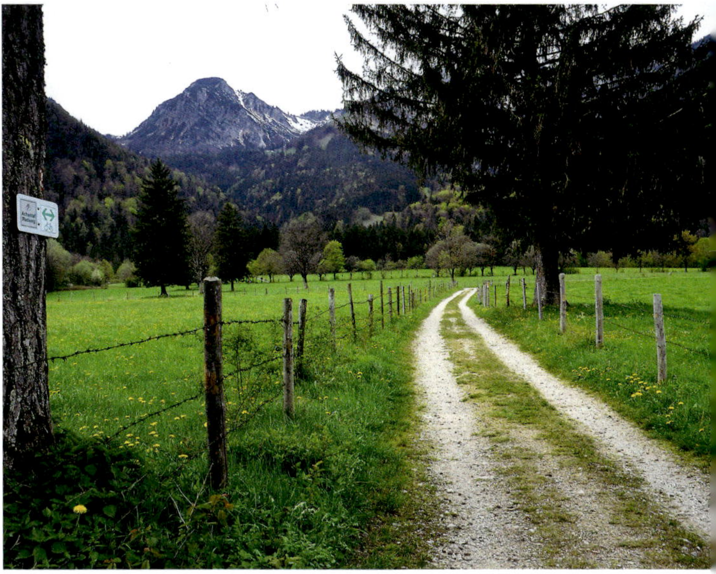

Tour 30: Auf dem Achentalradweg nach Ettenberg

120 m

STRECKE 15 km

2–3 h

ab 6

Mountainbikerunde zwischen Bergen, Kühen und dem Fluss

Grüne Hügel prägen die Landschaft im Tal der Tiroler Ache kurz vor der österreichischen Grenze. Zunächst radeln wir jedoch mit wenig Steigung am Fluss entlang. Am Horizont sind die Gipfel im Frühjahr noch schneebedeckt. Ganz hinten erspäht man die wilden Zacken des österreichischen Kaisergebirges. Eine breite Kiesbank am Ufer der Ache kommt gerade recht zur ersten Pause. Bei Ettenberg wird es dann hügelig und die gut markierte Trasse des Achentalradweges führt uns in stetigem Auf und Ab durch kleine Dörfer, vorbei an manch einladendem Gasthof und durch üppig grüne Weiden.

TOUREN-STECKBRIEF

Anfahrt: Von Marquartstein in Richtung Schleching fahren und nach knapp drei Kilometern beim Ort Raiten links nach Unterwössen abbiegen. Der Parkplatz befindet sich bei **GPS N 47°44'18.0", E 12°26'40.0"** links vor der Achebrücke am westlichen Ortsrand von Unterwössen. Wer die Tour schon in Marquartstein beginnen möchte, parkt auf dem großen Platz vor der Touristeninformation im Ortszentrum.

Fahrradverleih: Gartencenter Achental, Alte Schulstraße 2a, Unterwössen.

Anspruch und Charakter: Markierter Radweg auf Schotter, einem etwas hoppeligen Waldweg und kleinen Straßen.

Highlights: Kiesbänke an der Ache, Pause am Kneippbecken und für die Eltern der tolle Blick auf die umliegenden Berge.

Einkehr: Gasthof Hubertus in Ettenberg.

In der Nähe: Märchenpark Marquartstein, Strandbad Wössener See.

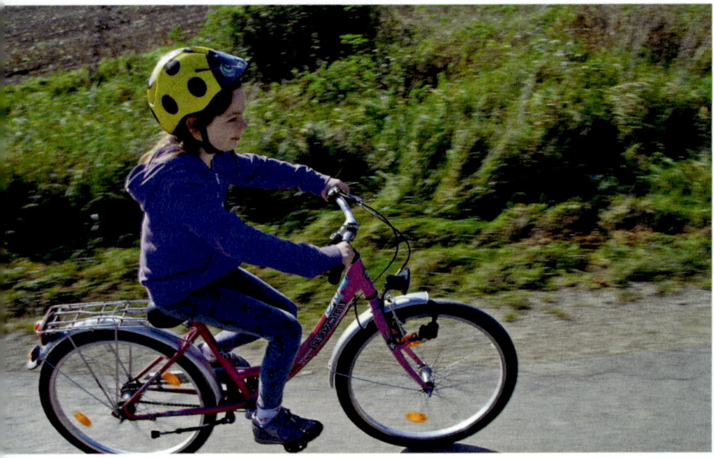

Radtour ab Unterwössen: Vom Parkplatz folgen wir den Schildern des Achental-Radweges und fahren auf dem Damm am Fluss entlang. Der Weg wird ein kurzes Stück sehr schmal und führt dann in den Wald. Am **ersten Abzweig** ① geht es auf dem markierten Radweg nach rechts. An der nächsten Kreuzung führt die markierte Radstrecke links und dann immer am Waldrand entlang. Rechts unterhalb liegt der **Mettenhammer Filz**. Die ersten sanften Steigungen fordern hier schon etwas Fahrpraxis. Der Waldweg trifft dann zwischen Mettenham und Schleching auf die **Straße** ②, die wir nicht überqueren. Wir am Parkplatz an der Straße der Markierung nach links und radeln am **Mühlbach** entlang, bis zu dessen Mündung in die Ache. Eine breite **Kiesbank** ③ bietet hier optimale Plätze zum Rasten und picknicken. Viele Feuerstellen verraten, dass die Kiesbank auch ein beliebter Platz zum Grillen ist.

Der **Achental-Radweg** verläuft jetzt immer am Fluss entlang bis zur Brücke bei **Ettenhausen**. Unter der Brücke hindurch folgen wir den Tafeln mit dem grünen Fahrrad durch hügeliges Weideland bis in den Ort.

Abfahrt in Marquartstein:
zusätzlich 9 km, ↓↑80 m
Wer die Tour verlängern möchte, kann auch in Marquartstein starten. Da die Strecke hinter Hängtal ein Stück auf einer gut befahrenen, ansteigenden Straße ohne Fahrradweg verläuft, müssen die Kids dazu aber bereits verkehrssicher Fahrradfahren.

Die Route: Vom Parkplatz in Marquartstein schieben wir zum Eingang der Touristeninformation. Hier überqueren wir die Straße und wählen die schmale Geschäftsstraße, die in der Kurve rechts abbiegt. An der nächsten Kreuzung geht es links über die Brücke und dahinter rechts auf der Straße weiter. Hier finden wir die ersten Markierungen des Achentalradweges, die uns den ganzen Weg begleiten werden. Die markierte Radstrecke führt einen knappen Kilometer durch den Ort, ein kurzes Stück auf der Bundesstraße bergauf und dann rechts unter der Straße hindurch zum Fluss. Immer am linken Ufer entlang fahren wir bis zur Autobrücke am Ortsrand von Unterwössen. Wir überqueren die Brücke und folgen vom Parkplatz auf der anderen Seite der Beschreibung der kurzen Route.

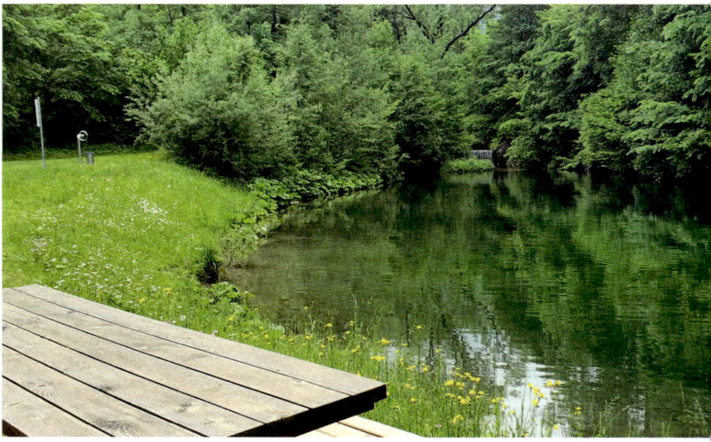

An der Hauptstraße biegen wir rechts ab und rollen auf der kaum befahrenen Straße abwärts bis kurz vor dem Ortsende links der Radweg nach Schleching abzweigt. Diesem folgen wir bis zum **Alpbach** ④ und biegen vor dem meist trockenen Wasserlauf rechts ab. Ein schmaler Schotterweg bringt uns bis zu einem aufgestauten Teich an dem oberhalb eines großen Kneippbeckens mit eiskaltem Wasser ein Picknicktisch steht. Der Platz ist an heißen Tagen perfekt für eine Pause.

Dann geht es auf dem schmalen Weg weiter, über eine kleine Brücke und zurück zur Straße. Im Ort Schleching bieten mehrere Gasthöfe die Möglichkeit zur Einkehr. Alternativ könnte man auch im Dorfla-

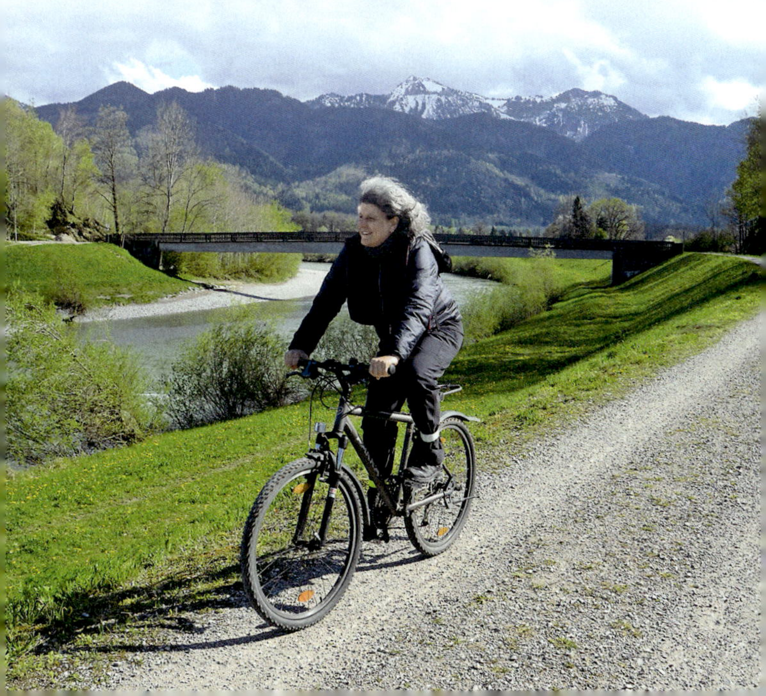

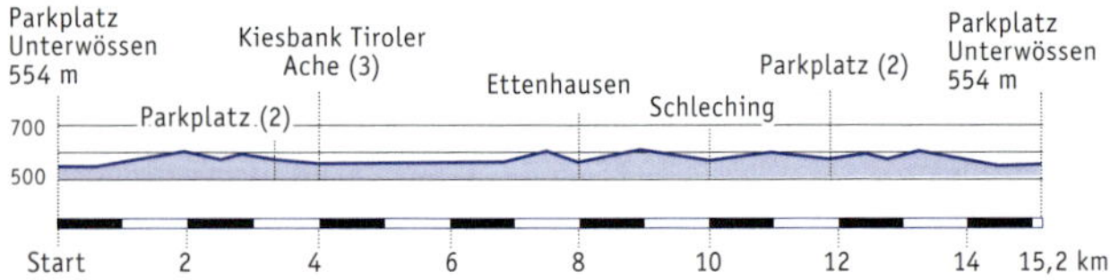

den ein Picknick einkaufen, denn unser Weg führt jetzt wieder hinunter zur Ache. Dazu biegen wir hinter dem Dorfladen rechts ab, durchqueren die Wiesen und fahren dann in einem Bogen nach

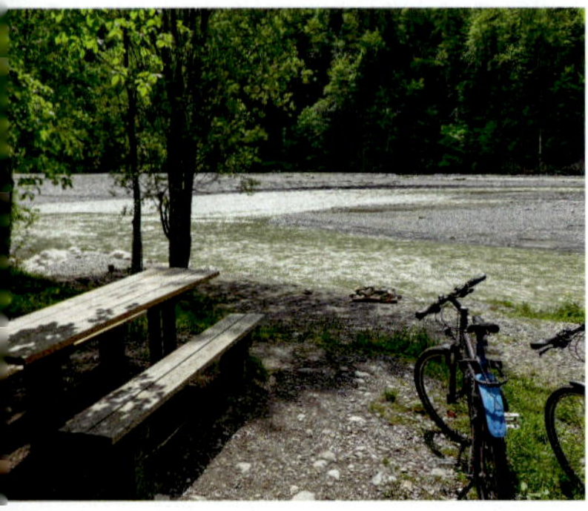

rechts wieder auf den Damm und links zurück zum **Picknickplatz an der Mündung des Mühlbaches ③**.

Ab hier folgen wir der vom Hinweg bekannten Route um den Buchberg, biegen auf der Höhe von Raiten rechts ab und radeln auf dem Damm Waldweg zurück zum Parkplatz.

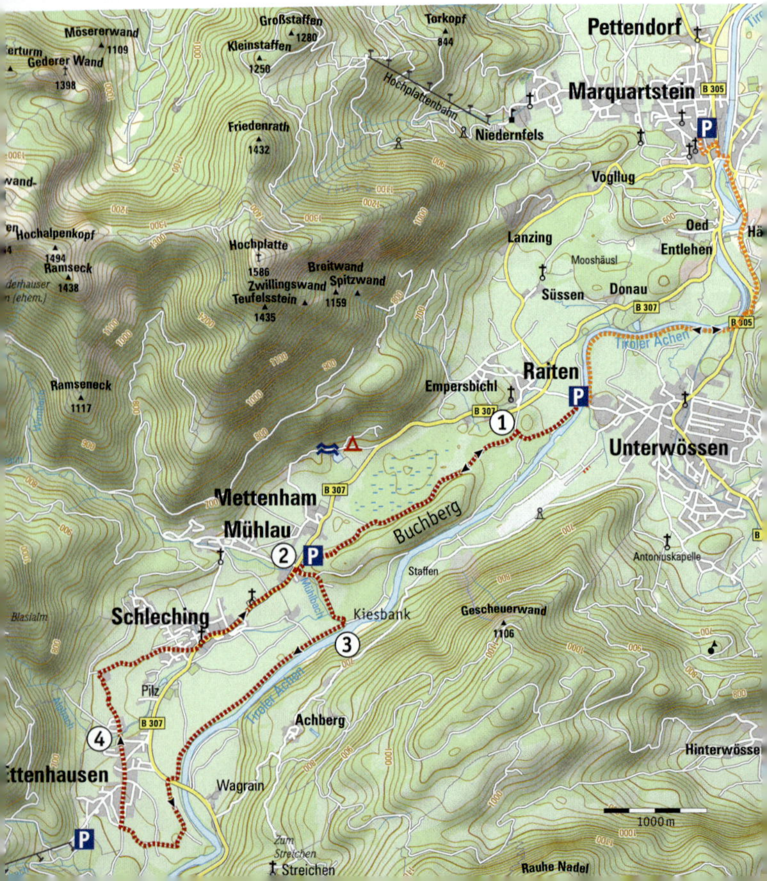

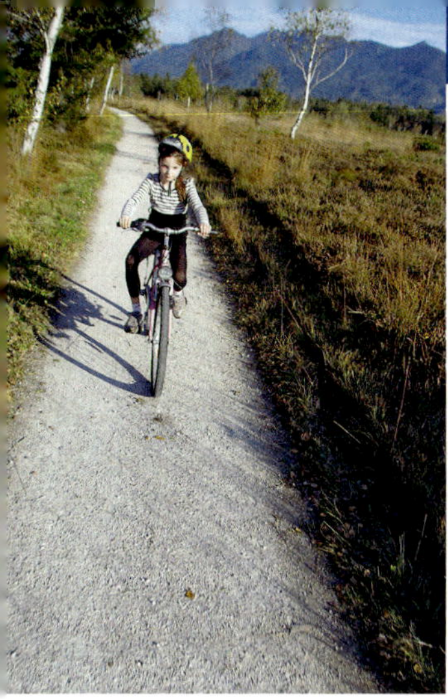

Tour 31: Hike and Bike im Moor

Am Moorerlebnispfad in den Kendlmühlfilzen

Eine der ausgedehntesten Moorlandschaften im Chiemgau befindet sich nordwestlich von Grassau. Sowohl mit dem Fahrrad als auch auf einer kürzeren Tour zu Fuß lässt sich dieses Gebiet gut erkunden. Aussichtstürme, Erlebnisstationen und ein Torfmuseum sorgen unterwegs für kurzweilige Pausen.

eben

STRECKE 7,5 km

1–2 h

ab 4

Radtour: Unsere Rundtour startet gegenüber der Parkplatzeinfahrt in der Moosbacher Straße, der wir zunächst ortsauswärts folgen. Bei den letzten Häusern führt sie über den **Grassauer Bach** (1) und durchquert ein letztes Gehöft. Danach touchieren wir einige abseits gelegene Grundstücke, bevor wir auf einem Schotterweg in den Wald gelangen. Wir fahren nun mitten ins **Sumpfgebiet der Kendlmühlfilzen**. Lange galten diese moorigen, nassen Ebenen als unnütz und wurden trockengelegt oder, so wie hier, zur Torfgewinnung ausgebeutet. Mit kleinen Schienenwagen beförderten die Torfstecher das als Brenngut genutzte,

TOUREN-STECKBRIEF

Anfahrt: Von der A8 kommend nehmen wir zunächst die Ausfahrt Bernau/Prien oder Feldwies/Übersee und halten sich dann Richtung Grassau/Marquartstein.

Start der Radtour: im Ortszentrum von Grassau. Gegenüber der Kirche biegen wir in der Kurve auf die Niederfelderstraße ab und nehmen dann links die Moosbacherstraße bis zum Parkplatz bei **GPS N 47°46‘47.9“, E 12°26‘59.5“**.

Der Fußweg beginnt an der B 305 Richtung Bernau am Museum Salz & Moor, Parkplatz bei **GPS N 47°47‘05.0“, E 12°25‘38.0“**.

Fahrradverleih: Radhaus Grassau (keine Kinderräder), Bahnhofstr. 25. www.radhaus-grassau.de

Chiemgau Fahrradvermietung, Achentalstraße 5. www.kurtbartschsecondhandbikesundparts.de

Anspruch und Charakter: Radtour fast durchgehend auf sonnigen Schotter- und Asphaltwegen. Mehrfach lohnt es sich abzusteigen und zu laufen, um zu Aussichtswarten oder Infostationen im Moor zu gelangen. Rückweg auf einem Radweg entlang der Bundesstraße.

Auf dem Fußweg am Museum erhält man einen Einblick in die Moorlandschaft und erreicht die meisten Erlebnisstationen.

Museum Salz & Moor: Geöffnet Mai bis Oktober, Di bis So 11–17 Uhr. Eintritt Familie €7. www.klaushaeusl.de

Highlights: Aussichtsturm in den Kendlmühlfilzen, Spielstationen am Moorrundweg, Museum Salz & Moor.

Einkehr: Café am Museum Salz & Moor.

In der Nähe: Torfbahn Rottau, Märchenpark Marquartstein.

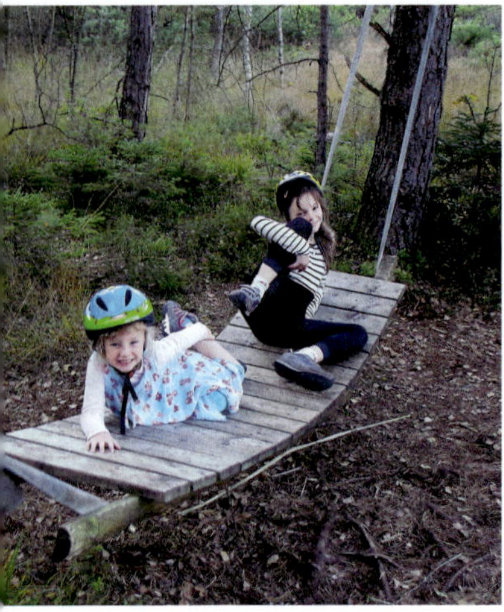

dunkle Erdreich zu den weiterverarbeitenden Betrieben und Lagerstätten. Die Spuren dieser Arbeit sind noch gut zu sehen.

Dort wo unsere Radroute **nach links abbiegt** ②, steigen wir ab und laufen geradeaus weiter. Fahrräder sind hier verboten. Nach wenigen Metern stoßen wir auf Reste der alten Schienenstränge und folgen Ihnen bis zu einem **Aussichtsturm**, der einen weiten Blick über die renaturierte Moorlandschaft bietet. Still liegt das Moor vor uns. Die von Menschenhand gezogenen Gräben zur Trockenlegung und Torfgewinnung sind noch immer deutlich zu erkennen. Auf Infotafeln erfahren wir mehr zur einstigen Nutzung des Areals und zum langsam zurückkehrenden Leben im Moor. Die Torfmoose erholen sich und Schwarzkehlchen, Baumfalken und Libellen kehren zurück ins Moor.

Der Moorlehrpfad zu Fuß

Gehzeit 1h, 1,5 km, ab 4 Jahre

Vom Museum Salz und Moor überqueren wir die Bundesstraße und laufen auf dem gegenüber liegenden Schotterweg ins Moorgebiet. Hier treffen wir bald die erste Spielstation – eine Insel mit »Burg« und Wassergraben – dahinter geht es rechts auf einen Pfad und an dessen Ende nach links zur botanisch-faunistischen Station mit vielen Informationen zu den Pflanzen im Moor. Am nächsten Abstecher erfahren wir mehr über die Torfgewinnung und gelangen am Ende zum Baum-Balancierweg und zum Erlebnisspiel-Parcours samt Picknickbank. Links führt der Ausgangsweg dann zurück zum Museum.

Zurück am Fahrrad folgen wir dem Fahrweg mitten durchs Moor, vorbei an einer Holzbank mit bestem Ausblick am Wegesrand. Der Weg gabelt sich, wir folgen ihm nach links und erreichen kurz darauf einen **asphaltierten Fahrweg** ③, der uns vorü-

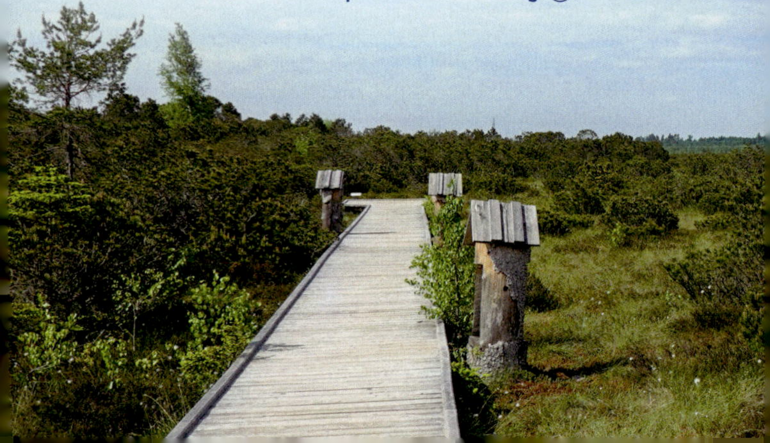

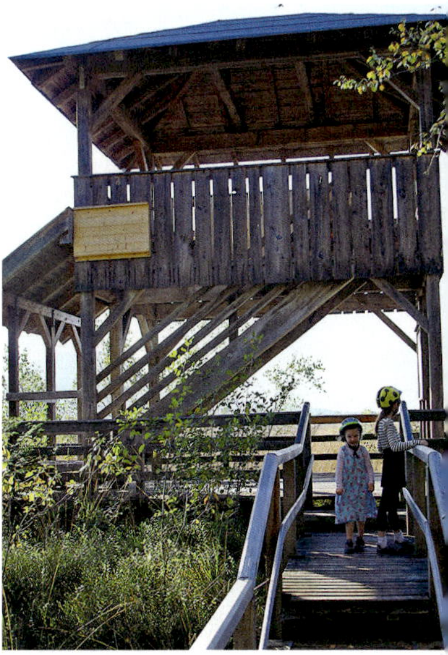

bergehend aus dem Moor hinausführt. Nun biegen wir zweimal rechts ab, erst auf den Hacklweg, dann in den Brunnhausweg. Letzterer verjüngt sich nach einer Autowerkstatt zum Feldweg und trifft dann auf den **Museums-Fußweg** ④.

An dessen Ende befinden sich Infostationen zu Botanik und es geht auf einem Holzbohlenweg nach links weiter. Wenn hier viele Wanderer unterwegs sind, sollte man in diesem Abschnitt besser absteigen und schieben, um niemanden auf den schmalen Wegen zu gefährden. Der Weg endet an einem **Abenteuerparcours** am Rand des Moores, der zum Klettern, Balancieren und Toben einlädt. Dort biegen wir links ab und folgen dem Grießenbach, vorbei an der Spielstation »Insel und See«, zum **Museum Salz & Moor** ⑤. Bei der Straßenüberquerung ist Vorsicht geboten!

Wer noch ausreichend Kraft hat, kann die lange Treppe neben der **Solepipeline** hinter dem Museum erklimmen. Von oben bietet sich ein weiter Blick über das Moor, das wir eben noch durchfahren haben. Das Gebäude am oberen Ende der Treppe ist das letzte vollständig erhaltene Pumphaus, das einst Solewasser durch Rohrleitungen von den Quellen in Berchtesgaden und Reichenhall nach Rosen-

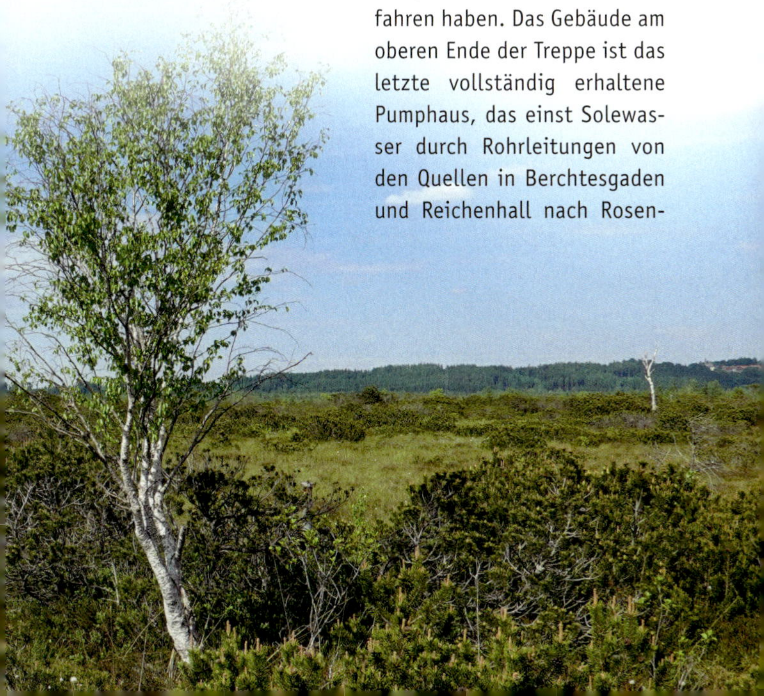

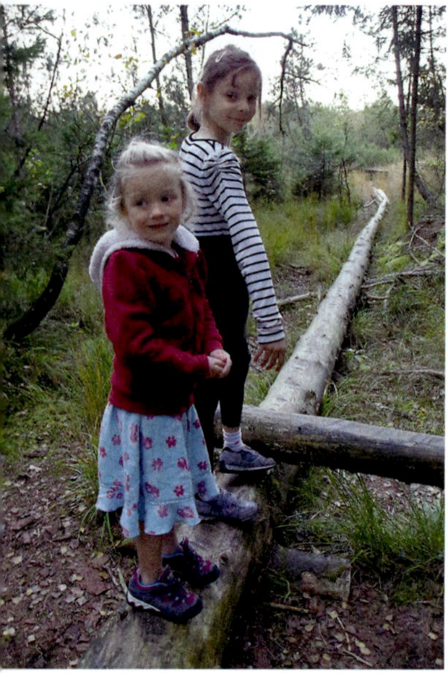

heim beförderte, wo man daraus Salz gewann. Im Museum bewundern wir die »Wassersäulenmaschine« und es wird die Technik der Salzgewinnung zu Beginn des 19. Jahrhunderts erklärt.

Vom Museum radeln wir am hübschen **Museumscafé** vorbei und auf dem Radweg neben der Bundesstraße zurück nach Grassau. Vor dem »Gasthof zur Post« geht es links zum Parkplatz zurück. Eine Einkehr in der bayerische Traditionsgaststätte ist ein gelungener Abschluss der Tour.

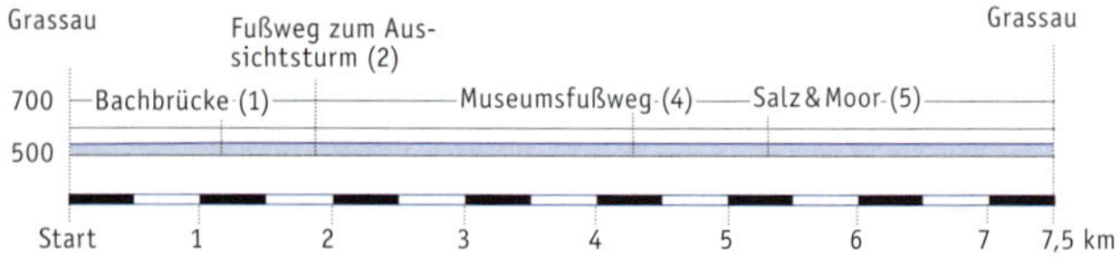

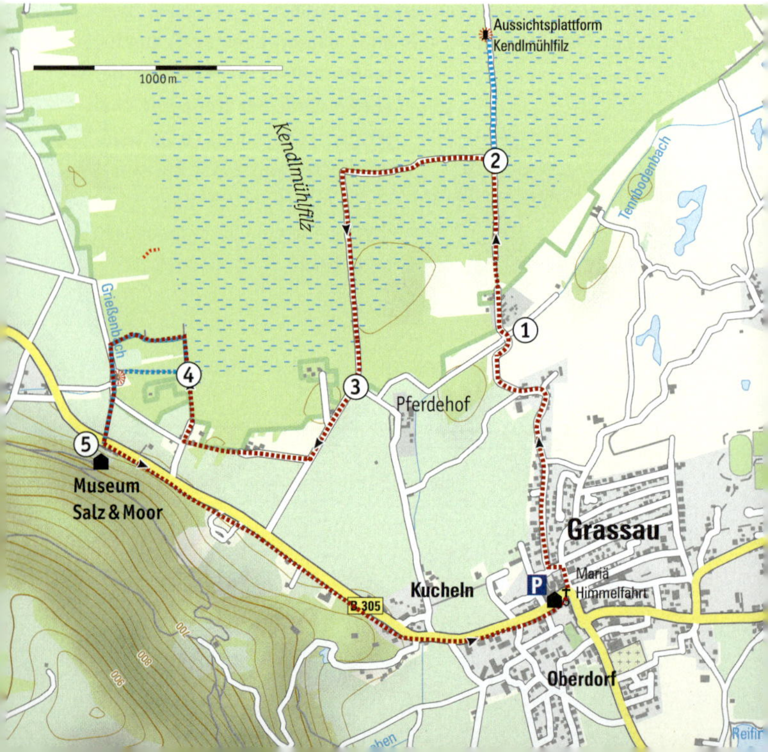

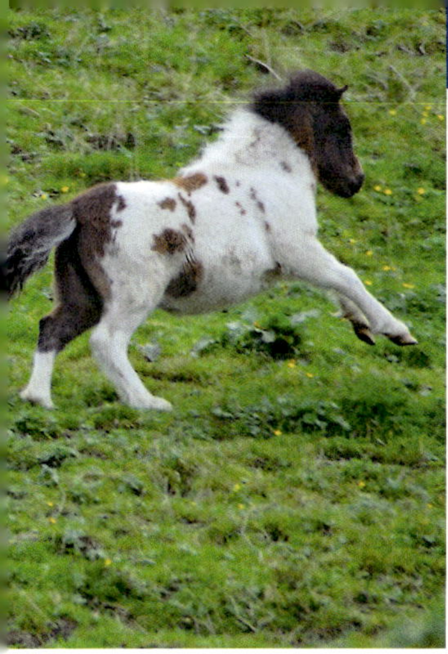

Tour 32: Mini-Ponys und Kaiserschmarrn

Über die Zeppelinhöhe zur Hefteralm

400 m

STRECKE 7,8 km

3 h 45

ab 6

Eine Herde Mini-Ponys, ein Gehege mit Ziegen oder eine Brotzeit mit hausgemachtem Käse und Brot aus dem hofeigenen Holzofen, Erdbeerbuttermilch oder Kaiserschmarrn. Welches davon jetzt die größte Attraktion der Hefteralm ist, lässt sich wohl kaum entscheiden. Ist ja auch egal. Fest steht nur, ein attraktiveres Wanderziel für Kinder werden wir weit und breit nicht finden. Die Hütte erreicht man im Abstieg von der Hochplattenbahn oder, ganz aus eigener Kraft, in dieser schönen Wanderrunde ab Grassau.

TOUREN-STECKBRIEF

Anfahrt: Von der Autobahnausfahrt Bernau auf der B 305 über Bernau und Rottau in Richtung Grassau fahren und vor Grassau im Ortsteil Kucheln rechts zwischen den Häusern in die enge Straße »Am Bichl« einbiegen. Der Parkplatz ist hier unten nicht beschildert. Kurz hinter dem Gasthaus Bergbadstüberl erreicht man bei **GPS N 47°46'40.0", E 12°26'12.0"** einen Wanderparkplatz. Eine weitere private, nicht ganz offizielle Parkmöglichkeit gibt es am Straßenrand und am Ende der Asphaltstraße in Stehtrumpf und. Dazu unten am Schild »letzter Parkplatz für Wanderer« vorbeifahren.

Anspruch und Charakter: Technisch unkomplizierte Wanderung. Aufstieg auf einem Waldpfad, Wiesenwege auf der Hochebene, Abstieg auf einer Forststraße und angenehmen Waldwegen.

Highlights: Hefter Alm mit Ziegen, Ponys und sehr schönem, schattigem Garten, Bachüberquerung an der Rachelalm, Spielstellen am Bach bei der Hefteralm und auf dem Weg zur Zeppelinhöhe.

Einkehr: Rachelalm, Hefteralm.

In der Nähe: Märchenpark Marquartstein, Bernamare.

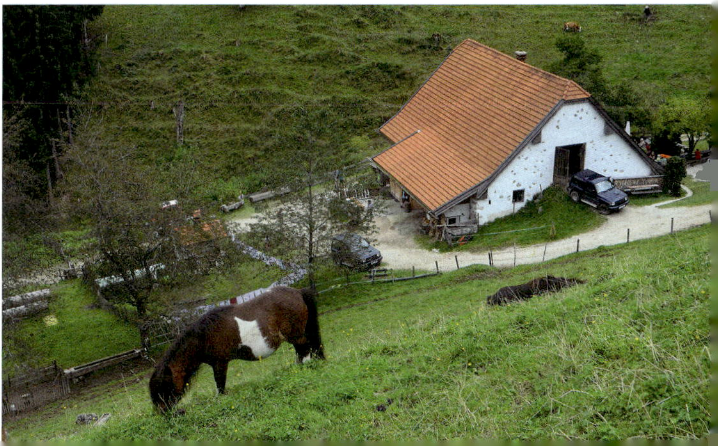

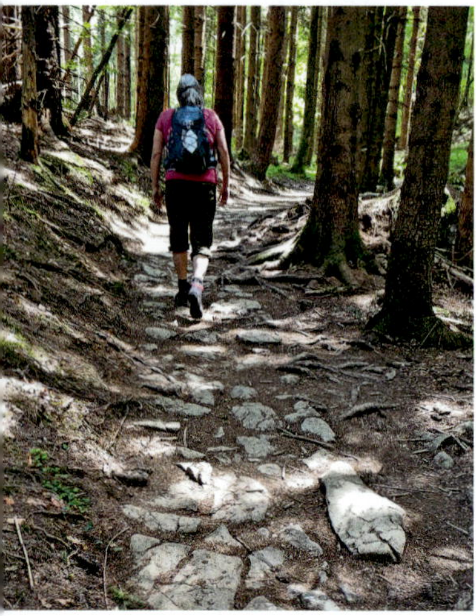

Wanderung: Vom unteren Parkplatz folgen wir der Straße bergauf und gehen am ersten Abzweig links in Richtung Torgraben hinunter. Der Waldweg endet an einer **Kreuzung am Feldrand** ① oberhalb von Grassau. Hier laufen wir rechts wieder in den Wald, ausgeschildert ist die **Zeppelinhöhe**. Der Weg führt oberhalb eines Baches entlang bis zu einer schmalen **Brücke**. Direkt vor der Brücke biegt im spitzen Winkel ein Pfad zur Zeppelinhöhe ab.

In Serpentinen schlängelt er sich den Hang hinauf und trifft kurz vor dem 1905 nach Graf Zeppelin benannten Aussichtspunkt auf den Pfad, der direkt von Stehtrumpf hierher führt. Dann folgt links der kurze Abzweig zum **Aussichtspunkt** ②. Von hier aus verläuft der Pfad beinahe eben durch den Wald, bis ein Bach quert. Auf Trittsteinen geht es hinüber und erneut steigen wir Kurve um Kurve bergan, überqueren dabei einen weiteren Wasserlauf und treffen dann auf den **Fahrweg** ③, der die Grassauer Almen mit Marquartstein verbindet. Wir folgen diesem rechts hinauf bis zur **Rachelalm**. Dort geht es über den nächsten Bach und rechts auf einen ebenen Wiesenweg, der auf das weiße Gebäude der Hufnagelalm zuhält und dann weiter zur Hefteralm führt.

Der Weg führt zwischen Kuhweiden und durch mehrere **Weidetore** beinahe eben am Hang entlang. An der neu renovierten **Hufnagelalm** ④ geht es inzwischen hinter dem Haus vorbei. Wir wandern durch Almwiesen, durchqueren noch ein kleines

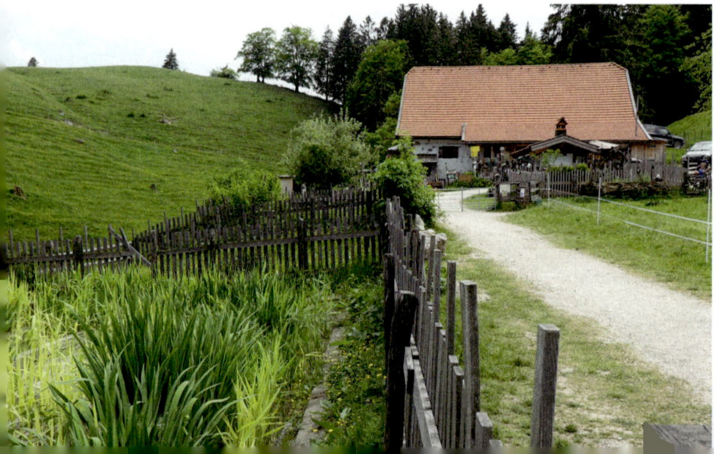

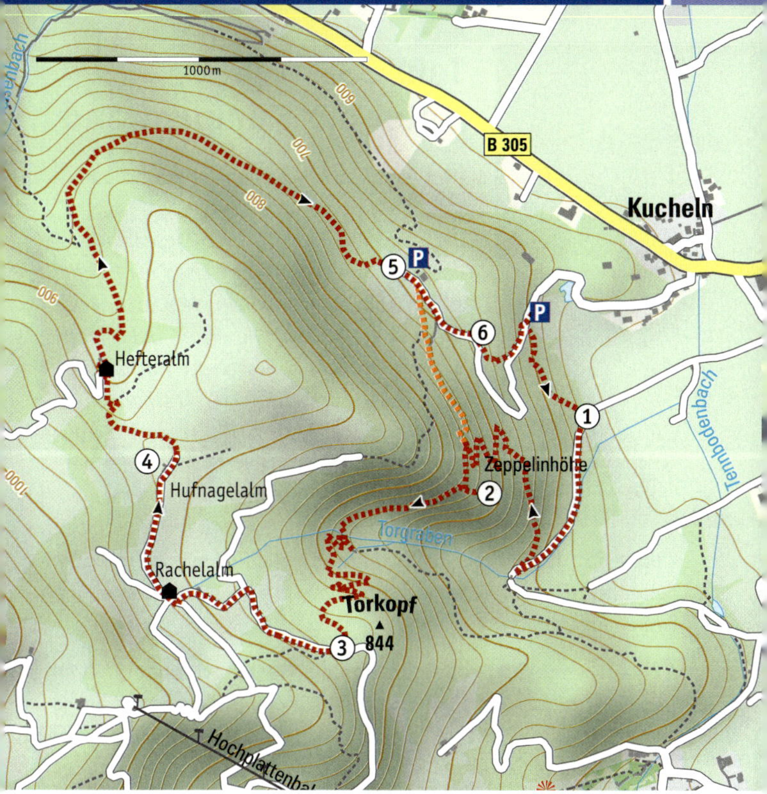

Waldstück, stapfen durch einen letzten Bach und dann blitzt schon das rote Ziegeldach der **Hefteralm** durch das Laub. Wenige Schritte später stehen wir im gemütlichen Garten vor der Hütte.

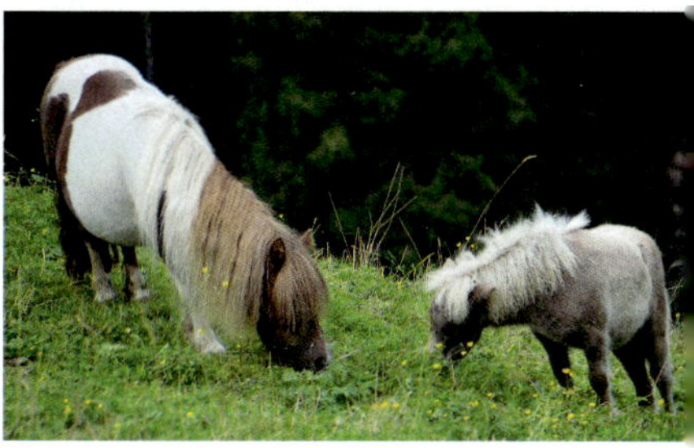

Der direkte **Rückweg** führt uns in einem Bogen über einen langsam breiter werdenden Forstweg nach Stehtrumpf hinunter. Wir folgen dazu dem Weg hinter dem Haus am Backhäusl und der Pflanzenkläranlage vorbei und bleiben auf diesem, bis wir in **Stehtrumpf** ⑤ die Asphaltstrecke erreichen. Wer hier geparkt hat, ist fein raus. Alle anderen marschieren nochmal 15 Minuten auf der kaum befahrenen Straße hinunter zum Auto.

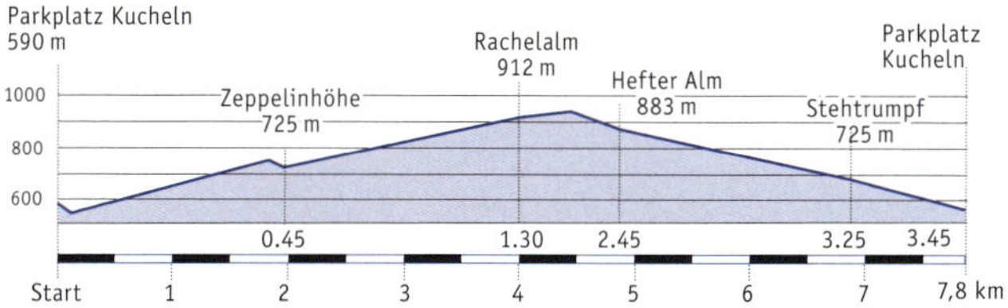

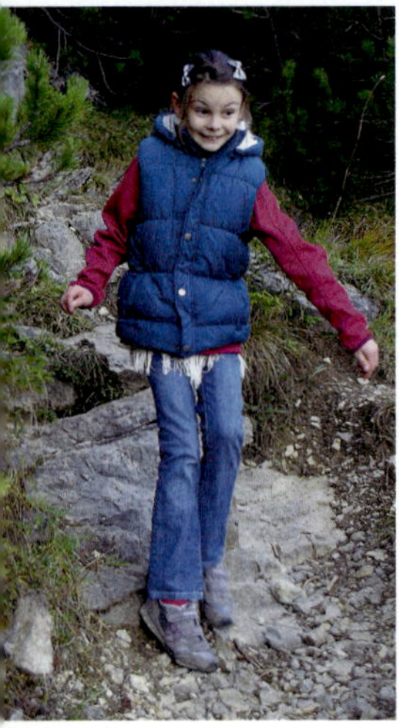

Tour 33: Unter der Kampenwand

Wanderung zur Piesenhausener Hochalm

Die einfache Almhütte der Piesenhausener Hochalm inmitten grüner Wiesen am Fuß der zerklüfteten Kampenwand ist ein Anblick wie aus dem Bilderbuch. Die ersten Höhenmeter überwinden wir im Sessel der Hochplattenbahn, sodass das idyllische Ziel schon mit einer guten Stunde Aufstieg erreicht werden kann. Zwei Wege führen hinauf. Einer breit und bequem, der andere schmal und abenteuerlich. Da ist für jeden das Richtige dabei. Ganz fitte junge Wanderer könnten sich auch an den aufregenden Aufstieg zur Hochplatte wagen, der am Ende sogar eine kleine Klettereinlage fordert.

490 m

STRECKE 7,7 km

3 h 30

ab 6

Wanderung: Von der **Bergstation der Hochplattenbahn** führen zwei Wege zur Hochalm. Wir verbinden den breiten Schotterweg mit schönem Blick zum Chiemsee und den schmalen naturbelassenen Waldweg zu einem Rundweg. Auf dem Schotterweg geht es hinauf, den schöneren Pfad heben wir uns für den Rückweg auf. Der Weg beginnt links unterhalb der Station. Vorher ist jedoch sicher ein Stopp an den **Schaukeln des Staffn Erlebnisweges** an der Bergstation angesagt.

Der Aufstieg ist ein wenig zäh. Kurve um Kurve steigt der breite Weg im schattigen Wald gleichmäßig an und erfordert schon ein wenig Kondition. Nach einer knappen Stunde ist als erstes Zwischenziel die **Plattenalm** ① erreicht. Von hier hat man einen grandiosen Blick über die Ebene und

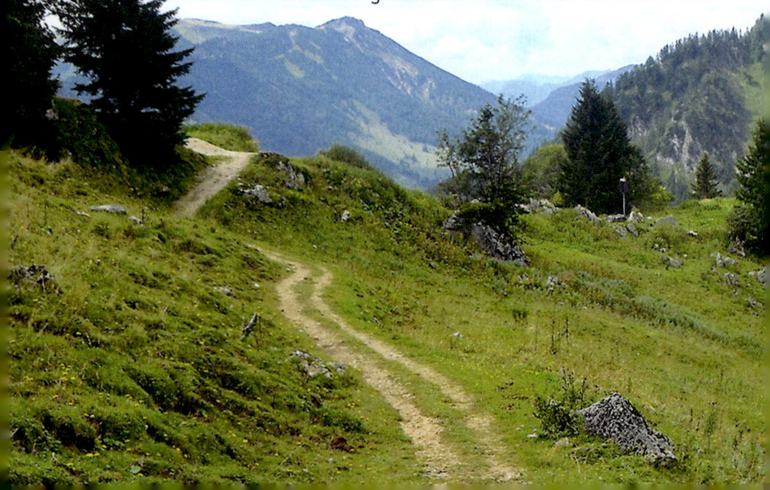

TOUREN-STECKBRIEF

Anfahrt: Von der Ausfahrt Bernau folgen wir der B 305 bis Grassau, im Ort rechts über Piesenhausen zur Talstation der Hochplattenbahn bei **GPS N 47°45'40.0", E 12°26'08.0"**. Die Bahn ist von Grassau und Marquartstein ausgeschildert.
Bergbahn: Doppelsesselbahn Betriebszeit 9–17 Uhr, Berg- und Talfahrt €10, erstes Kind 5 bis 14 Jahre €6, weitere Kinder kostenlos. www.hochplattenbahn.de
Anspruch und Charakter: Technisch unkomplizierte Wanderung auf einem Schotterweg mit grandioser Aussicht und einem teilweise recht steilen Waldpfad.
Variante: Der Aufstieg zur Hochplatte ist sehr steil und wird bei feuchtem Boden unangenehm rutschig. Im oberen Bereich Kletterpartie über Felsen.
Highlights: Toller Blick auf die Kampenwand und den Chiemsee, Einkehr an einer urigen Alm, Schaukeln des Staffn-Erlebnisweges an der Bergstation.
Einkehr: Piesenhausener Alm, Staffn Alm
In der Nähe: Märchenpark Marquartstein.

den weit unten schimmernden Chiemsee. Dann zieht unser Weg noch eine letzte große Schleife durch die Wiesen und wir stehen auf dem **Sattel ②.** Zum ersten Mal fällt der Blick auf die wilden Zacken der Kampenwand. Wir durchqueren ein Weidetor. Direkt dahinter führt links ein steiniger Pfad auf den **Gipfel der Hochplatte ③**. Wir laufen geradeaus weiter und sehen schon kurz darauf das weiße Gebäude der **Piesenhausener Alm ④**. An der nächsten Kreuzung zweigt unser Rückweg rechts ab. Zuerst geht es

Aufstieg zur Hochplatte
Gehzeit: zusätzlich 1 h, ↓↑163 m, Trittsicherheit und Wanderschuhe erforderlich, ab 8 Jahre
Vom Fahrweg zweigt oben auf dem Sattel ein steiler Pfad zum Gipfel der Hochplatte ab. Er führt im unteren Bereich durch den Wald und wird hier bei Nässe durch den lehmigen Boden leicht glitschig. Dann trifft man auf ein kleines Grasplateau, auf dem man auch schon ganz gut rasten könnte. Ab hier wird der Weg noch einmal deutlich anspruchsvoller und führt sehr steil bergauf. An einigen Felsstufen kommen sicher auch die Hände zum Einsatz, dann ist nach etwa 30 Minuten das Gipfelkreuz auf der Hochplatte erreicht und wir haben freien Blick in alle Richtungen.

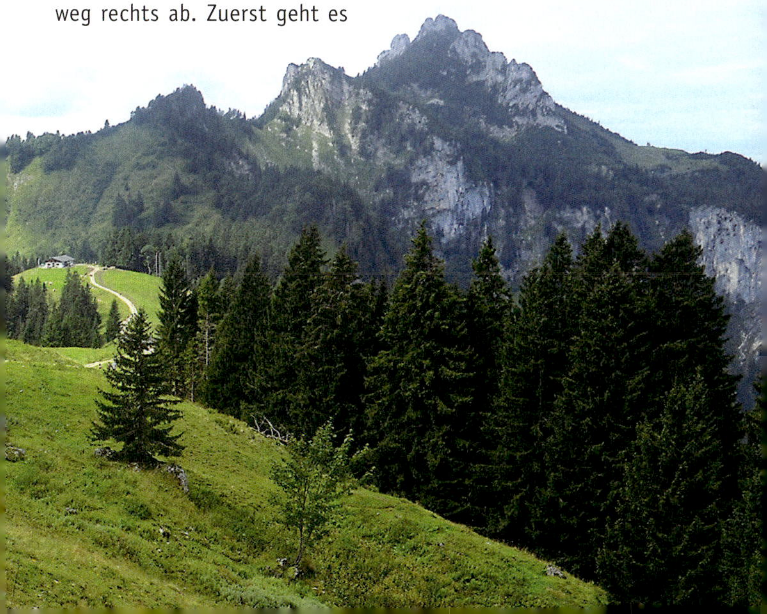

> **Staffn Erlebnisweg**
> Der Lehrpfad, der an der Bergstation beginnt und die Gipfelspitzen von Klein- und Großstaffen umrundet, erfreut Familien mit anschaulichen Informationen – zum Beispiel über die ungewöhnlichen Kräfte der Ameisen und die Höhlen der Spechte. Dazwischen bieten Schaukelbänke und Himmelsliegen Ruheplätze für Groß und Klein. Der Weg zwischen den Attraktionen ist jedoch breit und fest geschottert. Landschaftlich ist die Runde trotz der Aussichtsplattform am Weg wenig aufregend.

jedoch die letzten 800 Meter zur Alm, wo wir uns mit einer Brotzeit oder hausgebackenem Kuchen stärken können.

Zurück an der **Kreuzung** ⑤ steigen wir links hinunter. Unser Pfad führt durch Wald und Wiesen, erst sanft abfallend, dann kurzzeitig steil und steinig. Nach einer guten Stunde trifft der Waldpfad auf eine **breite Forststraße** ⑥. Rechts hinunter geht es in Richtung Staffnalm. Spannender ist es, den Schotterweg zu überqueren und geradeaus auf der Spur in der Wiese die **Maieralm** anzusteuern. Von dort führt ein Weg hinunter zum Bergrestaurant Staffnalm und zur Station der Sesselbahn.

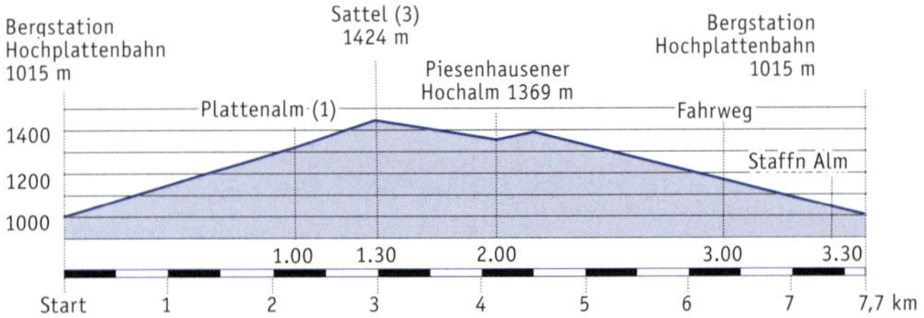

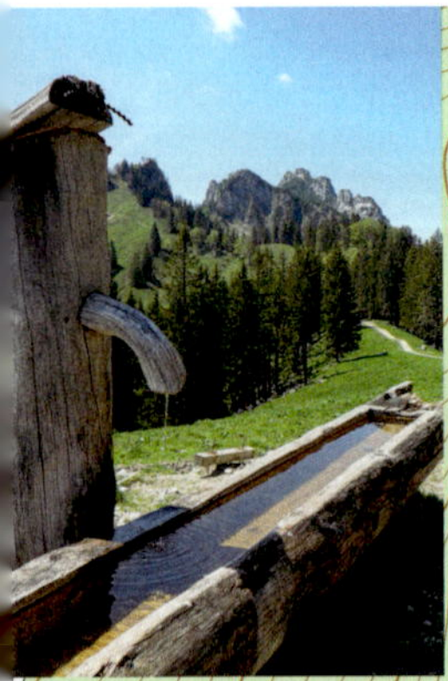

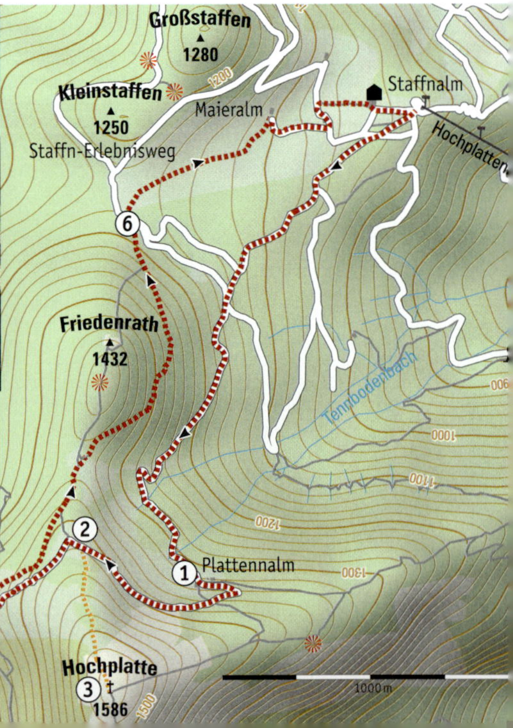

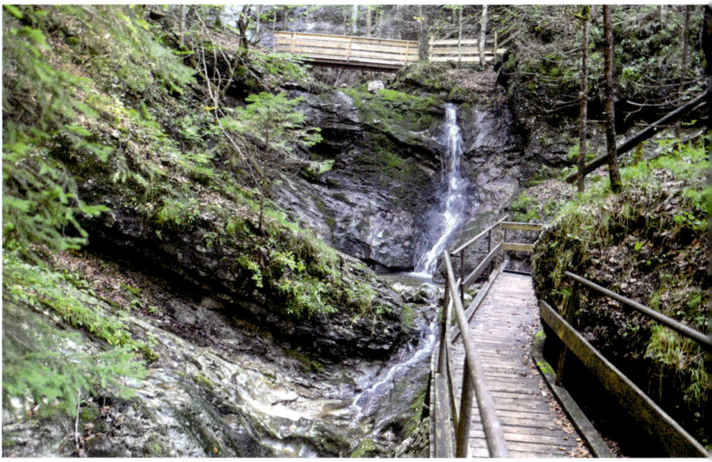

Tour 34: Klamm und Alm

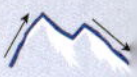

200 m

STRECKE 4,5 km

1 h 45

ab 8

Durch die Klausenbachklamm zur Zwerchenberg-Alm

Die kleine Klamm mit ihren abenteuerlichen Steigen gehört zwar ganz sicher nicht zu den großen Sehenswürdigkeiten der Region, kommt aber gerade deshalb genau recht für einen spannenden Familienausflug. Die Einkehr auf der urigen Zwerchenberg-Alm oberhalb von Reit im Winkl rundet die kurze, aber durchaus anspruchsvolle Wanderrunde ab. Auch junge Wanderer müssen hier trittsicher sein. Für die Kleinsten gibt es eine gute Alternative mit Rundgang durch die Klamm und einem ausgedehnten Spielplatzbesuch.

TOUREN-STECKBRIEF

Anfahrt: Wir verlassen Reit im Winkl auf der B 305 in Richtung Ruhpolding und biegen am Ortsrand rechts in Richtung Blindau ab. Im Dorf geht es links in die Fellhornstraße, die am Wanderparkplatz bei **GPS N 47°39'40.2", E 12°28'44.3"** endet.

Anspruch und Charakter: Der Zwerchenbergsteig zwischen der Bachfurt und der Zwerchenbergalm gilt als Weg mit alpinem Anspruch und erfordert Trittsicherheit und gute Kondition. Er ist gut angelegt, bei trockenem Boden einigermaßen unkompliziert zu gehen und führt in knappen Serpentinen am Steilhang nach oben. Der Weg ist jedoch recht schmal, sodass man zeitweise sehr nahe am (steilen) Abhang wandert. Gehen Sie den Zwerchenbachsteig daher nur bei trockenem Boden und nur mit zuverlässig trittsicheren, wandererprobten Kindern. Laufen Sie den Steig möglichst bergauf und drehen die Richtung der Runde nicht um. Wanderschuhe sind auf dem Steig Pflichtausstattung. Fast alle weiteren Wege der Wanderrunde sind unkompliziert. Nur der Steig durch die Klamm braucht mit vielen Wurzeln und steinigem Boden bei Nässe erhöhte Aufmerksamkeit, ist aber an allen relevanten Stellen mit Holzzäunen gesichert.

Highlights: Klamm, Furt durch den Bach, Einkehr auf der Alm, Spielplatz am Weg.

Einkehr: Zwerchenbergalm (Do Ruhetag, Mai und Juni nur Fr bis So).

In der Nähe: Spieleweg Reit im Winkl, Hochseilgarten, Baden am Weitsee.

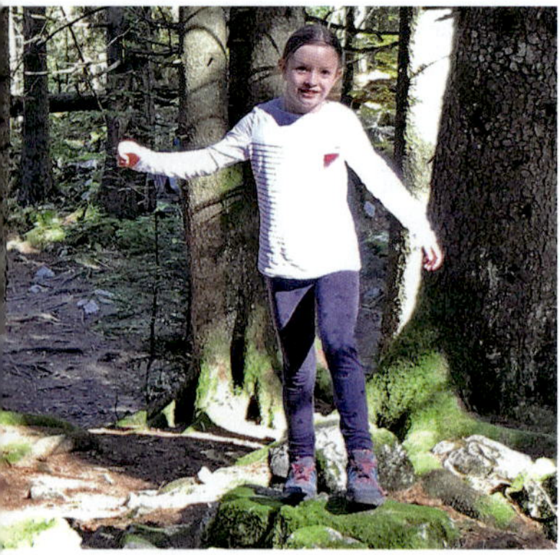

Mini-Runde durch die Klamm

ab 4 Jahre, 1,5 km

Vom Parkplatz Blindau wählen wir den Pfad, der rechts über einige Treppen hinaufführt. Er führt zur Zwerchenbergalm (leichter Weg) und zur Klausenbachklamm. Immer am Waldrand entlang, rechts neben uns sind die Häuser von Blindau zu sehen, gehen wir bis zur Kreuzung mit einem breiten Schotterweg. Vor uns liegt der Spielplatz und eine erste Pause ist kaum zu vermeiden. Um zum Klammsteig zu kommen, gehen wir quer über den Spielplatz. Wir verlassen ihn am oberen Ende zwischen den rot-weißen Pfosten und gehen den Fahrweg links hinauf, bis er vor einem Haus endet- rechts geht es hier hinunter zu einem Teich, links hinauf kommen wir nach wenigen Schritten zu den ersten Stegen des Klammweges. Die Klausenbachklamm ist winzig, aber sehr nett. Der Weg schlängelt sich um die schönste Stelle, an der vor einer hohen Felswand ein Wasserfall in eine Gumpe fällt. Dann endet unser Pfad nach einigen Stufen und Kurven wieder auf dem Fahrweg. Links hinunter erreichen wir ganz schnell wieder den Spielplatz und spazieren auf dem vertrauten Weg zurück zum Parkplatz.

Wanderung: Vom Parkplatz gehen wir wenige Schritte die steil ansteigende Straße hinauf, auf der auch die Zubringerbusse für die Hindenburghütte fahren. Schon nach knapp 100 Metern biegen wir rechts auf einen **Schotterweg** ab. Die Wanderzeit zur Zwerchenberg-Alm, unserem ersten Zwischenziel, ist hier mit 50 Minuten angegeben.

Zuerst geht es ganz gemütlich sanft bergauf bis zur bereits am Wegbeginn angekündigten **Bachfurt** ①. Auf großen Trittsteinen kommen wir recht unkompliziert hinüber, solange der Bach nicht zu viel Wasser führt. Hinter der Furt beginnt der steile und anspruchsvolle **Aufstiegspfad zur Zwerchenberg-Alm**.

In unzähligen Serpentinen zieht sich der teilweise sehr schmale Pfad am Hang hinauf und erfordert nicht nur Kondition, sondern auch aufmerksames Gehen. Fehltritte können hier recht unangenehme Folgen haben. Knapp 200 Meter höher durchqueren wir dann ein Weidetor und stehen sehr plötzlich auf den sattgrünen **Weiden**

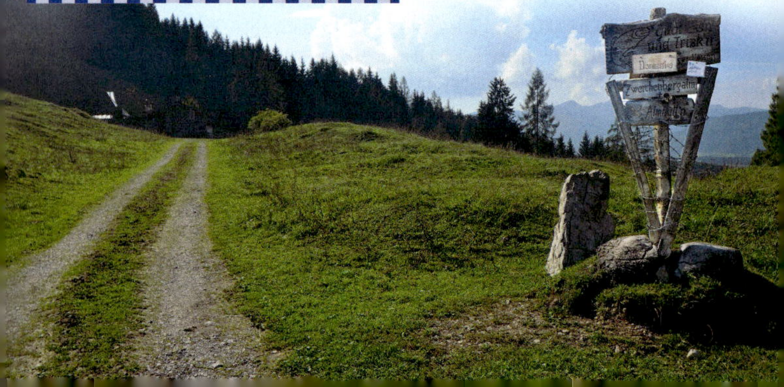

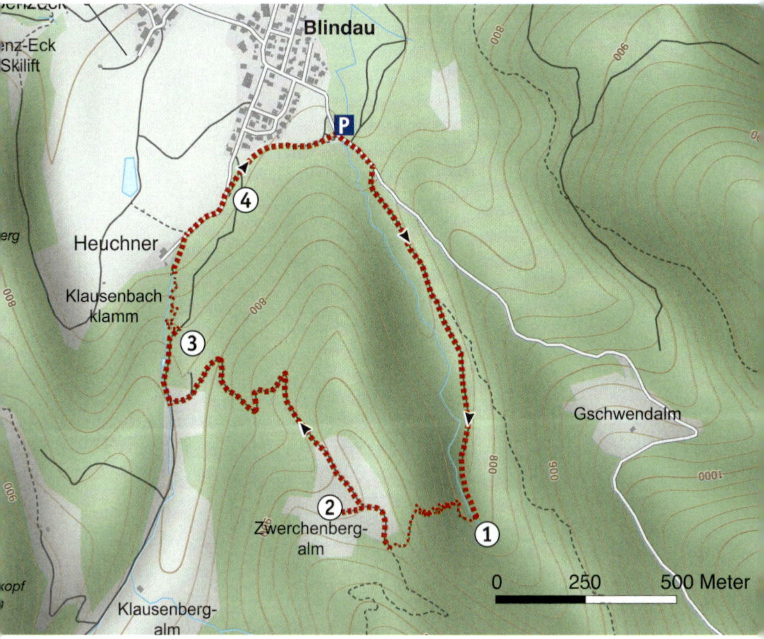

der Alm ②. Ist es Sommer und nicht gerade Donnerstag, bekommt man hier etwas zu trinken und kleine Speisen.

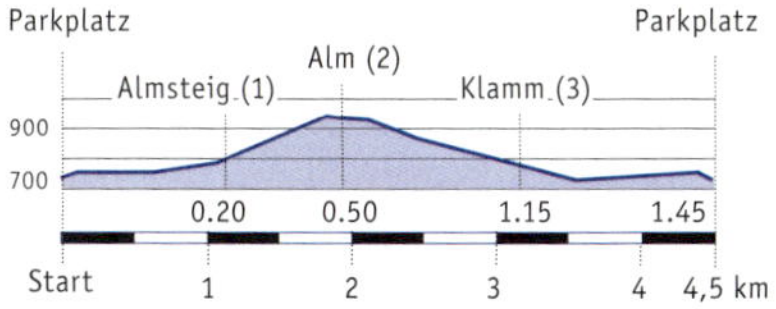

Für den Abstieg wählen wir den unkomplizierten **Fahrweg** auf der anderen Seite der Alm und spazieren entspannt in Richtung Tal, bis kurz vor dem Ziel links der Steig durch die kleine, sehr nette **Klausenbachklamm** ③ abzweigt.

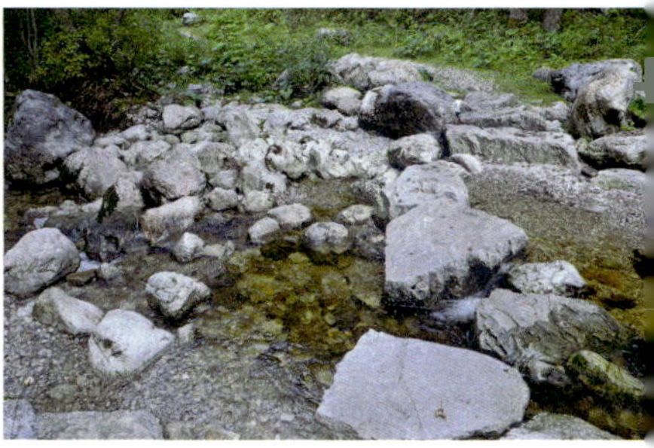

Über Treppchen klettern wir hinunter zu einer Holzbrücke, von der man von oben auf einen Bretterpfad am Bach gucken kann. Meist ist hier zwischen den Felsen der Weg etwas feucht und rutschig, sodass noch einmal aufmerksames Gehen gefragt ist. Dann treffen wir am unteren **Schluchtende** auf einen breiten Schotterweg, an dem rechts ein schöner **Spielplatz** ④ liegt. Nach der gebührenden Pause verlassen wir den Spielplatz links neben der Blockhütte, steigen die Treppe hinauf und folgen dem Schild in Richtung **Parkplatz Blindau** geradeaus und immer am Waldrand entlang, bis wir wieder am Parkplatz stehen.

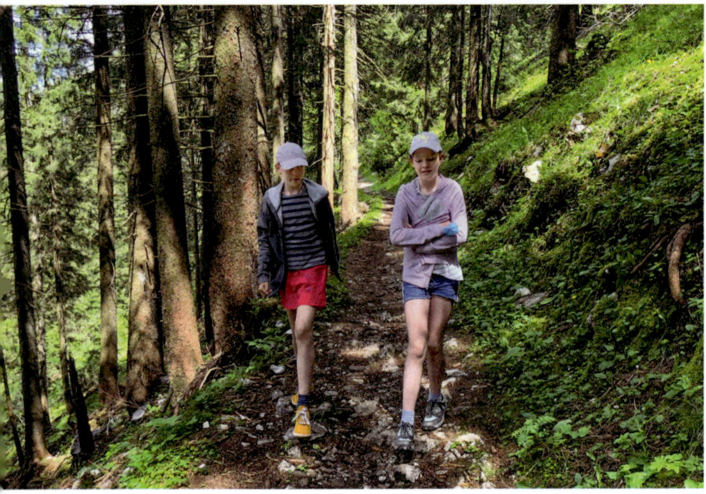

480 m

STRECKE 9,2 km

4 h

ab 10

Tour 35: Almgenuss über Reit im Winkl

Bergtour zum Straubinger Haus

Schöne Pfade mit weiter Sicht über viele, viele Berge sind die besondere Qualität dieser Wanderung. Am Horizont glitzert der Chiemsee und im Süden ragen die mächtigen Steinberge des Wilden Kaiser auf. Der gut markierte Premiumwanderweg Almgenuss bringt uns zwischen die mächtigen Alpengipfel an der Grenze zu Österreich. Unser Ziel, das Straubinger Haus, gehört zu den besonders kinderfreundlichen Hütten des DAV und hat neben den üblichen Matratzenlagern auch Dreier und Vierer-Zimmer. Sie wäre also geradezu ideal für eine aufregende Familien-Übernachtung in den Bergen.

Wanderung: Die Wanderung beginnt an der **Hindenburghütte,** die man von Reit im Winkl mit dem Bus erreicht. Von der Hütte

TOUREN-STECKBRIEF

Anfahrt: Mit dem Busshuttle starten wir von Reit im Winkl zur Hindenburghütte. Die Busse fahren im Sommer ab 9 Uhr im 30-Minutentakt von der Information im Ort oder vom Wanderparkplatz im Ortsteil Blindau. Die Fahrt kostet einfach €9 pro Person, Kinder zahlen etwa die Hälfte. Die Busse gehören zur Hindenburghütte und fahren nicht nach festem Fahrplan. An ruhigen Tagen melden wir unseren Fahrtwunsch am besten unter Tel. 0171 5437923. hindenburghuette.de

Anspruch und Charakter: schmale, steinige Bergpfade ohne riskante Stellen, nur beim Aufstieg zum Schuhmacherkreuz geht es zeitweise sehr eng am Abgrund entlang. Mit jüngeren Kindern daher den direkten Aufstieg wählen!

Highlights: Kühe und Kälbchen, Einkehr, schöne Kletterwege, toller Blick.

Einkehr: Hindenburghütte, Straubinger Haus.

In der Nähe: Spieleweg Reit im Winkl, Hochseilgarten, Baden am Weitsee.

> **Variante ab 6 Jahre**
> *Gehzeit: 3 h 15 min, ↓↑350 m*
> Wir folgen der Wegbeschreibung bis zum Abzweig zum Schuhmacherkreuz und steigen dort auf direktem Weg zur Straubinger Hütte auf. Wir sparen uns damit nicht nur einige Höhenmeter, sondern auch den technisch anspruchsvollen Teil der Strecke.

laufen wir wenige Schritte zurück zur Straße und folgen dieser bergauf zwischen Weiden, auf denen sich eine komplette Kuhfamilie mit Stier, Kühen und vielen Kälbchen das Gras der Alm schmecken lässt. In einer Senke treffen wir auf einige Häuser der Alm. Hier zweigt rechts unser **Rückweg** ① ab. Wir laufen weiter geradeaus bis zur **Bergkapelle,** die die Hütten der **Oberen Hemmersuppenalm** ② ankündigt. Unten in der Kurve zweigt vor einem Haus unser Weg rechts ab. Er ist mit einer gelben Plakette markiert und überquert eine Weide. Zwischen den Kühen geht es sanft bergan. Schon hier genießt man den weiten Blick hinüber zum Dürrnbachhorn auf der benachbarten Winklmoosalm. Dann führt unser Pfad in den Wald und stetig weiter hinauf bis zu einer **Wegkreuzung** ③. Der Almgenuss zweigt links ab, um in engen Schlingen steil bergan zum Eggenalmkogel aufzusteigen. Geradeaus kommt man direkt zum Straubinger Haus. Der Bogen über Schuhmacherkreuz und Eggenalmkogel ist landschaftlich außerordentlich reizvoll, der Weg jedoch sehr schmal und daher nur für geübte Geher geeignet. Mit jüngeren Kindern läuft man besser geradeaus auf direktem Weg zur Hütte.

Der Bogen zum Schuhmacherkreuz: In engen Serpentinen geht es jetzt erst richtig steil bergan. Meist führt der Pfad durch Wald, es gibt jedoch immer wieder Lücken mit grandiosem Weitblick. Kurve um Kurve geht es höher, bis wir auf einer grasbewachsenen Hochebene, auf der man wunderbar picknicken könnte, auf das Kreuz treffen. Das **Schuhmacherkreuz** ist einem jungen

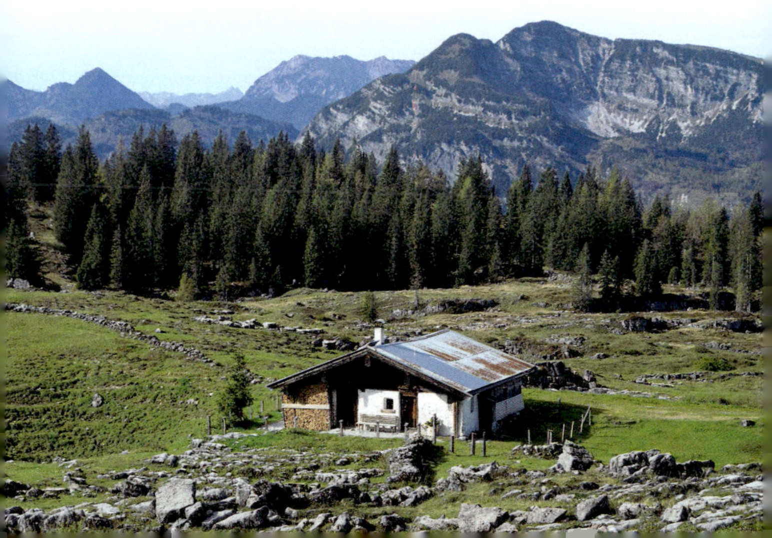

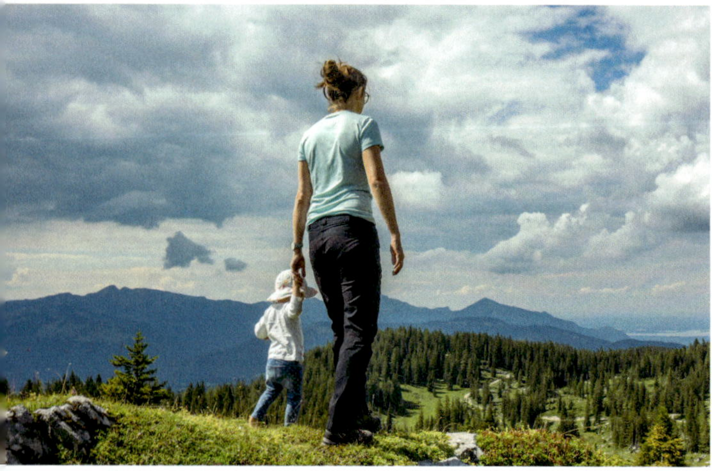

deutschen Grenzposten gewidmet, der hier 1933 bei einer Patrouille von einem österreichischen Kollegen erschossen wurde. Dieser wähnte ihn fälschlich auf der südlichen Seite der Grenze. Hinter dem Kreuz steigt der Weg nur noch kurz an und dann stehen wir auf der Spitze des **Eggenkogel** ⑤ und vor einer der bestplatzierten Holzbänke der Alpen.

Wenn wir uns von diesem außergewöhnlichen Platz wieder trennen können, vielleicht weil die Einkehr im Straubinger Haus so sehr lockt, folgen wir dem **Hinweisschild** und dem Pfad nach rechts. Die angegebenen 25 Minuten Gehzeit zur Hütte sind allerdings recht optimistisch. Unser Pfad führt jetzt in leichtem

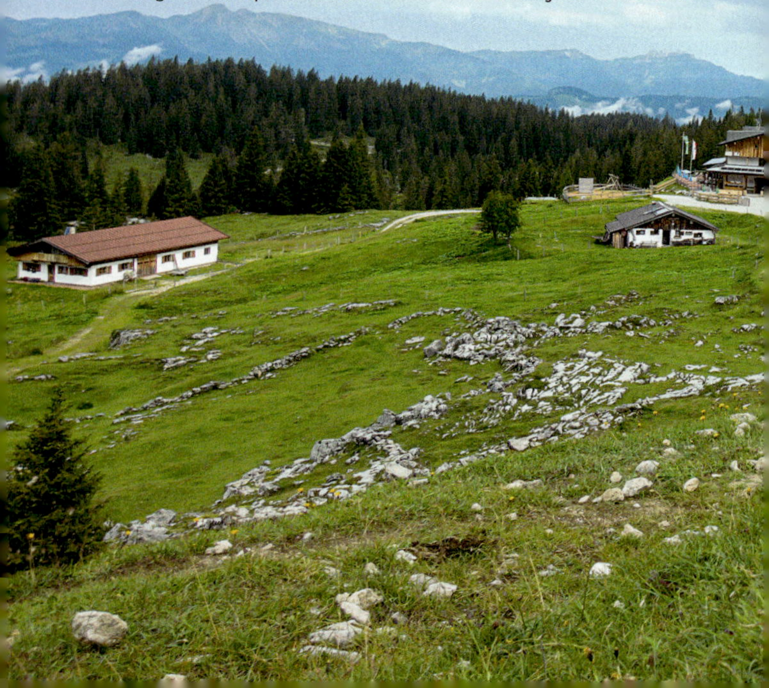

auf und ab auf der Höhe entlang und wir können bald einen Blick auf Alm und Hütte erhaschen. Der Wiesenweg mündet auf dem **breiten Fahrweg** und kurz können wir auf der Terrasse des Straubinger Hauses Platz nehmen. Kurz vor der Hütte sieht man rechts unten den **Abstiegsweg zum Hindenburghaus**. Kommt man später vom Straubinger Haus, fehlt hier die vertraute Plakette des Almgenuss-Wanderweges. Steuert man von der Hütte die kleine weiße Kapelle an und beginnt hinter dieser den Abstieg zum Hindenburghaus, ist man auf dem richtigen Weg.

Etwa nach 30 Minuten Abstieg **teilt sich der Weg** ⑤. Rechts geht es zurück auf den bereits bekannten Weg zur Hemmersuppenalm. Wir laufen diesmal links durch das Hochmoor. An einigen Stellen ist der Weg mit Holzplanken gesichert, bei feuchtem Wetter holt man sich trotzdem schnell nasse Füße. Nach einer guten Stunde erreichen wir einige Almhütten, wo man auf der linken Seite im **Sulznerkaser** noch einmal zu einer Buttermilch einkehren könnte, und folgt dann links der Straße den letzten Kilometer zurück zum **Hindenburghaus.** Wenn im Magen noch Platz ist, locken Kaffee und Kuchen auf der Terrasse mit Chiemseeblick hinter dem Haus, während die Kinder auf dem Spielplatz zwischen Schaukel, Klettergerüst und freilaufenden Alpakas schnell wieder munter werden. Die Abfahrtszeit des nächsten Busses erfragt man am besten vorher im Gasthof.

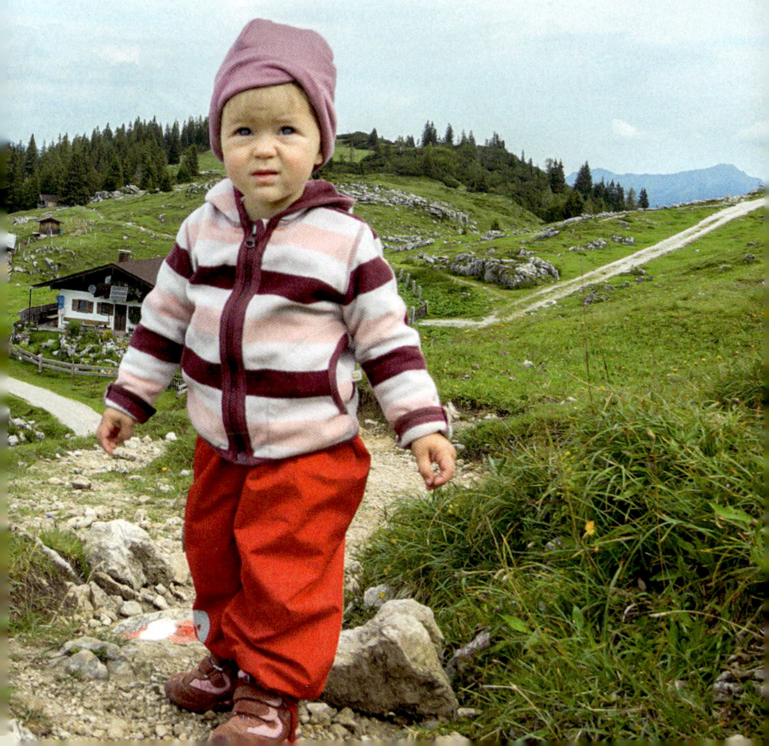

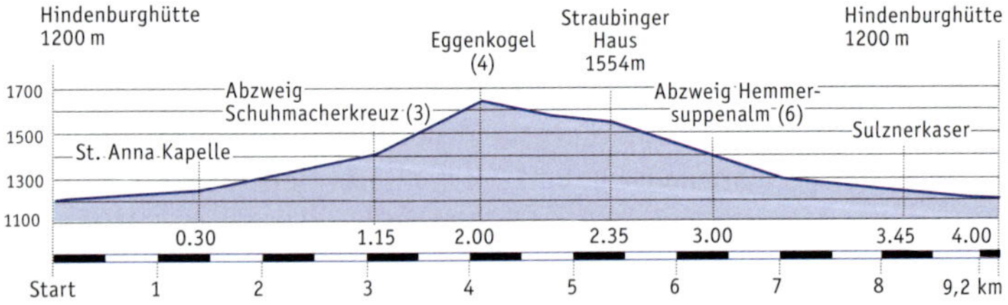

Tour 35

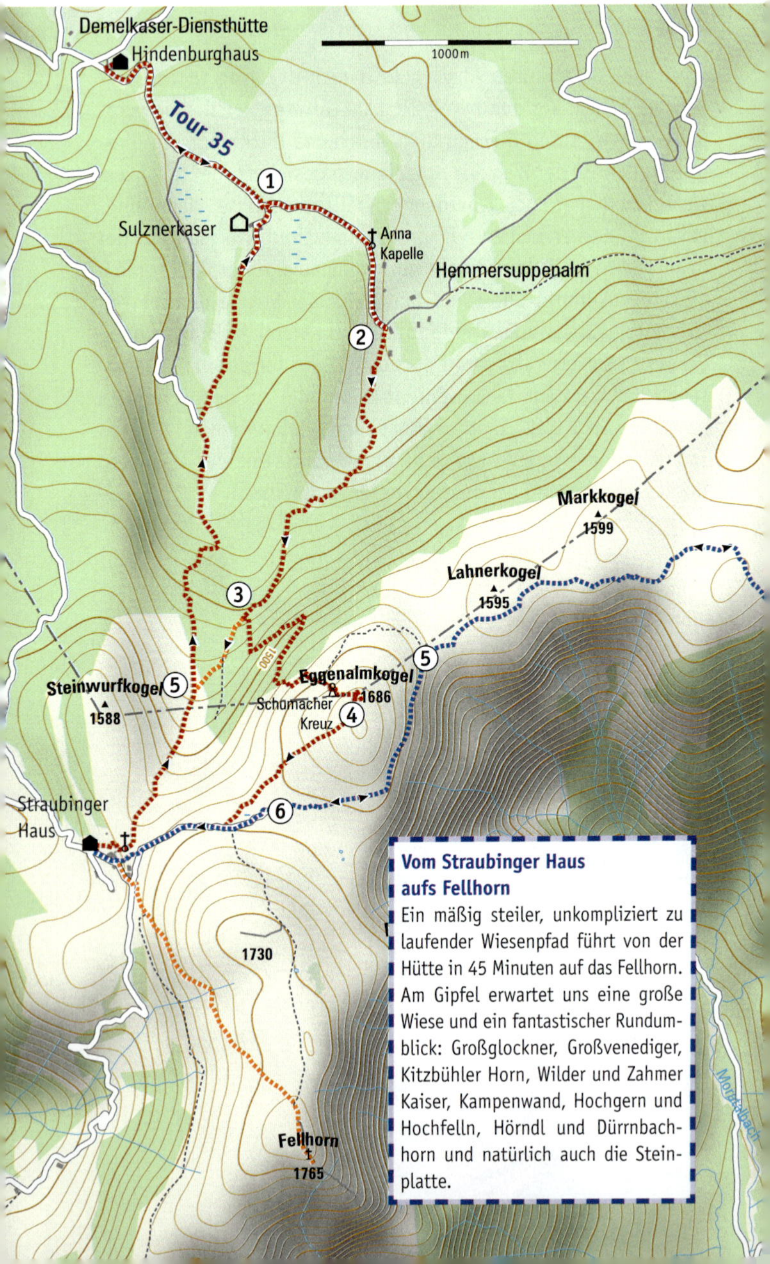

Vom Straubinger Haus aufs Fellhorn

Ein mäßig steiler, unkompliziert zu laufender Wiesenpfad führt von der Hütte in 45 Minuten auf das Fellhorn. Am Gipfel erwartet uns eine große Wiese und ein fantastischer Rundumblick: Großglockner, Großvenediger, Kitzbühler Horn, Wilder und Zahmer Kaiser, Kampenwand, Hochgern und Hochfelln, Hörndl und Dürrnbachhorn und natürlich auch die Steinplatte.

Übernachtung im Straubinger Haus

Das Straubinger Haus liegt inmitten von weitläufigen felsgesprenkelten Almwiesen und bietet Kindern rund um die Hütte viel Platz. Als Teilnehmer des Programmes »Mit Kindern auf Hütten« ist auch das Team im Haus auf Familien eingestellt. Es gibt hier Spiele zum Ausleihen, einen Spielplatz mit Trampolin und Boulderwand und eine familiengerechte Speisekarte. Von der Hütte aus kann man in einer knappen Stunde den Gipfel des Fellhornes erobern und als Alternative für den Rückweg bietet sich für Familien mit Bergerfahrung der Abstieg über den Wanderweg »Gletscherblick« an. Eine landschaftlich besonders attraktive Alternativroute für Familien mit Bergerfahrung ist auch **[› Tour 36]**.

Zur **Übernachtung auf einer Berghütte** brauchen wir neben unseren persönlichen Dingen einen einfachen Hüttenschlafsack und Hausschuhe. Eine Nacht im Mehrbettzimmer kostet € 27, Kinder 7 bis 18 Jahre € 20 (mit DAV Ausweis € 17/€ 10), Frühstück etwa € 11 pro Person. *Reservierung erforderlich unter Tel. 0043 (0)5375 6429 oder www.straubingerhaus.at.*

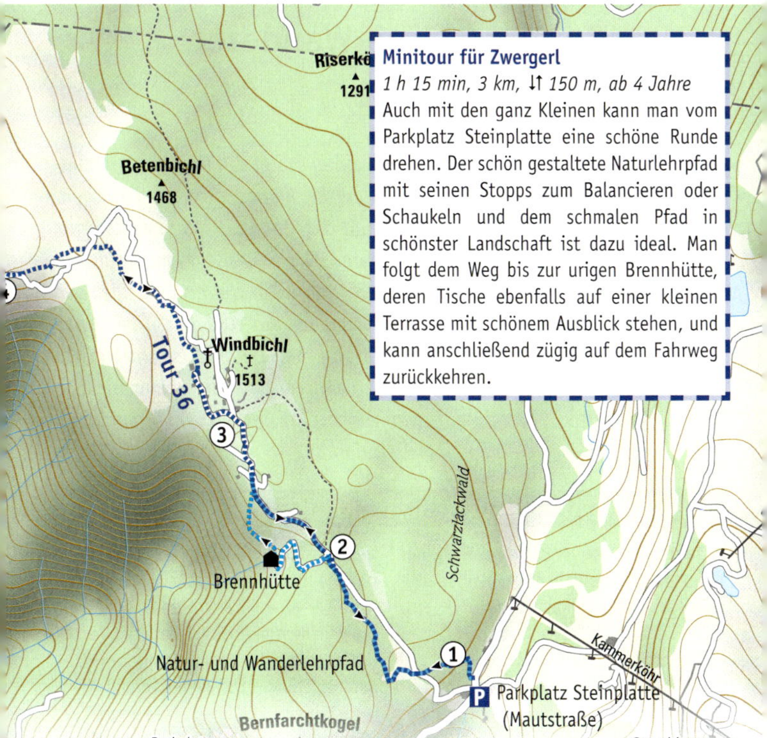

Minitour für Zwergerl
1 h 15 min, 3 km, ↓↑ 150 m, ab 4 Jahre
Auch mit den ganz Kleinen kann man vom Parkplatz Steinplatte eine schöne Runde drehen. Der schön gestaltete Naturlehrpfad mit seinen Stopps zum Balancieren oder Schaukeln und dem schmalen Pfad in schönster Landschaft ist dazu ideal. Man folgt dem Weg bis zur urigen Brennhütte, deren Tische ebenfalls auf einer kleinen Terrasse mit schönem Ausblick stehen, und kann anschließend zügig auf dem Fahrweg zurückkehren.

Tour 36

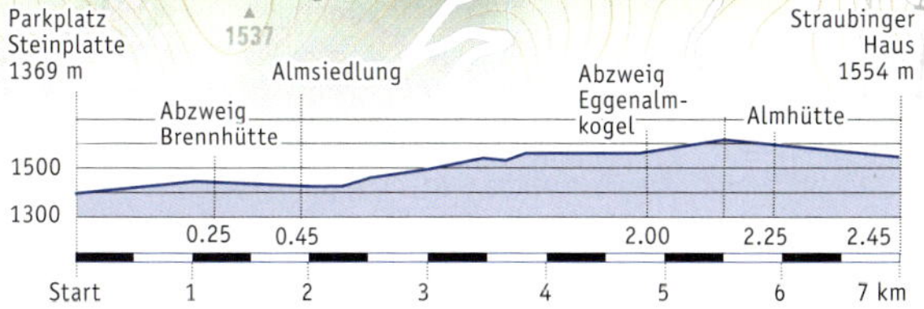

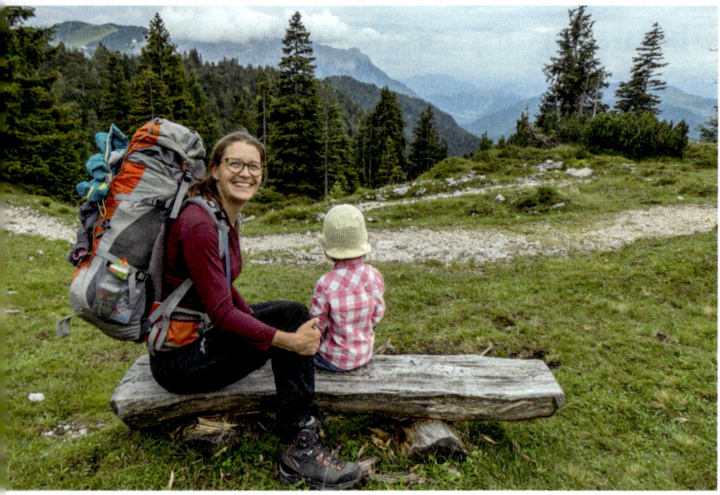

300 m

STRECKE 14 km

5 h 30

ab 8

Tour 36: Gletscherblick für große und kleine Wanderer

Das Straubinger Haus von Waidring

Am Horizont blitzen die schneeweißen Gipfel des Großglocknergletschers. Dreht man sich um, fällt der Blick über sattgrüne Latschenkiefern auf die schroffe Steinwand der Steinplatte und rundherum reiht sich ein Gipfel an den anderen. Der Blick ist atemberaubend. Unser Bergsteig windet sich durch grüne Almwiesen und über den ein oder anderen Felsen, ist jedoch meist gut zu gehen. Über lange Strecken geht es sogar fast eben auf dem Bergrücken entlang. So wenig Aufstieg und eine solche Landschaft – das bekommen wir nicht überall. Verteilt auf zwei Wandertage mit Hüttenübernachtung wird eine perfekte Familientour daraus.

TOUREN-STECKBRIEF

Anfahrt: Vom österreichischen Waidring führt eine kostenpflichtige Mautstraße zum Parkplatz Steinplatte der sich ein Stück unterhalb der Bergstation der Kabinenbahn bei **GPS N 47°36'49.0", E 12°33'32.0"** befindet. Der Parkplatz am Straßenende ist kostenlos.

Anspruch und Charakter: Wegen seiner Höhenlage (Wetter) und der Wegbeschaffenheit ist der Weg zur Straubinger Hütte, der sowohl zum Fernwanderweg E4, als auch zum Premiumwanderweg Gletscherblick gehört, als alpiner Wanderweg klassifiziert. Die technischen Schwierigkeiten halten sich jedoch in Grenzen. Nur über eine kürzere Etappe führt der Steig nahe am Abgrund entlang. Keine ausgesetzten Passagen. Komplette Wanderausrüstung und Bergerfahrung sind jedoch notwendig.

Highlights: Grandioser Gletscherblick, schöne Pfade, Einkehr und Übernachtung in der Hütte.

Einkehr: Straubinger Haus.

In der Nähe: Triassic Park.

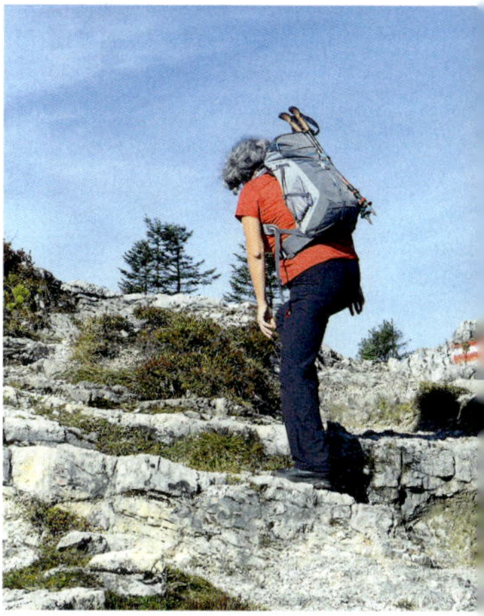

Wanderung: Vom Parkplatz läuft man in Richtung Feuerwache. Dort am Straßenrand beginnt der **Naturlehrpfad** ①, der hier als schmaler Waldpfad vom Fahrweg abzweigt. Wir steigen hinauf und durchqueren in Serpentinen den Wald. Tafeln erklären die Bäume am Wegrand, die im Wald heimischen Vögel und eine Reihe grüner Schilder gibt eine Einführung ins Wander-Know-How: bergauf, bergab, Trittsicherheit – all diese wichtigen Themen werden behandelt und zwar an Stellen, an denen man gleich ausprobieren kann, was gemeint ist. Wir überqueren den Schotterweg und durchwandern eine liebliche Hügellandschaft. Auf einer Reihe Trittsteine üben wir das sichere Laufen in steinigem Gelände und ganz am Schluss kann man testen, wie sich ein ausgesetzter Weg anfühlt – der Abschnitt ist nur ganz kurz und kann auch umgangen werden. Dann mündet der Pfad auf den Fahrweg. Links führt der Naturlehrpfad noch einmal vom Hauptweg ab und zur bewirtschafteten **Brennhütte** ② hinunter. Dieser Bogen macht jedoch nur Sinn, wenn man dort einkehren möchte.

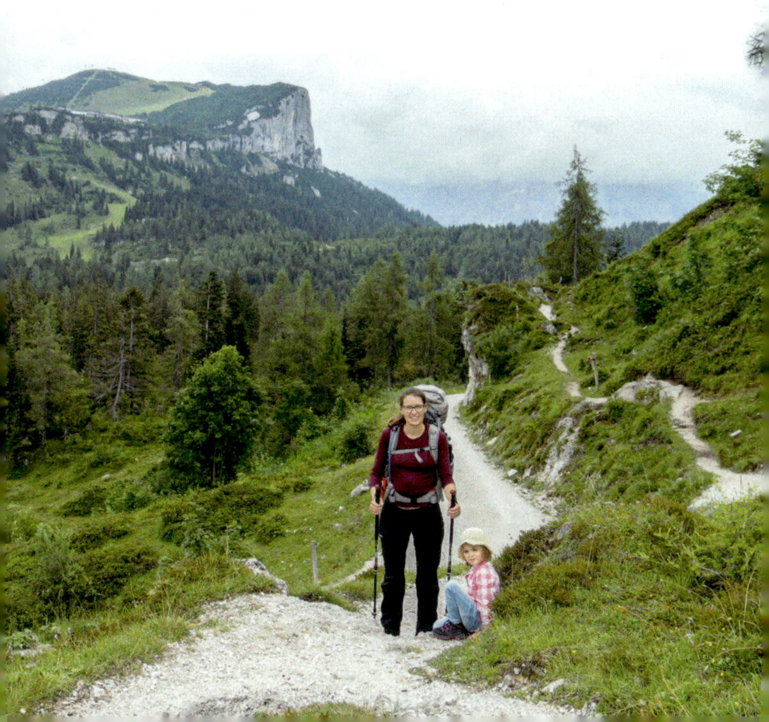

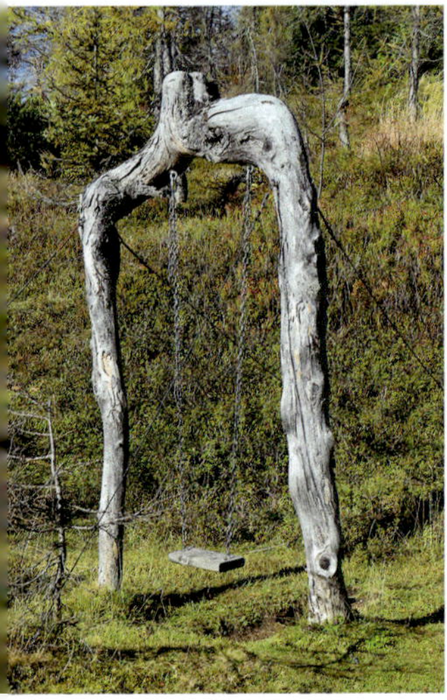

Wir bleiben auf dem Fahrweg und wählen vor den Häusern der **Durchkaseralm** ③ den linken Weg, der ab hier mit den gelben Plaketten des **Premium-Wanderweges Gletscherblick** beschildert ist. Der Gletscherblick lässt dann auch nicht lange auf sich warten. Unser Pfad führt durch Almwiesen und später am Hang entlang. Unterwegs markiert ein dickes **Steinmännchen** ④ den einzigen Abzweig, der nur auf dem Rückweg leicht zu verfehlen ist. Meist geht es leicht bergauf, ab und zu auch wieder ein Stückchen bergab, dann kündigt ein **gelber Wegweiser** die nächste **Kreuzung** ⑤ an: rechts führt der Skiweg zum Straubinger Haus, unser Fußweg steigt links hinauf und erfordert für die nächste halbe Stunde erhöhte Aufmerksamkeit, da der Pfad direkt am Abhang entlangführt. Der Gletscherblick ist dafür nirgendwo besser als hier. An einer **Almhütte** wird der Weg breiter. Rechts im Tal sieht man den Chiemsee und dann ist das **Straubinger Haus** erreicht, auf dessen Terrasse man bei bestem Bergblick Suppen, Spaghetti, Leberkas, Grillwürstchen mit Pommes oder ein großes Stück Kuchen verspeisen kann. Ist das Wetter weniger erfreulich, sitzt man auch innen sehr gemütlich, bis das für die Nacht reservierte Lager bezugsfertig ist.

Zurück laufen wir am nächsten Morgen auf dem gleichen Weg, der mit dem Blick in die andere Richtung noch einmal ganz anders wirkt. Vorsicht diesmal am Steinmännchen, jetzt geht es hier nach links.

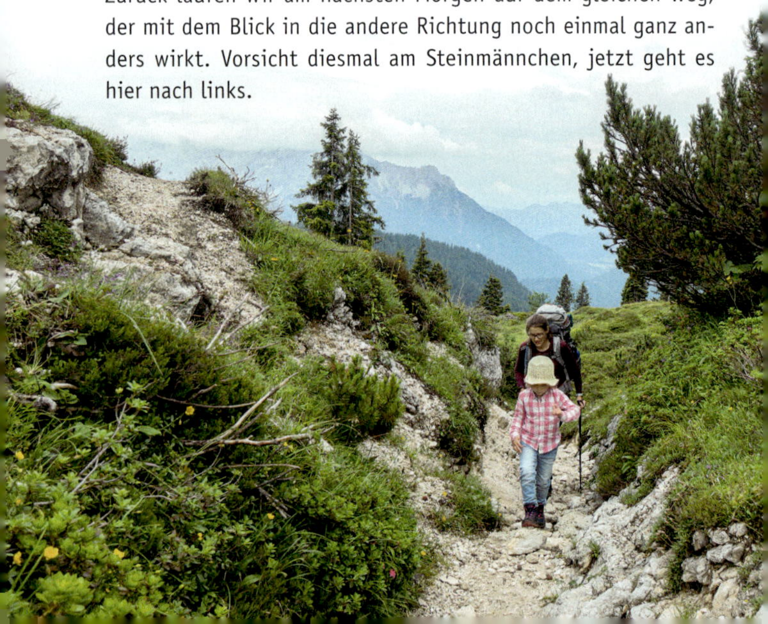

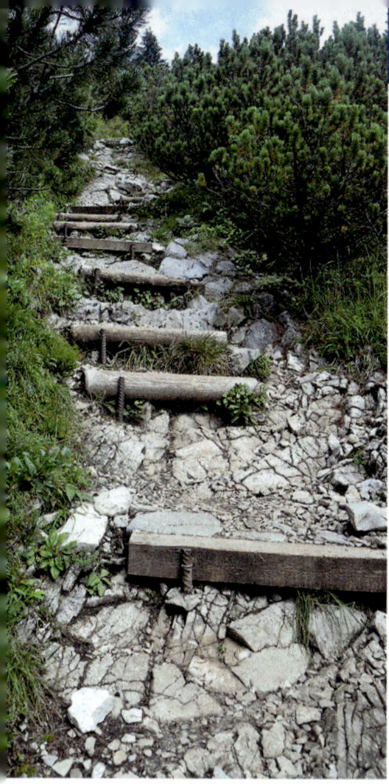

Tour 37: Kletterpartie zum Dürrnbachhorn

Abenteuertour auf der Winklmoosalm

Die Sesselbahn am Dürrnbachhorn sieht aus, wie eine Sesselbahn schon vor 100 Jahren ausgesehen hat. Die nostalgischen Einersessel erleichtern Wanderern aber auch heute noch den Aufstieg auf das 1767 Meter hohe Dürrnbachhorn. Der Sicherungsbügel vor dem einfachen Holzsessel schließt sich mit leisem Quietschen, dann schweben wir langsam bergan. Von der Bergstation führt ein gut ausgebauter Pfad zum Gipfel. Der Aufstieg mit endlos vielen Steinstufen ist ein echtes Kletterabenteuer, an dem Kinder besonders viel Spaß haben. Oben angekommen reicht der Blick über die komplette Bergkulisse rund um die Winklmoosalm, und nördlich des Gipfelkreuzes leuchten tief unten im Tal die blauen Wasserflächen von Weitsee, Mittersee und Lödensee.

150 m

625 m

STRECKE 4 km

2 h

ab 6

TOUREN-STECKBRIEF

Anfahrt: Von Reit im Winkl in Richtung Ruhpolding bis zum Parkplatz Seegatterl, an dem im Winter eine Kabinenbahn auf die Winklmoosalm fährt. Im Sommer geht es entweder mit dem eigenen Auto über die Mautstraße (€ 7) oder mit dem Linienbus von Seegatterl oder Reit im Winkl hinauf. Mit dem Auto kann man am ersten Parkplatz bei **GPS N 47°39'27.6", E 12°34'44.9"** bleiben oder zum Parkplatz der Sesselbahn hinauffahren. Beide Plätze sind kostenlos.

Fahrzeiten der Bergbahn: Juni bis Oktober 9.30 – 16 Uhr, letzte Talfahrt 16.30 Uhr, Bergfahrt € 10, Kinder bis 15 Jahre € 8, Familie mit allen eigenen Kindern € 24 (Berg- und Talfahrt € 38), Kinder bis sechs Jahre fahren kostenlos auf dem Schoß der Eltern. Auch ältere Kinder, die sich noch nicht alleine in den Sessel trauen, können mit den Eltern fahren. www.nostalgiebahn.com

Anspruch und Charakter: Der Pfad zum Gipfel ist steil und steinig, aber ungefährlich. Für Kinder unter sechs Jahren sind die Steinstufen jedoch teilweise recht hoch. Aufregender Platz mit weiter Sicht auf dem Felsplateau am Gipfelkreuz. Auf jüngere Kinder muss man hier oben allerdings gut aufpassen. Der Wiesenweg von der Bergstation ins Tal ermöglicht tollen Weitblick und führt über eine Kuhweide. Nur das letzte Stück des Abstiegs läuft man auf einem Asphaltweg. Eine interessante Alternative für erfahrene Wanderfamilien ist der Abstieg über den Gratweg (siehe Variante).

Highlights: Das Dürrnbachhorn fühlt sich mit wenig Anstrengung nach echtem Berggipfel an, Fahrt mit der Sesselbahn, Pfannkuchen, Wienerle oder Suppe auf der Terrasse der Bergbahn.

Einkehr: Bergstation Dürrnbachhorn oder Gasthöfe auf der Winklmoosalm.

In der Nähe: Spieleweg Reit im Winkl, Badeplatz am Weitsee.

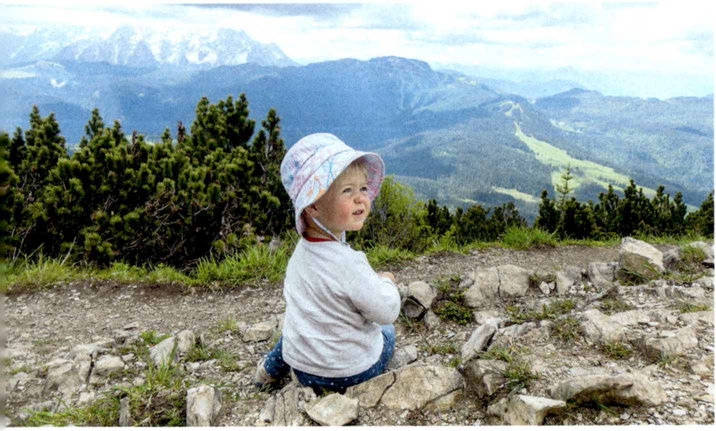

Wanderung: Wer mit dem Auto hinauffährt, kann am unteren Parkplatz vorbei zum Parkplatz der Seilbahn fahren. Für Busfahrer beginnt die Wandertour am unteren Parkplatz.

Von dort geht es zwischen den Almhütten die Straße hinauf, bis der **Nostalgie-Sessellift** nach links ausgeschildert ist. In urigen Einersesseln aus Holz schwebt man dann gut 500 Meter hinauf. Kinder unter sechs Jahren fahren auf dem Schoß der Eltern. Wer sich traut, darf die 15-minütige Fahrt ab dem Schulalter alleine antreten. An der **Bergstation** stehen auf der einfachen Terrasse einladend eine Reihe Tische mit bestem Bergblick. Egal ob Kaspressknödelsuppe, Leberkäs, Pfannkuchen oder Topfenstrudel – im Familienbetrieb am Berg ist alles hausgemacht und schmeckt vorzüglich. Auch die Preise sind

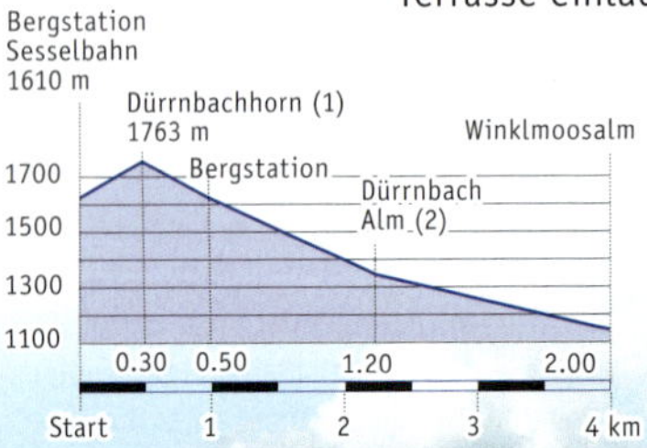

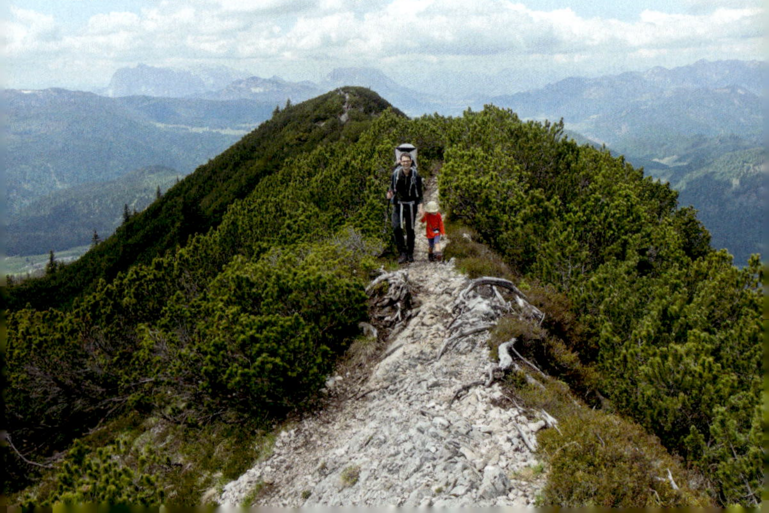

familienkompatibel. Doch zuerst steigen wir jetzt dem Dürrnbachhorn aufs Haupt. Eine knappe halben Stunde steiler Aufstieg erwartet die Gipfelstürmer. Der Weg ist mit etlichen Stufen gut begehbar, anstrengend ist die Sache aber trotzdem. Der Blick von oben ist fantastisch. Steht man neben dem **Gipfelkreuz** ①, sieht man auch die Kette der drei schönen Seen auf der anderen Seite.

Auf dem gleichen Weg geht es wieder hinunter zur Bergstation, wo man sich jetzt gut für den Abstieg stärken könnte. Dieser beginnt vor der Station rechts und führt am Hang entlang. Der Weg ist mit »**Winklmoosalm über Wiesenweg**« markiert. Der Pfad macht einen großen Bogen und führt dann steil

Über den Gratweg ins Tal

Variante ab 8 Jahre

Gehzeit 2 h 30 min, 5,5 km

Wanderer mit solider Bergerfahrung und Kindern ab zehn Jahren können vom Gipfel des Dürrnbachhornes dem schmalen Gratweg in die andere Richtung folgen. Für trittsichere geübte Wanderkinder ist das eine spannende Sache: Der Weg ist überall breit genug und daher nicht wirklich gefährlich, fühlt sich aber doch ziemlich luftig und aufregend an. Der Blick reicht in beiden Richtungen bis ins Tal. Schwindelfrei muss man hier oben auf jeden Fall sein. Die Strecke auf dem Grat ist nicht allzu lang, sodass die Ausdauer der Kids nicht überstrapaziert wird. Dann geht es steil durch den Wald hinunter. Hat es viel geregnet, wird der Lehmboden nass und glitschig und der Abstieg macht wenig Spaß. Die Wanderung eignet sich daher am besten für trockene Sommertage. Nach einer guten Stunde Abstieg lockt die einfache Finsterbachalm mit kalten Getränken und hausgebackenem Kuchen. Die letzte halbe Stunde laufen wir dann auf einem geschotterten Fahrweg bergab.

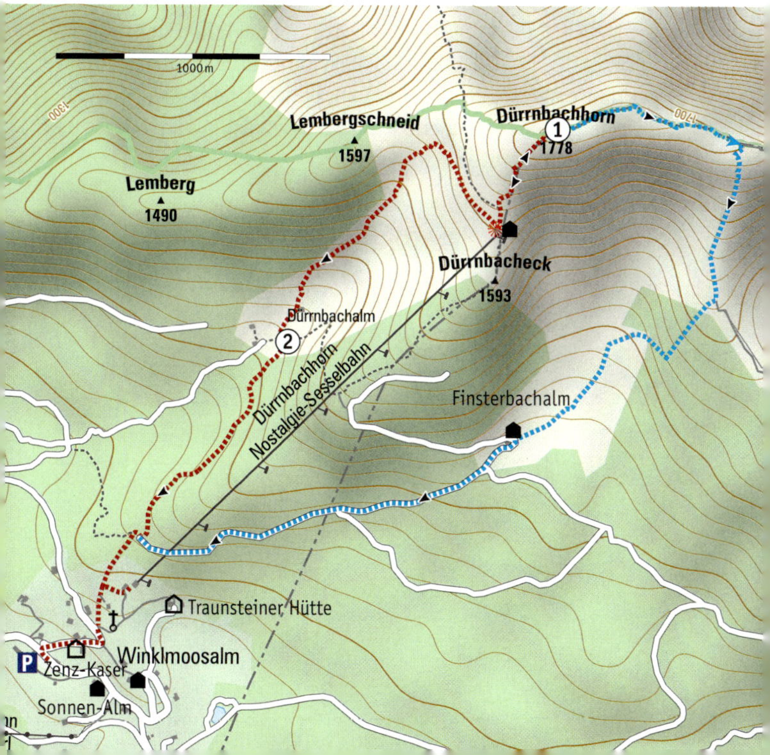

Almkäse – eine Spezialität aus den Bergen
Jedes Jahr zwischen Juni und September werden die Kühe aus dem Tal zu den hochgelegenen Bergweiden getrieben. Hier oben wachsen im Gras viele Kräuter, die Milch und Käse besonders aromatisch werden lassen und dem Jungvieh beste Bedingungen für eine gesunde Entwicklung bieten.

Das Halten von Milchkühen in den Bergen ist eine aufwändige Sache. Die Kühe müssen nicht nur im Sommer hinauf und im Herbst wieder hinunter, sie gehen auch zweimal am Tag von den Wiesen in den Melkstand. Zur Herstellung von Käse braucht man dann einen beheizbaren Kessel, in dem die Milch mit Lab versetzt und etwa zwei Stunden gekocht und gerührt wird, bis sich der Käsebruch, die festen Bestandteile der Milch, von der flüssigen Molke absetzt. Auf abgelegenen Almen verwendet man dazu auch heute noch ein Holzfeuer, über dem manchmal noch ein Kupferkessel hängt. Die aus dem Bruch frisch gepressten Käselaibe kommen dann auf Holzbrettern in einen kühlen Lagerraum und werden täglich mit Salzwasser und Bürste gepflegt, bis frühestens nach sechs bis acht Wochen Lagerzeit der erste frische Almkäse verzehrt und direkt beim Senner gekauft werden kann. Im Tal verkaufter Almkäse ist meist länger gelagert und daher würziger im Geschmack.

bergab durch Weideland. Im Sommer treffen wir bald auf die Milchkühe der **Dürrnbachalm** ②, die hier am Hang grasen. Noch etwas weiter unten entdecken wir drei Almhütten. Die oberste ist der Kaser des Senners. Hier kann man direkt an der Hütte frischen Almkäse kaufen.

An der Alm mündet unser Pfad in einen schmalen asphaltierten Fahrweg auf dem wir in weiteren 30 Minuten zur Winklmoosalm hinunterspazieren. Wer oben nicht eingekehrt ist, hat hier unten noch einmal die Wahl zwischen hausgebackenem Kuchen im urigen Zenzkaser kurz vor dem Parkplatz oder einem deftigen bayerischen Essen in der Sonnen- oder Winklmoosalm, die beide auch Zimmer vermieten. Besonders beliebt ist die **Winklmoosalm** im Winter: Mit vielen flachen Hängen und einer großen Auswahl an Skiliften finden wir hier ein ausgezeichnetes Familienskigebiet, das auch Anfängern beste Bedingungen bietet.

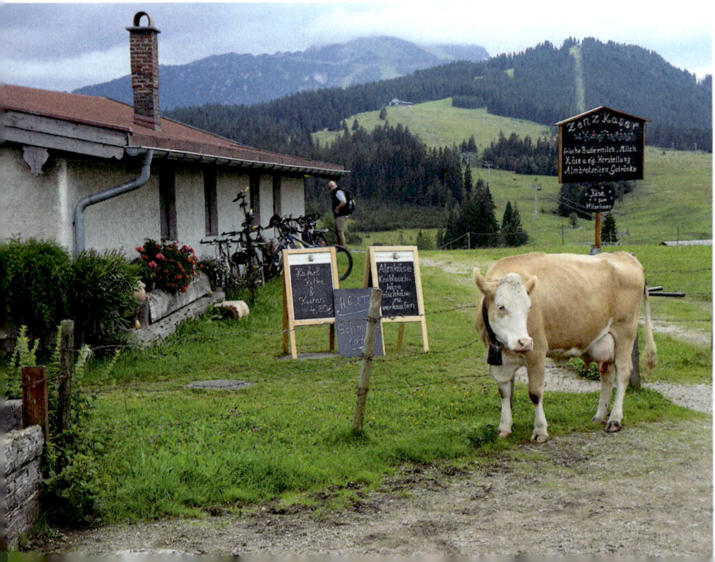

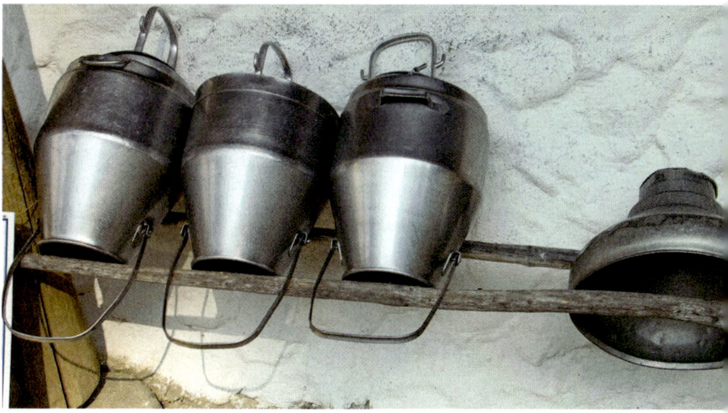

Sommer in den Bergen
Almen in den Bayerischen Alpen

Ob sie nun Alm oder Alp genannt wird, ist nur ein regionaler Unterschied: Gemeint ist dasselbe. Auf einer Alm verbringen Kühe, Schafe, Ziegen oder auch Pferde den Sommer. Früher stand dabei die Nutzung aller erreichbaren Weideflächen, die in Bergregionen ja nicht so üppig vorhanden sind, im Vordergrund. Das Vieh wurde im Sommer auf den Hochweiden satt und auf den Weideflächen im Tal produzierte man Futter für den Winter. Heute sind Almen sehr unterschiedlich: Von einer einfachen Hütte mit Platz für ein oder zwei Senner oder Sennerinnen über kleine Bergbauernhöfe mit Stall oder angeschlossener Käserei bis zum saisonal bewirtschafteten Gasthof mit einfachen Gerichten aus eigenen Produkten – das alles findet man heute unter dem Begriff Alm.

Almwirtschaft wird in den Alpen schon seit vielen hundert Jahren betrieben und die meisten Almrechte sind alt. Damit Tiere und Menschen oben in den Bergen überleben können, braucht eine Alm neben guten Weideflächen in der Nähe der Hütte auch eine Quelle. Gute Plätze für das Errichten einer Alm gab es also nicht in unbeschränkter Zahl. Manche Almen gehören zu einzelnen Höfen im Tal, oft haben aber auch mehrere Bauern gemeinsam die Weiderechte für ein Almgebiet.

Alltag auf einer Alm

Etwa Anfang Juni sind auch im Hochgebirge die letzten Schneereste verschwunden und das Gras beginnt zu wachsen. Die Almhütte, die ja über ein halbes Jahr unbewohnt war, wird vorbereitet, Winterschäden repariert und erste Weiden abgesteckt. Erst dann können die Kühe kommen.

Je nachdem, ob Jungvieh auf der Weide steht oder Milchkühe versorgt werden, unterscheidet sich der Alltag auf einer Alm.

Besonders aufwändig ist die Betreuung von Milchkühen. Auch am Berg wird zweimal am Tag gemolken. Bereits in der Morgendämmerung werden die Kühe von der Weide in die Melkstände getrieben. Alle Tiere werden von Hand angemolken, bevor die Melkmaschine den Rest der Arbeit übernimmt. Auf einer Alm mit Milchkühen braucht man also Strom, der meist mit Generatoren erzeugt wird. Anschließend muss entweder die Milch ins Tal gebracht oder gleich oben am Berg zu Butter oder Käse verarbeitet werden.

Hirten sind bei jedem Wetter draußen unterwegs: Die Tiere werden heute meist nicht mehr auf die Weide begleitet, dafür müssen Zäune kontrolliert oder neue Weideparzellen abgesteckt werden.

Einfacher ist die Betreuung von Jungtieren. Nicht nur Jungkühe profitieren vom vielseitigen Futter der Bergweiden, auch junge Pferde wachsen auf einer Alm besonders gesund auf. Die regelmäßige Bewegung auf den weiten Hangweiden sorgt für die Entwicklung von starken Muskeln und gesunden Knochen und Gelenken. Durch das freie artgerechte Leben in der Herde lernen die Tiere außerdem angemessenes Sozialverhalten und fügen sich später gut in die Gruppen in den Laufställen ein.

Almabtrieb im Herbst

Groß gefeiert wird die Rückkehr der Tiere und Hirten im September – in Bayern Viehscheid genannt. Aufwändig geschmückt wird das Vieh zurück in die Dörfer getrieben und wieder auf die Höfe im Tal verteilt. Anschließend wird gefeiert. Ein Festzelt mit Blasmusik und viel Bier gehört auf jeden Fall dazu – manchmal gibt es auch einen Markt mit regionalen Produkten. Da die Tiere meist mitten durch das Dorf getrieben werden, gibt es dabei auch für Kinder viel zu sehen. Es lohnt sich also, im Herbst nach den Terminen des Abtriebs Ausschau zu halten. Sie werden meist am Ortseingang ausgehängt oder sind über die Touristeninformationen zu erfragen. Der klassische Termin ist das zweite und dritte Septemberwochenende. Nach dem Almabtrieb sind die Almhütten winterfest verschlossen und stehen auf Wanderungen nicht mehr als Einkehr zur Verfügung.

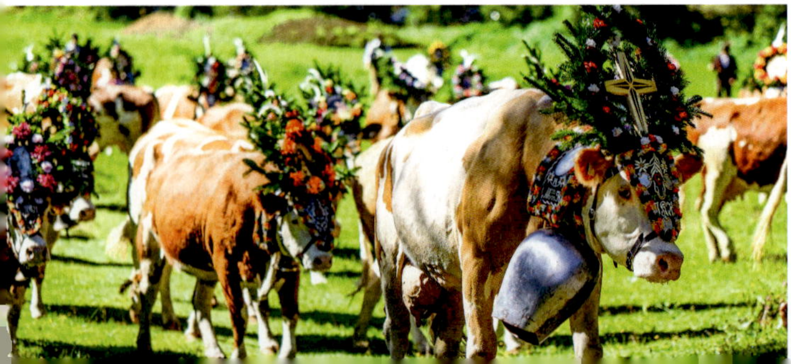

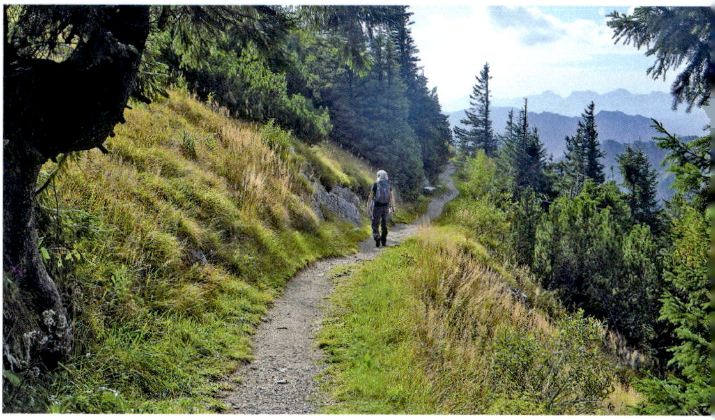

Tour 38:
Panoramaweg am Hochfelln

Wanderpfad von Bank zu Bank

Der Panoramaweg am Hochfelln führt auf bequemen, schönen Wegen mit vielen gut platzierten Bänken um das Gipfelplateau herum. Hinter jeder Kurve verändert sich der Ausblick, und felsige Bereiche zum Klettern halten die Kinder bei Laune. Anschließend kann man mit wenig Mühe auf einem Bergsteig zur Mittelstation absteigen, wo drei Almen zur gemütlichen Einkehr einladen.

45 m
630 m
STRECKE 4,3 km
1 h 45
ab 6

Wanderung: Von der Bergstation laufen wir auf schmalem Pfad rechts zum **Hochfellnhaus** hinauf. Gleich hinter den letzten Tischen rechts zweigt ein Pfad zum **Aussichtspunkt am Gipfelkreuz** ab. Der Blick ist hinreißend. Auf jüngere Kinder muss man jedoch gut aufpassen, am Rand der Plattform geht es senkrecht hinab. Das zweite Ziel auf dem Rundweg ist die kleine **Holzkirche** auf dem Nachbarhügel. An der Kirchenwand sorgen einfache

TOUREN-STECKBRIEF

Anfahrt: Von der Autobahnausfahrt Bergen über Bernhaupten nach Bergen fahren und dort den Schildern zur am südlichen Ortsrand gelegenen Hochfellnbahn folgen. Auf dem Parkplatz bei **GPS N 47°47'52.0", E 12°35'26.0"** darf man gegen eine geringe Gebühr auch über Nacht mit dem Wohnmobil parken.

Bergbahn: Betriebszeit 9–17 Uhr. Berg- und Talfahrt für drei Teilstrecken €25, Kinder €12 oder kostenlos mit der Chiemgau Karte Ruhpolding & Inzell, die bei einer Übernachtung in einem der beiden Orte inklusive ist. Letzte Talfahrt von der Mittelstation im Sommer um 17 Uhr. www.hochfelln-seilbahnen.de

Anspruch und Charakter: Wanderung auf schmalen Schotterwegen und gutem Bergsteig, technisch unkompliziert, Abstieg jedoch teilweise recht steil.

Highlights: Kletterpfade zu Sitzbänken am Panoramaweg, toller Ausblick über viele Berge, Einkehr in der Hütte.

Einkehr: Hochfellnhaus, Bründingalm (mit Spielplatz), kleinere Almhütten an der Mittelstation.

In der Nähe: Strandbad Tüttensee.

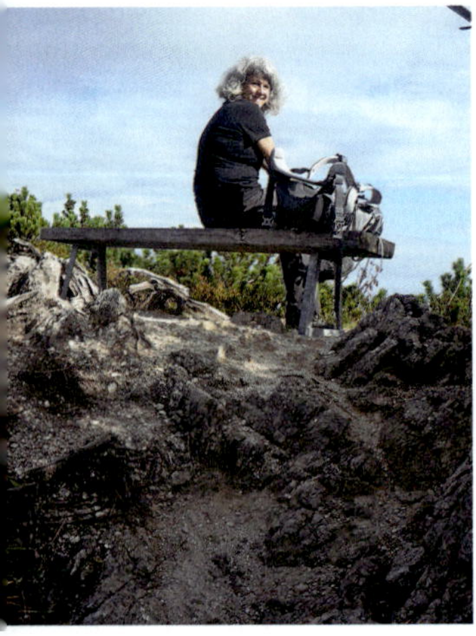

Diese Bank ist nur mit einer kleinen Kletterpartie zu erobern

Holzbänke für gemütliche Plätze und ein Fernglas perfektioniert den eindrucksvollen Weitblick. Dann geht es in engen Kurven hinunter. Der nächste Abzweig lässt neugierige Wanderer eine weitere **Bank** ① entdecken – ebenfalls mit bestem Fernblick versteht sich. Von diesen kurzen Stichwegen folgen noch mehr. Alle führen zu lauschigen Plätzen mit einladend platzierten Holzbänken. Der Weg schlägt einen Bogen und passiert direkt hinter dem Abzweig des Salz-Alpen-Weges eine besonders **malerische Bank** ②, die man nur mit kurzer Kletterpartie erobern kann. Dann sehen wir schon wieder die Bergstation der Bahn und das **Hochfellnhaus** mit weiteren schönen Sitzplätzen.

Wenn wir nach soviel Sitzbänken doch noch etwas laufen möchten, steigen wir in einer guten Stunde auf einem steinigen aber unkomplizierten Pfad hinunter zur Mittelstation. Ein **Schilderbaum** unterhalb des Hochfellnhauses markiert den Einstieg. Wenig später zweigen die anspruchsvolleren **Wege nach Ruhpolding** ③ rechts ab. Unser Weg überquert den Sattel und führt unterhalb der **Seile der Kabinenbahn** ④ in engen Kurven bergab bis zu einer Wegkreuzung. Wer noch Energie hat, erobert den **Minigipfel** ⑤, der gerade vor uns liegt. Rechts unter uns wartet die erste von drei bewirtschafteten Almen. Im Garten der **Bründlingalm** haben Kinder zwischen Torwand und Spielplatz viel Platz zum Toben und die Speisekarte bietet Auswahl zwischen Würstel, Leberkäs, Suppen und Strudel oder Kaiserschmarrn.

An den **tiefer gelegenen Hütten** sitzt man ruhiger. Für Kinder ebenfalls sehr reizvoll ist die Terrasse des urigen Almkasers,

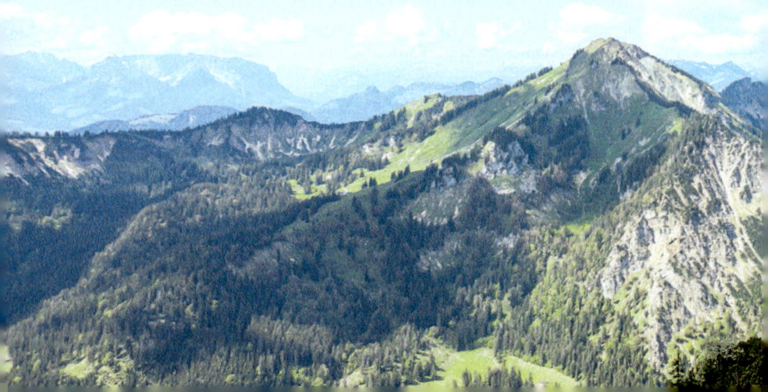

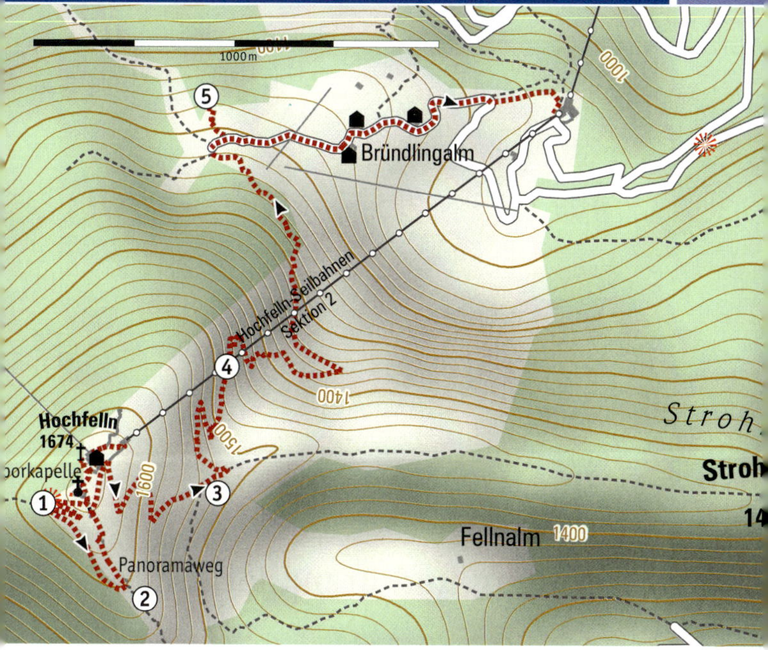

dessen Tische direkt an der Kuhweide stehen. Es werden hausgemachte Kuchen und andere Kleinigkeiten angeboten.

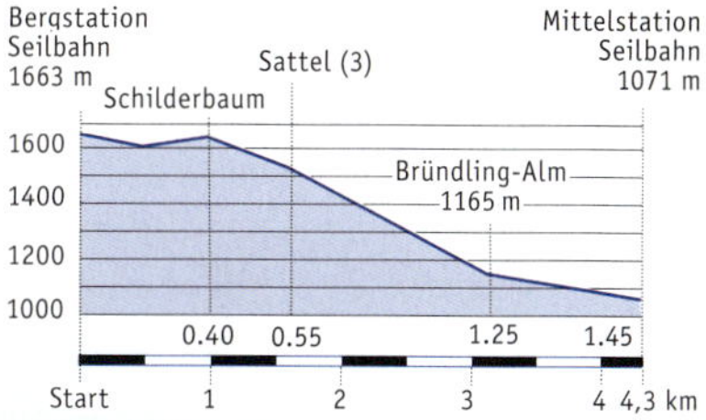

Von hier aus sind es noch etwa 20 Minuten bis zur Bahn. Wer auf die Abfahrtzeiten der Gondel (jeweils zur halben und zur vollen Stunde) achtet, kommt dann zügig zurück ins Tal.

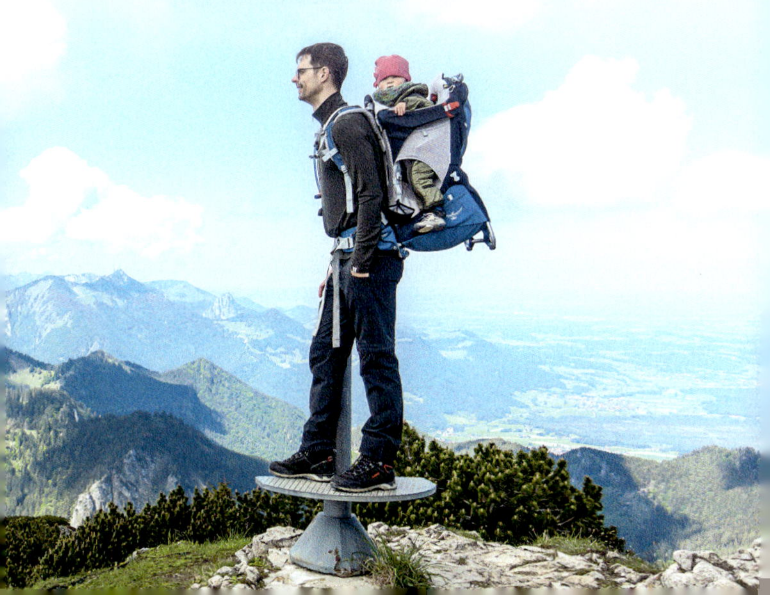

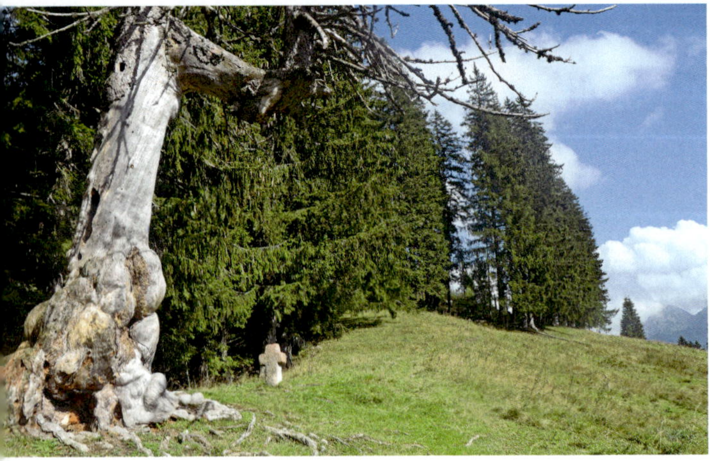

Tour 39:
Unternberg und Brandner Alm

470 m

STRECKE 9,5 km

4 h

ab 8

Auf Wald- und Wiesenpfaden um den Durlachkopf

Diese Tour ist genau die richtige für alle, die Geheimtipps lieben! Den Unterberg erreichen wir mit einer Sesselbahn und laufen dann über wenige begangene Pfade hinüber zur urigen Brandner Alm mit ihrer abwechslungsreichen Speisekarte und erstklassigen Kaiserschmarrn. Da die Wege etwas ruppig sind, sollten Familien hier aber schon ein wenig Wandererfahrung mitbringen.

Wanderung: Von der Bergstation des Sesselliftes gehen wir an der einladenden Unternbergalm vorbei und folgen dem einzigen vorhandenen Weg. Er ist zuerst recht breit und geschottert, so-

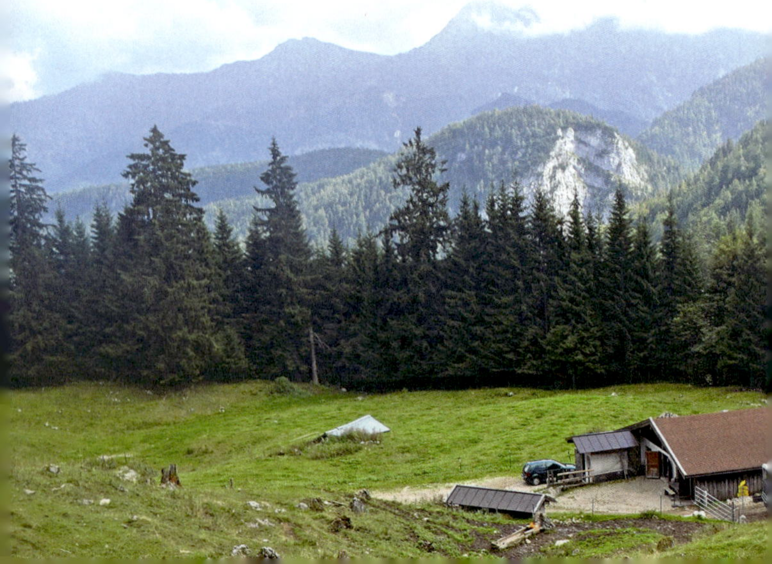

dass wir uns in aller Ruhe auf die grandiose Bergsicht konzentrieren können. Links am Weg liegt kurz darauf eine kleine, ebenfalls **bewirtschaftete Almhütte**. Immer sanft bergab kommen wir zu einer ersten **Kreuzung am Unternbergsattel** ①.

Wir biegen hier links ab und folgen damit den **Hinweisschildern in Richtung Brandner Alm**. Etwa 400 Meter weiter zweigt links ein steiler Pfad ab, der zum unteren Weg zur Brandner Alm führt, der aber länger ist und hauptsächlich auf breiten Fahrwegen verläuft. Wir bleiben also hier oben. Noch einmal 400 Meter weiter endet der breite Schotterweg. Wir gehen hier die **Stufen** ② hinauf, die aus der Wurzel eines Baumes zu wachsen scheinen, und folgen dem Pfad über die Wiese zum Waldrand und dann links an diesem entlang. Auf halbem Weg passieren wir neben einem **toten Baum ein altes Steinkreuz**.

Am Ende der Lichtung führt unser Pfad in den **Wald**. Zuerst geht es nur sanft bergab, dann eröffnet ein Anstieg über Baumwurzeln den **anspruchsvolleren Abschnitt dieser Wanderung**. Es geht ein Stück hinunter und dann rechts über einem Bach ent-

TOUREN-STECKBRIEF

Anfahrt: Der Parkplatz der Unternberg-Sesselbahn ist von Ruhpolding beschildert und liegt westlich des Ortes an der Strecke von Ruhpolding zum Märchenpark. Das letzte Stück der Zufahrt zur Bahn geht es auf schmaler Straße den Berg hinauf bis zum Parkplatz bei **GPS N 47°44'17.5", E 12°37'52.1".**

Unternbergbahn: Berg- und Talfahrt €13, Kinder €8,50 oder kostenlos mit der Chiemgau Karte Ruhpolding & Inzell, die bei einer Übernachtung in der Region inklusive ist. Letzte Talfahrt im Sommer um 17 Uhr. Bei schlechtem Wetter kein Betrieb. www.unternberg.de

Anspruch und Charakter: Vergleichsweise wenig begangene Route auf häufig feuchten Wiesenwegen. Auf dem letzten Abschnitt zur Alm wird der Weg im Wald sehr schmal und weist zwei leicht ausgesetzte Stellen neben einem Felsen auf, die Trittsicherheit erfordern. Das erste und letzte Stück zwischen der Bahnstation und dem Durlachkopf laufen wir schattenfrei auf einem breitem Schotterweg.

Highlights: Fahrt mit der Sesselbahn, stille Wege mit Bergpanorama, Almhütte mit Kühen.

Einkehr: Schöne Terrassenplätze am Gasthof an der Bergstation der Bahn, Brandner Alm (bewirtschaftete Alm mit Kühen, geöffnet in der Almsaison).

In der Nähe: Windbeutelgräfin und Märchenpark Ruhpolding.

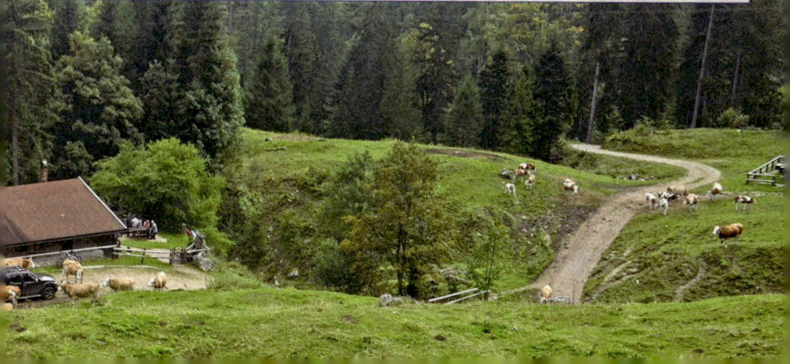

lang. Der Weg ist hier stellenweise recht steil und rutschig und wird kurz darauf sehr schmal. Links geht es streckenweise steil hinunter. Dort, wo wir vor einer **Felswand** ③ vorbeiwandern, befinden sich in einigem Abstand hintereinander liegend zwei leicht ausgesetzte Stellen, die volle Aufmerksamkeit und einen sicheren Tritt brauchen.

Dann geht es kurz hinauf zu einem **Sattel** im Wald und anschließend mit einigen steilen Wegabschnitten wieder hinunter. Zuerst kommen wir zur Holzhütte der **Simandl Alm** ④, kurz darauf endet unser Pfad auf einem breiten **Schotterweg** ⑤. Hier biegen wir rechts ab – »Brandner Alm 15 Minuten« verspricht das Hinweisschild – und balancieren noch einmal auf einem schmalen Waldpfad am Hang entlang. Nach wenigen Minuten erreichen wir eine **Lichtung** und sehen unter uns die **Brandner Alm** ⑥. Vor der Hütte stehen einige Tische und neben Getränken werden hier auch Brotzeit und hausgemachter Kaiserschmarrn serviert.

Nach einer angemessenen Pause geht es auf dem gleichen Weg zurück zur **Bergstation der Bahn**. Kalkulieren Sie für den Rückweg mehr Zeit als für den Hinweg, denn jetzt geht es fast durchgängig bergauf. Auch für eine kleine Einkehr auf der einladenden Terrasse der Unternbergalm sollte vielleicht noch Zeit bleiben, bevor wir in den Sesseln der Bergbahn wieder ins Tal schweben.

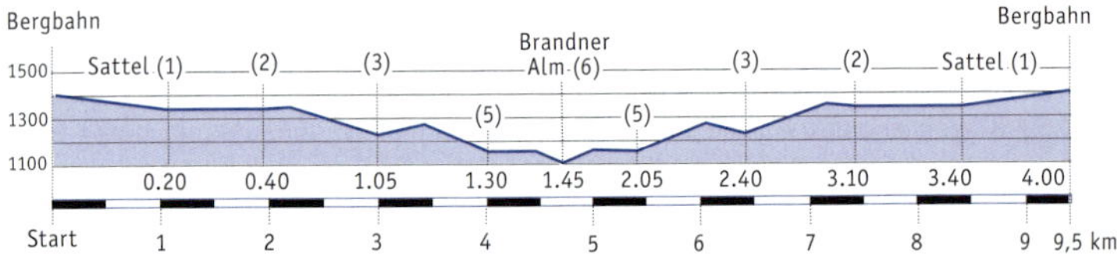

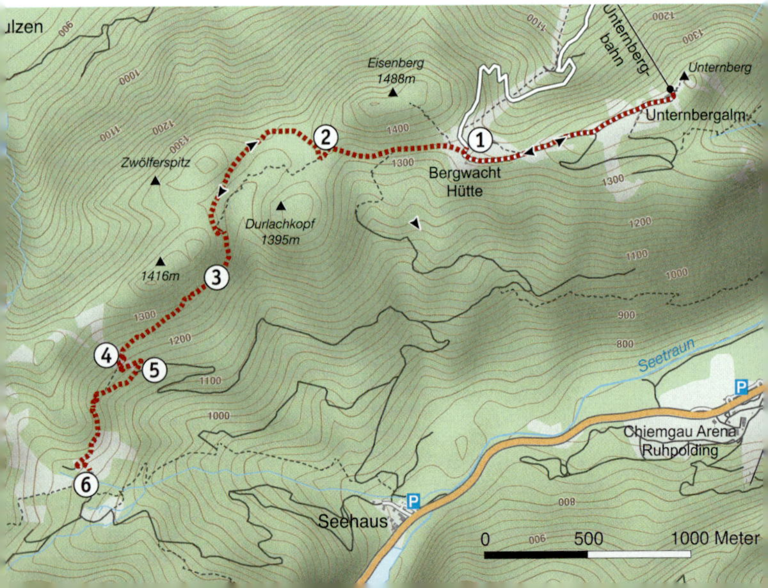

Tour 40: Mini-Bergtour für kleine Wanderer

Holzgeisterweg und Gipfelpfad am Rauschberg

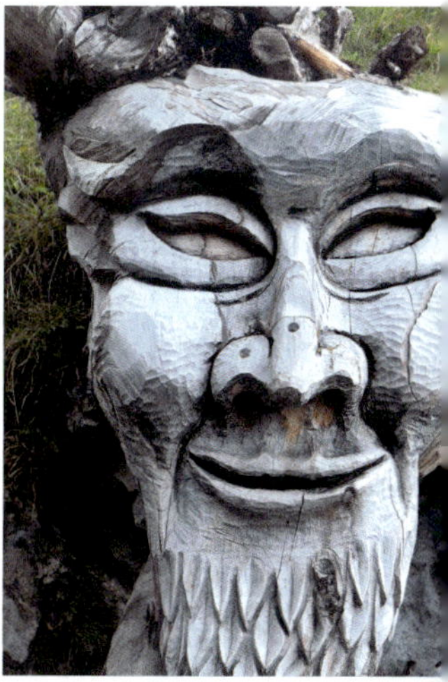

Der hintere Rauschberg ist ein richtiger Berggipfel mit allem was dazugehört: einem steinigen Steig, kurzen Aufstiegen über Fels, einer richtigen Seilsicherung und einem aufregenden Platz mit Weitsicht unter dem Gipfelkreuz. Und doch ist der Weg nur ganz kurz und der Aufstieg nicht zu schwierig – eine echte Bergtour im Kinderformat sozusagen. Vor und nach der kurzen Gipfeltour sorgen rund um die Bergstation der Gondelbahn der neu gestaltete Holzgeisterweg mit Infostationen, der Berggasthof, eine kleine Kunstgalerie und sogar ein Indoorspielplatz für weiteres Bergprogramm.

100 m

STRECKE 3 km

1 h 30

ab 6

Wanderung: Die Fahrt mit der Gondel ist am Rauschberg ein Erlebnis. Die Türen schließen sich und gemütlich schwankend schweben wir nach oben. Der Blick schweift weit bis zum Chiemsee und darüber hinaus, die Gondel scheint fast die schroffen Felsenzacken der Bergflanke zu streifen. Oben angekommen an der Bergstation der Bahn, wählen wir gleich **am ersten Schilderbaum** den Pfad links hinauf, der uns zum **Gipfelkreuz** bringt.

TOUREN-STECKBRIEF

Anfahrt: Auf der A8 passieren wir zunächst den Chiemsee, zweigen dann an der Abfahrt Richtung Traunstein ab und fahren weiter nach Ruhpolding. Nach der Ortsdurchfahrt geht es Richtung Reit im Winkl weiter und etwas später links Richtung Inzell. Die Straße zur Talstation der Rauschbergbahn zweigt nach nur 300 Metern rechts ab (beschildert). Große Parkflächen bei **GPS N 47°44'15.5" E 12°39'57.0"**
Bergbahn: Betriebszeiten im Sommer 9.15–16.30 Uhr, nur bei gutem Wetter. Familienkarte Berg- und Talfahrt ein Erwachsener €37, zwei Erwachsene €57, alle eigenen Kinder bis 14 Jahre inklusive oder kostenlos mit der Chiemgau Karte Ruhpolding&Inzell, die bei einer Übernachtung in einem der beiden Orte inklusive ist. www.rauschbergbahn.com
Anspruch und Charakter: Einfacher Rundweg, zum Teil auf breiteren Schotterwegen. Stationen mit Informationen zu Pflanzen und Bergwelt. Unterwegs gibt es sowohl ein Berggasthaus sowie einen In- und Outdoorspielplatz. Ein weiterer Höhepunkt ist der kurze Aufstieg auf einem steinigen Bergsteig zum Gipfel des Hinteren Rauschberges auf dem auch eine kurze Felspassage mit Seilsicherung gemeistert werden muss.
Highlights: Fahrt mit der Rauschbergbahn, Alpenerlebnispfad, Kletterweg am Ende des Rundwegs, Indoorspielplatz, die frechen Dohlen am Berggasthof.
Einkehr: Berggasthof Rauschberghaus
In der Nähe: Windbeutelgräfin und Märchenpark Ruhpolding.

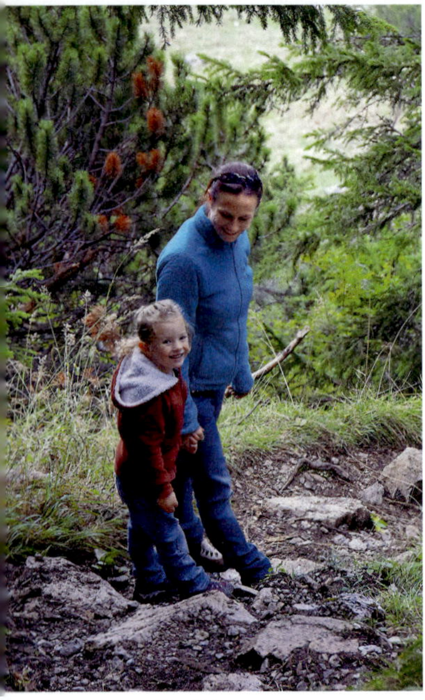

Klettereinlage für kleine Wanderer: Der Bergsteig zum Gipfel des Hinteren Rauschberges

Dann nähern wir uns dem Fahrweg, steigen aber, bevor wir auf diesem ankommen, wieder links hinauf und bleiben auf den schmalen Pfaden. Kurz darauf steuern wir auf die riesige **Metallskupltur** ① zu, die eine Hand darstellt. Dahinter geht es dann endgültig zurück auf den Schotterweg, den wir am **hohlen, begehbaren Baumstamm** ② des neuen Holzgeisterweges erreichen. Kurz darauf teilt sich der Weg und wir gehen links hinauf, wo die besonders interessante Lehrpfad-Station zum Thema Schutzwald wartet.

In einem Bogen geht es wieder hinunter und an mehreren Holzfiguren vorbei. An einer **Holzhütte mit Klettergriffen** treffen wir wieder auf den Hauptweg und folgen diesem nach links, **bis sich der Weg teilt** ③.

Rechts geht es steil hinunter, links führt ein netter Pfad zum Gipfel des hinteren Rauschberges hinauf. Es geht zunächst recht sanft bergan. Dann erreichen wir eine **kurze Felspassage**, die mit einem Seil gesichert ist. Dahinter ist der Pfad wieder steinig aber unkompliziert. Erst ganz knapp vor dem Ziel, hinter einer Linkskurve und an einer zusammengestürzten Holzhütte, wird

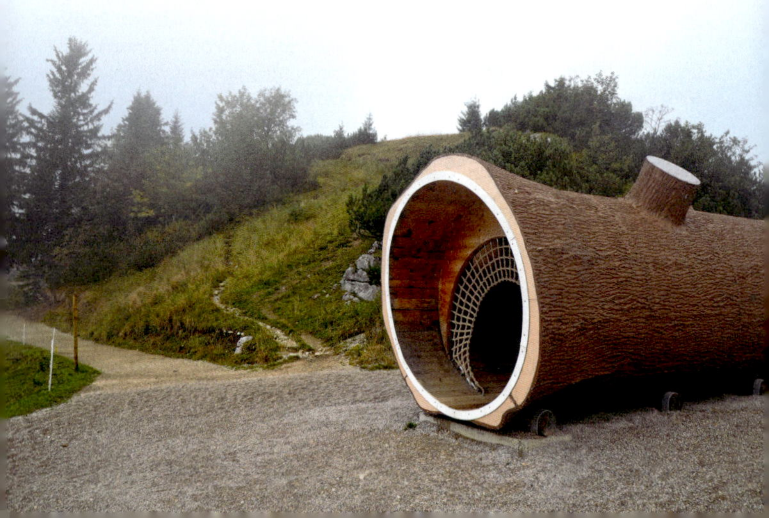

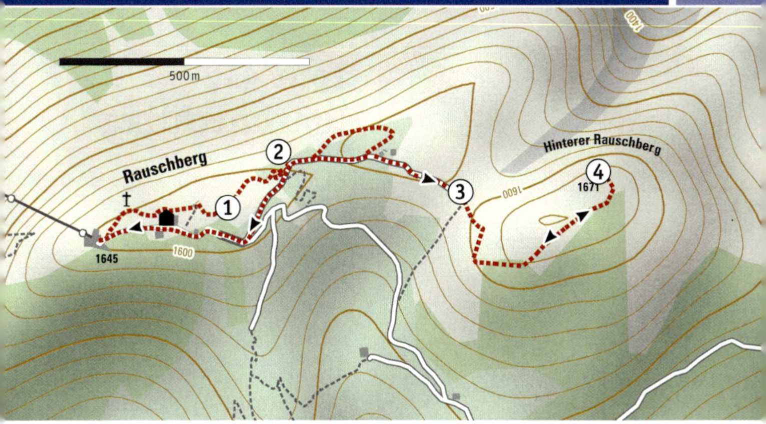

der Gipfelsteig steiler und felsig. Etwa 50 Meter weiter stehen wir dann auf der schmalen Plattform vor dem vor dem **Gipfelkreuz** ④. Hier ist nicht besonders viel Platz und der hintere Rauschberg ist auch kein sanfter Hügel. Die Felswand hinter dem Gipfel fällt fast senkrecht ab. Es ist also Vorsicht geboten. Ein Pfad führt zwischen niedrigen Latschenkiefern auf dem Kamm weiter zum benachbarten Felsköpfchen. Er ist gut zu gehen, führt aber mehrfach recht nah an den Abgrund heran. Lassen Sie Kinder also keinesfalls alleine hier herumstreifen.

Auf dem gleichen Weg wandern wir zurück zur Kreuzung und zur **Hütte des Holzgeisterpfades** ③. Diesmal bleiben wir unten auf dem breiten Weg, an dem weitere Stationen des Lehrpfades und weitere Holzskulpturen zu finden sind. Sogar ein **Indoorspielplatz** mit Klettergerüst, Bällepool und einigen anderen Spielgeräten liegt hier am Weg. Etwa 50 Meter weiter warten am **Berggasthof** Schaukel und Wippe in der frischen Luft. Auch auf der umfangreichen Speisekarte ist für alle etwas dabei. Nur vor den diebischen Dohlen muss man sich auf der Terrasse in Acht nehmen: Sie lassen nichts unversucht, um ein paar Happen zu stibitzen, und gehen dabei schon mal dreist auf Tuchfühlung.

Der **Bergbahnhof** ist von hier aus schnell erreicht. Die Wartezeit auf die nächste Gondel verkürzt eine Ausstellung mit Werken des Künstlers Walter Angerer. Dann schwebt man gemächlich von dannen.

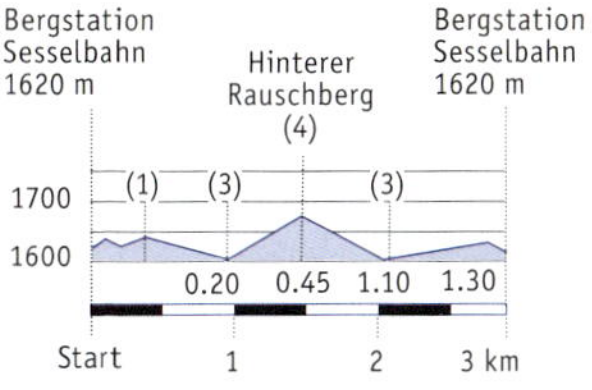

Rund um den Taubensee

Gehzeit: 2 h, 7 km, ↓↑93 m

Gleich am Fuße des Berges und direkt hinter der Talstation der Rauschbergbahn befindet sich der schöne fischreiche Taubensee in stiller Natur. Ein Weg führt, vorbei am Gasthof mit einladender Terrasse, einmal um den See. Besonders schön ist das im Herbst, wenn die Laubbäume am Ufer ein wahres Farbenfeuerwerk bieten.

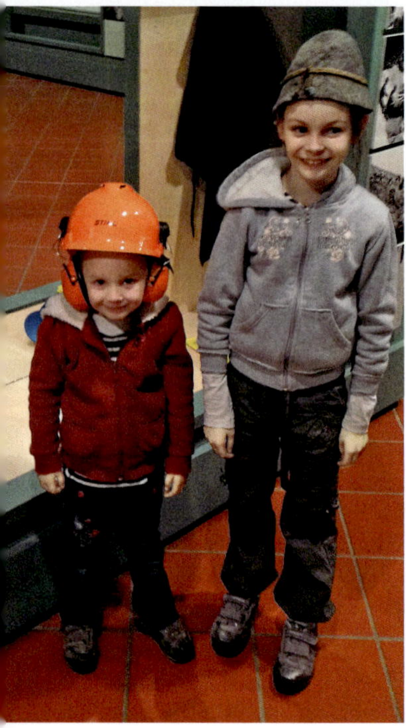

Tour 41: Holzknechtland

Freilichtmuseum in Ruhpolding

In den dichten Wäldern der Chiemgauer Alpen war das Holz schon früh ein entscheidender Wirtschaftsfaktor. Die Arbeit der Holzknechte, die es fällen und aus dem meist unwegsamen Gelände ins Tal befördern mussten, war äußerst gefährlich und abenteuerlich. Ihrer Arbeit und dem Leben im Bergwald vor über 100 Jahren widmet sich das Holzknechtmuseum südlich von Ruhpolding.

2 h

ab 4

Rundgang: Nachdem wir an der Kasse unsere Kinderpfad-Ausrüstung in Empfang genommen haben, beginnt der Rundgang rechts im **großen Ausstellungsraum**. Hier und im ersten Stock dreht sich alles um Holz und seine Gewinnung. Anschaulich wird mit lebensgroßen Puppen, interaktiven Stationen und multimedialen Beiträgen der harte Arbeitsalltag der Holzknechte in den umliegenden Wäldern dokumentiert. Man erfährt, wie lang und entbehrungsreich eine Saison im Bergwald sein konnte. Auch die Arbeitsgeräte wie Säge und Spalter werden genau erklärt.

Eine ganz besondere Herausforderung stellte die **Beförderung des Holzes** vom Schlagort bis zum Sägewerk dar. Filmbeiträge mit Originalaufnahmen zeigen den wilden Ritt im Winter, wenn das Holz mit Schlitten befördert wurde. Eindrucksvoll sind auch die Modelle und Beiträge zum Holztrift: Bergbäche wurden gestaut und dann mit lautem Getöse und vielen darin schwimmenden Stämmen schlagartig gen Tal entlassen. Eine spannende, aber auch unglaublich gefährliche Tätigkeit!

Auf dem Kinderpfad können Kinder an markierten Stationen an einer Rätselrallye teilnehmen. Mit Hilfe von verschiedenen Utensilien, die man in einem Rucksack an der Kasse mit auf den Weg bekommt (€3 Leihgebühr), können die Aufgaben gelöst werden. Als Belohnung für das richtige Lösungswort gibt es am Ende eine kleine Überraschung.

Der Rundgang durch den **Außenbereich** beginnt im »Dorf«. Wir können uns anhand des Bauerngartens und Backhauses gut vorstellen, wie der Alltag

TOUREN-STECKBRIEF

Anfahrt: Auf der A8 passieren wir zunächst den Chiemsee und zweigen dann an der Abfahrt Traunstein rechts Richtung Ruhpolding ab. Nach der Ortsdurchfahrt geht es weiter Richtung Reit im Winkl. Nach rund 3,6 Kilometern ist das Holzknechtmuseum linker Hand angeschrieben, ausreichend Parkplätze befinden sich direkt davor bei **GPS N 47°43'27.0", E 12°39'33.0"** in der Laubau 12.
Museum: Geöffnet Mai bis Oktober Di bis So 10–17 Uhr. Eintritt €6, Kinder €4, Familie €12.
www.holzknechtmuseum.com

Anspruch und Charakter: Halb klassisches Museum, halb Freilichtgelände führt einen die Ausstellung in die Welt der Chiemgauer Holzknechte ein. Der Rundweg ist weitgehend barrierefrei. Da auch die Bauten im Freigelände überdacht sind, eignet sich der Besuch auch für weniger gutes Wetter.
Highlights: Kinderpfad durchs Museum, die Duftorgel im »Wimmer-Zuhaus«, die große Holztrift-Rutsche im Freigelände.
In der Nähe: Märchenwald Ruhpolding, Windbeutelgräfin, Reiterhof Brendlberg.

in einem Bergdorf wohl aussah. Am Waldrand stehen die einfacheren Wohnhütten, die den Holzknechten auf der Alm und im Wald als Quartier dienten. Erlebnisstationen veraten die Details: Wie lebten die Knechte während ihrer Arbeitswochen im Wald? Was kochten sie in den Einfach-Behausungen und wie viele Männer mussten in einer Hütte miteinander auskommen? Sogar eine alte Loite, eine Rutsche, in der das Holz Richtung Tal geschickt wurde, können wir genau in Augenschein nehmen.

Im letzten Bereich des Museums geht es um die Weiterverarbeitung des Holzes und die dafür notwendigen Geräte wie Säge und Wasserrad.

Das Holzknechtland für Kinder:
Ostereier suchen, eine Hüttentour mit Holzknecht Hubert oder einem Vormittag als Holzknecht im Wald: Im Museum werden Themenführungen und Workshops speziell für Kindergruppen angeboten. Das aktuelle Programm gibt es online unter www.holzknechtmuseum.com.

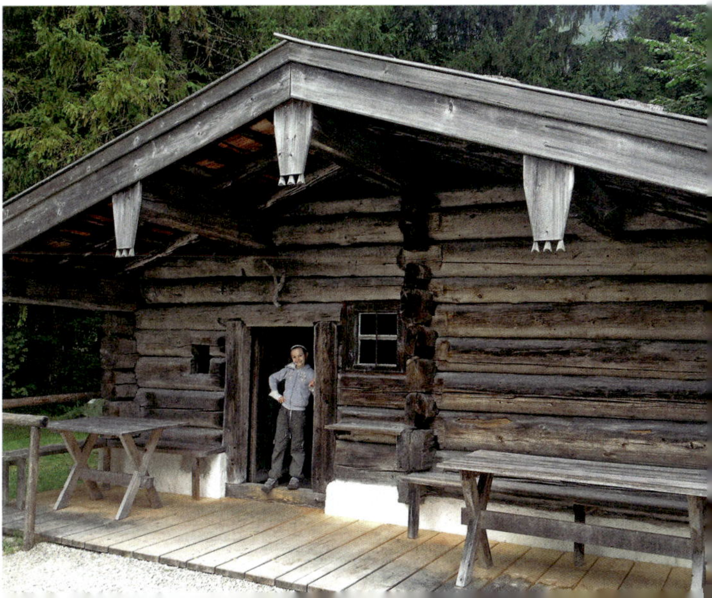

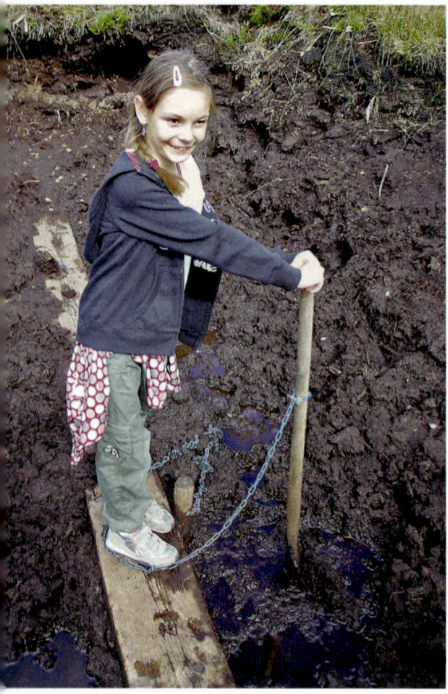

Tour 42: Von Dinos und Schmetterlingen

Erlebnisrunde durchs Inzeller Moor

In den Inzeller Filzen befindet sich eines der größten, weitgehend intakten Hochmoore Bayerns. Der Moorerlebnispfad nimmt Wanderer zunächst mit auf eine Zeitreise. Beginnend in der Ära der Säbelzahntiger und Höhlenbären reisen Besucher im Moor bis in die Gegenwart. Am zweiten Teil der Wanderung erwartet uns eine Moorexpedition mit interaktiven Erlebnisstationen, Kunst im Moor und viel Wissenswertem rund um Bewohner und Ökosystem dieses selten gewordenen Lebensraums.

20 m

STRECKE 5 km

1 h 45

ab 4

Wanderung: Gleich neben dem Parkplatz am **Gasthof Schwarzberg** startet der Rundweg durch die Moorlandschaft. Lange galten Moore als nutzlos, wurden entwässert, zerstört oder als Abbauhalden für das Brennmaterial Torf verwendet. Seit 2003 wird im hiesigen Moor renaturiert und inzwischen ist an einigen Stellen bereits wieder ein intakter Lebensraum entstanden – und er wächst stetig. Nach einer kurzen Wegstrecke entlang der Bundesstraße zweigt unser Weg am **»Tor zum Moor«** ① rechts ab.

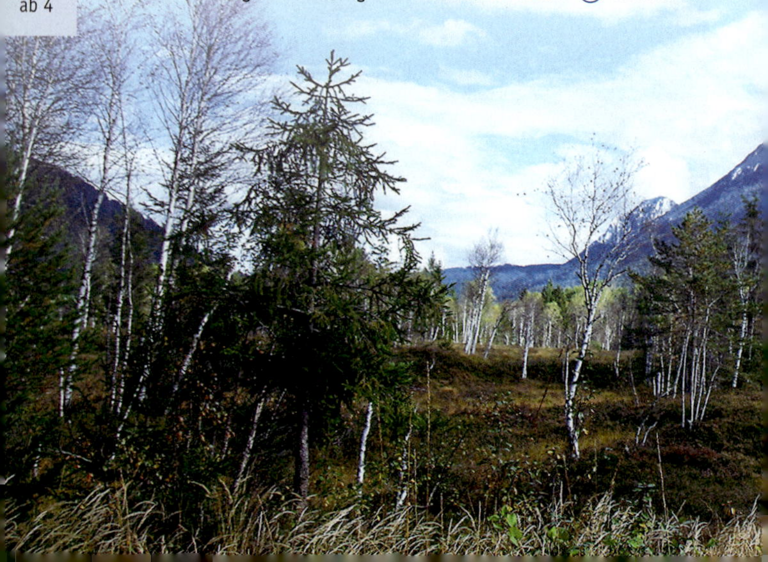

TOUREN-STECKBRIEF

Anfahrt: Von der A8 nehmen wir die Abfahrt Traunstein / Siegsdorf und halten sich dann auf der B306 Richtung Inzell. Noch vor dem eigentlichen Ortsbeginn passieren wir, kurz nach der kleinen Abfahrt zum Ortsteil Ed, rechter Hand das Gasthaus Schwarzberg in Alleinlage. Auf den großen Parkflächen bei **GPS N 47°46'38.6", E 12°44'27.5"** können wir für unsere Reise durchs Moor das Auto parken.

Anspruch und Charakter: Einfacher, ebener Rundweg durchs Hochmoor mit vielen Erlebnis- und Infostationen. Die Wege sind geschottert oder auf Holzbohlen angelegt. Kurzes Verbindungsstück auf einer Asphaltstraße. Der Weg ist markiert und auch mit dem Kinderwagen nutzbar. Zusätzlich zur Gehzeit etwa eine Stunde für die Stationen rechnen.

Highlights: Erlebnis- und Mitmachstationen der Moor-Zeitreise und der Moorexpedition. Besonders beliebt sind die Riesen der Vorzeit, die Torfstech-Station und das Moorbodenexperiment.

Einkehr: Gasthof Schwarzberg.

In der Nähe: Badepark Inzell mit Naturbadesee.

Wir befinden uns nun bereits mitten in der Zeitreise in die Vergangenheit. Mit der Eiszeit beginnend werden wir auf insgesamt neun Stationen bis in die Gegenwart geführt. Unterwegs passieren wir links eine kleine **Rasthütte**, die jetzt oder am Rückweg zu einer Pause einlädt. Wer an warmen Tagen etwas zu trinken vergessen hat, findet gegen Geldeinwurf meist einige Flaschen Saftschorle und Wasser vor. Nach einem Drittel des Weges ist das Ziel der Zeitreise an der **Station »Hochmoor heute«** erreicht.

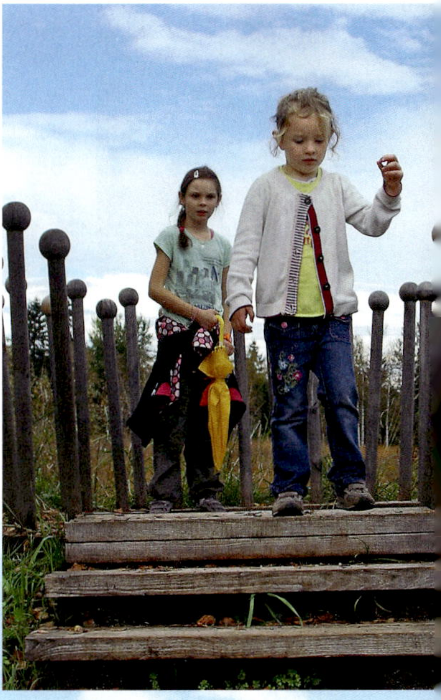

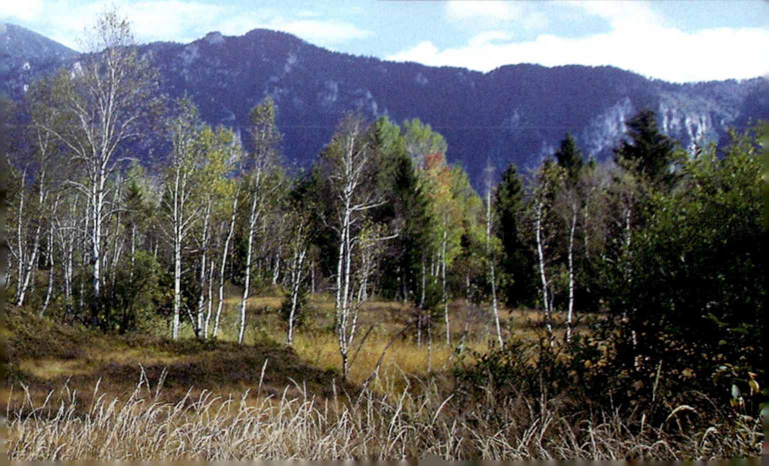

Nun müssen wir, vorbei an der Bildungs- und Gesundheitseinrichtung »kritische Akademie«, ein kleines Stück an der **Straße** ② entlanglaufen. Doch schon nach 300 Metern geht es an einer **überdimensionalen Lupe** ③ erneut ins Moor. Der zweite Teil des Lehrpfades nimmt uns mit auf **Moorexpedition.** Riesige Blätter bedecken den Uferbereich neben dem Weg, und immer neue Stationen sorgen für Kurzweil bei den Kids. Die Mitmachhighlights »**Torfstechen**« und »**Moorexperiment**« erreicht man erst am Wegende. So ist bis zum Schluss Spaß garantiert. Das **letzte Wegstück** ④ verläuft auf bekannter Strecke, der Parkplatz ist dann aber schon fast in Sichtweite. Vor der Abfahrt kann man im Gasthof Schwarzberg einkehren. Der große Innenbereich wurde gerade renoviert und auch auf der Terrasse sitzt man sehr schön mit Blick auf Moor und Berge.

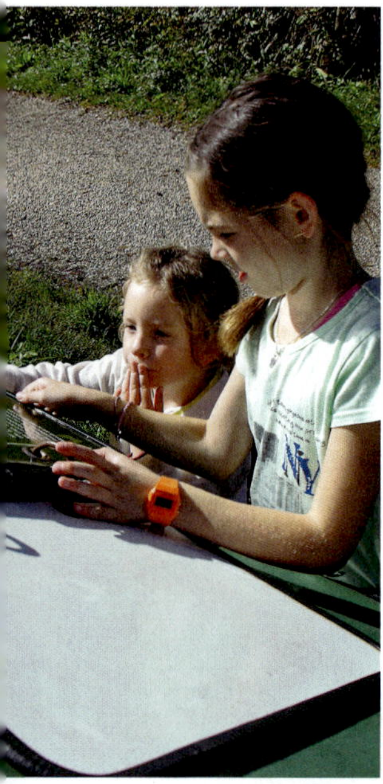

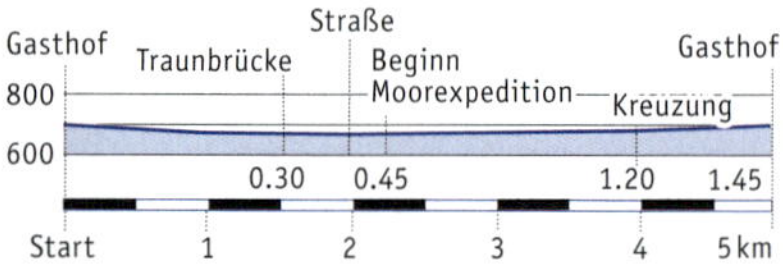

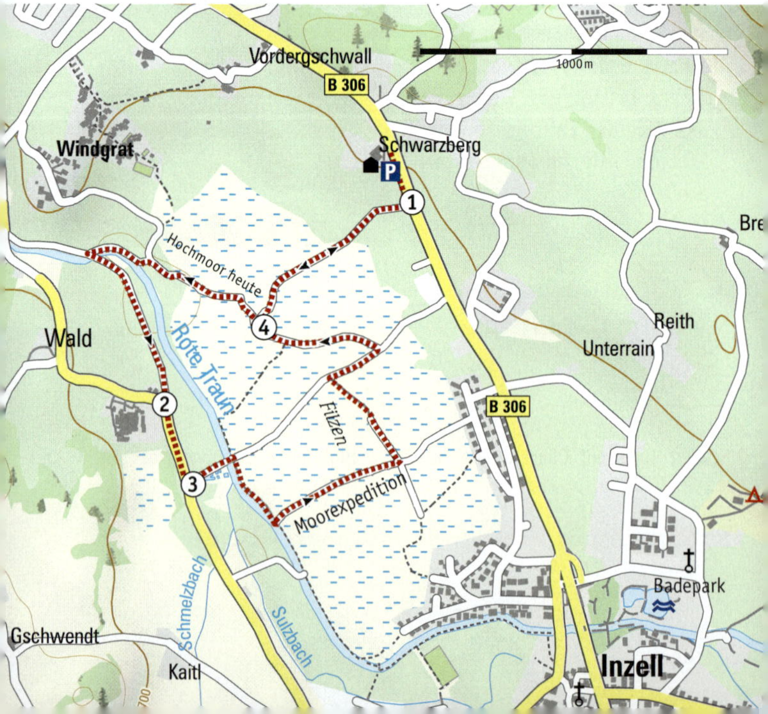

Tour 43: Am kältesten See Deutschlands

Bergwalderlebnispfad am Frillensee

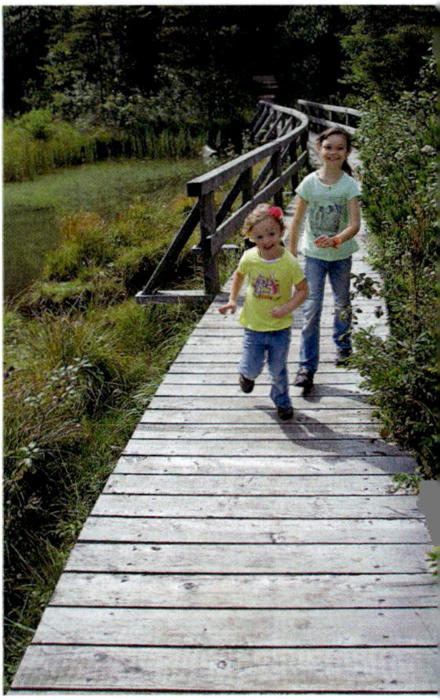

Wie funktioniert ein Baumtelefon? Wie weit springt ein Fuchs? Wieviel Holz braucht man für eine warme Nacht am Feuer? Dies und noch viel mehr erfährt man an verschiedenen Erlebnisstationen, die vom Forsthaus Adlgaß bis zu Deutschlands kältestem Gewässer, dem Frillensee, führen. Die Wanderung ist ideal für heiße Tage im Hochsommer, denn die hohen Bäume des Bergwaldes sorgen dann für ausreichend kühlen Schatten. Am See angekommen, kann man dann die Sonne am Steg genießen und zahlreiche Insekten und Vögel beobachten.

160 m

STRECKE 6,5 km

2 h 30

ab 4

Wanderung: Gleich am Parkplatz geht es ein paar Meter recht steil nach oben bis zum Forsthaus. Das war dann aber auch schon das anstrengendste Stück. Im weiteren Verlauf verläuft der Wanderweg recht gemächlich durch den Wald und steigt nur leicht an. Am Parkplatz hinter dem Forsthaus kann man sich an einem Infopunkt über die Stationen des Bergwalderlebnispfades informieren und eine Broschüre mit allen Stationen mitnehmen. Um eine kleine Spende für den Erhalt der Wege wird gebeten, eine Box steht zum Einwurf bereit. Dann geht es auch schon los. Vorbei an einer Weide durchschreiten wir ein **Holztor,** das den Beginn des Lehrpfades markiert. Ein Salamandersymbol weist

TOUREN-STECKBRIEF

Anfahrt: Ab der A8 nehmen wir die Ausfahrt Traunstein/Inzell. Im Ortszentrum von Inzell zweigt links, gegenüber vom Gemeindeamt, die Adlgasser Straße ab. Das Forsthaus Adlgaß ist ausgeschildert. Nach rund fünf Kilometer erreichen wir das Ende der Fahrstraße und finden einen recht großen Wanderparkplatz vor.
GPS N 47°46'26.2" E 12°47'47.5"

Anspruch und Charakter: Einfache Wanderung, stetig leicht ansteigend auf schattigen Schotterwegen zum Frillensee. Am nördlichen Ufer durchquert man das Schilf auf einem Holzbohlenweg. Auch mit dem Kinderwagen begehbar. Zusätzlich zur Gehzeit mindestens eine Stunde für die Stationen einplanen.

Highlights: Stationen des Bergwalderlebnispfads, eine Rast am Frillensee, Tierbeobachtung am Wasser, Einkehr im Forsthaus Adlgaß.

Einkehr: Forsthaus Adlgaß (Montag und Dienstag Ruhetag).

In der Nähe: Badepark Inzell.

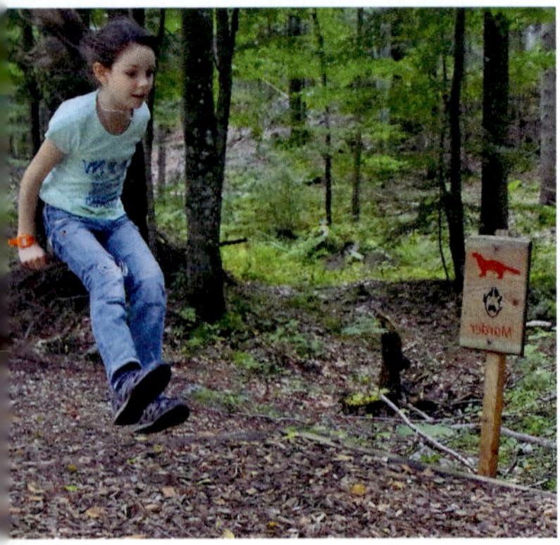

durchgehend den Weg und führt uns immer wieder zu **Stationen abseits des breiten Forstweges** ①. Die ersten Haltepunkte befassen sich mit dem **Lebensraum Wasser** im munter neben dem Weg sprudelnden Frillenseebach. Es folgen Infotafeln und Mitmachstationen zu den Themen Bäume, Tiere, Pilze, Holz und Erde.

Der Weg gestaltet sich kurzweilig, sodass man schneller als gedacht am **Frillensee** ② ankommt. Wir gehen links herum und heben uns den Holzbohlenweg durchs Schilf bis zum Schluss auf. Besonders interessant wird es an der kleinen **Schutzhütte,** die gleich darauf ins Blickfeld rückt. Der

Spieltipp für den Rückweg: Auf halbem Weg treffen wir am Bach auf eine Wildwasserstrecke für selbstgebaute Boote. Rund um die Station ist aber nur noch wenig Baumaterial zu finden, weiter hinten am Weg ist das dagegen kein Problem. Hält man auf dem Rückweg danach Ausschau, sollte bis zur Station etwas Passendes gefunden sein. Als Bootskörper eignen sich große Rindenstücke oder altes, gut abgelagertes Holz, dass so krümelig (und damit leicht) ist, dass man gut ein Loch für einen kleinen Mast hineinbohren kann. Weitere Tipps zum Bootsbau gibt es hier im Buch auf [› Seite 133]. Wer keine Lust zum Basteln hat, kann auch trockene Zapfen oder Blätter sammeln und zur Wettfahrt auf den Bach schicken.

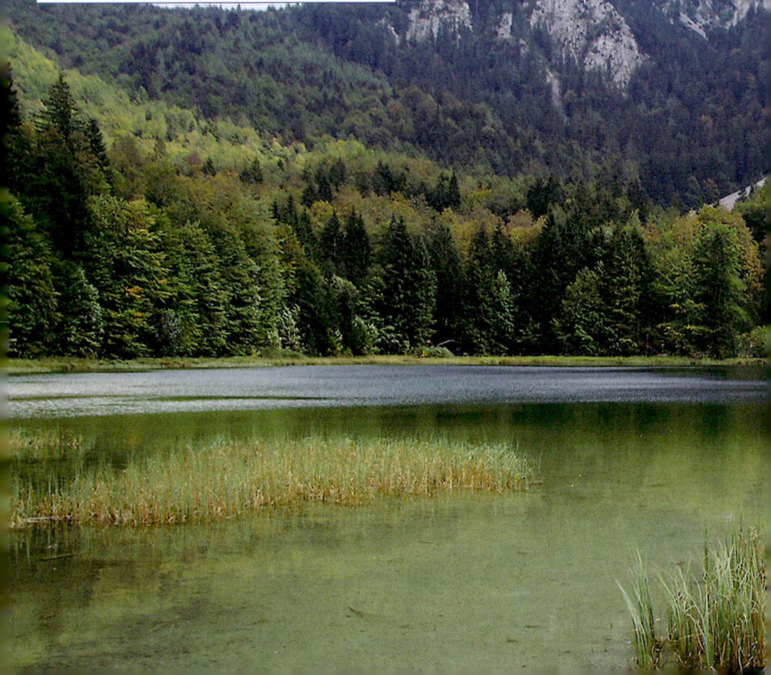

See ist von dort aus gut zu sehen und eine kleine Ausstellung zeigt, wie lange es dauert, bis achtlos weggeworfener Müll in der Natur verrottet. Tafeln informieren über die Geschichte des Sees, der bis 1958 fern von aller Zivilisation in der Einsamkeit lag. Dann kamen findige Inzeller auf die Idee, diesen besonders kalten, schnee- und eissicheren Ort für den Wintersport zu nutzen. Tatsächlich wurde er für einige Jahre zum Mittelpunkt des deutschen Eislaufsports. Selbst Meisterschaften wurden ausgetragen. Die schlechte Erreichbarkeit und die kostspielige Bereitstellung von Wegen und Infrastruktur im Winter veranlasste die Verantwortlichen schlussendlich, direkt in Inzell ein Eissportstadion zu bauen und den See wieder in den Dornröschenschlaf zu entlassen.

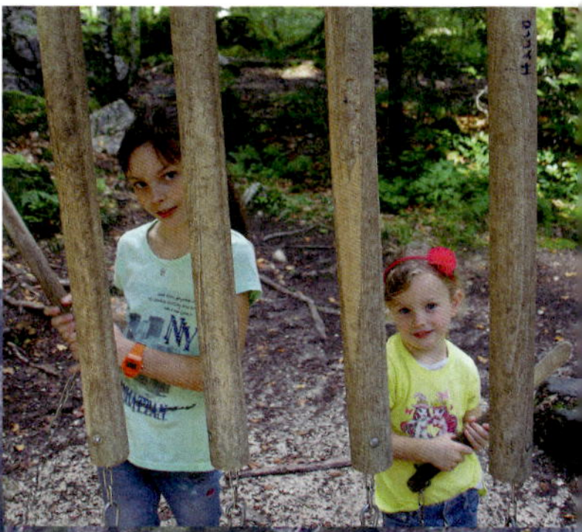

Kurz hinter der Hütte führen zwei Abstecher vom Weg zu einem **Buchenlabyrinth** und zum **Klangstudio** ③. Kaum zurück auf dem Weg klettern

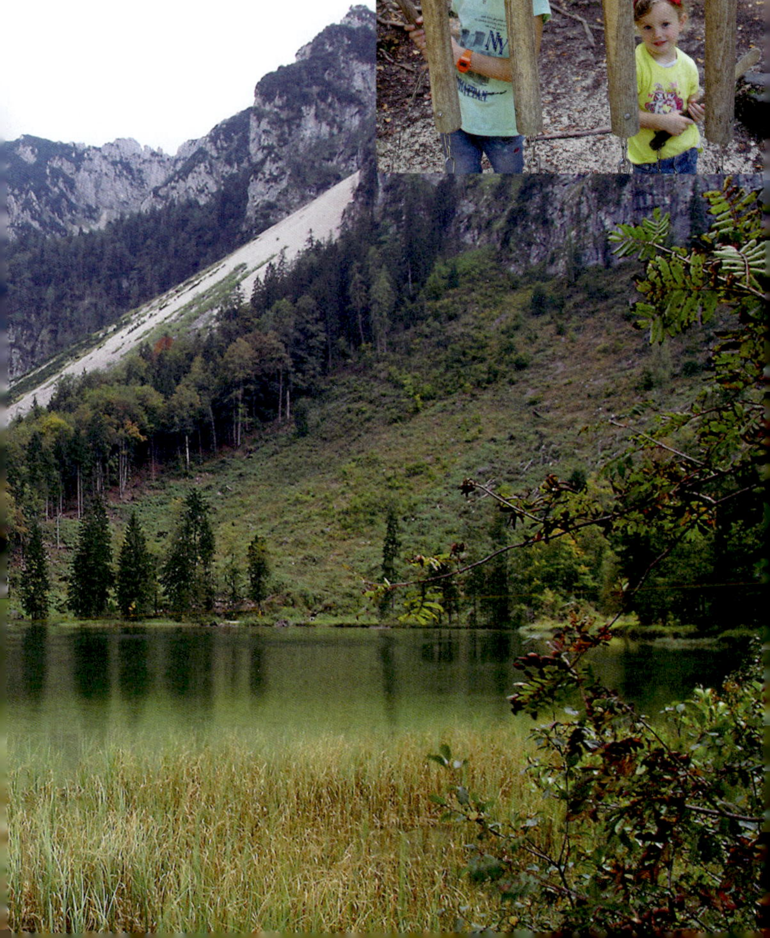

wir dann in einen Hochsitz. Vor diesem haben sich im Wald alle hier vorkommenden Säugetiere und einige Vögel versteckt. Es braucht jedoch ein wenig Spürsinn, um sie zwischen den Bäumen zu entdecken.

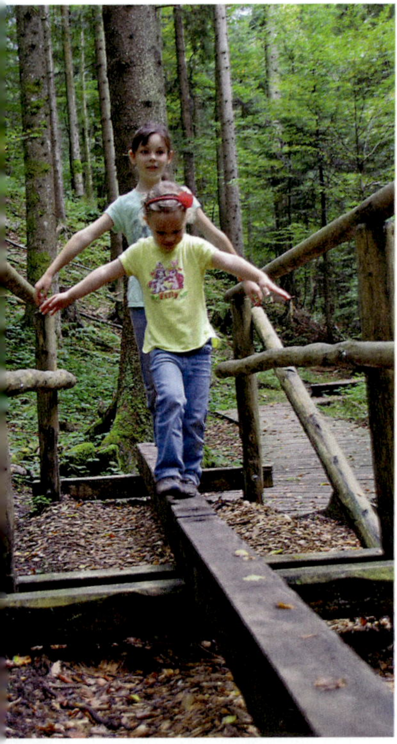

Bevor wir den See wieder verlassen, lädt noch ein **Steg mit Bänken** ② zur Pause und zur Brotzeit in der Sonne ein. Dann machen wir uns auf den Rückweg. Zum Abschluss der Tour kann man dem einladenden Biergarten des Forsthaus Adlgaß nur schwer widerstehen. Mit guter bayerischer Küche und exzellenten Wildgerichten hat sich das Gasthaus einen guten Namen gemacht.

Im Winter beginnt gleich am Forsthaus eine **Naturrodelbahn**, die in der Dämmerung beleuchtet ist. Schlitten kann man vor Ort ausleihen. Außerdem hat der Frillensee an klaren Wintertagen eine ganz eigene Atmosphäre.

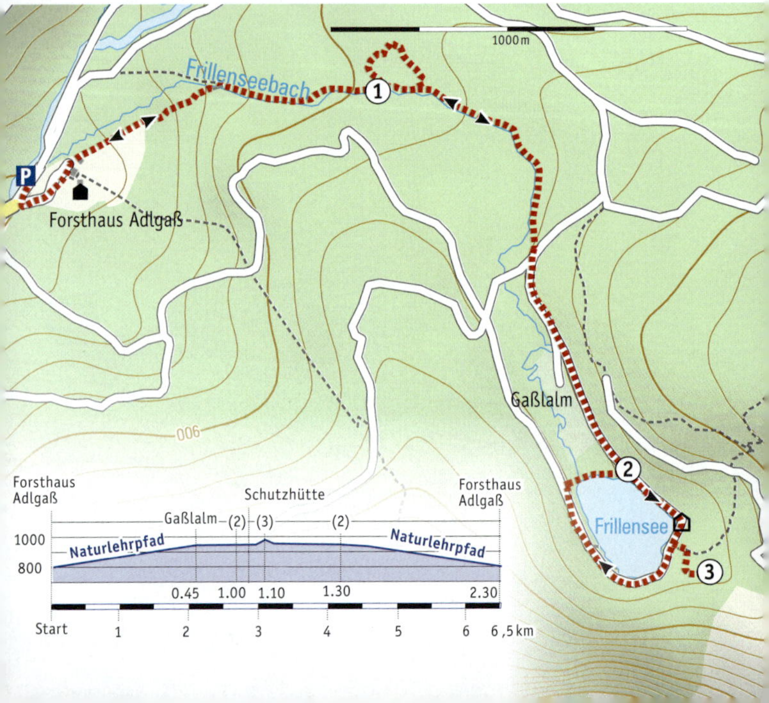

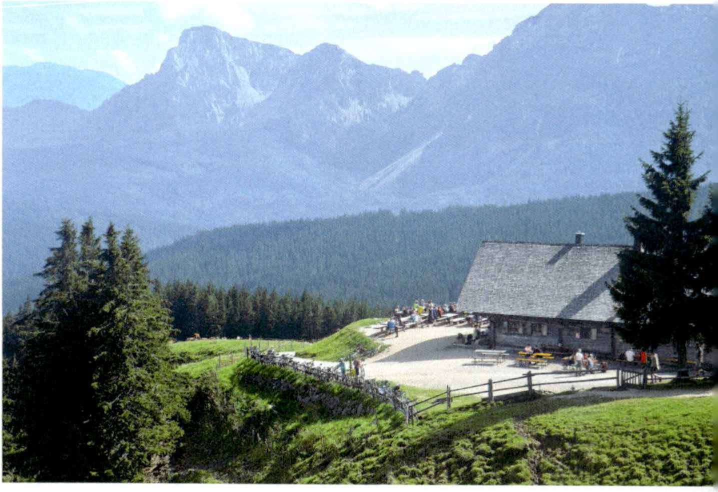

Tour 44: Hütte mit Weitsicht

530 m

STRECKE 11 km

4 h 30

ab 8

Über die Schneid zur Stoißer Alm

Der Weg hinauf ist schön, aber der Platz oben an der Almhütte ist noch viel schöner – vor allem, wenn die Sonne auf die große Terrasse mit Weitblick scheint. Etliche Wege führen aus allen Richtungen hinauf auf die Stoißer Alm und die Mountainbiker lieben sie genauso wie die Wanderer. So ist hier oben immer ordentlich was los und an schönen Tagen am Wochenende braucht es schon mal etwas Geduld für die Schlange vor der Theke – und noch ein bisschen mehr Geduld, bis ein frisch gebackener Kaiserschmarrn auf dem Tisch steht. Doch wen sollte das bei dem Ausblick wirklich stören?

Wer ein Picknick und etwas mehr Ruhe vorzieht, wandert einfach noch ein paar Schritte weiter, um sich am Wiesenhang unter dem Gipfel des Teisenberges niederzulassen.

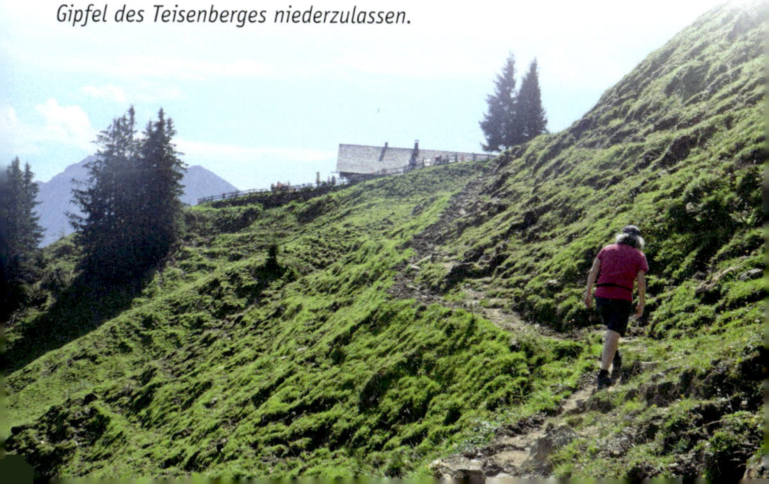

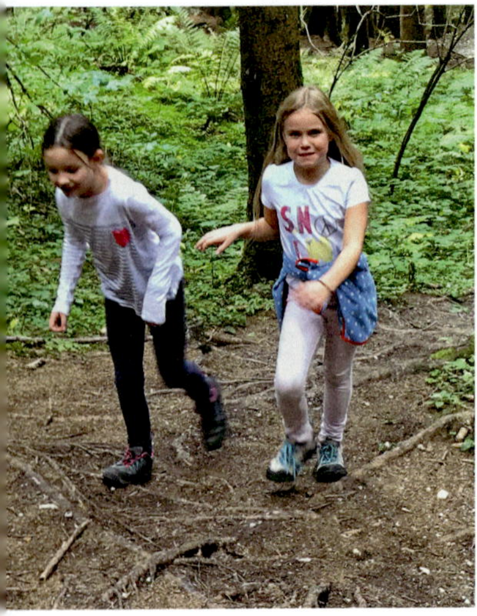

Wanderung: Drei Wege führen vom **Wanderparkplatz Neuhaus** hinauf zur Stoißer Alm. Am einfachsten zu gehen ist der Fahrweg, schöner sind die beiden anderen Varianten. Der Weg über die »Schneid«, den Berggrat, führt durch den Wald steil hinauf und dann immer auf der Höhe entlang zum Teisenberg und zur unterhalb gelegenen Almhütte. Die dritte Variante ist der unmarkierte Klosterersteig, der ziemlich gleichmäßig ansteigend durch den Bergwald zur Alm hinaufführt. Wenn es viel geregnet hat, ist der Steig im oberen Bereich ziemlich matschig, ansonsten ist er problemlos zu gehen und auch ohne Markierungen gut zu finden. Wir beschreiben die Wanderung als Rundweg mit Aufstieg über den Klosterersteig und über die Schneid zurück.

Egal welchen Weg wir wählen, zuerst einmal geht es am **Ende des Parkplatzes** auf einem besonders hübschen Waldpfad die ersten 100 Meter hinauf. Der Weg schlängelt sich nicht nur zwischen den Bäumen hindurch, sondern ruht streckenweise wie eingebettet zwischen den Stämmen und über den Wurzeln. An einer **Bank mit schönem Blick** ① über das Tal erreichen wir dann einen Fahrweg. Hier beginnen alle drei Wegvarianten. Das Holzschild gegenüber weist den Weg zur Schneid, links geht es auf den Fahrweg. Um den **Beginn des Klosterersteiges** zu finden, gehen wir zuerst links auf dem Fahrweg entlang.

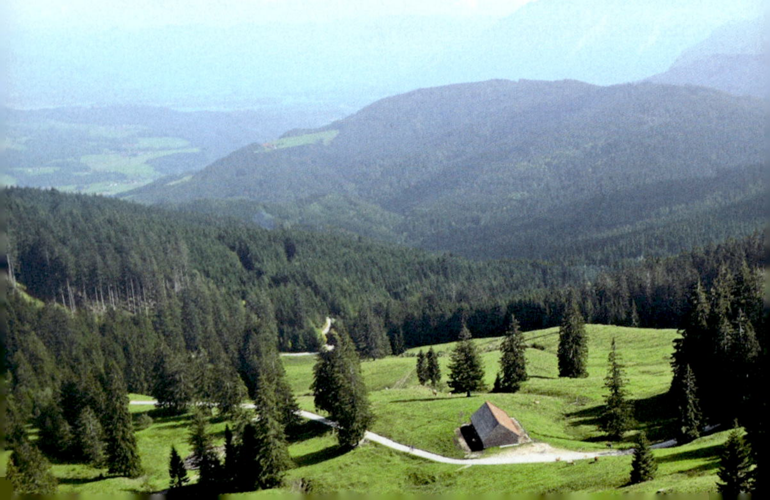

TOUREN-STECKBRIEF

Anfahrt: Von der Autobahnabfahrt Bad Reichenhall am Kreisverkehr in Richtung Bad Reichenhall fahren. Nach etwa 300 Metern rechts nach Teisendorf abbiegen und der Straße etwa sieben Kilometer bis nach Anger Ortsteil Hadermarkt folgen. Dort links nach Anger abbiegen, durch eine Rechtskurve fahren und hinter dem in der Kurve liegenden Parkplatz links weiter in Richtung Stoißberg. Die Straße macht hinter dem Ort einen Linksbogen und führt unter der Autobahn hindurch. Auf einer schmalen Straße geht es bergauf und hinter einer Schotterparkbucht folgen wir dem gelben Wanderschild »Parkplatz Neuhaus« rechts hinauf. In einer Linkskehre geht es an einem Hof vorbei, dann folgt in einer Linkskurve ein weiterer Abzweig mit Holzbank zu einem Haus, bevor es an einer T-Kreuzung rechts hinauf geht. An der Kreuzung befinden sich rechts vor dem Tor eines Wildgeheges die ersten sechs Parkplätze. Rechts oben in der Kurve haben auf einem geschotterten Parkplatz weitere 10 bis 15 Fahrzeuge Platz. Wer hier keinen Platz mehr findet, kann nur unterhalb des Bauernhofes an der Straße parken. Es macht also Sinn, wirklich früh hier zu sein.

Anspruch und Charakter: Unser Weg ist einer von den weniger begangenen, was vor allem mit der Parkplatzsituation am Start zu tun hat. Ansonsten erwartet uns eine Wanderung auf schmalen Waldpfaden, die nur teilweise markiert sind. Die Steigung verteilt sich gleichmäßig und bleibt fast immer moderat, nur das letzte Stück vor der Hütte ist oft nass und von Kühen zertrampelt.

Highlights: Schöne Waldpfade, tolle Plätze an der Hütte und am Gipfel.

Einkehr: Brandner Alm.

In der Nähe: Steinzeitmuseum Inzell.

Über den Klosterersteig zur Stoißer Alm: Wir folgen dem Fahrweg gut 100 Meter bis zur nächsten **Kreuzung** ②. Der Fahrweg knickt links ab, rechts führt ein breiter Waldweg direkt den Hang hinauf. Schräg rechts zwischen beiden führt ein **gut erkennbarer Pfad** in den Wald. Das ist der Klosterersteig.

Er verläuft das erste Stück parallel zum Fahrweg und im Schatten hoher Bäume fast eben durch den Wald. Dann geht es sanft bergauf und der Weg ist streckenweise deutlich breiter. Nach einem guten Kilometer kreuzen wir einen **Fahrweg** ③ und bleiben auf dem gegenüber wieder in den Wald führenden Wanderpfad.

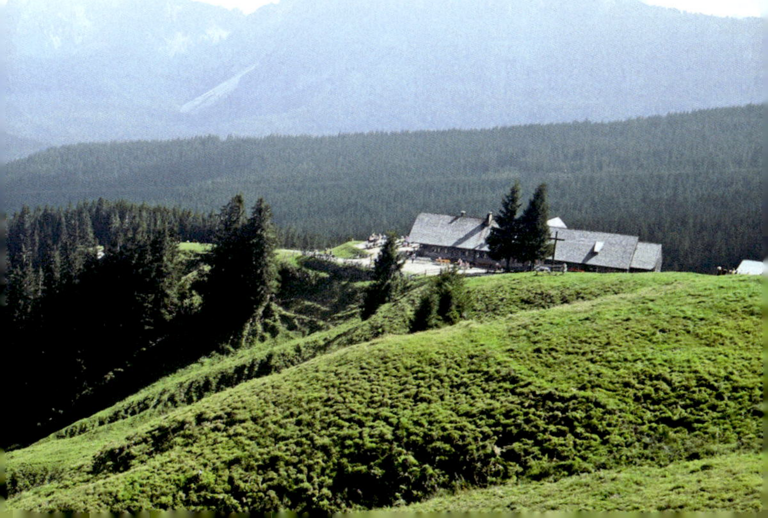

Dieser endet noch einmal 500 Meter weiter erneut auf dem **Fahrweg**, dem wir jetzt ein kurzes Stück folgen, bis wir einen **Schotterplatz** ④ erreichen. Hier zweigt rechts wieder ein Pfad ab, der oberhalb des Fahrweges am Hang entlang zur Alm führt. Dieser letzte Abschnitt dieses Steiges ist der anspruchsvollste Teil der Wanderung. Der Steig ist streckenweise sehr schmal und es geht nahe am Abhang entlang. Die letzten 500 Meter wandern wir dann über eine Kuhweide zur bereits sichtbaren Almhütte hinüber. Hier ist es oft ziemlich matschig, weil auch die Kühe den Pfad benutzen. Mit jüngeren Kindern oder an nassen Tagen können wir für die letzten zwei Kilometer des Aufstieges an **Punkt 4** auch einfach auf dem Fahrweg bleiben.

Über die Schneid zurück nach Neuhaus: Von der **Terrasse der Alm** ⑤ gehen wir zurück zum **Holztor**, durch das wir hier angekommen sind, und wählen den hinter der Hütte zum Teisenberg hinaufführenden Weg. Zuerst kommen wir an eine **kleine Kapelle** oberhalb der Hütte, dann geht es hinauf zum Waldrand. Hier

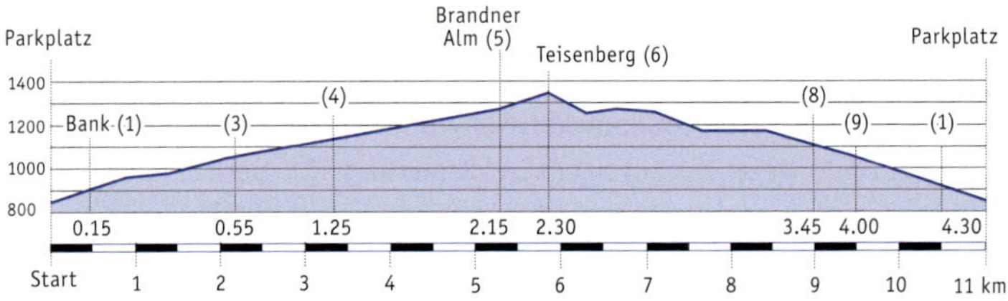

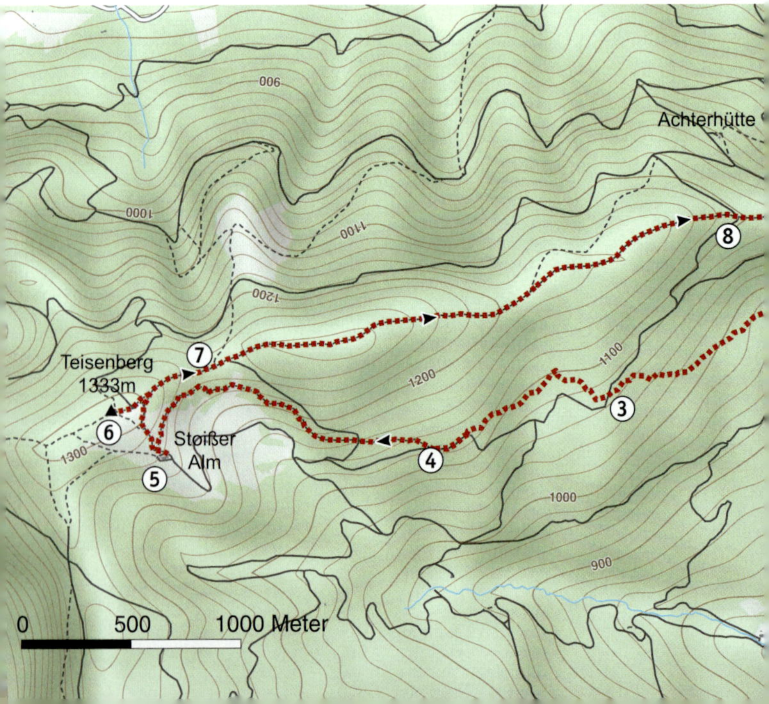

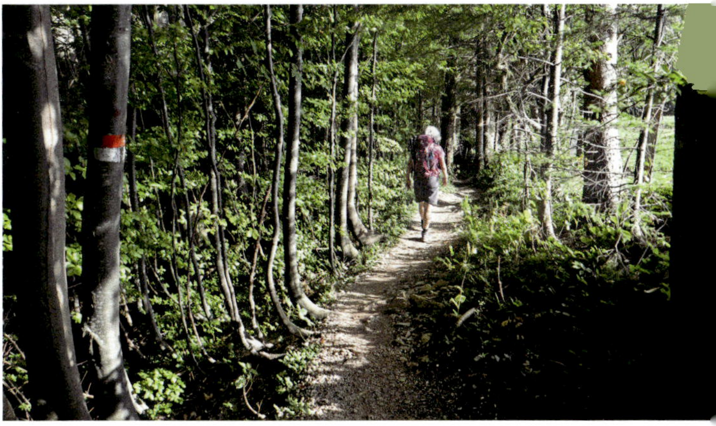

führt links ein Pfad zwischen Waldrand und Weidezaun zu einem schönen **Platz mit Holzbänken am Gipfelkreuz** ⑥.

Auf dem gleichen Weg kehren wir zurück zur letzten Kreuzung und gehen jetzt geradeaus auf der Höhe entlang. Wir durchqueren eine **Senke** ⑦, in der der Weg zum Ort Teisenberg links abzweigt, und gehen hier geradeaus weiter. Unerwartet geht es noch einmal ein kurzes Stück hinauf und dann wandern wir ziemlich eben auf einem schönen **Waldweg** immer **auf der Höhe** entlang. Ein weiterer Weg führt links hinunter und wir halten uns geradeaus. Dann geht es langsam wieder bergab und wir queren einen **geschotterten Fahrweg** ⑧. Der Beschilderung an der Kreuzung folgend überqueren wir den Weg und folgen dem geradeaus weiterführenden Pfad. Es geht jetzt deutlich bergab und schon 500 Meter weiter kreuzen wir den nächsten **Fahrweg** ⑨, steigen geradeaus weiter ab und halten uns an der nächsten Kreuzung rechts. Jetzt geht es steil durch den Wald hinunter, bis wir wieder an der Kreuzung mit der Aussichtsbank stehen. Über den bekannten Waldpfad wandern wir zurück zum Parkplatz.

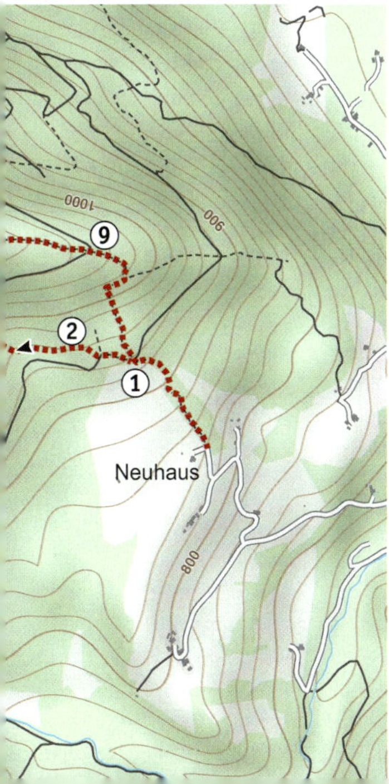

Auf der **Stoißer Alm** kann man auch in zwei Mehrbettzimmern oder im Lager übernachten, sodass sich diese Tour auch auf zwei Wandertage mit einem Abend und einem Morgen vor grandioser Bergkulisse aufteilen lässt. Weitere Infos unter www.stoisseralm.de.

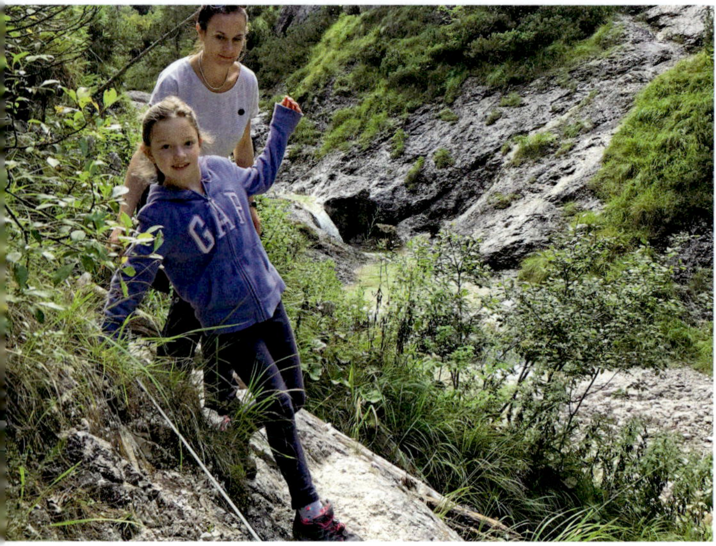

270 m

STRECKE 6 km

2 h 30

ab 8

Tour 45: Durch die Aschauer Klamm

Vom Haiderhof zur Aschauer Klause

Über kleinere Felsstufen sprudelt der Aschauer Bach von einem grün schillernden Tümpel in den nächsten. Der Weg verläuft erst direkt am Bach entlang und die Auswahl an schönen Spiel- und Raststellen ist groß. Kurz vor der Klamm wird es etwas rauer, der Pfad steigt an und führt ein Stück über dem Bach durch die enger werdende Schlucht. Das Ziel ist die alte Staumauer an der Aschauer Klause mit kleinem Picknickplatz. Da die Anfahrt zum Haiderhof mit dem Auto nicht mehr gestattet ist, empfehlen wir für den drei Kilometer langen Weg zum Start der Wanderung ein Fahrrad.

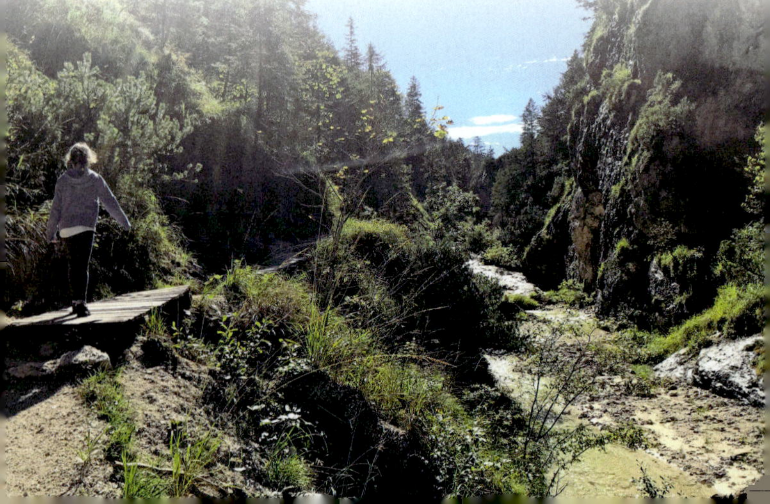

Wanderung: Von der Terrasse des **Haiderhofes** ① führt der Pfad hinab zum Bach und von dort aus bis zum Ziel direkt am Wasser entlang. Bis zum Abzweig links nach Oberjettenberg bleibt der Weg fast eben, das Tal und der Bach lieblich und perfekt zum Spielen und Plantschen für größere Kinder (Strömung).

Von hier aus geht es langsam hinauf und nach der Überquerung einer **Brücke** ② stehen wir vor dem Einschnitt der Schlucht. Dies ist einer der schönsten Abschnitte der Strecke und man sollte sich hier Zeit lassen.

Danach wechselt der Weg wieder auf die rechte Bachseite, steigt noch ein Stück hinauf und die Holzhütte der **Aschauer Klause** ③ taucht vor uns auf. Ein paar Picknickbänke und Tische laden ein zu einer Rast ein. Der Vorraum der Klause ist offen. Darin steht ein alter Holztisch mit Bänken. Sollte es

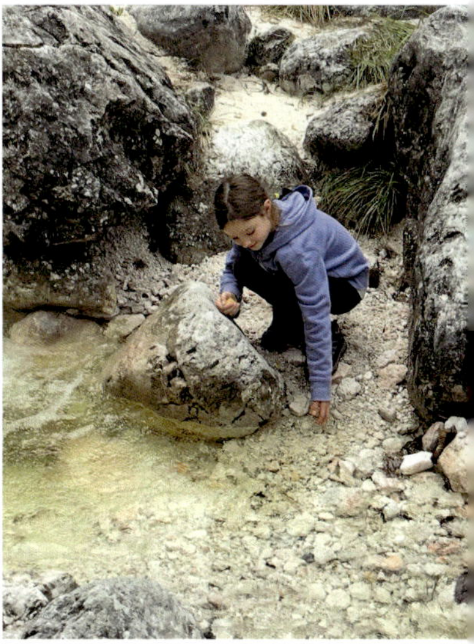

Mit dem Fahrrad zum Haiderhof
Die Besitzer des Haiderhofes bitten inzwischen alle Wanderer in Schneizlreuth zu parken und die schmale, drei Kilometer lange Zufahrt zum Hof nicht mit dem PKW zurückzulegen. Da der Fahrweg zu Fuß für Kinder nicht besonders spannend ist, empfehlen wir diese Strecke mit dem Fahrrad zu fahren.

Vom Parkplatz in Schneizlreuth ist die Weißbachbrücke schon zu sehen. Dort führt ein Weg am Bach entlang bis zu dessen Mündung in die Saalach und zu einer schmalen Holzbrücke. Hinter der Brücke geht es rechts auf dem geschotterten Fahrweg an der Saalach entlang bis zum Haiderhof, an dem die Wanderung beginnt.

TOUREN-STECKBRIEF

Anfahrt: Über die B 305 von Inzell kommend nach Schneizlreuth. An der T-Kreuzung in Schneizlreuth links Richtung Bad Reichenhall fahren. Nach etwa 150 Metern weist rechts vor der Bushaltestelle ein Schild den Weg zum Haiderhof. Die Zufahrt über den einspurigen Schotterweg mit dem PKW ist nur noch für Feriengäste gestattet. Parken kann man in Schneizlreuth bei **GPS N 47°41'24.5", E 12°47'59.1"**, für den Weg zum Haiderhof empfehlen wir Fahrräder mitzubringen.
Anspruch und Charakter: Stille Wanderung auf schmalen, teilweise schattigen Pfaden immer am Bach entlang. In der Schlucht fällt der Hang zum Wasser hin steil ab. Der Weg ist eben und gut begehbar, aber nicht zusätzlich durch Geländer abgesichert. Auch viele der kleinen Brücken und Stege sind nur auf einer Seite geschlossen. Trittsicherheit und konzentriertes Gehen sowie Wanderschuhe notwendig.
Highlights: Tolle Plätze unten am Bach und weiter oben an den felsigen Wasserbecken, Pferde und Schafe auf der Weide am Haiderhof.
Einkehr: Haiderhof Sa und So 11 – 18 Uhr geöffnet. www.haiderhof.de
In der Nähe: Badepark Inzell.

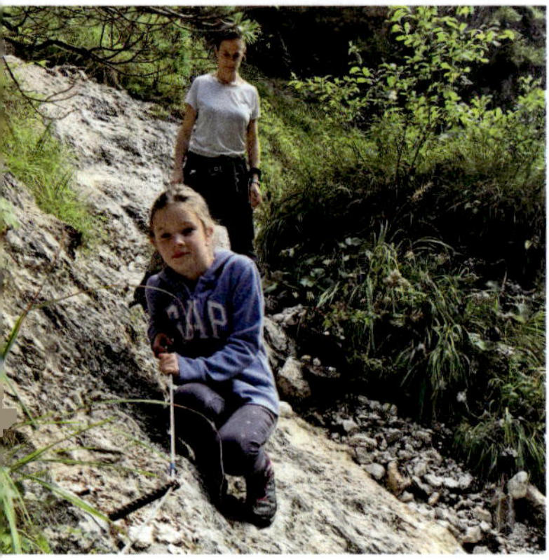

draußen nass sein, kann man den urigen Raum für die Rast nutzen.

Zurück geht es auf demselben, bereits vertrauten Weg. Am Wochenende und in den Ferien kann man sich anschließend eine Brotzeit auf der einfachen, aber angenehmen Terrasse des 400 Jahre alten Haiderhofes schmecken lassen.

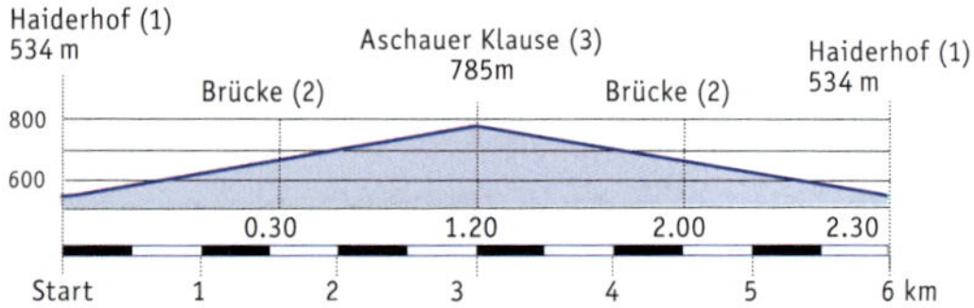

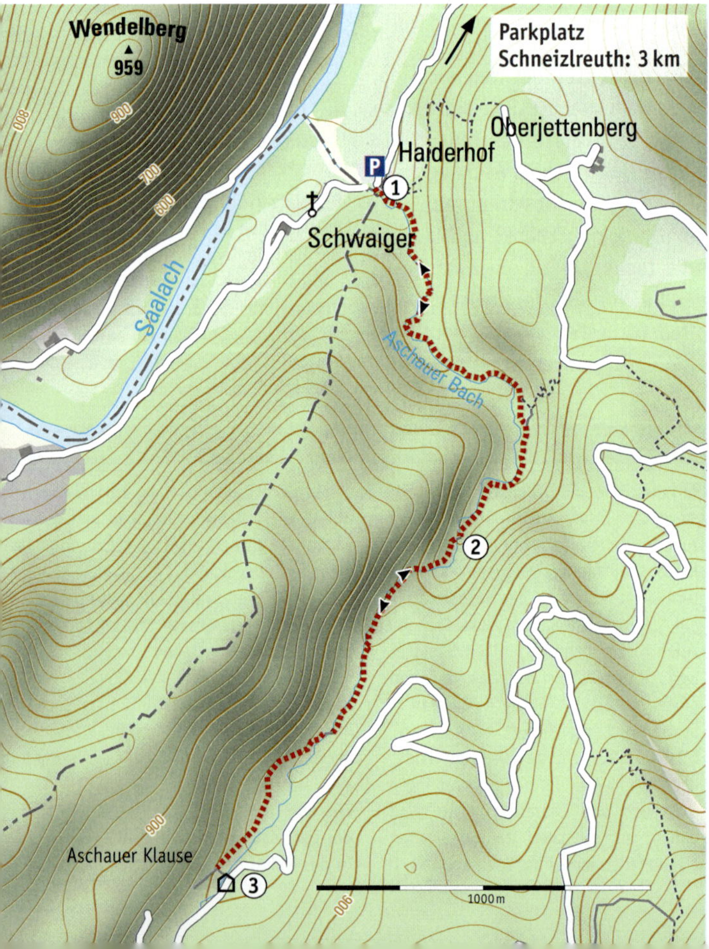

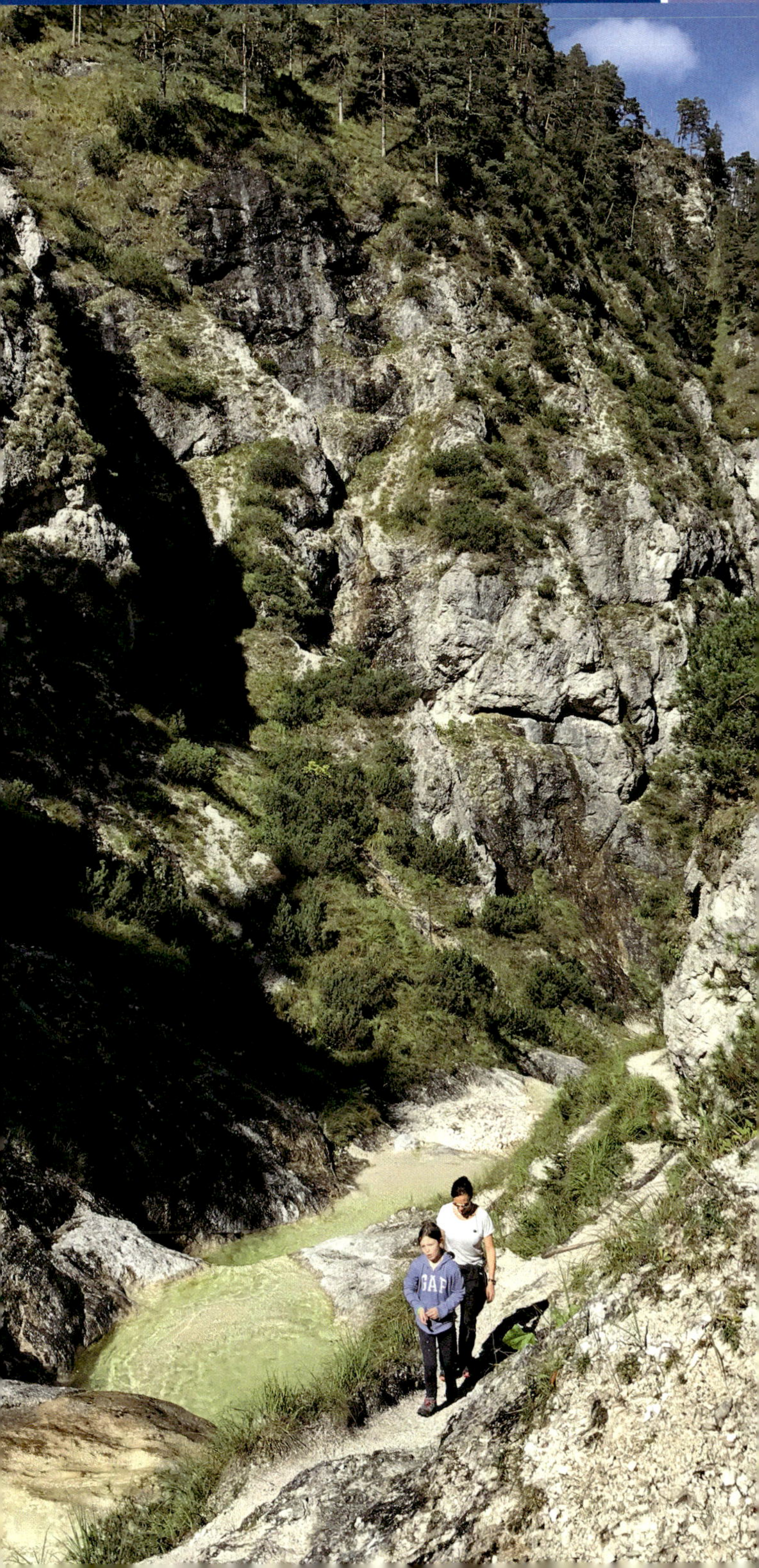
GAP

UNTERKUNFT UND ÜBERNACHTUNG

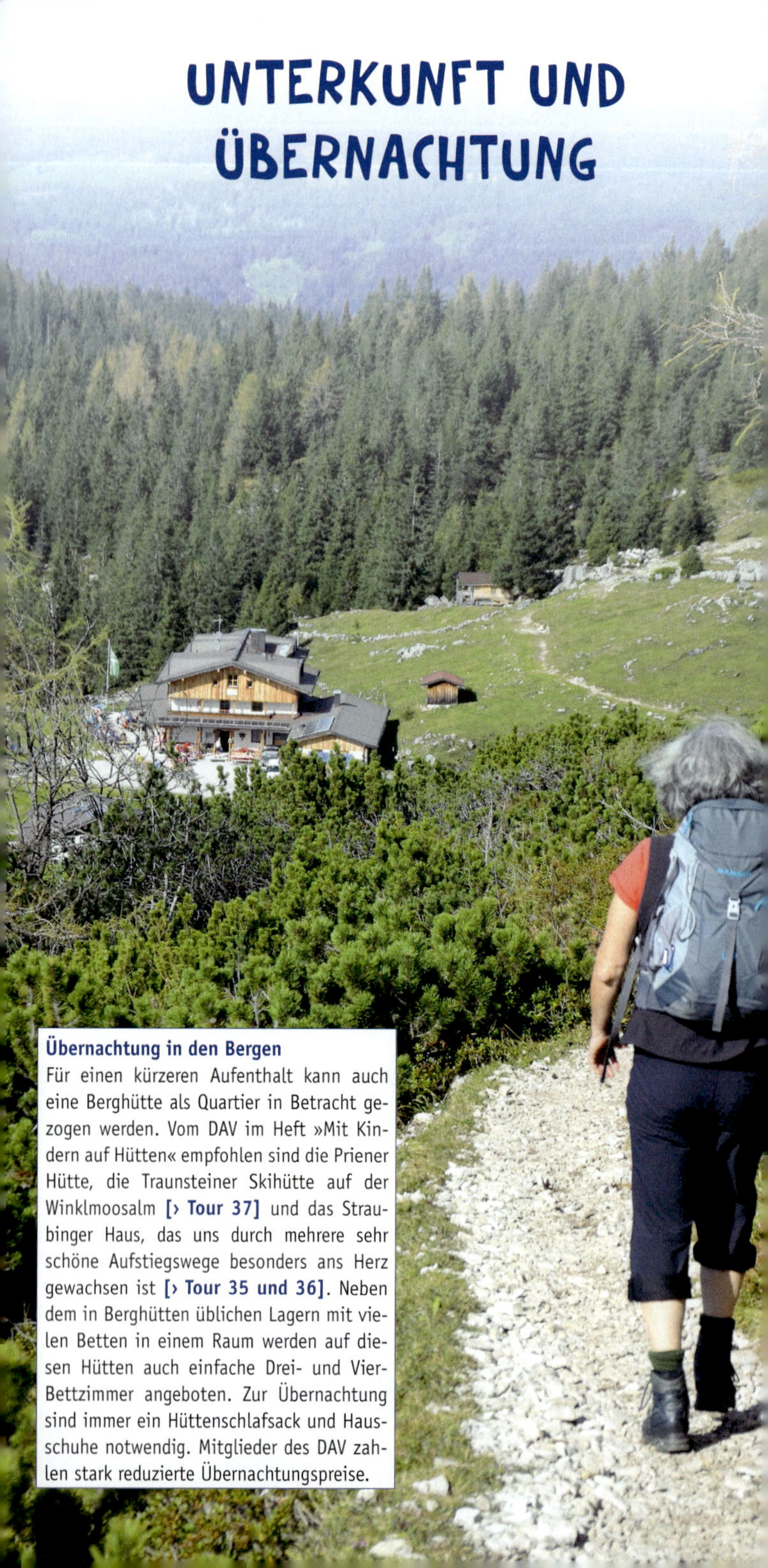

Übernachtung in den Bergen

Für einen kürzeren Aufenthalt kann auch eine Berghütte als Quartier in Betracht gezogen werden. Vom DAV im Heft »Mit Kindern auf Hütten« empfohlen sind die Priener Hütte, die Traunsteiner Skihütte auf der Winklmoosalm **[› Tour 37]** und das Straubinger Haus, das uns durch mehrere sehr schöne Aufstiegswege besonders ans Herz gewachsen ist **[› Tour 35 und 36]**. Neben dem in Berghütten üblichen Lagern mit vielen Betten in einem Raum werden auf diesen Hütten auch einfache Drei- und Vier-Bettzimmer angeboten. Zur Übernachtung sind immer ein Hüttenschlafsack und Hausschuhe notwendig. Mitglieder des DAV zahlen stark reduzierte Übernachtungspreise.

Vom Hotel zum Bauernhof

Wer direkt am See wohnen möchte findet sein Quartier am besten in einem der schönen Gasthöfe am Seeufer, von denen einige auch Zimmer vermieten. Etwas abseits vom schicken Chiemseeufer bieten Bauernhöfe besonders interessante Familienquartiere. Hier ist genug Platz zum Toben und keiner stört sich an spielenden Kindern. Meist sind sie sogar besonders gern gesehene Gäste. Auf allen Ferienhöfen gibt es auch Tiere. Kinder können hier Ziegen, Katzen oder Kaninchen streicheln und fühlen, wie samtig sich die Nase einer Kuh anfühlt. Beim Melken zuschauen, frische Milch probieren, die Tiere füttern oder mit auf den Traktor steigen – so richtige Ferien nach Kinderwünschen eben. Wer gerne reitet, findet auch Ferienwohnungen auf Reiterhöfen. Aber auch viele »normale« Bauernhöfe halten einige Ponys für ihre kleinen Gäste.

Familienhotels

Es gibt einige luxuriöse Familienhotels in der Region, die allerdings sehr hochpreisig sind.

Eine gute Übersicht über Hotels am See und in der Umgebung findet man unter www.chiemsee-alpenhotels.de.

Ferienbauernhöfe

Die aufgeführten Ferienbauernhöfe bieten komfortable Ferienwohnungen mit guter Ausstattung speziell für Familien. Bei der Suche nach einer einfacheren und preisgünstigeren Unterkunft auf einem normalen Bauernhof, helfen die Vermittlungen rechts im Kasten.

Weitere Adressen für Ferienbauernhöfe:
Höfe in der Chiemseeregion und im Berchtesgadener Land werden auf der Seite der Anbietergemeinschaft »Urlaub auf dem Bauernhof Chiemsee Oberbayern« vorgestellt. Die Auswahl kann mit Optionen wie Bademöglichkeit, Streichelzoo, Biobauernhof und Reitmöglichkeit eingrenzt werden und vereinfacht so die Wahl des passenden Hofes.
www.chiemsee-bauernhofurlaub.de

Im Verein »Blauer Gockel – Bauernhof und Landurlaub« haben sich rund 2000 Höfe aus allen Regionen Bayerns zusammengeschlossen. Dort findet man eine gute Auswahl an Ferienhöfen vom zertifizierten Biohof bis zum Reitstall.
www.blauergockel.de

Ein privates Portal, bei dem sich Ferienhöfe deutschlandweit eintragen können, ist **www.bauernhofurlaub.de.**

Verschiedene Reiter- und Bauernhöfe in Deutschland mit DLG-Gütezeichen präsentieren sich auf der Seite **www.landreise.de.**

Huberhof Niesgau, Truchtlaching

In paradiesischer Alleinlage in einer Schleife der Alz zwischen Truchtlaching und Altenmarkt bietet der liebevoll gestaltete Huberhof alles, was es für einen gelungenen Familienurlaub braucht. Ziegen, Ponys und Kaninchen zum Streicheln und Füttern, eine eigene Badestelle an der Alz, einen Spielplatz mit Kettcar-Fuhrpark und Liegen im großen Garten zum Relaxen für die Eltern. Hier kann man im Stall helfen, Ponyreiten oder eine Schlauchbootfahrt auf der Alz unternehmen. Zum Chiemsee sind es nur wenige Kilometer und auch die Berge sind schnell erreicht.
Neun schöne helle Ferienwohnungen (€ 190 – 320 pro Tag). Frühstücksbuffet kann dazu gebucht werden.
www.huberhof-niesgau.de

Moierhof, Stöffling

Auf dem ruhig gelegenen Hof in der Nähe der Alz gibt es einen Streichelzoo, coole Tretfahrzeuge, Kinderspielhaus und Heustadl in dem man auch übernachten darf, Ponyreiten und Reitunterricht. Fleißige Helfer sind im Stall bei Kühen, Ponys und Eseln immer willkommen.

Familienzimmer €75–79 für Erwachsene, Kinder bis 14 Jahre €20, inkl. Frühstücksbuffet. Ferienwohnungen €200–299 pro Tag. www.moierhof.de

Lohnerhof, Chiemig

Hier leben viele Tiere zum Streicheln und füttern, darunter ein großes und ein kleines Pony, es gibt einen Spielplatz, eine Fußballwiese und einen Kicker und es wird gebastelt und gebacken. Kinder sind hier überall willkommen.

Fünf Ferienwohnungen €175–229 pro Tag. www.lohner-hof.de

Esterer Hof, Seeon

Hier gibt es Kühe, Schweine und Hühner im Stall – der Estererhof ist ein voll bewirtschafteter Bauernhof und Bauer Hans zeigt den Kindern gerne Stall und Tiere. Die Frühstückseier kommen von den eigenen Hühnern und die frische Milch von den Kühen im Stall. Ziege Mecki und die Ponys Maxl und Lady werden dagegen nur für die jungen Gäste gehalten.

Ferienwohnung €150–265 pro Tag. www.estererhof.de

Seimehof, Bernau

Der Naturland Biobauernhof ist auf Familien spezialisiert. Natürlich gibt es Streicheltiere, Spielplatz und ein Spielzimmer, dazu kommt ein schöner Naturbadeteich am Haus.

Ferienwohnung €100–125 pro Tag, plus €20 pro Kind. www.seimehof.de

Hanznhof, Bernau

2014 mit natürlichen Materialien umgebauter Hof. Kinder können bei der Stallarbeit mithelfen, Streichelzoo, Kinderspielplatz, Ponyreiten.

Appartment €110–120, Ferienwohnungen €200–230 pro Tag. www.hanznhof.de

Daxlberger Hof

Großer Spielplatz mit Tipi, Indoor Spielbereich, Streichelzoo, Ponyreiten, Traktorrundfahrten, Lagerfeuer.

Sechs Ferienwohnungen €179–242. www.daxlbergerhof.de

Huberhof Hinzing

Bewirtschafteter Bauernhof mit Kuhhaltung. Großer Spielbereich im Garten und Spielzimmer im Haus.
Familienaktionen wie Hofführung, Lagerfeuer, Grillabende und Stallbesuch mit Bauernhof-Urkunde.

Zwei Ferienwohnungen €105–125. huberhof-hinzing.de

Maierhof, Chieming

Viele Tiere, Pony zum Reiten, Spielplatz, Trampolin, Bambini-Stalldiplom.

Zwei Ferienwohnungen €88. www.maierhof-chiemgau.de

Reiterhof

Hochgallinger Hof, Siegsdorf

Hier sind Pferdefans genau richtig. Auf dem Hof kann man auf Haflingern reiten lernen. Kutschfahrten oder Ponyreiten für die Jüngsten ist ebenfalls möglich.

Drei Ferienwohnungen €123–130 pro Tag. www.hochgallinger-hof.de

Bergbauernhöfe

Bergbauernhof Simmerl

Mitten in den Bergen oberhalb von Sachrang, drei Ferienwohnungen.

www.simmerlhof.de

Bergbauernhof Sulzehof

In den Bergen über Ruhpolding gelegener Biohof mit Kühen, Kälbchen, Schafen und Ziegen. Schön angelegter Naturbadeteich.

Zwei Ferienwohnungen ab €60–90 pro Nacht. www.sulzen.de

Mastererhof, Reit im Winkl

Neben Ferienwohnungen auf dem Hof kann man auf dem Milchviehbetrieb auch die Staffegg Alm, eine Berghütte mitten in der Natur, mieten.

Berghütte und Ferienwohnungen auf dem Hof €99–139 pro Tag. www.mastererhof.de

Campingplätze im Chiemgau

Camping- und Wohnmobilstellpätze sind im Chiemgau weit verbereitet. Die meisten Plätze sind eher komfortabel und mit allerlei Extras ausgestattet als einfach und naturnah. Viele liegen am Seeufer und ein Badeplatz grenzt oft direkt an. In der Vor- und Nachsaison findet man durchaus lauschige Plätzchen – auch für ein Zelt. Im Juli und August sind leider alle Plätze rappelvoll und entsprechend eng. Für Besitzer eines Wohnmobils gibt es außerdem eine gute Auswahl an offiziellen und privaten Wohnmobilstellplätzen, die wesentlich preisgünstiger sind und sich teilweise hervorragend als Ausgangspunkte für Wanderungen eignen. An fast allen Plätzen zahlt man zusätzlich eine Kurtaxe zwischen einem und drei Euro pro erwachsener Person. Dafür bekommt man dann oft eine Gästekarte mit der es vergünstigten Eintritt zu Sehenswürdigkeiten und beim öffentliche Nahverkehr gibt. Besonders interessant ist die »Chiemgau Karte Ruhpolding & Inzell« mit der man auch kostenlos Bergbahn fahren kann. Man kann sie auch bei einer Übernachtung auf einem der Campingplätze in Ruhpolding oder Inzell bekommen.

Camping am See

1 Camping Stein

GPS N 47°53'2.9", E 12°16'8.7"
Schöner Platz in ruhiger Alleinlage im Grünen direkt am oberen Ende des Simssees. Sehr schöne Stellplätze unter alten Bäumen, teilweise am Seeufer. Eigener Badeplatz mit Liegewiese. Auf dem Camping wohnen außerdem ein Pony und eine kleine Eselherde, Spielplatz und eBike-Verleih.
Geöffnet April bis Mitte Oktober. Platz inkl. 2 Pers. € 23,50–29,50, Aufschlag für Seenähe, weitere Person € 7,50–9,50, Kinder 1 bis 5 Jahre € 2–3, Kinder 6 bis 14 Jahre € 3–4,50, Dusche € 1. Schlaffass € 39–49 pro Nacht/2 Pers. Tel. 08053 9349. www.camping-stein.de

2 Camping Harras

GPS N 47°50'26.1", E 12°22'24.1"
Tolle Lage auf einer Halbinsel im See, so gibt es beim Harras besonders viele Plätze mit Seeblick gibt, für die aber ein Aufpreis verlangt wird. In der Hochsaison steht man sehr eng, der steinige Boden ist für Zelte nicht geeignet. Gute Sanitäranlagen aber mäßig freundliche Rezeption.
Geöffnet April bis Anfang November. Platz inkl. 2 Pers. € 24,50–36, weitere Person € 8,90–12,90, Kinder 3 bis 13 Jahre € 6,50–9,90, Dusche € 1, Tel. 08051 904613. www.camping-harras.de

3 Camping Hofbauer

GPS N 47°50'20.1", E 12°21'03.9"
Nicht direkt am See, aber schön gelegener kleiner, familiengeführter Platz im Grünen am Rand von Prien. Sanitäranlagen einfach, aber sauber. Solargeheiztes Schwimmbad.
Geöffnet April bis Mitte Oktober. Platz inkl. 2 Pers. € 25,50, weitere Person € 7,50, Kinder 2 bis 6 Jahre € 3,50, Kinder 7 bis 16 Jahre € 5. Schlaffass € 45–50/2 Pers. Tel. 08051 4136. camping-prien-chiemsee.de

4 Wohnmobilparkplatz am Bootsverleih Schraml

GPS N 47°51'14.5", E 12°22'00.9"
Übernachtung von 18 bis 10 Uhr möglich, morgens muss der Platz verlassen werden weil er als Parkplatz für den Hochseilgarten gebraucht wird. WC und Snack, großer Spielplatz und

schön angelegtes Badeufer. Gebühr €12 wird morgens am Fahrzeug kassiert. www.schraml-chiemsee.de

5 Camping Lambach

GPS 47°55'41.4",E 12°27'02.7"
Eingezwängt zwischen vielbefahrener Straße und See mit einer Reihe an Plätzen direkt am Wasser. Eigenes Badeufer mit Steg und Biergarten, Brötchenservice. Nette Stimmung. Sauna, WLAN gratis.
Geöffnet April bis Anfang Oktober. Platz inkl. 2 Pers. €20–40, weitere Person €10, Kinder 3 bis 13 Jahre €7, Aufschlag für Seeplätze, Dusche €1, Tel. 08667 7889. www.camping-am-chiemsee.de

6 Camping Kupferschmiede

GPS N 47°55'46.8",E 12°29'33.0"
Am Ortsrand von Seebruck, durch die Straße vom See getrennt, zum Wasser kommt man durch eine Unterführung. Weiteres schönes Strandbad im Ort. Einfache, ältere Sanitäranlagen. Wenig Schatten. Gasthof am Platz, weitere Gasthöfe und Minigolfplatz im Ort.
Geöffnet April bis Anfang Oktober. Platz inkl. 2 Pers. €26,50–28,50, weitere Person €8,55–9,50, Kinder 6 bis 10 Jahre €4–4,45, Kinder 11–15 Jahre €4,95–5,50, Tel. 08667 446. www.camping-kupferschmiede.de

7 Camping Seehäusl

GPS N 47°54'07.5", E 12°31'12.9"
Kleiner Platz am Seeufer mit einer Handvoll sehr schöner Stellplätze direkt am Wasser, gutes Restaurant mit Seeterrasse. Ruhig gelegen. Sehr gepflegte Sanitäranlagen. Der beste Platz am See. Kinderstrand, WLAN gratis, SUP-Verleih. Vorsicht, enge Zufahrt. Bitte am Schild parken und zu Fuß nachfragen! Nicht geeignet für große Wohnmobile!
Geöffnet April bis Oktober. Platz inkl. 2 Pers. €25,50–33,50, weitere Person €7,50–9,50, Kinder 3 bis 6 Jahre €3,50–6,50, Kinder 7 bis 16 Jahre €5,50–7,50, Tel. 08664 303. www.camping-seehaeusl.de

8 Chiemsee Strandcamping

GPS N 47°52'35.2", E 12°31'43.3"
Langgestreckter Platz zwischen Seeufer und Straße, inzwischen mit dem ehemaligen Camping Möwenplatz zusammengeschlossen. Zugang zum Kiesstrand. Komplett renoviert, viele Plätze direkt am Wasser. Allerbester Sonnenuntergangsblick. Badeplatz mit seichtem Zugang zum See. Gute Wahl, wenn man nicht allzu lärmem-

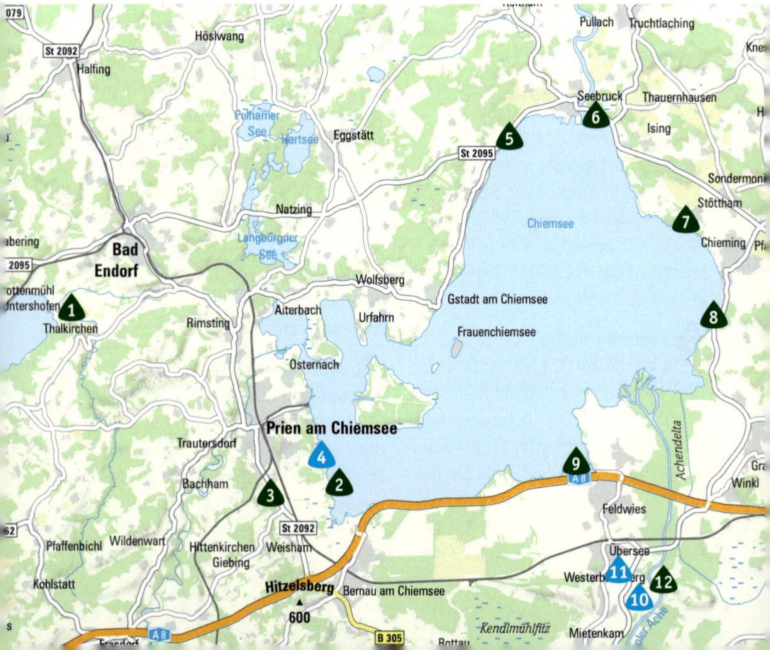

pfindlich ist. Café, kleiner Laden, Lagerfeuerplatz, Brötchenservice.
Geöffnet April bis Anfang Oktober. Platz inkl. 2 Pers. €25,50–45,50, weitere Person €7,50–13, Kinder 3 bis 10 Jahre € 5,50–9, Aufpreis für Seeplatz, Tel. 08664 500. chiemsee-strandcamping.de

9 Chiemseecamping Rödlgries
GPS N 47°50'28.5", E 12°28'19.3"
Zwischen See und Autobahn am traumhaft schönen Ufer der Feldwieser Bucht. Gasthof mit Seeterrasse, großes Strandbad und Anleger der Chiemseeboote in direkter Nähe. Gepflegte Sanitäranlagen, angenehmes Badeufer und freundliche Besitzer. Die Autobahn ist allerdings im Hintergrund leicht zu hören. Mäßig schattig.
Geöffnet April bis Oktober. Platz inkl. 2 Pers. €33–38, weitere Person €9–10, Kinder bis 6 Jahre €0–4,50, Kinder 7 bis 16 Jahre €6–7. www.chiemsee-camping.de

10 Wohnmobilstellplatz Steiner
GPS N 47°48'33.7", E 12°29'28.7"
Auf ihrem Bauernhof am Ortsrand von Übersee hat die Familie Steiner einen gepflegten, großzügigen Stellplatz angelegt. Familiäre Atmosphäre, 2018 modernisiert. Ruhige Lage und Bergblick. Spielplatz, Brötchenservice.
Geöffnet März bis November. Platz inkl. 2 Pers. €14, weitere Person €3,50, Kinder 7 bis 16 Jahre € 2. Dusche €1, WC vorhanden. Tel. 08642 1383. www.chiemsee-wohnmobile-steiner.de

11 Wohnmobilstellplatz Bauernhof Schmid
GPS N 47°48'46.3", E12°29'19.0"
28 schön angelegte Plätze auf einem bewirtschafteten Bauernhof direkt neben der Weide. Der Hof ist voll bewirtschaftet und Kinder sind in den Ställen willkommen. Sehr nette Atmosphäre und ruhige Lage mit Bergblick.
Geöffnet Mitte März bis Oktober. Platz inkl. 2 Pers. €15, weitere Person €3,50, Kinder ab 7 Jahre €2, Dusche €1,50, WC vorhanden, Tel. 08642 226. www.stellplatz-schmid.de

12 Almhüttendorf Achental Almdorado
GPS N 47°48'42.1", E 12°29'33.7"
Zeltplatz an einem kleinen Holzhaus-Feriendorf mit nachhaltigem Anspruch. Küche und Sitzplätze in der Scheune, Sanitäranlagen im Container, Lagerfeuerplatz. »Almhütten« ab vier Personen.
Geöffnet März bis Anfang November. Platz inkl. 2 Pers. €20, weitere Person €10, Tel. 08642 9959787. almdorado.de

Camping in den Bergen

13 Campingplatz Wagnerhof
GPS N 47°48'45.8", E 12°35'19.8"
In der Nähe von Bergen am Waldrand gelegen, 150 Plätze, Kinderspielplatz, Tischtennisraum, Tennisplatz und kostenlose Schwimmbadnutzung, Miet-Holzhäuser.
Geöffnet Januar bis Mitte Dezember. Platz inkl. 2 Pers. €22,50–26,50, weitere Person €8,25–8,50, Kinder bis 14 Jahre € 3,50–4,50, Tel. 08662 8557. www.camping-bergen.de

14 Wohnmobilparkplatz in Bergen
GPS N 47°47'52.1", E 12°35'27.3"
Auf dem Parkplatz der Hochfellnbahn darf man gegen eine Gebühr von €6 über Nacht ein Wohnmobil platzieren. Gasthof neben dem Platz, tagsüber WC an der Bergbahn.

15 Alpencamp Siegsdorf
GPS N 47°50'00.1", E 12°39'12.9"
Ruhig gelegener Platz mit angenehmem Gasthof und schönem Panorama. Sanitäranlagen einfach und schon etwas älter. Nicht immer ganz sauber. Im Winter Loipe direkt neben dem Platz.
Ganzjährig geöffnet. Platz inkl. 2 Pers. €15, weitere Person €5, Kinder bis 12 Jahre €2,50. www.alpencamp-siegsdorf.de

16 Campingplatz Ortnerhof
GPS N 47°44'33.3", E 12°39'47.4"
Komfortabel aber wenig idyllisch auf einer platten Wiese zwischen zwei Straßen und von einer Hecke eingefasst und schön begrünt. Sehr gepflegte,

barrierefreie Sanitäranlagen, Kiosk. Eine coole Sache ist die Übernachtung im Schlaffass für drei Personen.
Ganzjährig geöffnet.
Platz inkl. 2 Pers. €26,50, weitere Person €9, Kinder 4 bis 6 Jahre €4, Kinder 7 bis 16 Jahre €6,50, Schlaffass €35 pro Nacht/2 Pers. Chiemgau Karte Ruhpolding & Inzell ab der ersten Übernachtung.
Separater Wohnmobilparkplatz vor dem Camping €9 (am Automat), Tel. 08663 1764.
www.camping-ruhpolding.de

17 Camping Lindlbauer

GPS N 47°46'02.3", E 12°45'13.4"
Am Ortsrand von Inzell mit Blick auf die umliegenden Berge, baumfreie Zeltwiese, Wohnmobilplätze auf Schotter. Gut ausgestattete Sanitäranlagen mit Kinderbad, Mietbäder, Spielplatz, Café in der Rezeption. Eine coole Sache ist die Übernachtung im Schlaffass für vier Personen.
Ganzjährig geöffnet.
Platz inkl. 2 Pers. €27–36, weitere Person €10, Kinder 3 bis 5 Jahre €3, Kinder 6 bis 15 Jahre €6. Schlaffass €51 pro Nacht/2 Pers. Chiemgau Karte Ruhpolding & Inzell ab der ersten Übernachtung. Tel. 08665 9289988. www.camping-inzell.de

18 Wohnmobilpark Reit im Winkl

GPS N 47°40'12.4", E 12°29'02.4"
Großer Platz, ruhig gelegen am Ufer der Lofer im Grünen und trotzdem in Fußentfernung zum Ort. Keine Sanitäranlagen/WC. 250 Stellplätze.
€16–18 für 24 Stunden.
www.wohnmobilpark-reitimwinkl.com

19 Euro-Camp Wilder Kaiser

GPS N 47°39'13.6", E 12°24'55.8"
Komfortabler Camping am Ortsrand von Kössen mit guter Familienausstattung. Top gepflegte Sanitäranlagen, großer Spielplatz, Spielzimmer mit Kletterwand, Pool (im Sommer) und Sauna. Kinderclub im Juli und August. Campingfässer für zwei Personen zu vermieten.
Geöffnet Mitte Dezember bis Mitte November.
Platz inkl. 2 Pers. €32–45, weitere Person €9,20–13,50, Kinder 4 bis 13 Jahre €6,60–9,50,Tel. 0043 5375 6444. www.eurocamp-koessen.com

20 Campingplatz Litzelau

GPS N 47°43'3.7", E 12°28'46.1"
Familienorientierter Campingplatz in Unterwössen. Neben dem gängigen Spielplatz gibt es hier für junge Gäste auch ein Spielhaus, einen Naturwasserspielplatz im Bach und einen Streichelzoo mit Ponys, Eseln und Ziegen. Großzügige Stellplätze für Zelte, teilweise schattig. Für die Eltern gibt es eine kleine Sauna. Gasthaus mit Kegelbahn am Platz. Den Badeplatz am Wössener See erreicht man zu Fuß in 15 Minuten.
Ganzjährig geöffnet.
Platz inkl. 2 Pers. €12–18, weitere Person €8, Kinder 3 bis 6 Jahre €2, Kinder 6 bis 14 Jahre €4,50.
Wohnmobilstellplätze mit Nutzung der Sanitäranlagen 24 h €17, Tel. 08640-8704.
www.camping-litzelau.de

21 Wohnmobilstellplatz Wessner Hof

GPS N 47°46'2.6", E 12°27'35.2"
Großes Wiesengelände am Rand von Marquartstein hinter dem Gasthof am Bauernhof. Schön gelegene Plätze mit weitem Blick am Ziegengehege und an der Kuhweide. WC vorhanden.
Ganzjährig geöffnet.
Platz inkl. 2 Pers. €10, weitere Person €8, Kinder 4 bis 8 Jahre €2, Kinder 9 bis 12 Jahre €4, Dusche €3, Tel. 08641 97840. www.wessner-hof.de

22 Camping Zellersee

GPS N 47°44'05.2", E 12°24'53.4"
Kleiner sympathischer Platz in ruhiger Waldrandlage mit Badeteich und Liegewiese. Seichter Zugang ins Wasser, sehr gut für jüngere Kinder geeignet. Einfache aber saubere Sanitäranlagen. Kiosk und Biergarten. Kein Schnick-Schnack, aber alles was es braucht. Schöne Zeltplätze. Sportklettergebiet Zellerwand mit Kletterrouten zwischen dem III. und X. Schwierigkeitsgrad di-

rekt neben dem Platz.
Geöffnet Mai bis September.
Platz inkl. 2 Pers. €24–28, weitere Person €7–8, Kinder 3 bis 5 Jahre €2–3, Kinder 6 bis 15 Jahre €5–6, Tel. 08649 986719.
www.camping-zellersee.de

23 Wohnmobilparkplatz Seiseralm

GPS N 47°47'50.2", E 12°21'37.1"
Übernachtungsmöglichkeit auf den Parkflächen zwischen Seiseralm und Seiserhof oberhalb von Bernau. Toller Weitblick über den See aber leicht unruhige Parkplatzatmosphäre.
€15, Anmeldung im Hotel, WC im Gasthof. www.seiserhof.de

Für Ausflüge um Kössen, eignen sich auch drei Camps am österreichischen Walchsee als Quartier:

24 Camping Seespitz

GPS N 47°38'56.6", E 12°18'51.9"
Eine attraktive Zeltwiese und einige Stellplätze direkt am Seeufer. Ruhig gelegenen an der Westseite des Walchsees. Gepflegte Sanitäranlagen, Restaurant.
Ganzjährig geöffnet.
Platz inkl. 2 Pers. €24–36, weitere Person €8–10, Kinder 3 bis 12 Jahre €4,50–5,50, Tel. 0043 5374 5359.
www.camping-seespitz.at

25 Camping Seemühle

GPS N 47°38'56.9", E 12°20'28.0"
Ruhiger, einfacher Naturcamping direkt am Bach. Im Bach kann man in den See schwimmen. Restaurant.
Geöffnet Mai bis Mitte September.
Platz inkl. 2 Pers. €27–21, weitere Person €9,10–10,80, Kinder 4 bis 12 Jahre €3,90–4,50, Tel. 0043 680 1448411. www.camping-seemuehle.at

26 Terrassencamping Süd-See

GPS N 47°38'26.1", E 12°19'26.3"
Luxusplätze auf Terrassen am Hang mit Seeblick. Liegewiese und Badeplatz, sehr gepflegte Sanitäranlagen.
Ganzjährig geöffnet.
Platz inkl. 2 Pers. inkl. Strom, €36–56, weitere Person €11,60–16, Kinder 0 bis 11 Jahre €9–12, Tel. 0043 5374 5339.
www.terrassencamping.at

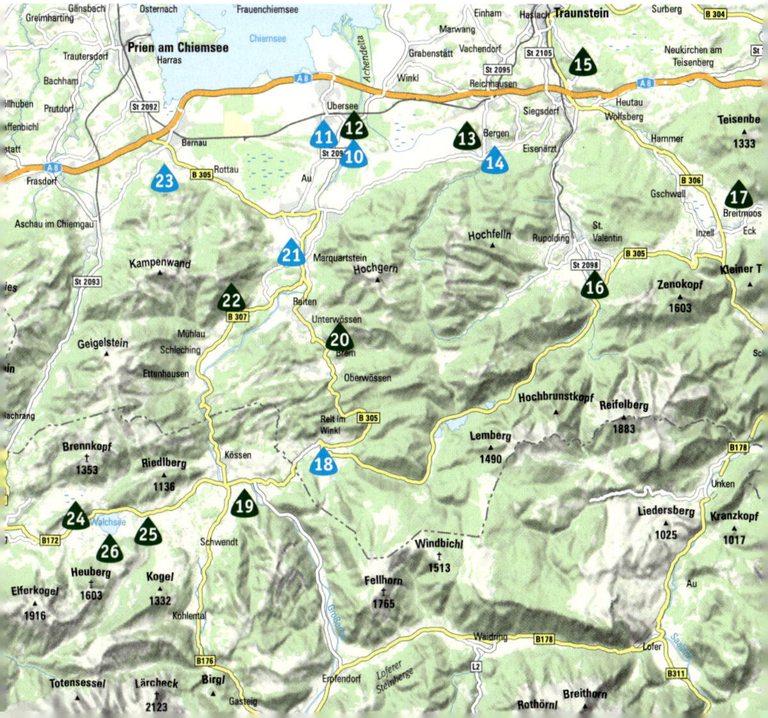

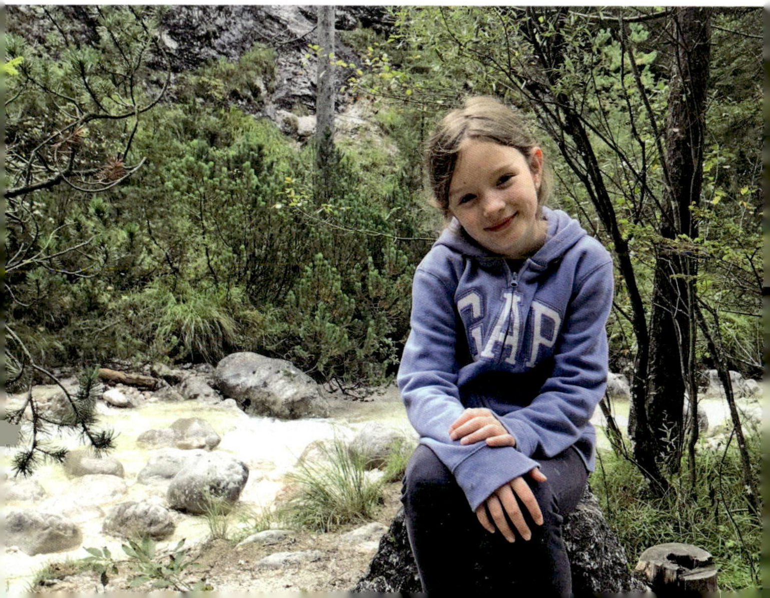
GAP

Naturzeit-Wanderführer für Familien werden vor Ort recherchiert und natürlich auch aktuell gehalten. Alle Touren sind von den Autoren erwandert, die meisten davon mit Kindern. Das hier ist das Team, das für dieses Buch im Chiemgau unterwegs war:

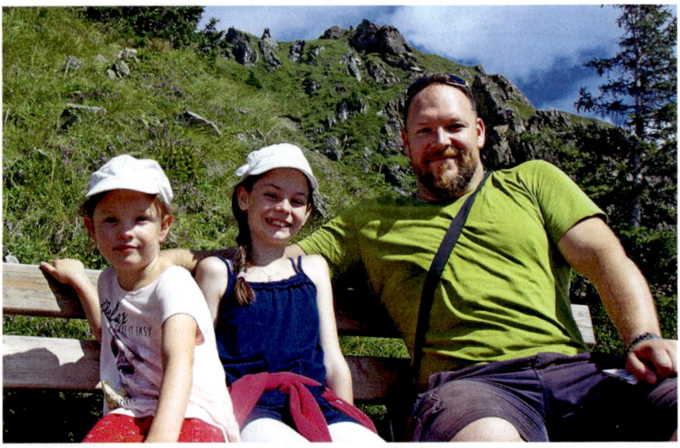

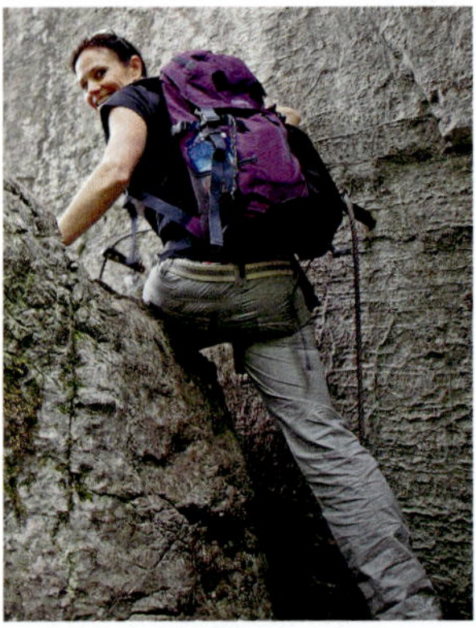

Christian Winkler

ist Diplom Kommunikationswirt, Autor von mehreren Reiseführern und zweifacher Vater. Er hat mit seiner Frau Christina und den Töchtern Mona und Stella für dieses Buch etliche Klammen und Schluchten durchwandert, Gipfel erklettert und Erlebnispfade und Museen getestet.

Die Familie Winkler verbringt viele Wochenenden im Chiemgau und hat in diesem Buch ihre Lieblingstouren zusammengestellt.

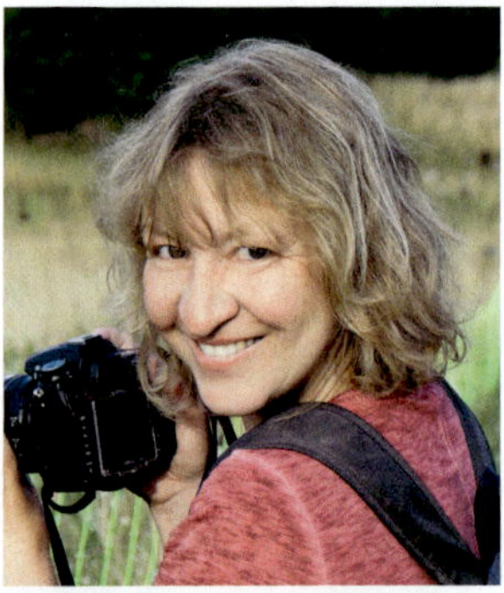

Stefanie Holtkamp

Grafik-Designerin, Autorin und Mutter von zwei inzwischen erwachsenen Kindern, recherchiert, erwandert und schreibt seit über 20 Jahren Reise- und Wanderführer für Familien.

3. Auflage, Mai 2022
Naturzeit Reiseverlag e.K.
82288 Kottgeisering
www.naturzeit-verlag.de
info@naturzeit-verlag.de

Vertrieb: Geo Center, 70794 Filderstadt

Satz und Gestaltung: designbuero Holtkamp

Druck: Druckerei Louis Hofmann, 96242 Sonnefeld, www.lh-druckerei.de
Gedruckt auf Papier aus nachhaltiger Waldwirtschaft.

Illustrationen: Stefanie Holtkamp

Kartenbasis: outdooractive Kartografie © OpenStreetMap (www.openstreetmap.org) Mitwirkende, CC-BY-SA (www.creativecommons.org)

Karten für Tour 11, 22, 23, 38, 39, 44:
Karthografie Ansgar Jöbkes, www.kartographie-online.de
© OpenStreetMap (www.openstreetmap.org) Mitwirkende, CC-BY-SA (www.creativecommons.org)

GPS-Daten: GPX522CH374

Bildnachweis:

Bildagentur Fotolia: Seite 13 fothoss, Seite 14 Philippe Minisini, Seite 106 unten Martin Oszadin

Bildagentur iStock: Seite 172 FooTToo

Seite 110 Falknerei Hohenaschau

Christian Winkler: Seite 3, 4, 5, 7, 10, 11, 12 oben, 16, 18, 19 unten, 20, 21, 22, 32 oben, 40, 42,, 43, 50, 51 – 55, 58 – 60, 61, 63, 66 – 74, 76 – 79, 81 unten, 83 – 85, 87, 92 – 94, 96 oben, 98, 100, 101, 103, 104 oben, 105, 108, 109, 117, 120 –123, 124 oben, 125, 130, 131, 137 – 139, 142, 145 – 148, 152 oben, 156 oben, 158, 180 oben, 182 – 190, 196 – 199, 209, 210 unten.

Stefanie Holtkamp: Innentitel, Seite 2, 6, 8, 9, 12 unten, 15, 19 oben, 23, 24, 25, 30, 31, 32 unten, 34 – 39, 41, 44 – 49, 62, 64,65, 75, 80, 81 oben, 86, 88 – 91, 95, 96 unten, 97, 102, 104 unten, 107, 111, 114, 115, 116, 118, 124 unten, 126, 127, 128, 129, 132, 133, 135, 140 unten, 141, 143, 144, 146 unten, 150 – 157, 159, 165 oben, 166 oben, 167, 170 173 – 179, 180 unten, 191 – 195, 200, 210 oben.

Stefanie Schindler: Covermotiv, Seite 17, 112 oben, 113, 134, 160, 161, 164, 165 unten, 166 unten, 168, Seite 174 unten.

ISBN 978-3-944378-37-4

Mehr Natur, mehr Abenteuer, mehr Erholung ...

Weitere Ziele für erlebnisreiche Familienferien zwischen Wasser, Wald, Bergen und Meer gibt es in diesen Bänden der Buchreihe *Naturzeit mit Kindern*.

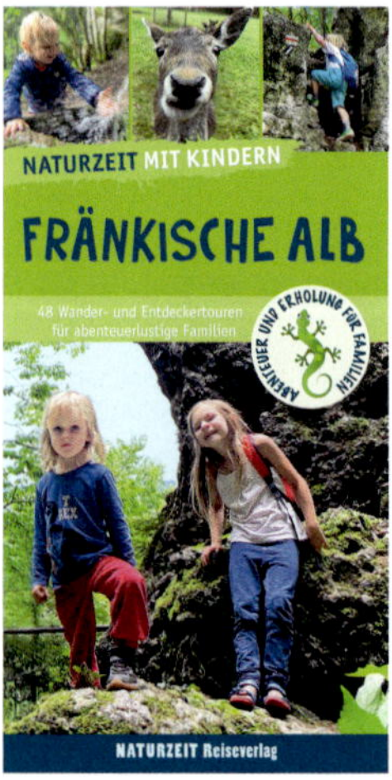

Bizarre Felsformationen, Höhlen und liebliche Flusstäler – die Vielfalt der Landschaft in der Fränkischen Alb ist einfach einmalig. Ob beim Klettern und Kraxeln an Felsblöcken und auf Klettersteigen, beim Wandern zu Quellen, Höhlen und Berggipfeln oder einer gemütlichen Radtour am Flussufer – große und kleine Entdecker*innen kommen hier voll auf ihre Kosten. Einige Flüsse können wir auch mit dem Kanu erkunden und an vielen Wanderrouten gibt es Spielplätze oder spannende Stationen, die jede Menge Abwechslung und Familienspaß bieten.

1. Auflage Mai 2022, 288 Seiten, **€ 18,00**
ISBN 978-3-944378-35-0

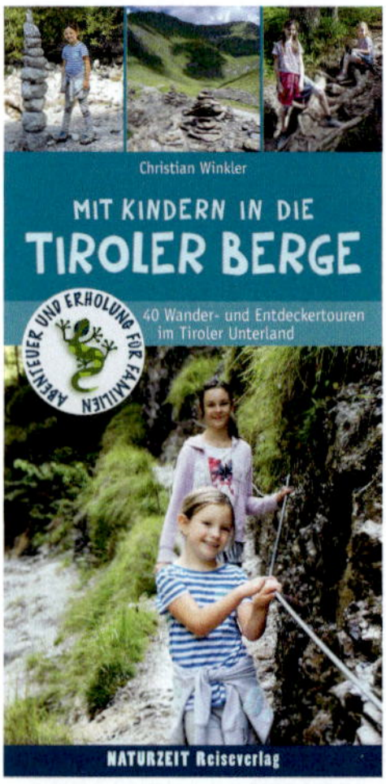

Das Tiroler Unterland mit dem Zillertal im Westen und Kitzbühel im Osten ist der ideale Abenteuerspielplatz für große und kleine Entdecker! Berggipfel mit weiter Aussicht, wilde Klammen und Schluchten sowie besonders fantasievoll angelegte Erlebniswelten und Bergspielplätze locken hinaus in die Natur. Alpengarten und Wildtierpark, Badesee und Freibad, mehrere Schlösser und viele interessante Museen ermöglichen Familien einen Urlaub mit abwechslungsreichem Programm.

1. Auflage 2020, 228 Seiten, **€ 15,90**
ISBN 978-3944378-14-5

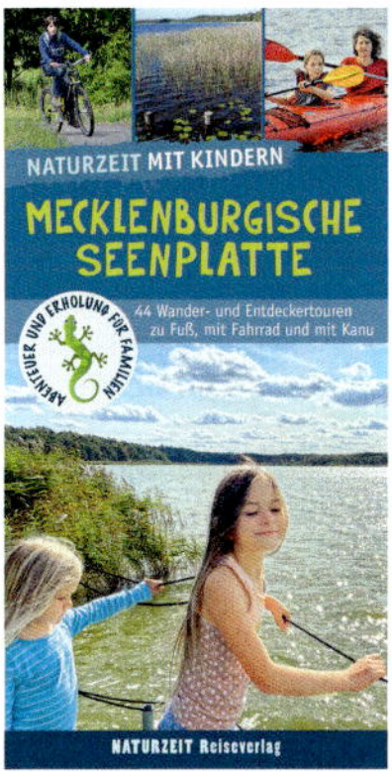

ISBN 978-3-944378-31-2
3. Auflage 2021, **€ 18,00**

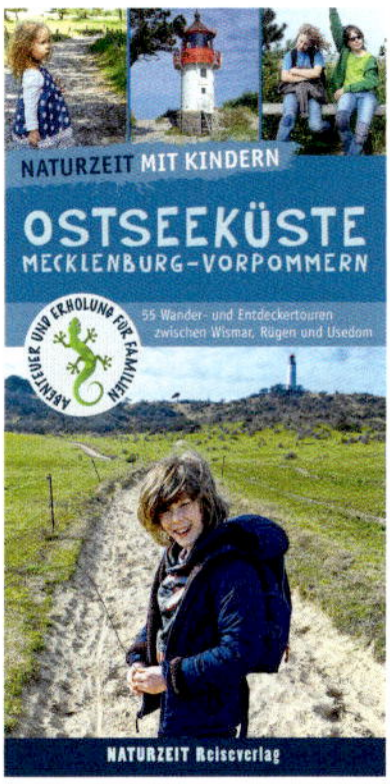

ISBN 978-3-944378-36-7
2. Auflage 2022, **€ 19,00**

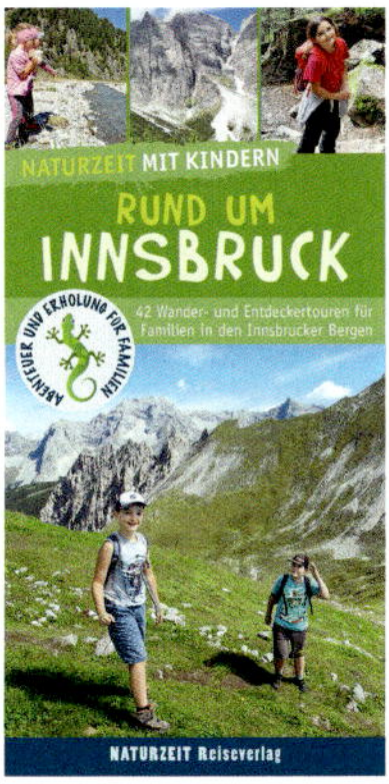

ISBN 978-3-944378-29-9
1. Auflage 2021, **€ 18,00**

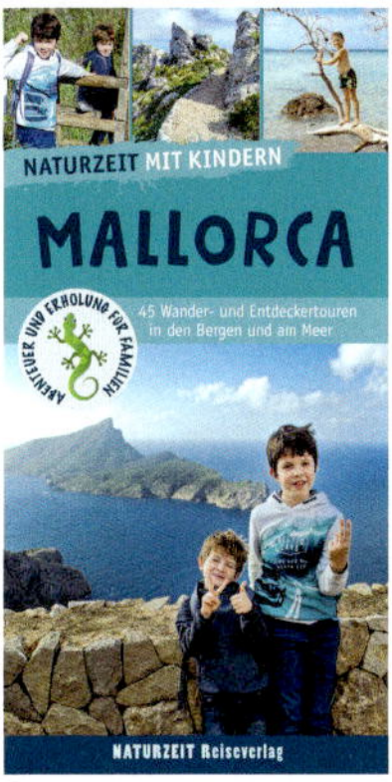

ISBN 978-3-944378-30-5
1. Auflage 2021, **€ 18,00**

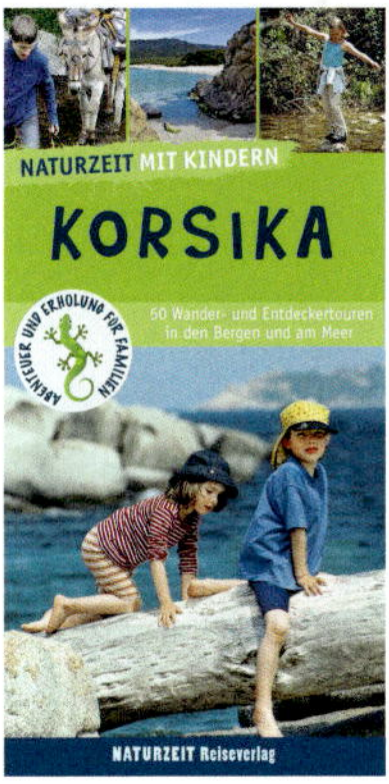

ISBN 978-3-944378-39-8
7. Auflage 2022, **€ 20,00**

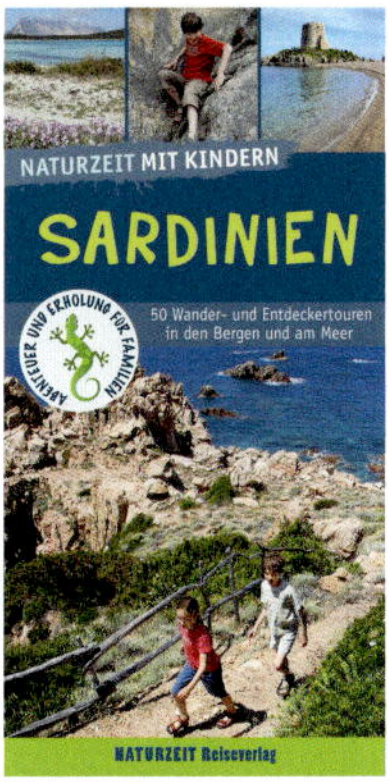

ISBN 978-3-944378-40-4
5. Auflage 2022, **€ 22,00**

- abenteuertaugliche Routen durch die Natur für Familien mit Kindern – zu Fuß oder auch mal mit dem Fahrrad oder dem Kanu
- die schönsten Badeplätze
- interessante Ausflugsziele in der Nähe der Wanderrouten
- Kinderinfos zu Natur und Geschichte
- Campingführer und Übernachtungstipps
- jede Tour mit topographischer Karte, übersichtlichem Tourensteckbrief, GPS-Tracks zum Download und stimmungsvollen Fotos
- große Übersichtskarte in der hinteren Umschlagklappe

Weitere Informationen und eine Leseprobe zu jedem Buch unter
www.naturzeit-verlag.de

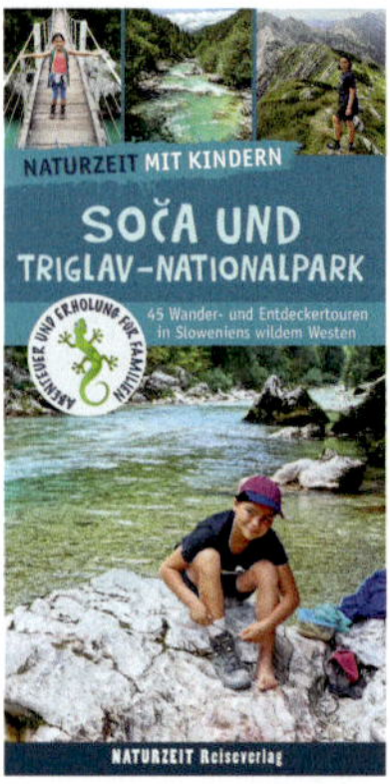

ISBN 978-3-944378-34-3
1. Auflage 2022, **€ 18,00**

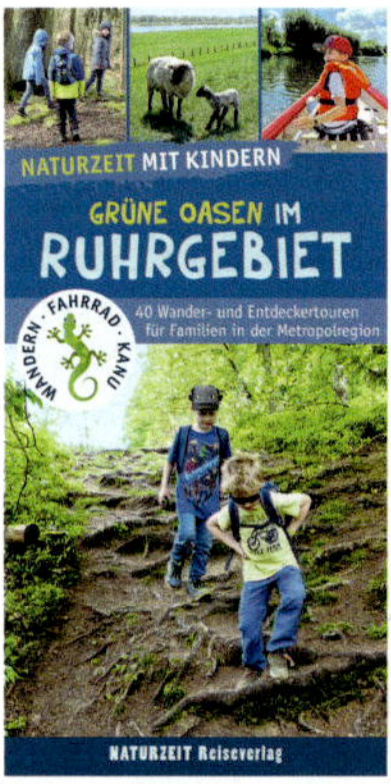

ISBN 978-3-944378-28-2
1. Auflage 2021, **€ 18,00**

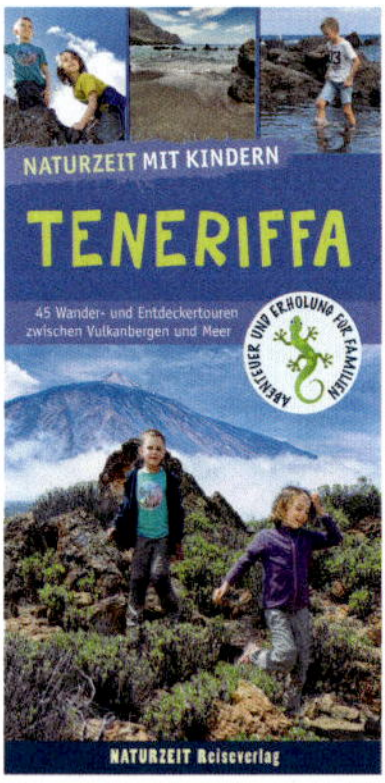

ISBN 978-3-944378-32-9
1. Auflage 2022, **€ 20,00**

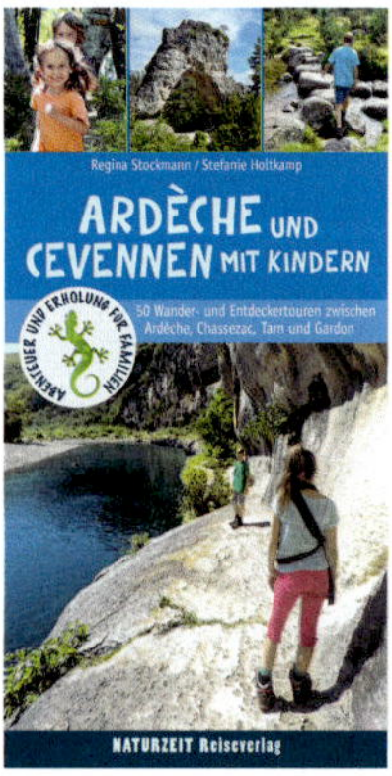

ISBN 978-3-944378-19-0
1. Auflage 2019, **€ 17,90**

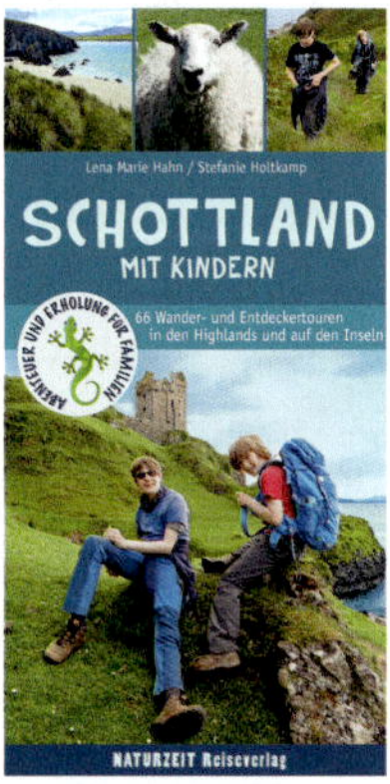

ISBN 978-3-944378-20-6
1. Auflage 2019, **€ 19,90**

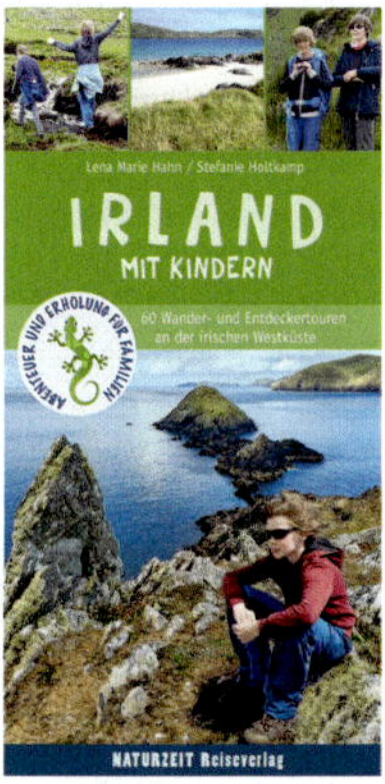

ISBN 978-3-944378-21-3
1. Auflage 2019, **€ 18,90**

www.wandern-mit-kindern.info

ist die Website zur Buchreihe »Naturzeit mit Kindern«. Hier gibt es viele Infos und Tipps für alle, die gerne mit Kindern in der Natur unterwegs sind, und aktuelle Ergänzungen zu unseren Büchern, bevor diese Berücksichtigung in der nächsten Auflage finden.

Campingplatz geschlossen? Wegbeschreibung nicht mehr aktuell? Etwas Neues entdeckt? Wir freuen uns sehr, wenn Sie uns über positive und negative Erfahrungen berichten und stellen diese gerne allen Lesern zur Verfügung. Bitte schreiben Sie uns unter info@naturzeit-verlag.de

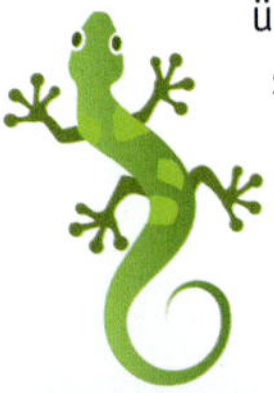

Regina Stockmann, Stefanie Holtkamp, Johanna Kraus

Trekkingträume für Familien

Vom Mikroabenteuer zur Trekkingtour

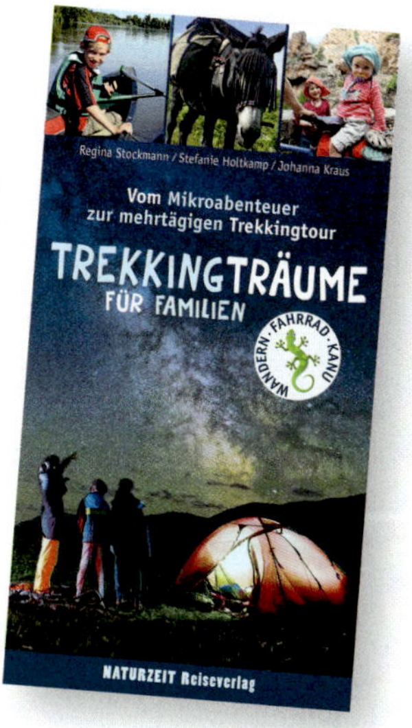

Gemeinsam raus in die Natur. Weit weg vom Lärm der Zivilisation, der Alltagshektik und vom Überfluss. Sich nur noch um elementare Dinge kümmern und ein bisschen langsamer leben. Draußen sein, kleine Abenteuer erleben, Neues entdecken, in die Sterne gucken, näher zusammenrücken und als Familie ganz viel Zeit miteinander verbringen.

Für Outdoor-Anfänger und erfahrene Outdoor-Fans, die vor der Herausforderung stehen, ihr liebstes Hobby mit ihren Kindern zu teilen.

1. Auflage 2020, 384 Seiten, **€ 19,90**
ISBN 978-3944378-25-1

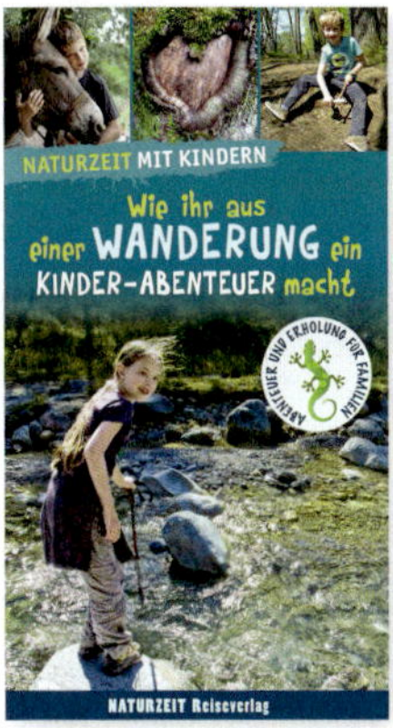

Stefanie Holtkamp

Naturzeit mit Kindern: Wie ihr aus einer Wanderung ein Kinder-Abenteuer macht

eBook im pdf-Format,
optimiert für Handy und Tablet
ISBN 978-3-944378-99-2
Mai 2021, € 7,99

Ihr wollt hinaus in die Natur und eure Kids sollen mit?

Wenn ihr eure Kinder fürs Wandern begeistern wollt, geht mit ihnen Felsen klettern, durchs Wasser waten, balancieren, kleine Schätze finden und Tiere beobachten. So wird die Natur für Kids zum Spielplatz und eure Wanderung zum spannenden Mikroabenteuer, das die ganze Familie stärkt und zu einem guten Team zusammenschweißt. Geht gemeinsam hinaus, erforscht die Welt und erlebt Abenteuer!

- **Basis-Know-How zum Wandern mit Kindern**
- Ideen für Kinder-Wanderabenteuer.
- Wanderspiele und Spiele im Wald und am Wasser.
- Kleine Auszeit: Tipps für ein Familien-Wochenende in der Natur.
- Naturwissen für Wander-Kids.

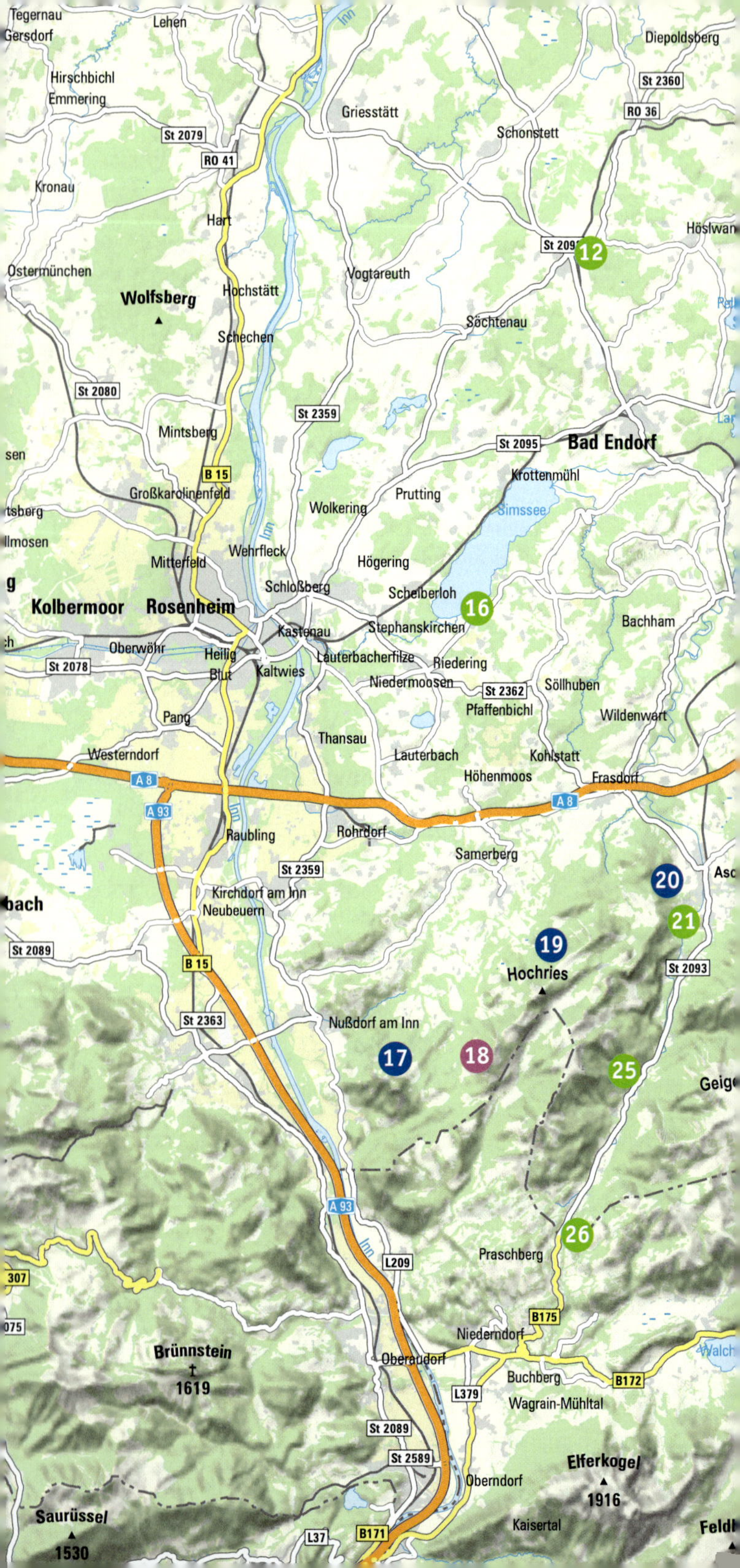

Tegernau
Gersdorf
Lehen
Inn
Diepoldsberg
Hirschbichl
Emmering
St 2360
Griesstätt
RO 36
St 2079
Schonstett
RO 41
Kronau
Hart
Höslwang
St 2095
12
Ostermünchen
Vogtareuth
Wolfsberg
Hochstätt
Söchtenau
Schechen
St 2080
St 2359
Mintsberg
St 2095
Bad Endorf
B 15
Krottenmühl
Großkarolinenfeld
Prutting
Simssee
Wolkering
Inn
Wehrfleck
Mitterfeld
Högering
Schloßberg
Scheiberloh
Kolbermoor
Rosenheim
16
Bachham
Kastenau
Stephanskirchen
Oberwöhr
Heilig Blut
Lauterbacherfilze
Riedering
St 2078
Kaltwies
Niedermoosen
St 2362
Söllhuben
Pfaffenbichl
Wildenwart
Pang
Thansau
Westerndorf
Lauterbach
Kohlstatt
Höhenmoos
Frasdorf
A 8
A 93
A 8
Inn
Raubling
Rohrdorf
Samerberg
St 2359
20
Kirchdorf am Inn
Neubeuern
21
St 2089
19
Hochries
B 15
St 2093
St 2363
Nußdorf am Inn
17
18
25
A 93
26
Inn
Praschberg
L209
B175
Niederndorf
Brünnstein
1619
Oberaudorf
Buchberg
B172
L379
Wagrain-Mühltal
St 2089
St 2589
Elferkogel
Oberndorf
1916
Saurüssel
1530
Kaisertal
L37
B171